2020

国家统一法律职业资格考试系列用书

命题人讲义系列

命题人讲刑法

桑　磊◎主编
周光权　方　军◎编著

中国经济出版社
CHINA ECONOMIC PUBLISHING HOUSE
中国石化出版社
HTTP://WWW.SINOPEC-PRESS.COM

图书在版编目（CIP）数据

命题人讲．刑法/桑磊主编．

—北京：中国经济出版社：中国石化出版社，2019.12

2020 国家统一法律职业资格考试系列用书

ISBN 978-7-5136-5050-2

Ⅰ.①命…　Ⅱ.①桑…　Ⅲ.①刑法—中国—资格考试—自学参考资料　Ⅳ.①D92

中国版本图书馆 CIP 数据核字（2019）第 253357 号

策划编辑　崔姜薇

责任编辑　王建昌

责任印制　马小宾

封面设计　任燕飞装帧设计工作室

出版发行　中国经济出版社

印 刷 者　北京富泰印刷有限责任公司

经 销 者　各地新华书店

开　　本　787mm×1092mm　1/16

印　　张　20.75

字　　数　492 千字

版　　次　2020 年 1 月第 1 版

印　　次　2020 年 1 月第 1 次

定　　价　69.00 元

广告经营许可证　京西工商广字第 8179 号

中国经济出版社　**网址** www.economyph.com　**社址** 北京市东城区安定门外大街 58 号　**邮编** 100011

本版图书如存在印装质量问题，请与本社销售中心联系调换（联系电话：010-57512564）

丛书前言

一

著名作家柳青在《创业史》中说过一段话："人生的道路虽然漫长，但紧要处常常只有几步，特别是当人年轻的时候。"

在我的人生里，这样的紧要处有两步：一次是22岁，一次是44岁。

这两步决定了我前半生乃至一生的命运。

22岁那年，我还在鲁西南的一个小县城工作，报名参加中国政法大学的进修学习。之后，经过五年的拼搏（两年进修，三年北漂自学），最终考取法大研究生，主编了《中国名校硕士谈考研》（后分为《风雨考研路》和《考研战略战术》两本），毕业后进入司法部考试中心工作。这是命运的一次大转折。

44岁这年，在工作十三年、经历了四个岗位，从主任科员、副处长到命题处长之后，我毅然辞职，致力于法考和法律教育工作，主编《法学第一课》，开通微信公众号"桑磊在线"，直到现在主编"桑磊法考"系列图书，开展法考网络培训。这又是一个大转折。

每个人终其一生，都有自己关键的几步，有命运的转折点。

也许你是一位法律专业学生，未来的理想是做一位法官、检察官或律师，也许你和曾经的我一样，正在自学的路上苦苦跋涉，希望能有改变命运的机会。也许你正在做一份自己并不喜欢的工作，而内心其实想成为法律人。也许你正在小地方挣扎，渴盼去大城市发展。

法考就是你通向未来、实现梦想的关键一步。

尽管，这个考试号称"天下第一考"，每年有数十万人在这个战场上拼杀，只有少数人成功地走出来。

尽管，你也许和我一样，智商并不超群，容貌并不出众，家世并不显赫，只是人群中普普通通的一员。

但是，不平凡的，是你的年轻，是你的梦想，是你那颗热血沸腾的心，是你的不甘于平凡。

在我主编的《风雨考研路》中有一篇文章，题目叫作"真正的失败是不去拼搏"。作者当年从一所二本院校以高分考上了厦大研究生，两年后又提前攻博，目前已是国家海洋局第三研究所研究员、硕士生导师、学科带头人，曾五次参加南北极科学考察。他在文章中写道：这一切的一切，都是由于"真正的失败是不去拼搏"这句话带给我的神奇力量。

其实那只是一个很短的小故事，但我至今清楚地记着里面那句非常感人的话："你努力过了吗？如果是的，那你就一定不会失败，因为真正的失败是不去拼搏。"这句精彩而鼓舞人的话从此永远地留在了我的生命中，并且开始改变我的一生。

在此，我也将这句话转送给亲爱的读者们，希望能够有益于你的人生。

二

自2018年首届法考开始，司法部至今已组织两年考试，尽管法考不再公布真题，但从网络上考生的各种回忆版本，仍能粗略窥见法考试题的特点。

我们认为，客观题考试具有以下四大特点：

一是考查范围扩大，覆盖面广，基础性考点增多，考查内容较为琐碎。

二是出现跨学科融合的客观题，如2019年有多道民商事融合试题。

三是紧密联系法律热点事件，取材贴近生活。

四是"重者恒重、新法必考"，但两者均在一定程度上有所削弱。

相对而言，主观题考试是法考改革的重点，其特点更加鲜明：

一是融合性突出，两次考试均出现多学科的交叉融合试题。

二是限缩性趋势明显，即主观题数量减少。

三是理论性显著增强。主观题考试考查考生运用法律知识解决实际问题的能力，在一定程度上，可以说就是考查理论深度。

四是开放性进一步得到体现。法考时期的开放性试题增多，允许有多个答案，只要言之有理、有理有据即可得分。

根据上述特点，2018年至2019年，我们组织了以资深命题人周光权老师为代表的前命题人团队，先后编写了"桑磊法考"系列图书，包括客观题的"命题人讲义系列"丛书（全八册）、"命题人讲真题"丛书（全八册）、"命题人400题"丛书（全三册），主观题的"命题人讲主观题"丛书（全七册）和《主观题十年真题精讲》《命题人30题》，分别对应客观题考试和主观题考试复习的各个阶段。目前，我们又陆续开始对上述图书进行精心修订，以供2020年考生复习备考。

（一）客观题考试

——基础阶段。对应本套"命题人讲义系列"丛书。我们通过严谨的历年各科试题数据分析，遵循"重点多写，一般少写，不考不写"的原则，确定讲义各部分的字数，做到详略得当。攻克了这些知识点，意味着你已经接近了法考要求的知识水平，进入了法考的核心地带。我们专门邀请各科作者做直播带读，他们深入浅出的讲解，会让有你有更透彻的理解，也许有时会有醍醐灌顶之感。读者可扫取本书封面二维码登录"桑磊法考"网站和"桑磊法考"公众号，免费观看视频。

——真题阶段。对应"命题人讲真题"丛书。我们的各科作者对近些年的真题以考点归类，进行了全面解析，其体例上的独特之处有三点：一是"命题和解题思路"，还原命题人的思路，深度分析解题思路，最大限度地让考生"知其所以然"。二是"难点解析"或"易混淆点解析"，对于部分试题的难点或易混淆点作出深入分析。三是"重点干扰项"，部分试题指明了重点干扰项，并作出详细分析。通过真题的反复训练，你会对各科的所有考点、命题规律了然于胸，实现由知识水平向应试水平的转变。“命题人讲真题”丛书将于2020年2月出版。

——模拟阶段。对应“命题人400题”丛书。我们的大部分作者深谙命题规律，他们命制出的模拟题，实际上达到了真题的水平，是最接近真题的模拟题。通过模拟训练，一方面查漏补缺，一方面迅速适应应试状态。“命题人400题”丛书将于2020年6月出版。

（二）主观题考试

——基础阶段。对应“命题人讲主观题”丛书。我们的作者凭借本身的经验，通过深入研究历年主观题，在书中为大家分析了本学科的命题规律和趋势，提炼了解题思路，详细阐述了主观题考点，并对近十年的典型主观题进行了深入剖析。最后，每科为大家提供了多道高质量的模拟试题，其中有两科甚至多科的融合试题。“命题人讲主观题”丛书将于2020年4月出版。

——真题阶段。对应《主观题十年真题精讲》。该书选取近十二年来的主观题真题，由前命题人团队各科作者全新解读。其中，依据网上的考生回忆版，对2018年和2019年的主观题真题进行了精心复原。各科作者深度还原了命题人思路，或点明命题素材，或挖掘命题特点，力争为考生打造独具特色的主观题“得分宝典”。《主观题十年真题精讲》将于2020年4月出版。

——模拟阶段。对应《命题人30题》。该书选材渠道权威、命题规范严谨。在三十多道模拟题中，有刑法和刑事诉讼法的融合，有商法和民法的碰撞，还有三大实体法的交织。这些多学科交叉的题目，可以更好地培养考生的主观题思维，为拿下主观题考试做好充足准备。《命题人30题》将于2020年5月出版。

三

2018年，是我们与广大考生携手前行的第一年。我们首次开办“客观题冲刺内参班”“主观题冲刺保过班”等网络课程，准确把握了命题趋势，尤其是成功预测了“枫桥经验”（法治理论）、“房屋强拆案例”（行政法）、“非法证据排除规则”（刑诉）等考点。

2019年，我们开办了客观题和主观题的全系列课程，涵盖了特训班、冲刺班、全程班、主客一体班等，帮助考生抓住重难点，直击命题点。特别是在主观题班，形成了自己独有的特色，包括“三支团队”“四个阶段”“两大法宝”。

——“三支团队”，即前命题人团队、前阅卷人团队、高分研究生阅卷团队相配合的师资队伍。

——“四个阶段”，即系统精讲阶段、专题突破阶段、应试训练阶段、冲刺阶段，构建了2019年所有机构中唯一完整的主观题培训体系。

——“两大法宝”，即前命题人团队命制的高质量模拟题、在前阅卷人团队指导下的作业批改。我们的模拟题接近真题的标准，其中一部分为多学科融合的试题。我们开发了机考模拟系统，每科均布置习题作业，按照考试标准进行模拟。作业批改由主要来自北大、人大、法大的高分研究生团队负责，对每道题不仅给出得分，而且有详细而中肯的评语，包括问题和建议两部分，受到了学员们的一致好评。

在 2019 年主观题冲刺保过班上，我们的绝大多数学科均命中了考点。对命题趋势和考点的准确把握，彰显出前命题人团队的高权威性和专业能力。

在 2019 年考试结束后，我们开展了大规模的问卷调查，广泛征求意见和建议，得到了学员们的热情反馈。在此基础上，2020 年，我们将对软硬件、客服系统、教务安排等各方面进行较大的优化，以更好地服务于学员。

新的一年，我们与你携手同行！

桑　磊

（桑磊：丛书主编，“桑磊法考”创始人）

◎特别说明◎

鉴于本书出版时间紧迫以及 2020 年度民法、刑事诉讼法等科目内容可能会出现部分立法及司法解释最新调整的态势，桑磊法考特开通“命题人讲义系列图书全程服务通道”，即时动态发布本书各科目勘误信息、考试政策最新调整变化解读等重要资料，考生在使用本书过程中可以扫取下方二维码进行获取。

桑磊法考，为您提供“有责任、有效率”的法考教材！

命题人讲义系列图书
全程服务通道二维码

>> 刑法 导言

刑法是规定犯罪及其处罚后果（刑罚）的部门法。由于刑罚事关对人的生杀予夺，极其严厉，司法机关不到最后一刻绝不会使用这种“撒手锏”，刑法仅仅在行为具有严重的社会危害性时才会“登场”，因此，限制刑罚权发动的法律及其背后的学说相对而言会比较复杂；由于刑法学科如此重要，在法律职业资格考试中对其予以特别重视（不仅分值高，而且试题难度大），是理所当然的。由于罪与非罪的界限并不是随时都清晰明了的，考生不但要熟悉重要法条、重要罪名，还要体系性地掌握基本原理，才有可能取得理想分数。这样说来，复习刑法的过程会相对比较辛苦，单纯死记硬背很难“蒙混过关”。但是，考生不应当将刑法的复习视作畏途。复习刑法的过程也是培养考生法律解释能力、养成法律思维、训练解决疑难案件能力的过程。如果你能够将刑法学科学得很好，其他部门法的复习一定不在话下。你在复习中所面对的这些原理、曾经分析过的案例，都与你未来观察社会、思考刑法问题的眼光或多或少存在关联性，你的每一份复习投入，或许会换来大的学习收获！

在历年的考试中，刑法学科向来被考生认为是最难的。确实，刑法很难，难在刑法是一个体系与逻辑严密的学科。可是，刑法又不难，只要掌握了犯罪的基本逻辑结构和分析框架，对于具体个案都可以经由大家所共同遵循的分析框架得出相对一致的结论。本书意在传授给各位这种分析框架、思考方法和“解题秘籍”。因此，只要各位按照本书的指引，投入了一定的时间和精力，学好刑法拿到高分，就完全可能“既遂”！

一、命题分析

刑法包含了总则与分则，从 2017 年之前十余年的司考命题来看，除了分则中“危害国家安全罪”和“军人违反职责罪”这两个罪章鲜少考查外，其余各章在考试中均会涉及，考查的知识点既广且深。不过，尽管覆盖面广，但通过历年真题进行统计，我们发现刑法考查的重点仍然是相对集中的。基本上，总则和分则各占一半的分数：在总则中，最重要的是犯罪论（犯罪的成立要件、犯罪停止形态、共同犯罪、罪数论），大体上占总则部分的70%左右。相对于犯罪论部分而言，刑罚论部分考查较少。而在分则部分，考查集中在“人身犯罪”“财产犯罪”“贪污贿赂犯罪”三个罪章。虽然司法部自 2018 年开始不再公布法考真题，但根据考生事后回忆的 2018 年与 2019 年刑法真题所考查的知识点来看，重点考查的知识点一如既往地符合前述命题规律。不过，近两年真题呈现出一个较为重要的特征是，无论是客观题还是主观题，考点相较往年均有了较大幅度的扩张。以主观题为例，2019 年真题将“贷款诈骗罪”“合同诈骗罪”“追诉时效”等往年主观题鲜少涉及的知识点纳入了考查范围。

因此，在复习备考时，首先就要避免“胡子眉毛一把抓”，要紧紧围绕重点知识点展开复习，做到有的放矢，而非平均用力。另外，刑法学科是一个体系，各个概念在体系中均有一定的关联性，在复习重点知识点的过程中，自然会涉及一些相关的知识点，在掌握重点知识点的前提下，这些相关的知识点也就不攻自破。比如，“因果（归责）关系”这一知识点是一个非常重要的知识点，而这个知识点其实不仅仅是在狭义的因果关系问题中会涉及，在结果加重犯和犯罪中止中同样会涉及，像是在结果加重犯的认定中，最重要也是最容易出现错误的恰恰就是基本行为和加重结果的因果关系（直接关联性）要件。所以围绕重点知识点展开复习，可以收到举一反三、举要治繁的效果。

此外，鉴于近两年考查的知识点有较大幅度扩张的趋势，似乎命题老师有点“不按套路出牌”，因此在复习时除了牢牢掌握重要知识点，尤其是“侵犯财产犯罪”“侵犯人身犯罪”和“贪污贿赂犯罪”三章中的重点罪名以外，对于危害公共安全罪、妨害社会管理秩序和破坏社会主义市场经济秩序罪等罪章中比较重要的罪名，也要适当予以关注和理解。

二、关于刑法复习方法

好的方法能让人收到事半功倍的效果，在复习备考过程中，应当注意以下几点：

第一，要兼顾总则与分则。刑法由总则与分则构成，总则论述认定犯罪的一般的、共通的要素和法律效果，而分则是解释各个具体罪名的构成及其刑罚后果，《刑法总则》的规定对分则具有不可动摇的拘束力，也就是说，总则的规定都适用于分则，在解释分则罪名的时候必须要顾及总则的规定。所以，学好总则的基础理论知识就特别重要，对分则的罪名进行考查，尤其是主观题考试的刑法案例分析题，必定会结合总则的共同犯罪理论、犯罪未完成形态等进行。而通过与分则罪名有关的具体案例，考查考生对于总则基础理论知识的理解，从另一个侧面也说明了法考越来越重视刑法知识的实用性。因为一旦脱离了分则具体罪名的应用，即便将总则的知识倒背如流，仍然不会解决实际问题，因此这也提示考生，在备考过程中要注重以实际案例练习和检测自己对于基础理论的理解和应用能力。

第二，掌握重点的法条和司法解释。重点的法条和司法解释是刑法学科拿到高分的基础，尤其是最新修订的法条以及相关的司法解释。最新的法条与司法解释基本必考，是往年命题的一个重要规律。实际上，往年的真题甚至直接考查法条原文，例如，2015 年第 21 题便以填空的形式考查《刑法》第 388 条关于斡旋受贿的法条原文，如果在这种毫无技术含量的送分题上丢分，实在可惜。因此，考生在复习时应当时常翻翻《刑法》法条和重要的司法解释。

第三，规范地理解刑法问题。刑法学与犯罪学不同，刑法学是一门规范学科，对于一些问题的理解往往和现实的生活经验南辕北辙。因此，在理解刑法问题与答题时就不能根据感觉和经验进行，否则出错的概率非常高，是在“制造一种不受容许的风险”。例如，对于盗窃罪、诈骗罪、侵占罪等常见财产犯罪的理解，便必须紧紧扣住它们各自的规范构成，不能凭感觉理解各罪的构成要件。比如说 2016 年试题考查的案例：甲利用信息网络，诱骗他人点击虚假链接，通过预先植入的木马程序取得他人财物。如果我们根据个人感觉或者生活经验解题，而非规范地分析行为的性质，便会认为甲是用诈术骗取他人财物，成立诈骗罪。可是，被害人并不知道自己点击链接后会直接处分自己的财产，因此，甲的骗术并没有使得被害人产生处分财产的处分意识，因而不成立诈骗罪，而是盗窃罪。命题人深知考生非常容易犯此种错误，因此命题时常常会用这种套路。

第四，重视重要的理论争议问题。过去，大家都习惯性地认为考试不会考有争议的问题，那样对考生而言不公平。不过，法考选拔的是司法官，司法官最重要的能力就是说理能力和论证能力，如果对于争议的问题都只有一个唯一的答案，那就无法测验出考生的这种能力。而开放式的题目没有固定答案，需要选择相应的理论立场逻辑一贯地推导出结论，比较能够锻炼逻辑推理能力和说理论证能力。从最近几年的真题看，越来越多地出现了开放式的命题。其实，理论上看，法学是一门价值科学，对于一些重要的争议问题也不应该有一个标准的“正确答案”。由此也从另一个侧面提醒我们，学好刑法不可能用死记硬背这种廉价的方式来达成，而是必须在理解的基础上捎带着记忆。所以，备考时一定要重视彻底理解和掌握这些重要的理论争议问题，不能抱着“应该不会考”这种侥幸的心态直接略过，因为略过的这几分很可能决定了一年的艰苦奋斗是否能够开花结果。当然，如果是基于自由自主意志的放弃，最后还是需要自己吞下这苦果，这就是“自我答责”。

三、一点结语

要附带说明的是关于本书的体例问题。本书目前安排的章节看上去似乎并没有很强的体系性，主要缘由在于我们考虑到尽管近两年考查的知识点范围有所扩张，但是考查的重点仍然符合前些年的命题规律，因此，对于总则中的重点知识点如因果关系（归责）、不作为的认定、犯罪主体、犯罪故意、犯罪过失等问题独立成章进行论述，而非像体系教科书一样将这些构成要件或者责任要素放在构成要件或者罪责（有责性）章节下介绍。再如，由于违法阻却事由和责任阻却事由都不妨被称之为“犯罪排除事由”，因此本书将二者合并放在一章中介绍。其实，从犯罪论体系上说，违法阻却事由和责任阻却事由在德日通说的三阶层中是性质不同的犯罪排除事由。违法阻却事由排除行为的违法性，而责任阻却事由是在确认一个行为是违法之后，进一步看行为人是否有值得宽宥或者可谴责之处。但鉴于兼顾体系的明确性和备考的便利性角度考虑，本书未将违法阻却事由和责任阻却事由明确区分为两章论述。这样编排本书章节结构也尽量兼顾了与法考大纲中知识点罗列顺序的平衡问题。

我们深知，备考的过程的确是艰辛枯燥的，但要开启自己的法律职业生涯，就必须迈过“法考”这道门槛。生活本是“己手犯”，他人无法代替自己去体味人生的酸甜苦辣。同时，自己也永远是自己命运的“正犯”，其他人永远只是处于边缘角色、至多是只能提供一点助力的“共犯”。所以，要勇敢且用力地走过去，坚信命运完全可以掌握在自己的手里，由自己“支配与操控”！

当然，如果本书能成为给各位考生进入法律职业提供一点或多或少助力的“共犯”，我们将十分高兴与荣幸。

周光权　方军

（周光权：本书编著者，前资深命题人；
方军：本书编著者，清华大学博士，
中国社会科学院大学法学教师）

>> CONTENTS 目录

刑法知识点思维导图

- 刑法学知识导图
  - 总则
    - 导论　①刑法与犯罪概说　②罪刑法定原则　③刑法的适用范围
    - 犯罪论（见下页图）
    - 刑罚论
      - 刑罚裁量　①自首　②立功　③数罪并罚制度　④累犯　⑤缓刑制度
      - 刑罚执行与刑罚消灭　①减刑　②假释　③追诉期限
  - 分则
    - 危害公共安全罪　①交通肇事罪　②放火罪　③以危险方法危害公共安全罪　④投放危险物质罪
    - 破坏社会主义市场经济秩序罪
      - ①生产、销售伪劣产品罪　②生产、销售假药罪
      - ③生产、销售有毒、有害食品罪　④走私普通货物、物品罪
      - ⑤非国家工作人员受贿罪　⑥出售、购买、运输假币罪
      - ⑦持有、使用假币罪　⑧非法吸收公众存款罪
      - ⑨集资诈骗罪　⑩信用卡诈骗罪　⑪保险诈骗罪
      - ⑫逃税罪　⑬非法经营罪
    - 侵犯公民人身权利、民主权利罪
      - ①故意杀人罪　②非法拘禁罪　③绑架罪　④遗弃罪
      - ⑤拐卖妇女、儿童罪　⑥收买被拐卖的妇女、儿童罪
      - ⑦侵犯公民个人信息罪
    - 侵犯财产权利罪
      - ①抢劫罪　②抢夺罪　③盗窃罪　④侵占罪与职务侵占罪
      - ⑤诈骗罪　⑥敲诈勒索罪　⑦故意毁坏财物罪
    - 妨害社会管理秩序罪
      - ①赌博罪　②伪证罪　③窝藏、包庇罪
      - ④掩饰、隐瞒犯罪所得、犯罪所得收益罪
      - ⑤帮助毁灭、伪造证据罪　⑥盗伐林木罪
      - ⑦走私、贩卖、运输、制造毒品罪
      - ⑧非法持有毒品罪
    - 贪污贿赂罪
      - ①贪污罪　②挪用公款罪　③受贿罪与利用影响力受贿罪
      - ④行贿罪　⑤介绍贿赂罪
    - 渎职罪　①滥用职权罪　②玩忽职守罪　③徇私枉法罪

注：由于本书体例的原因，本图并未涵盖所有的刑法学知识点，但尽量兼顾了刑法学知识体系。

- 犯罪论
  - 犯罪成立要件
    - 犯罪客观要件
      - 犯罪行为
        - 作为
        - 不作为
      - 犯罪结果
      - 刑法上的因果关系
      - 犯罪主体
        - 自然人
        - 单位
    - 犯罪主观要件
      - 犯罪故意
        - 直接故意
        - 间接故意
      - 犯罪过失
        - 过于自信的过失
        - 疏忽大意的过失
      - 事实认识错误
        - 具体的事实错误
        - 抽象的事实错误
    - 犯罪排除事由
      - 违法排除事由
        - 正当防卫
        - 紧急避险
        - 被害人承诺与推定的被害人承诺
      - 责任排除事由
        - 责任年龄
        - 责任能力
        - 违法性认识错误
  - 犯罪未完成形态
    - 犯罪中止
    - 犯罪未遂
  - 共同犯罪
    - 一般原理
    - 正犯与共犯
    - 共同犯罪人的处罚
    - 特殊问题（共犯中止、过剩等）
  - 罪数论
    - 区分罪数的标准
    - 想象竞合犯和结果加重犯
    - 牵连犯与不可罚的事前、事后行为

第一章　刑法与犯罪概说

命题分析

本章内容是关于刑法与犯罪两个概念的基础介绍。在历年真题中基本未见考查，从未来的命题趋势来看，关于犯罪与刑法基础概念的考查概率仍然较低。但是，刑法与犯罪两个概念是学好刑法知识的基础，因此将两者单独列为一章加以介绍。

知识点精讲

一、刑法的概念、性质

（一）刑法的概念

刑法是以国家名义预告何种行为是犯罪以及应给犯罪人处以何种刑罚处罚，以有效应对犯罪和积极预防犯罪的法律。

刑法有广义与狭义之分。广义的刑法，是指以国家名义颁布的，规定犯罪与刑罚的一切法律规范的总称，包括刑法典、单行刑法以及附属刑法。单行刑法是指为补充、修改刑法典而由最高立法机关颁行的，在形式上独立于刑法典而在内容上又是专门规定犯罪与刑罚的规范性文件。附属刑法是指拥有行使立法权的国家立法机关，在制定经济、行政等非刑事法律时附带制定的，体现国家对特定范围内的特定社会关系加以调整的，关于犯罪与刑罚的行为规范的总称。附属刑法由于是为了达到行政取缔的目的而借用刑罚这种手段确立的，所以又被称为“行政刑法”。狭义的刑法是指由国家立法机关制定的，将规定犯罪与刑罚的一般原则和各种具体犯罪与刑罚的法律规范加以条理化和系统化的刑法典。

我国 1979 年制定了刑法典，这部刑法的特点是罪名较少、刑罚较为轻缓。随着改革开放的推进，社会转型的加快，这部刑法典日益无法适应社会的发展，因此，截至 1997 年 3 月，我国先后又通过了 20 余部单行刑法，并在一百余部行政法规中规定了罪刑条款。单行刑法与附属刑法规范过多，过于分散，难免有相互矛盾之处，给司法适用带来难度，也使法制同一性受到影响。因此，我国在 1997 年对 1979 年刑法进行了修订。

修订后的 1997 年《刑法》共有 452 条，在犯罪与刑罚的立法规定上都有重大改动。在总则方面规定了罪刑法定等刑法基本原则，并在罪刑关系设置的多个方面体现保障人权思想；在分则中增设大量新罪名，严密法网。1997 年全面修订以来，全国人大常委会根据惩罚犯罪、保护人民和维护社会秩序的需要，先后通过了一个决定（1998 年 12 月全国人大常委会通过的《关于惩治骗购外汇、逃汇和非法买卖外汇的犯罪的决定》）和十个《刑法修正案》，为新形势下惩治具有严重社会危害性的犯罪行为提供了依据。

（二）刑法的性质

刑法作为重要的部门法，具有以下法律性质：

1. 特定性

刑法只规范罪刑关系，其涉及的内容与对象都较为特殊。刑法规范并不像其他法律规范一样仅仅保护社会伦理的、道德的、宗教的秩序，而是对个人参与社会生活、从事社会活动所必不可少的生活礼仪等都予以保护，即通过对违反规范的行为以国家的名义作出规范的、明确的否定性评价，来达到维护法益的目的。

2. 广泛性

刑法的目的是保护法益。刑法保护人类从事社会生活所必不可少的利益，因此，需要以刑法加以保护的法益十分广泛。法益大体可以分为个人法益、国家法益和社会法益三大类，每一大类法益下又可以细分具体的法益种类。

3. 严厉性

作为犯罪的法律后果轻则财产刑、资格刑等，重则有自由刑甚至生命刑。因此，刑法的法律后果相对于其他部门法而言，具有明显的严厉性。

4. 谦抑性

谦抑性是指刑罚作为最严厉的处罚手段，其必须是在其他制裁手段的处罚力度明显不充分时，才能加以使用。需要法律加以保护的社会利益较多，保护手段也是多样化的，刑法并没有保护所有应当保护的社会利益的功能和效力，即刑法不是万能的，刑罚手段具有局限性。这是由刑罚的严厉性所决定的，刑法是国家法律手段中破坏性最强的一种，其可能间接甚至直接对刑法本身应当保护的利益产生危害，所以只有当民事、行政等法律对法益的保护不充分，国家、社会或者个人以其他手段无法有效保护该利益，而只有通过刑罚才能有效保护的情况下，刑罚作为最后手段才能被使用。

需要注意的是，刑法的谦抑性并非意味着立法时要限定处罚范围，立法随着社会形势的发展而进行适度的犯罪化作业，并未违背刑法的谦抑性。否则，刑法将无法适应新情境下打击犯罪的需求，从而也就无法有效地保护法益。

二、犯罪的概念、分类

（一）犯罪的概念

对于犯罪的定义，有实质定义和形式定义之分。犯罪的形式概念将犯罪视为违反刑事法律的行为，仅仅从犯罪的法律特征给犯罪下定义，如法国刑法典曾将犯罪规定为“法律所规定的重罪、轻罪、违警罪”。而犯罪的实质概念则从犯罪的本质特征给犯罪下定义，如有人认为犯罪是对权利的侵害，有人则认为犯罪的实质是对法益的侵害。

我国《刑法》第13条对犯罪的规定，则结合了形式与实质的侧面对犯罪作了综合的定义。该条的犯罪定义不仅揭示了犯罪的法律特征（刑事违法性），而且阐明了犯罪的实质内容（法益侵害性），从而为区分罪与非罪的界限提供了一个原则性的标准。

需要提醒的是《刑法》第13条“但书”的规定：“情节显著轻微危害不大的，不认为是犯罪。”应当认为，这一“但书”规定是从反面强调何种行为不是犯罪。这里的“不认为是犯罪”是指情节显著轻微危害不大的，立法上不认为其构成犯罪，司法上自然就不能将其作为犯罪处理，因此，对于“但书”规定，不能理解为情节显著轻微危害不大的，本来已经构成犯罪，但是法官基于情节的考虑将其不作为犯罪处理。

（二）犯罪的分类

对于犯罪，按照不同的标准，可以作不同的分类。

1. 自然犯、法定犯

从刑法与社会伦理的关系角度，可以将犯罪分为自然犯和法定犯。对自然犯与法定犯这一组概念的系统阐释，最早见于意大利“犯罪学三圣”之一的加罗法洛的《犯罪学》一书。自然犯，是指即使刑法规范对行为本身没有规定，其也会受到社会伦理的非难的情形（刑事犯）。法定犯，是指刑罚规范的内容与社会伦理规范之间有时存在不一致之处，对于行为的犯罪性质，只有根据刑罚法规的规定才能加以确定并进行非难的情形（行政犯）。

一般来说，自然犯的行为本身是一种“自体恶”，法定犯是一种“禁止恶”，所以，二者之间有明确的界限。但是，随着社会状况的变化和公众价值观的变化，会出现自然犯的非犯罪化现象，如赌博罪、传播淫秽物品罪等没有被害人的传统自然犯，随着社会风俗的变化，其适用范围可能限缩；或者出现法定犯的自然犯化现象，如操纵证券交易价格的行为，只有刑法有规定，其法益侵害性才能被认识，但随着证券业的发展，操纵证券交易价格的行为会逐步具有自然犯的性质。

2. 亲告罪、非亲告罪

从告诉权由谁享有的角度，可以将犯罪分为亲告罪和非亲告罪。亲告罪，是指对于犯罪是否进行追究，取决于个人的意思，在追诉时必须经过有告诉权者告诉的犯罪。非亲告罪，是指侦查、起诉、审判程序由国家司法机关直接推动，起诉权利由检察机关享有，是否提起公诉不取决于个人意思的犯罪。

在我国刑法中，绝大多数犯罪是非亲告罪，只有侮辱、诽谤、暴力干涉婚姻自由、虐待、侵占等罪是亲告罪，在这些犯罪的危害轻微的情况下，考虑被害人的追诉要求是合理的。

3. 国事罪、普通刑事罪

从犯罪的法益侵害性的角度，可以将犯罪分为国事罪和普通刑事罪。国事罪，是指直接侵害国家统治秩序的犯罪，即我国《刑法分则》第一章规定的危害国家安全罪。这类犯罪所危害的法益具有特别重要性、唯一性，对于统治阶级来讲，是最为重要的犯罪，所以必须予以严惩。普通刑事罪，是指危害国家安全罪以外的侵犯个人、社会利益的犯罪。这类犯罪的具体类型广泛，轻重程度不同，对其处罚的方法也就存在差别。

4. 基本犯、结果加重犯

基本犯是指符合某个构成要件基本形态的规定的犯罪形态。例如，符合《刑法》第234条第1款规定的，就可成立故意伤害罪的基本犯。

结果加重犯是指行为人出于基本构成要件的故意，在实施基本构成要件所规定的行为时，发生了超过基本构成要件结果以外的加重结果，因而导致刑罚加重的犯罪形态。在我国，基本犯和结果加重犯的关系主要表现为以下情形：①抽象危险犯+实害结果，如生产、销售假药，对人体健康造成严重危害的；②具体危险犯+实害结果，如放火致人死亡；③实害犯+加重结果，如伤害致人死亡、抢劫致人死亡。

对结果加重犯之所以加重处罚，是因为加重结果由基本犯的故意犯罪行为所导致，而该基本犯从一开始就在其自身包含了发生加重结果的危险，并且该加重结果得以实现。

认定结果加重犯时，必须要注意基本行为与加重结果之间必须存在直接关联性。即只有在基本行为所特有的风险，在特定场合直接得以实现时，才有成立结果加重犯的余地。例如，甲对被拘禁者乙实施暴力程度很高的殴打行为，后者乘看管的人不注意而自杀的，可以承认基本行为和加重结果之间的直接性。又如，丙将被拘禁者丁放在汽车后备厢，该车被其他车辆追尾后，被害人丁被活活烧死的，在丙的行为使得被害人丧失逃生机会这一意义上，可以认为其和死亡结果之间具有直接性。再如，甲伤害钢琴师乙，导致其两个手指受伤，乙因为无法继续弹钢琴而自杀的，不能认为死亡结果和伤害行为之间有直接性，甲不构成故意伤害致死。

5. 即成犯、状态犯和继续犯

从犯罪终了与法益侵害的关系处罚，可以将犯罪分为即成犯、状态犯和继续犯。

即成犯是指法益侵害后果发生的同时，犯罪行为完成或者终了的情形。故意杀人罪是即成犯的典型例证。

状态犯是指法益侵害发生的同时，犯罪行为终了，但此后法益侵害的状态仍然继续的情形。盗窃罪是状态犯的适例，以在行为人控制财物时，盗窃行为既遂，法益侵害发生的同时行为实施完毕。在此之后，赃物在相当长的时间内被犯罪人控制，所以，法益侵害状态继续，但是对这种违法状态，在状态犯的构成要件里进行包括的评价，行为人自身占有、销售赃物的，并不构成赃物犯罪；故意毁坏赃物的，也不成立故意毁坏财物罪（不可罚的事后行为）。

继续犯是指在法益侵害持续进行期间，犯罪行为也持续进行的情形。继续犯是不法状态和实行行为同时存在，非法拘禁罪是继续犯的典型。

第二章　罪刑法定原则

重要法条及司法解释

《刑法》第3条。

命题分析

罪刑法定原则基本是每年必考的内容，平均每年都会占2~3分，需要重点掌握。对于罪刑法定原则的考查，大体上可以分三个基本方向：第一，罪刑法定原则的思想基础；第二，罪刑法定原则的基本内涵；第三，刑法解释方法及具体应用。

其中，重中之重是刑法解释方法及具体应用，考生要熟练掌握各种解释方法的含义和技巧。另外，刑法解释会结合《刑法分则》罪名构成要件进行考查，对于分则罪名切勿望文生义地解读其构成要件，否则对于个别构成要件要素的解释非常容易出错。

知识点精讲

按照费尔巴哈的经典表述，罪刑法定原则的基本含义就是“没有法律就没有刑罚，没有法律就没有犯罪”。即如果没有成文法律规定某种行为是犯罪，并且应当受到相对确定的处罚，则对任何人的行为都不能以犯罪论处。

一、罪刑法定原则的思想渊源

罪刑法定沿革意义上的思想渊源包括三权分立学说和心理强制说。

三权分立学说。立法权、司法权与行政权分别由不同的机构行使，以此达到权力的制衡目的，防止任何一种权力的过分集中。就刑法来说，为了避免国家滥用刑罚权和罪刑擅断，必须将刑罚权分散配置：由立法者享有制刑权，由司法者享有裁判权。由此，司法人员只能根据立法者制定的成文刑法规范认罪量刑，不得任意解释刑法，否则便僭越了立法的权限。

心理强制说。心理强制说由刑法大儒费尔巴哈提出。该说认为，人都是理性算计、趋利避害的主体，人在做任何一种行为时都会进行利弊权衡，如果制定成文刑法，确定罪刑法定原则，个人在行为时便会衡量通过犯罪得到的好处和犯罪所可能遭受的惩罚，如果个人通过衡量发现犯罪“不划算”时，便会放弃犯罪。由此，必须事前明文规定什么是犯罪，借对潜在的犯罪者实现心理强制，进而预防犯罪的产生。

由于三权分立的学说过于僵化，与大陆法系各国司法官享有较为宽泛的解释权力的现实不尽符合，而心理强制说则存在不完全符合事实，将人作为威吓对象看待、不尊重人的嫌疑。因此，今天一般认为罪刑法定原则的思想基础是民主主义和自由主义。按照民主主义的要求，只有由国民选举的代表组成的立法机关才有权制定法律，司法机关无权制定法律；而根据自由主义的要求，为了确保国民对自己的行为有预测可能性，必须在事前就明确规定行为的允许与禁止之间的界限，以此保证个体的行动自由。

而上述罪刑法定原则的思想基础在今天中国的法治语境下，与社会主义法治理论具有高度的契合性。罪刑法定的思想基础是民主主义与尊重人权主义，具备社会主义法治理论的本质属性。罪刑法定既约束司法者，也约束立法者，符合依法治国理念的基本要求。

沿革意义上的思想渊源	现代思想基础
三权分立	民主主义
心理强制	自由主义

二、罪刑法定原则的基本内涵

罪刑法定原则的具体要求包括：禁止溯及既往、排斥习惯法、禁止类推适用以及刑罚法规的适当性。前三项要求可以说是罪刑法定原则的形式侧面，也是罪刑法定原则的传统内涵，而最后一项要求则是罪刑法定原则的实质侧面。

（一）禁止溯及既往（事前的罪刑法定）

之所以禁止溯及既往，是因为要确保个人行动自由，就必须在事前将行为是否为法律所禁止予以明确规定。因此，法律只能追究在其颁行以后实施的行为，如果刑法溯及既往，将会使得个人无所适从，危及法律的安定性。

例 1（真题） 罪刑法定只禁止不利于被告人的事后法，不禁止有利于被告人的事后法。

提示： 必须注意的是，罪刑法定原则并非一律禁止溯及既往，其例外情形是：变更后新法规定的刑罚比犯罪行为时的旧法规定处罚更轻时，从有利于被告人利益的角度出发，允许刑法溯及既往（从旧兼从轻）。例如，《刑法修正案（九）》第 44、45 条规定，犯贪污、受贿罪，在提起公诉前如实供述自己罪行、真诚悔罪、积极退赃，避免、减少损害结果的发生，数额较大的，可以从轻、减轻或者免除处罚；数额巨大或者特别巨大的，可以从轻处罚。很明显，该规定对被告人有利，因此刑法可以溯及既往，适用于《刑法修正案（九）》生效之前的贪污、贿赂行为。所以，本例表述是正确的。

（二）排斥习惯法（成文的罪刑法定）

犯罪与刑罚必须以文字形式明确记载，刑法的法源应当是立法机关通过特定程序制定的成文法，刑事司法应该以成文法为准，而不能适用习惯法。因为习惯法的内容、发生效力的时间不是特别确定，行为人可能不知道习惯法的存在及其内容。此外，以习惯法为依据裁判案件，可能难以防止法官的恣意。因此，习惯法不应成为刑法的法源，法官不能直接以习惯法作为法源裁判案件。

（三）禁止类推适用（严格的罪刑法定）

类推适用是指对于法律没有明文规定的行为，适用有类似规定的其他条文予以处罚。类推适用在实体法上违反成文法主义和禁止溯及既往原则，在程序上违反正当程序的要求，实际上是对事先在法律上没有预告要处罚的行为进行处罚，动摇了罪刑法定原则的晓谕功能，使司法权不当地侵入了立法的领地，属于司法恣意对国民的行为自由进行压制，不应被允许。

需要注意的是，刑法禁止类推适用，但并不禁止扩大解释，这一点在考试中时常会予以考查。对于扩大解释还是类推适用的区分，必须以是否超出了文字所可能有的最大含义为界限。如果超出一般人对于文字字面含义的理解，则应视为是类推适用，而非扩大解释。因为一旦超出一般人对文字字面含义的理解，意味着超出了国民的预测可能性，违背了罪刑法定原则保障公民行动自由的宗旨。

例 2（真题） 将盗窃骨灰的行为认定为盗窃“尸体”，属于扩大解释。

提示：这一表述是错误的。对于骨灰和尸体，一般人在日常生活中显然不会将其等同看待，最典型的适例就是，如今政府基于保护耕地与环境等理由鼓励火化，但基于一些传统理念，尤其是在小城镇，人们仍然不愿火化后将骨灰土葬，而是保留尸体土葬。

例 3（真题） 将大型拖拉机解释为《刑法》第 116 条破坏交通工具罪的“汽车”，至少是扩大解释，乃至是类推解释。

提示：扩大解释与类推适用理论上的界限在于，对刑法用语的解释是否超出了文字字面含义所可能有的含义，但问题点恰恰在于，文字含义的最远边界到底在哪儿？这往往是个见仁见智的判断。不过，是否超出一般人对争议用语的理解范围仍然是判断类推适用最为重要的参考指标。按照国民的用语习惯，一般人基本不会将大型拖拉机解释为汽车，因此，将大型拖拉机解释为破坏交通工具罪中规定的“汽车”，基本可以认为是类推解释，至少是扩大解释。

（四）刑罚法规的适当性（确定的罪刑法定）

刑罚法规的适当性包括刑法的明确性、禁止处罚不当罚的行为以及禁止不确定刑。

“刑法的明确性”要求仅仅由法律明文规定犯罪与刑罚仍然不够，还应当保证国民能够预测刑罚权发动可能性的明确程度，即让人一看法律规定便明白何种行为是受禁止的。刑法是否明确，应当根据具有通常判断能力的一般人的理解，以及具体场合根据该行为人的判断可能性、预测可能性予以判断。

“禁止处罚不当罚的行为”要求对于严重违反道德规范的行为，如果没有必要用刑罚处理的，便不能规定为犯罪。这是由刑法的补充性、谦抑性和最后手段性的特征所决定的。

“禁止不确定刑”要求刑法对于刑种和刑度有明确的规定，刑种与刑期绝对不确定的刑罚无法防止司法恣意，违反罪刑法定的要求。

罪刑法定的要求	性质
禁止溯及既往。	事前的罪刑法定。
排斥习惯法。	成文的罪刑法定。
禁止类推适用。	严格的罪刑法定。
刑罚法规的适当性。	确定的罪刑法定。

三、刑法解释方法及具体应用

尽管我国1997年刑法已经将罪刑法定原则明文规定在法典中，但是罪刑法定原则在司法中的落实仍然还有较长的路要走，其中最为关键的问题在于对刑法文本的解释要合理，通过任何解释方法得出的解释结论都不能突破罪刑法定原则的界限。

刑法解释大体有两种分类标准：其一，按照解释的效力，分为立法解释、司法解释与学理解释。其二，按照解释的方法和技巧，分为文义解释、体系解释、历史解释、目的解释、扩大解释、缩小解释、当然解释、反对解释。

（一）文义解释

文义解释既是解释的起点，也是解释的终点。文义解释主要探究法条用语文字本身的语义，因此是解释的起点。而任何解释的方法最后得出的结论都不得超过文字语义所可能具有的含义范围，因此，也是解释的终点。但是，用语本身具有模糊性和多义性的特征，语言使用习惯也并非有一个确定的界限，因此，文义解释的地位尽管很重要，但是其缺陷也是显而易见的。

（二）体系解释

体系解释，即根据刑法条文在整个刑法典中的地位，联系相关法条的含义解释刑法条文。按照体系解释的要求，刑法中相同的用语应尽量保持统一的解释。但是，基于保护法益的需求，在不违背文字所可能具有的最大含义的前提下，需要对不同条文的相同用语做相对的理解。

例4（真题） 按照体系解释，《刑法分则》中的“买卖”一词，并非均指购买并卖出；单纯地购买或者出售，也属于“买卖”。

提示： 对于“买卖”来说，“买进”“卖出”“买进后卖出”均没有超出其字面含义的理解。例如，单纯卖出物品的行为有时也会被称为“买卖”，像是农民将家里自产的农副产品拿到有自己固定摊点的市场上卖，一般人也称作是做买卖。在《刑法分则》的罪名中，如非法买卖枪支罪就包含了买进枪支后卖出、只购买枪支、只出卖枪支（如拾得枪支后出卖）的行为，显然，从保护公共安全法益的角度看，如果将买卖限定解释为买进后卖出，便是在人为地制造不可忍受的处罚漏洞。再如买卖国家机关公文、证件、印章罪，也包括了单纯购买、或单纯出售相关证件等情形。因此，这一表述是正确的。

（三）历史解释

历史解释，又被称为“立法沿革解释”，是指根据刑法制定的历史背景和刑法条文的历史演变源流，探讨条文含义的解释方法。

（四）目的解释

目的解释是指根据规范保护目的、具体情境权衡各种解释理由，形成具体的协调规则，限制法官刑法解释的恣意。目的解释反对探寻立法目的，主张在解释刑法过程中，基于对刑法的人权保障机能的重视，站在传统的罪刑法定的严格立场，对刑法根据其客观上可能具有的含义进行严格解释。解释者不能执着于寻求可能并不存在的、历史上的立法者的意思，而应该去追问法律本身的客观意义。

需要注意的是，目的解释的界限在于不能突破条文用语可能具有的含义范围，即便根据目的解释得出应当扩大处罚范围的结论，但是如果结论已经超出了文字可能具有的含义范围时，此时进行目的解释便不被容许。例如，真军警抢劫的行为，从实质危害性的角度看确实重于冒充军警人员抢劫，从目的解释的角度看具有处罚必要性，但是，从一般人的用语习惯来看“冒充”的字面含义，很难认为真军警属于“冒充”。因此，冒充军警人员抢劫，不包括真军警抢劫的情形。

（五）扩大解释

任何字词与用语都有核心含义与通常含义，扩大解释是扩张刑法文本的通常字面含义与核心含义，使其符合刑法真实含义的解释。需要注意的是，扩大解释不得超出用语所可能具有的最远含义边界，否则便属于实质上违反罪刑法定原则的类推适用。但是，并非所有的扩大解释都符合罪刑法定原则，如果超出了一般国民的预测可能性，扩大解释仍然可能是错误的。

例 5（真题） 刑法中类推解释被禁止，扩大解释被允许，但扩大解释的结论也可能是错误的。

提示：上述表述是正确的。因为不合理的扩大解释通常也可能违反国民的预测可能性，侵犯公民的行动自由。

例 6（真题） 对随身携带枪支等国家禁止个人携带的器械以外的其他器械进行抢夺的，解释为以抢劫罪定罪，属于扩张解释。

提示：一般人理解的凶器，应当是国家禁止携带的具有杀伤力的器械，但是如果仅仅将凶器做这样的解释，便会制造不小的可罚性漏洞，因为有些器具尽管并非国家管制的禁止个人携带的器械，但同样具有不小的杀伤力。因此，将凶器解释为国家禁止个人携带的器械以外的其他器械的，属于扩张解释。

（六）缩小（限制）解释

缩小解释是指限制条文用于的字面含义，缩小条文外延涵摄范围的解释。例如，将聚众淫乱罪中“聚众淫乱”解释为“聚众公然淫乱”便是典型的限制解释，“聚众淫乱”的字面含义当然包括了“聚众公然淫乱”和“聚众私密淫乱”，但因为公民在完全私密的场合聚集多人发生性关系，很难认为侵犯了除道德禁令以外的其他公共法益，因此，这是具有实质合理性的限制解释。

需要注意的是，扩大解释与限制解释是两种相反的解释方向，因此，对于同一法条的同一用语不可能既作扩大解释又作限制解释。但是，对于不同法条的相同用语，完全可能基于保护法益以及体系解释上协调无漏洞的需求而做不同的解释，即完全可能一个做扩大解释，一个做限制解释。

例 7（真题） 一个解释者对于同一刑法条文的同一概念，不可能同时既作扩大解释又作缩小解释。

提示：表述正确。

例8（真题） 对甲法条中的“暴力”作扩大解释时，就不可能同时再作限制解释，但这并不意味着对乙法条中的“暴力”也须作扩大解释。

提示：表述正确。

（七）当然解释

当然解释是指刑法规范虽然没有明示某一事实能够被其涵摄，但依照形式逻辑、规范目的以及事物的当然道理，对此一事实适用既有刑法规范的一种解释。大体上，当然解释可分为两种基本形态：举轻以明重（某一行为事实是否被禁止）和举重以明轻（某一行为事实是否被允许）。在适用举轻以明重时，由于是考虑对行为事实是否入罪，必须是在不超过条文用语含义的情形下才能适用。当然，并非符合当然解释方法的结论，都会和罪刑法定原则不相冲突。

例9（真题） 当然解释是使刑法条文之间保持协调的解释方法，只要符合当然解释的原理，其解释结论就不会违反罪刑法定原则。

提示：这一命题是错误的，因为在适用举轻以明重时，完全可能出现符合当然解释的原理，但属于不利于行为人的入罪解释，在超出字面用语可能具有的含义时，便会违反罪刑法定原则。

例10（真题） 既然将为了自己饲养而抢劫他人宠物的行为认定为抢劫罪，那么，根据当然解释，对为了自己收养而抢劫他人婴儿的行为更应认定为抢劫罪，否则会导致罪刑不均衡。

提示：上述表述是错误的，任何解释方法的运用，都不能超过文字字面所可能具有的含义的最远边界，当然解释也不例外。尽管与“为了自己饲养而抢劫他人宠物的行为认定为抢劫罪”相对比来看，对为了自己收养而抢劫他人婴儿的行为更应认定为抢劫罪，符合“举轻以明重”的当然解释原理，逻辑上似乎没有问题。但是，抢劫罪的对象是“公私财物”，现阶段的一般公众用语习惯恐怕很难接受将婴儿解释为财物。

（八）反对解释

反对解释是指根据条文用语的正面含义，推导其反面含义的解释。例如，《刑法》第241条规定：“收买被拐卖的妇女、儿童，对被买儿童没有虐待行为，不阻碍对其进行解救的，可以从轻处罚；按照被买妇女的意愿，不阻碍其返回原居住地的，可以从轻或者减轻处罚。”据此，如果收买被拐卖的妇女，阻碍其返回原居住地的，便不得从轻或减轻处罚。

第三章　刑法的适用范围

重要法条及司法解释

《刑法》第 6~12 条。

命题分析

从历年真题来看，刑法的适用范围不属于高频高点。但其中有关刑法的溯及力问题不时出现，如 2017 年便考查了刑法的溯及力问题。考生要正确解答刑法的适用范围问题，尤其是时间效力，需要结合罪刑法定原则等刑法的基本原则去理解。随着跨地域的网络犯罪不断增多，刑法的空间适用范围问题也变得较传统型犯罪更为复杂，未来有可能成为命题点，考生需要予以关注。

知识点精讲

刑法的适用范围，即刑法的效力范围，是指刑法在什么地方、对什么人和在什么时间内具有效力。刑法的适用范围，分为刑法的空间效力与刑法的时间效力。

一、刑法的空间效力

刑法的空间效力是指刑法对地和人的效力，也就是一个国家的刑事管辖权的范围问题。刑事管辖权是国家主权的组成部分。一个独立自主的国，无不在刑法中对刑法的空间效力即刑事管辖权的范围问题作出规定。

（一）我国刑法关于空间效力的规定

在空间效力问题上，我国刑法以属地原则为基准，兼采属人原则、保护原则和普遍原则。

1. 属地管辖

《刑法》第 6 条第 1 款规定，凡在中华人民共和国领域内犯罪的，除法律有特别规定的以外，都适用本法。它包括以下两项主要内容：

（1）“中华人民共和国领域内”的含义

所谓“中华人民共和国领域内”，是指我国国境以内的全部空间区域，具体包括：①领陆，即国境线以内的陆地及其地下层，这是国家领土最基本和最重要的部分。②领水，即国家领陆以内与陆地邻接的一定宽度的水域，包括内水、领海及其地下层。内水包括内河、内湖、内海以及同外国之间界水的一部分，通常以河流中心线或主航道中心线为界。领海即与海岸或内水相邻接的水域，包括海床和底土。根据我国政府 1958 年 9 月 4 日发表的声明，我国的领海宽度为 12 海里。③领空，即领陆、领水的上空。

同时，根据国际条约和惯例，以下两部分属于我国领土的延伸，适用我国刑法：①我国的船舶、航空器。我国《刑法》第6条第2款规定，凡在中华人民共和国船舶或者航空器内犯罪的，也适用本法。②我国驻外使领馆。根据我国承认的《维也纳外交关系公约》的规定，各国驻外大使馆、领事馆不受驻在国的司法管辖而受本国的司法管辖。我国驻外使领馆亦视同我国领域，在该场所内发生的任何犯罪都适用我国刑法。

除此之外，针对犯罪行为与犯罪结果在时间或地点方面存在不一致等情况，我国刑法又进一步明确了属地管辖的具体标准。

我国《刑法》第6条第3款规定，犯罪的行为或者结果有一项发生在中华人民共和国领域内的，就认为是在中华人民共和国领域内犯罪。这里的结果，包括实际发生的构成要件结果，也包括按照行为人的设想本该发生相应结果的地方（未遂犯）。根据前述规定，可以适用我国刑法的情形具体包括：①犯罪行为与犯罪结果均发生在我国境内，是在我国领域内犯罪。②犯罪行为在我国领域内实施，但犯罪结果发生于国外，例如在我国境内邮寄装有炸药的包裹，在境外发生爆炸；在我国放火，危害结果发生在国外的，都属于在我国领域内犯罪。③犯罪行为实施于国外，但犯罪结果发生于我国境内。例如在我国境外开枪，打死境内居民的，可以适用我国刑法；又如，从A国运送毒物到中国，服用毒物者死在B国的，犯罪的中间影响地在中国，我国刑法亦可以管辖。④我国《刑法分则》规定了大量利用信息网络实施的犯罪。在这类犯罪中，行为地是指通过信息网络系统发出指令的地方；结果地是指被指控的行为发生不法效果的地方。在国外通过信息网络发送违法信息，但其影响在中国境内的，当然属于犯罪地在中国。

（2）"法律有特别规定"的含义

"特别规定"主要是指：

第一，《刑法》第11条规定，享有外交特权、豁免权的外国人的刑事责任，通过外交途径解决。所谓外交特权和豁免权，是指根据国际公约，在国家间互惠的基础上为保证驻在本国的外交代表机构及其工作人员正常执行职务而给予的一种特别权利和待遇。享有外交豁免权的有关人员承担着尊重我国法律、法规的义务，不得侵犯我国国家主权、违反我国法律。一旦发生违法、犯罪现象，我们当然不能听之任之，而应通过外交途径加以解决，诸如要求派遣国召回、宣布其为不受欢迎的人、限期离境等。

第二，《刑法》第90条规定，民族自治地方不能全部适用本法规定的，可以由自治区或者省的人民代表大会根据当地民族的政治、经济、文化的特点和本法规定的基本原则，制定变通或者补充的规定，报请全国人民代表大会常务委员会批准施行。这是为了照顾少数民族习惯和文化传统，切实保证民族自治权的行使，巩固多民族国家的团结、稳定与发展。

第三，我国香港特别行政区和澳门特别行政区基本法作出的例外规定。由于政治、历史的原因，我国刑法的效力无法及于港、澳地区，这属于对刑法属地管辖权的一种事实限制。

2. 属人管辖

《刑法》第7条第1款规定，中华人民共和国公民在中华人民共和国领域外犯本法规定之罪的，适用本法，但是按本法规定的最高刑为3年以下有期徒刑的，可以不予追究。第7

条第 2 款规定，中华人民共和国国家工作人员和军人在中华人民共和国领域外犯本法规定之罪的，适用本法。

根据上述规定，我国公民在我国领域外犯罪的，无论按照当地法律是否认为是犯罪，亦无论罪行是轻是重以及是何种罪行，也不论其所犯罪行侵犯的是哪一国或公民的利益，原则上都可以适用我国刑法处理。只是按照我国刑法的规定，该中国公民所犯之罪的法定最高刑为 3 年以下有期徒刑的，可以不予追究。所谓“可以不予追究”，不是绝对地不追究，而是保留追究的可能性。

此外，我国的国家工作人员或者军人在域外犯罪，不论其所犯之罪按照我国刑法的规定，其法定最高刑是否为 3 年以下有期徒刑，我国司法机关都要追究其刑事责任。这主要是考虑国家工作人员和军人有对国家特别效忠的义务，对其在域外犯罪的管辖也应从严要求。

《刑法》第 10 条规定，凡在中华人民共和国领域外犯罪，依照本法应当负刑事责任的，虽然经过外国审判，仍然可以依照本法追究，但是在外国已经受过刑法处罚的，可以免除或者减轻处罚。这条规定，包括我国公民在域外犯罪的情况在内。该规定表明，我国作为一个独立自主的主权国家，其法律具有独立性，外国的审理和判决对我国没有约束力但是从实际情况及国际合作角度出发，为了使被告人免受过重的双重处罚，又规定对在外国已经受过刑罚处罚的犯罪人，可以免除或者减轻处罚。这样既维护了我国的国家主权，又从人道主义出发对被告人的具体情况作了实事求是的考虑，充分体现了原则性与灵活性的统一。

3. 保护管辖

《刑法》第 8 条规定，外国人在中华人民共和国领域外对中华人民共和国国家或者公民犯罪，而按本法规定的最低刑为 3 年以上有期徒刑的，可以适用本法，但是按照犯罪地的法律不受处罚的除外。

根据这条规定，外国人在我国领域外对我国国家或者公民犯罪，我国刑法有权管辖，但是这种管辖权是有一定限制的：一是这种犯罪按照我国刑法规定的最低刑必须是 3 年以上有期徒刑；二是按照犯罪地的法律也应受刑罚处罚。当然，实际行使这方面的管辖权存在着一定的困难，因为犯罪人是外国人，犯罪地点又是在国外，如果该犯罪人不能引渡，或者没有在我国领域内被抓获，我们就无法对其进行刑事追究。但是，如果刑法对此不加以规定，就等于放弃自己的管辖权，犯罪的外国人就可以肆无忌惮地对我国国家或者公民的利益进行侵害。因此，作出这样的规定，是为了在法律上表明我们的立场，这对于保护我国国家利益，保护我国驻外工作人员、考察访问人员、留学生、侨民的利益是完全必要的。此外，《刑法》第 10 条对于在国外对我国国家或者公民犯罪的外国人也是适用的。

4. 普遍管辖

《刑法》第 9 条规定，对于中华人民共和国缔结或者参加的国际条约所规定的罪行，中华人民共和国在所承担条约义务的范围内行使刑事管辖权的，适用本法。根据这一规定，凡是我国缔结或者参加的国际条约中规定的罪行，不论罪犯是中国人还是外国人，也不论其罪行是发生在我国领域内还是领域外，在我国所承担条约义务的范围内，我国应当行使刑事管辖权，依照我国刑法的有关规定对罪犯予以惩处。

可以适用普遍原则加以处理的犯罪的范围，必须受到限制，应当仅限于劫持航空器、跨国的贩卖毒品、跨国的拐卖人口、海盗、种族灭绝、洗钱、恐怖活动等。

（二）关于刑法空间效力的特殊问题

1. 预备犯、未遂犯与刑事管辖权

对于预备犯，如果其预备行为在中国，其实行行为在外国的，属于在中国领域内犯罪。对于未遂犯，如果其实行行为在外国，但是其预定的犯罪结果发生地在中国的，也属于在中国领域内犯罪。

2. 共同犯罪与刑事管辖权

对于共同正犯，部分共同者的行为在中国实行，部分共同者的行为在外国实行的，对所有正犯，都应当适用中国刑法。对教唆犯和帮助犯，如果正犯的实行行为在中国，即使教唆行为或者帮助行为在国外的，根据共犯从属性的原理，教唆犯、帮助犯的行为从属于正犯行为，因此，也属于在中国领域内犯罪；但是，教唆犯、帮助犯在国内，而实行犯在国外的，只有教唆犯、帮助犯属于国内犯，实行者的行为并不具有从属性，因此，实行者属于国外犯。

3. 中国刑法没有管辖权的情况

在某些情况下，可能存在中国刑法对一些危害很大的行为没有管辖权的情况，这也是需要引起注意的：①对于某些国际条约所规定的性质较为严重的罪行，由于我国并未缔结或者参加该条约，因此难以行使刑事管辖权。②某些犯罪似乎与中国的国家或者国民利益有一些关系，但由于属地管辖、属人管辖、保护管辖、普遍管辖原则都难以适用，中国就不能行使刑事管辖权。例如，从中国某边境城市开出的、所有权属于中国旅行社的旅游车在进入东南亚某国境内后，随车旅游的A国公民甲和B国公民乙因争抢座位发生口角纠纷，进而发生厮打，甲使用暴力导致乙死亡。由于属地管辖、属人管辖、保护管辖和普遍管辖原则都难以对甲适用，中国就不能对甲的行为行使刑事管辖权。

4. 刑事管辖权的竞合

为维护国家主权，世界上多数国家都以属地原则作为刑事管辖权行使的首要原则。由此带来的问题是不同国家之间可能存在管辖权冲突。例如，当中国公民在国外犯罪，依照中国刑法应当追究刑事责任时，可能就存在中国的属人原则和国外的属地原则的冲突问题。刑事管辖权竞合的解决，需要靠当事国家之间开展协商、罪犯引渡、遣送、移交等方式加以解决。在管辖权竞合难以解决时，属地原则应当优先于其他原则适用。而前述我国《刑法》第10条的规定，是对外国刑事判决的消极承认，实际上也可以视为解决刑事管辖权竞合的一种思路。

二、刑法的时间效力

刑法的时间效力是指刑法的生效时间、失效时间以及对刑法生效前所发生的行为是否具有溯及力的问题。

（一）刑法的生效时间

刑法的生效时间与其他法律的生效时间相似，主要有两种方式：一是从公布之日起生效；二是公布之后经过一段时间再施行。由于法律颁布之后，需要留有充足的时间让公民了解，也让司法人员熟悉，做好刑罚规范适用的准备，所以，刑法公布一段时间后再施行的做法是比较妥当的，这也是世界上多数国家关于刑法生效时间的通行做法。

（二）刑法的失效时间

我国刑法的失效基本上包括两种方式：一是由立法机关明确宣布某些法律失效；二是自然失效，即新法施行后代替了同类内容的旧法，或者由于原来特殊的立法条件已经消失，旧法自行废止。

需要注意的是限时法的效力问题。限时法是指根据某种刑法规范的规定，某种行为在一定时期构成犯罪，即具体的侵害行为发生在该法律有效期间，但是追诉时该法律已经失效的情形，对于限时法失效后才发现的行为，是否可以追究，存在两种针锋相对的观点：肯定说认为，在限时法的情况下，为了防止对在该法失效前的行为无法予以处罚的情况出现，即使该法已经失效，对在此之前发生的行为也应当“遵循先例”予以处罚。虽然限时法对此没有明确规定，但也可以承认其溯及力，在该法律失效以后也可以对该行为加以处罚。否定说主张，既然法律已经失效，说明国家对某种行为的态度有所变化，再进行追究没有必要，所以，在限时法失效以后，如果该法本身没有在失效以后对行为也可以进行追究的规定，其追诉效力就应该被否定，应当说，否定说更为妥当。限时法的问题，在当前的中国还没有出现，今后如果出现类似问题，原则上应当在否定说的立场上进行处理。

（三）刑法的溯及力

刑法的溯及力，即刑法生效以后，对于其生效以前未经审判或者效力尚未确定的行为是否适用的问题。如果适用，就是有溯及力；如果不适用，就是没有溯及力。

在刑法溯及力问题上，世界各国的立场大致有：①从旧原则。不管新、旧法轻重，只要行为跨越新、旧法的，一律适用旧法。②从新原则。不管新、旧法轻重，一律适用新法。③从新兼从轻原则。原则上适用新法，但是运用旧法处理犯罪，明显对被告人有利的，可以适用旧法。④从旧兼从轻原则。原则上适用旧法，但是运用新法处理犯罪，明显对被告人有利的，可以适用新法。

按照罪刑法定主义的要求，刑罚法规不能溯及既往所以，从旧原则的合理性是不言而喻的。有的国家在宪法中就对此就有明确规定，其目的在于维护法的安定性，使行为人有可能对自己行为的可罚性进行预测，以此来保障公民的行动自由。但是，在新法处罚较轻时，作有利于被告人的考虑，使新法有溯及既往的效力，也与罪刑法定主义的精神是暗合的。所以，我国刑法实行从旧兼从轻原则，与罪刑法定主义中的禁止溯及既往并不冲突。

我国《刑法》第12条第1款规定，中华人民共和国成立以后、本法施行以前的行为，如果当时的法律不认为是犯罪的，适用当时的法律；如果当时的法律认为是犯罪的，依照《刑法总则》第四章第八节的规定应当追诉的，按照当时的法律追究刑事责任，但是如果本法不认为是犯罪或者处刑较轻的，适用本法。第12条第2款规定，本法施行以前，依照当时的法律已经作出的生效判决，继续有效。根据这些规定，对于1949年10月1日中华人民共和国成立至1997年10月1日新刑法施行前这段时间内发生的行为，应当根据从旧兼从轻原则的精神，按以下不同情况分别处理：

第一，当时的法律不认为是犯罪，而修订后的刑法认为是犯罪的，适用当时的法律，即修订后的刑法没有溯及力。对于这种情况，不能以修订后的刑法规定为犯罪为由追究行

为人的刑事责任

第二，当时的法律认为是犯罪，但修订后的刑法不认为是犯罪的，只要这种行为未经审判或者判决尚未确定，就应当适用修订后的刑法，即修订后的刑法具有溯及力。

第三，当时的法律和修订后的刑法都认为是犯罪并且按照修订后的《刑法总则》第四章第八节的规定应当追诉的，原则上按当时的法律追究刑事责任，即修订后的刑法不具有溯及力。这就是从旧兼从轻原则所指的从旧。但是，如果修订后的刑法比当时的法律“处刑较轻”，则应适用修订后的刑法，修订后的刑法具有溯及力这便是从轻原则的体现。

例（真题） 司法解释也是刑法的渊源，故其时间效力与刑法完全一样，适用从旧兼从轻原则。

提示：这一说法是错误的。我国刑法理论一般认为，刑法的渊源包括刑法典、单行刑法、附属刑法，以及民族自治地方的省级人民代表大会根据当地民族的政治、经济、文化的特点和刑法典的基本原则制定的变通或补充规定。因此，上述论述的前半段即已错误。至于司法解释究竟是否有溯及力，理论界存在争议，毕竟司法解释只是司法机关对于法律的理解，而不代表其是一种立法活动。而如果否认司法解释具有从旧兼从轻的时间效力，则上述表述的后半段也错误。

第四，依据当时的法律已经作出的生效判决，继续有效。只要犯罪已经被判决，即使按修订后的刑法的规定，其行为不构成犯罪或处刑较当时的法律要轻，也不能适用修订后的刑法，这主要是维护人民法院生效判决的严肃性和稳定性的需要。

第四章　刑法上的因果关系

命题分析

“因果关系的认定”是每年必考且每年不止考一次的知识点。因果关系（归责）问题是刑法总论中非常重要的问题，在任何结果犯中，都必须审查行为与结果之间的因果（归责）问题。尤其在实务中经常发生的故意伤害、杀人等犯罪以及过失犯的场合，时常会存在因果（归责）判断上的困难。近年来，每年直接有关因果（归责）关系问题的考查平均3~5分。实际上，在有关中止犯、结果加重犯的判断中也会涉及对因果（归责）关系的认定问题。这样一来，有关因果关系问题所占的分值更高。因果（归责）关系的认定涉及价值判断，有时确实非常困难，但是每年必考，考生在复习时务必要重点看待、细致把握！

知识点精讲

一、概述

早年我国刑法学关于因果关系问题一直存在必然因果关系和偶然因果关系的争论，这一争论在今天已经没有什么价值。“四大本”（即法律出版社出版的《国家法律职业资格考试辅导用书》）中在介绍因果关系时主要提及了条件理论和相当因果关系理论。其实，最近几年，国内刑法学界对于源自德国刑法学的客观归责理论日益重视，个别系统权威的教科书也已经接纳了该理论，而最近几年，在司法部考试中心组织编写、由法律出版社出版的试题解析中，也开始用客观归责理论分析真题。因此，建议考生除了掌握条件理论与相当因果关系理论外，适当了解客观归责理论，即便不用客观归责理论解题，在运用相当因果关系理论判断因果关系出现犹疑时，便可以客观归责理论的下位规则辅助判断检验自己以相当因果关系理论得出的结论是否正确。

因果（归责）关系是最重要的不成文的构成要件要素之一，欠缺因果（归责）关系时，便不可能成立犯罪既遂。之所以要求行为与结果之间的因果（归责）关系，其实是刑事制裁理性化需求的当然要求：在行为与结果之间存在没有前行为便没有后结果（因果）以及可以将结果算在行为人的头上时（归责），意味着行为人一旦改变自己的这一行为模式（行为规范禁止/要求的行为模式），便不会带来刑法上的利益侵害，此时对行为人的行为予以制裁才是有意义和理性的。反过来看，如果结果的发生和行为人的行为之间毫无关联，或者结果是基于异常偶然的第三人或被害人自身的因素而导致，此时对行为人科予制裁便会让行为人觉得是不公平、不正当的。

需要提醒大家注意的是，因果关系是承担刑事责任的必要非充分条件，即便肯定了因果关系，还需要具备故意、过失以及没有其他排除违法和责任事由等犯罪成立条件后，才能肯定行为人具有刑事责任。

过去，我国的刑法学在论述因果关系时，是不予区分因果关系与结果（客观）归责的概念的。因果关系概念其实是混合了自然事实（条件）意义上的因果关系和实质归责意义上的结果归责。就我国实务以及理论界判断因果关系常用的相当因果关系来说，其并不是一种和条件理论一样纯粹的确认自然事实意义上的因果关系理论，本质上已经是一种规范判断意义上的结果归责理论，只不过它没有同样作为结果归责理论的客观归责理论相对成体系化、精细化而已。即相当因果关系理论并不刻意区分因果与归责，但相当因果关系的实质就是客观归责理论的一部分，也是一种实质上的规范评价，只不过，相当因果关系基本只处理被害人或者行为人介入因素对于归责判断的影响，而客观归责理论除了处理介入因素对于归责的判断外，还会考虑诸如规范保护目的、被害人自我担责等归责问题。

二、条件理论

对于纯事实性的因果关系确认来说，基本会用条件理论来解决。条件理论的经典表达公式就是“非A则非B”，即没有A行为便不会有B结果的产生，如果能够肯定这一点，便可以肯定A行为与B结果之间有因果关系。条件说求助于一种思维上的“排除法”，即设想在该条件不存在时，结果是否同样发生：如果答案是否定的，该事实就是结果的必要条件；如果得出结论相反，就可将该事实排除于原因之外。

在理解条件理论时，需要特别注意的是：造成结果的原因可能不止一个，只要任何原因对于结果的发生起到作用的，则这些原因与结果之间都有因果关系，换句话说，所有给结果造成影响的原因（条件）都是等值的，不区分主要原因（条件）与次要原因（条件）。

例1（真题） 甲与素不相识的崔某发生口角，推了他肩部一下，踢了他屁股一脚。崔某忽觉胸部不适继而倒地，在医院就医时死亡。经鉴定，崔某因患冠状粥样硬化性心脏病，致急性心力衰竭死亡。甲的行为与崔某死亡结果之间有因果关系，这是客观事实。

提示：就事实因果关系来看，根据条件理论，本例中如果不是甲推了崔某肩部并且踢了一脚，崔某便不会倒地，继而死亡。换句话说，甲的行为与崔某的死亡结果之间存在条件意义上的因果关系。当然，有条件关系，当然不意味着应当将死亡结果算在甲的头上（没有相当因果关系或是客观可归责性），此时甲当然不成立故意伤害（杀人）既遂。并且，由于甲不具有伤害或者杀人故意，并且对于崔某的特殊体质也没有预见可能性，当然也不成立过失犯罪，只能视为意外事件。

例2（真题） 甲乘坐公交车时和司机章某发生争吵，狠狠踹了章某后背一脚。章某返身打甲时，公交车失控，冲向自行车道，撞死了骑车人程某。甲的行为与程某的死亡之间存在因果关系。

提示：在本例中，甲的行为与程某的死亡之间存在因果关系同样是正确的，从条件关系看，如果不是甲踹了章某一脚，章某便不会反身打甲，也不会致使公交车失控撞死程某，因此，甲的行为和程某的死亡结果之间存在因果关系。

必须要提醒考生注意的是，官方“四大本”中关于条件理论的论述与德国通行的条件理论不太一样：“四大本”对于条件理论做了一定的限定，即条件关系中的行为必须是具有导致结果发生可能性的行为，否则便不能认为有因果关系。例如甲劝乙乘坐飞机旅行，希望乙死于飞行事故，后乙果真因飞机失事死亡。按照“四大本”的解释，由于因果关系是指“危害行为与危害结果之间的引起与被引起关系”，而此时甲的劝说行为因为不具有导致结果发生的可能性，因此甲的行为根本不是“危害行为”。而根据德国通行的条件理论，只要行为人的行为与结果之间存在没有行为便没有结果的关系，便可以肯定条件因果关系的存在，在上例中，正是甲的劝说行为导致乙死亡结果的发生，当然存在条件因果关系，只不过是基于异常的因果偏离不能将死亡结果算在行为人劝说行为的头上（不具有相当因果关系或不具有客观可归责性）。在理解条件因果关系时，以下几点需要注意：

（一）假定的因果关系

假定的因果关系不排除因果关系的存在。假定的因果关系是指即便没有行为人的行为，结果同样会因其他因素或其他的作用形式不可避免地发生。

例 3（模拟题） A 在 B 即将登机前将 B 杀害，事后发现，B 乘坐的航班被恐怖分子放了炸弹，即便 B 不被 A 杀害，死亡结果同样会因坠机而产生。

提示：如果套用条件公式，便无法得出“没有 A 的行为，便没有 B 的结果发生”，因为此处会产生“没有 A 的行为，B 的结果仍然会发生”的推论。对此，条件理论认为，重要的是实际发生的事件流程与具体结果之间的因果关系，至于行为后结果是否可能因为其他因素或其他方式发生，对于因果关系的认定没有影响。换句话说，在本例中，重要的是 A 的杀害行为与死亡结果的条件因果关系成立，便足矣，至于 A 行为之后的坠机事件同样会导致死亡结果的发生并不重要。

（二）择一的因果关系

择一的因果关系又称为“择一的竞合”，它是运用条件公式判断因果关系的例外，并不排除因果关系的存在。择一的竞合是指两个以上的行为分别都能导致结果的发生，但在没有意思联络的情况下，竞合在一起产生了结果。

例 4（模拟题） 甲、乙在没有意思联络的情况下，分别在丙的杯子里投入足以致死丙的毒药，导致了丙的死亡。

提示：在本例中，如果没有甲的行为，丙仍然会被乙的行为毒死，反之亦然。因此，套用条件公式的表述便会得出甲、乙的行为对丙的死亡都没有因果关系。据此，择一的因果关系成立条件公式判断因果关系的一个例外：在多个条件的情形中，如果除去一个条件结果仍然会发生，但除去所有条件结果将不发生，则所有条件与结果之间都有条件因果关系。本例中的甲、乙的行为与丙的死亡结果之间都有因果关系。

（三）重叠的因果关系

重叠的因果关系并不排除条件因果关系。它是指两个以上相互独立的行为，单独并不能导致结果的发生，但在没有意思联络的情况下，合并在一起导致了结果的发生。

例 5（模拟题） 甲、乙在没有意思联络的情况下，分别向丙的杯子中投了致死量

50%的毒药，致丙死亡。

提示：在本例中，无论是甲的行为还是乙的行为，都与丙的死亡结果之间有因果关系。而得出这个结论正是运用条件公式的结果：没有甲的行为，乙的下毒剂量并不足以导致丙的死亡结果发生，反之亦然。换句话说，重叠的因果关系正是运用条件公式的结果。对于条件公式的运用来说，只要行为是造成结果的共同条件之一，便足以肯定行为与结果之间存在因果关系。

（四）超越的因果关系

超越的因果关系否定条件因果关系。它是指在前行为还没有持续作用到结果发生时，介入了一个快速且独立的因素导致了结果发生的情形。此时，只有后介入的、独立导致结果发生的因素才与结果之间存在条件关系。

例6（真题） 甲以杀人故意向乙的食物中投放了足以致死的毒药，但在该毒药起作用前，丙开枪杀死了乙。甲的行为与乙的死亡之间不具有因果关系。

提示：在本例中，甲的下毒行为尚未产生作用，乙便被丙快速且独立的开枪行为打死，因此，甲的下毒行为便与乙的死亡结果之间没有因果关系。但是，需要注意的是，如果甲的行为已经产生了作用，如乙因为毒药发作导致陷入行动不便的状态，此时被丙追砍致死，此时，如果不是甲的下毒行为，乙便不会陷入行动不便的状态进而被丙砍死。因此，就条件公式的运用来说，甲的行为与乙的死亡结果之间还是有条件因果关系（但不具有客观归责或相当因果关系）。

总之，一定要注意的是，被害人的特殊体质、被害人的故意或者过失行为而共同造成结果的发生时，只要行为是结果产生的因素之一，便不影响行为与结果之间因果关系的判断。

例7（真题） 丁以杀人故意对赵某实施暴力，导致赵某遭受濒临死亡的重伤。赵某在医院接受治疗时，医生存在一定过失，未能挽救赵某的生命。

提示：在本例中，尽管医生存在过失，但是在条件公式看来，没有丁的杀人行为，便不会导致赵某就医，进而便不会产生后来的死亡结果。因此，丁的行为与赵某的死亡之间仍然有条件因果关系。当然，就相当因果关系和客观归责理论来看，也不能否定将死亡结果算在丁的头上。毕竟，医生的过失行为并非罕见现象，丁导致赵某重伤濒临死亡，对死亡的结果产生所起的作用更大，所以，丁的行为与赵某的死亡结果之间仍然有相当因果关系或客观归责关系。

三、相当因果关系

因果关系的判断难点在于，有第三方或者被害人因素介入的场合，如何规范地确认行为人是否应当对结果负责的问题，而相当因果关系的最重要使命就是在于解决此类问题。

相当因果关系说主张根据社会一般人生活上的经验，在通常情况下，某种行为产生某种结果被认为是相当的场合，就认为该行为与该结果具有因果关系。“相当性”说明该行为产生该结果是通例而非异常的。例如，抢劫罪犯对准被害人开枪，被害人受惊吓后为自保而逃跑，慌乱中撞在电线杆上身受重伤，数日后死亡的，根据社会一般生活经验，就会认为被害人在受到枪击的情况下，慌不择路，逃跑途中发生危险，并不是异常的情况，所以抢劫行为和被害人死亡之间存在因果关系，行为人构成抢劫罪，属于抢劫致人死亡。

相当因果关系说在内部存在主观说、客观说、折中说的区别。主观说认为应以行为人在行为时所认识到的事实为基础判断因果关系；客观说主张以行为时存在的一切事实为基础判断因果关系；折中说主张以行为时一般人所预见的事实或行为人特别认识的事实为基础判断相当性的有无。

例 8（模拟题） A使劲推了一下心脏不好的B胸部，导致了B突发心脏疾病死亡。

提示：在客观说看来，B心脏不好是行为时存在的客观事实，这一点应当被纳入判断的对象资料，即A使劲地推了一下心脏有问题的B的胸部，显然，这一行为致死的风险是特别高的，具有相当因果关系。

在主观说看来，如果A在行为当时没有认识到B心脏不好这一点事实，那么B心脏不好的事实便不应被纳入判断的对象资料，即A使劲地推了一下B的胸部，一般人均不会认为A的行为有致死的风险，所以不具有相当因果关系。反之，如果A认识到了B心脏不好的事实，便会得出存在相当因果关系的结论。

在折中说看来，如果一般人在行为当时不可能认识到B心脏不好这一点事实，并且A在行为当时也没有特别地认识到这一点，则B心脏不好的事实同样不应被纳入判断的对象资料，得出的结论将会同主观说一样，没有相当因果关系。

存在被害人或者是第三人介入因素的场合如何判断因果关系，要综合考虑前行为人的行为导致结果发生的可能性大小、介入因素的异常性大小、介入因素对结果发生所起的作用力大小。前行为人的行为导致结果发生的可能性越大，肯定因果关系的可能性越高；后介入情况的异常性越大，肯定前行为和结果之间因果关系的可能性越小；后介入因素对结果所起的作用越大，肯定前行为和结果之间因果关系的可能性越小。

例 9（真题） 甲追赶小偷乙，乙慌忙中撞上疾驶汽车身亡。甲的行为与乙的死亡之间具有因果关系。

提示：在本例中，认为甲的行为与乙的死亡后果之间有因果关系是错误的。尽管就条件因果关系来说，没有甲的追赶行为，就不会有乙慌乱中被撞身亡，存在条件关系。但是，就相当因果关系来看，由于介入了车祸，需要结合介入因素考查相当性。第一，甲的追赶对乙的死亡所起的作用并不大。第二，追赶过程中发生车祸在一般人看来显然具有异常性。第三，车祸对乙的死亡所起的作用较大。所以应当认为甲的追赶行为与乙的死亡没有因果关系。

第五章 不作为

命题分析

不作为犯是刑法总论中的重点和难点，尤其是对于作为义务来源的认定来说，不管是刑法理论、还是我国的司法实务上，都存在重大的争议，对于一些案件究竟是否成立不作为犯罪往往存在较激烈的争论。正因如此，“不作为”是刑法总论中的考查重点，基本上每年的考题均会涉及不作为问题。考生需要认真把握不作为犯作为义务的各种来源，理解清楚各种作为义务来源背后的法理，否则，答题时仅仅凭自己的法感来认定作为义务来源，十有八九可能出错。

知识点精讲

一、概述

犯罪行为的实施，大多是以作为的形式来实现，不作为仅仅是作为的补充形式。不作为犯可分为纯正不作为犯与不纯正不作为犯。

纯正不作为犯是指构成要件规定只能以不作为犯的形式实施的犯罪，其违反的是命令规范，典型的如拒不提供间谍犯罪、恐怖主义犯罪、极端主义犯罪证据罪，不解救被拐卖、绑架妇女、儿童罪等。

不纯正不作为犯是指行为人以不作为的方式实施通常由作为形式实施的犯罪。如故意杀人罪、爆炸罪通常都是由作为形式实施的，但当行为人负有作为义务而不履行作为义务时，如母亲在婴儿濒临饿死时不喂食的，成立不作为的故意杀人罪。

在涉及不作为犯的考查中，主要有两个问题点：其一是不作为犯的成立条件；其二是作为义务来源问题。

二、不作为犯的成立条件

不作为成立刑法意义上的行为并符合犯罪构成要件，必须具备以下条件：

（一）作为义务

特定义务的存在，使作为与不作为能够得以区别。不作为违反的是命令性规范，其规范内容是赋予行为人实施特定积极行为的义务。正是行为人负有特定作为义务，才使不履行这一义务的不作为获得了刑法的消极评价，在这个意义上，作为义务成为不作为犯行为中违法性评价的内容和标准。如果不存在作为义务，个人的单纯消极行为不可能被认为是刑法中的行为，否则，需要刑法加以评价的行为便无处不在。必须特别要注意的是，作为义务必须是具有法律性质的义务，而非单纯道德上的义务。将道德义务作为不作为犯中的作为义务，会不当扩大不作为犯的成立范围，抹杀作为义务的限定功能。

例 1（真题） 甲到湖中游泳，见武某也在游泳。武某突然腿抽筋，向唯一在场的甲呼救。甲未予理睬，武某溺亡。

提示： 在本例中，武某突然腿抽筋的行为并非由甲引起，甲与武某之间也没有任何的亲属关系，不能仅仅由于甲在现场，只有甲能救助武某便认为甲有救助义务。既然甲没有救助义务，其不救助行为至多属于应受道义谴责的见死不救行为，但不应认为其构成不作为的故意杀人罪。

（二）作为可能性

任何理性刑事制裁的基础都在于行为人掌控了利益侵害事件的发生，如果一个利益侵害结果是行为人无法左右的，对其予以制裁实际上是不公平的，显然，这样的刑事处罚就预防层次来看是没有意义的。这一点，对于作为犯是如此，对于不作为也是如此。就不作为犯来说，如果不具有作为可能性，意味着根本就没有结果回避可能性，如果此时还予以制裁，显然是不公正的。法秩序非难的是“不作为”，而非“不能为”。例如，母亲在发现儿子落水时，尽管法律规定其有救助义务，但母亲自身不会游泳，当时也无法请求他人救助时，母亲不成立不作为犯罪，如果此时仍然处罚母亲，便不会有任何的预防效果和正当性。行为人是否具有履行能力，必须从主观能力和客观条件上加以综合考察。

（三）未履行作为义务，造成或可能造成危害后果

不作为犯的成立，必须是行为人未履行相应的作为义务。至于未履行法律要求其应当履行的作为义务的同时，是否有其他的身体举动，并不重要，不影响不作为犯的成立。此外，如同作为，不作为与结果之间也必须具有因果关系时，才能成立相应犯罪。换句话说，只有当行为人履行作为义务可以避免结果发生时，其不作为才成立犯罪。

例 2（真题） 甲在车间工作时，不小心使一根铁钻刺入乙的心脏，甲没有立即将乙送往医院而是逃往外地。医院证明，即使将乙送往医院，乙也不可能得到救治。

提示： 在本例中，无论甲如何努力履行作为义务，乙死亡的危害结果仍然不可避免地发生，因此甲的不作为与危害结果的发生不具有因果关系，甲不构成不作为犯罪。

三、作为义务的来源

（一）形式作为义务理论

“四大本”对于不作为犯的作为义务来源部分是从我国传统刑法理论学说的形式作为义务论来展开论述的，作为义务来源分为：法律、法规明文规定的义务；职务或者业务要求的义务；法律行为产生的义务；先行行为引起的义务。

1. 法律、法规明文规定的义务

法律、法规明文规定的义务，是不作为犯中作为义务的主要来源，是指由广义的法律、法令、法规规定并由刑法加以认可的义务。如根据婚姻法的规定，父母对于子女有抚养、教育的义务，子女对于父母有赡养、扶助的义务，夫妻之间有相互扶助的义务，因此，如果父母对子女未尽抚养义务，丈夫对于陷入生命危急状态的妻子不予救助，便有可能构成

遗弃罪或者故意杀人罪。

需要注意的是，原则上恋爱的情侣之间基本上不负有相互的作为（救助）义务，除非两人长期同居在一起。而未确定恋爱关系的人之间更不会存在保证人义务的问题。

例3（真题） 乙女拒绝周某求爱，周某说“如不答应，我就跳河自杀”。乙明知周某可能跳河，仍不同意。周某跳河后，乙未呼救，周某溺亡。

提示： 乙女与周某之间没有任何的亲属关系存在，乙拒绝求爱的行为也不应认为是创造风险的先行行为，因此乙女对于周某自杀的行为并没有救助义务，不成立不作为犯罪。

2. 职务或业务要求的义务

职务或业务要求的义务，是特定主体基于其担任某项职务或者从事某种业务而依法要求履行的一定作为义务。例如，医务工作人员有救死扶伤的义务，消防队员有灭火的义务。

3. 法律行为产生的义务

法律行为产生的义务是指在法律上能够设定权利、义务行为所引起的义务。法律行为主要包括合同行为与事务管理行为。合同行为具体设定了双方的权利义务关系，因此可以产生作为义务。如保姆在劳务合同有效期间，必须按照合同照顾小孩，其对小孩负有救助（作为）义务。再如，自愿接受他人风险的行为会产生作为义务，像是非法行医者根据他的承诺将病人带回家准备治疗，但发现病人的病情过于严重，自己无从下手，也仍然具有作为义务，如果私自离去导致病人死亡的，有可能成立不作为犯罪。

4. 先行行为引起的义务

先行行为引起的义务是指行为人因为自己的行为导致产生一定危害结果发生的危险，对此，行为人负有作为义务控制或者消灭危险。

例4（真题） 甲盗伐树木时砸中他人，明知不立即救治将致人死亡，仍有意不救。甲不救助伤者的行为是否构成不作为犯罪？

提示： 在本例中，甲基于自己的先前行为对于他人的生命健康造成了危险，因此负有积极的义务去降低或者消灭危险，但甲并没有适当履行自己的作为义务，因此其不救助伤者的行为基于先前行为而构成不作为犯罪。

（二）实质作为义务理论

上述形式作为义务理论自身存在一系列问题，界定的作为义务范围过于狭窄，同时过于形式化地看待问题，导致许多作为义务的界定不合理。例如，即便保姆与雇主签订的雇佣合同无效，一旦保姆实际看管了雇主的小孩，便对小孩有作为义务。因此，现今的学说基本从实质的角度来界定作为义务的范围。大体上，作为义务可以分为两个方向：其一，保护特定法益免受外来风险的威胁（对内保护）；其二，防止特定的危险源威胁他人（对外监督）。

1. 对特定法益的保护义务

（1）依照法律规定保护特定法益的义务

包括特定的近亲属关系和国家工作人员、公司企业人员对于所在单位财物等的保护义务。特定的近亲属关系，如父母子女、配偶以及兄弟姐妹之间，基于近亲关系存在作为义务，并且不以实际上同居生活为必要。需要提醒注意的，在配偶一方决定自杀的场合，另一方不予救助的，由于被害人自杀是自陷风险、自我答责的行为，另一方不予救助的，原则上不成立不作为犯罪。

（2）事实性自愿承担保护的义务

出于自愿而承担了特定的保护义务，如医生或第三人承担医疗或者救助的义务、保姆承担了照顾雇主小孩的义务等。这种自愿承担的义务，必须是以事实上是否承担为准，而非以有没有法律上的合同或合同是否有效为依据。例如，即便雇佣合同无效，只要保姆事实性地管护了雇主的小孩，便对小孩有作为义务。相反，即便合同有效，只要保姆还未到雇主家，便对小孩没有作为义务。

例5（真题） 甲带邻居小孩出门，小孩失足跌入粪塘，甲嫌脏不愿施救，就大声呼救，待乙闻声赶来救出小孩时，小孩死亡。

提示： 在本例中，甲自愿将邻居小孩带出门，便对小孩的安全负有保证人义务，其在能够施救却不施救时，便成立不作为犯罪。

（3）特定的共同体关系

在存在特定特殊信赖以及相互帮助关系的生活共同体以及危险共同体中的成员之间，彼此存在保证人义务。紧密的生活共同体的作为义务，是指虽然不属于法律明文规定的范围，但基于一定事实形成了社会通常认为的对危险应当予以共同承担、相互照顾的关系，因而在对方的发生危险时，应当有排除的义务。如长期同居的情侣关系或同性恋生活伴侣之间，但是，偶然的、松散的（如共同租住或偶然的共同旅游）关系之间并不会产生这类作为义务。危险共同体是指共同冒险的行为团体，典型的如登山团体、探险团体等，团体内的成员间相互承担安全性的保护义务。

对于此类作为义务类型，我国学说存在一定的争议，其最大的缺陷在于紧密生活共同体的概念过于含糊，可能使得作为义务范围扩大，导致刑罚处罚范围过大。不过，考生在解题时，这一类作为义务来源仍然可以作为参考。

2. 对特定危险源的监督义务

（1）危险源的监督者

某些危险场所或者危险物会危及他人法益，相关管理者便有监督义务。例如，房屋出租者发现住房具有危险性，但不及时告知承租人相关信息，导致被害人死亡的；店主对于"风雨飘摇"的户外广告牌有妥善修缮管理义务，如果未尽相关义务，便可能成立不作为犯罪；车主将汽车借给无驾驶资格的人，同样可能成立不作为犯罪；产品制造者在发现自己的产品存在质量瑕疵后，必须及时召回，以避免消费者继续使用造成人身与财产损害，如果产品制造者没有履行及时回收义务，可能构成不作为犯罪。

例6（真题） 宠物饲养人在宠物撕咬儿童时故意不制止，导致儿童被咬死的，是否成立不作为的故意杀人罪？

提示： 饲养的动物同样是一种危险源，饲养者必须妥善地管理好自己的宠物，否则会成立不作为犯罪。

（2）管护特定他人的义务

人，有时也会成为他人危险的来源，尤其是有攻击性的精神病人、监狱的服刑者以及不具有辨识能力的幼儿等。基于权力关系而管护特定他人的人，便负有作为义务。

例7（真题） 父母能制止而故意不制止未成年子女侵害行为的，是否成立不作为犯罪？

提示： 未成年子女由于不具有清晰的辨认和控制能力，因此一定意义上可以说是风险源，因此，父母对子女不仅有防止他人侵害自己子女的义务（对内风险），还有防止子女侵害他人的义务（对外风险）。必须特别注意的是，成年夫妻之间仅有在另一方存在危难状态时有作为义务（对内风险），而没有防止另一方侵害他人的义务（因为侵害者需要自我答责）。

（3）危险前行为

因为自己的行为（包括作为以及不作为）而对他人的法益造成危险的人，负有以自己行为来降低或者排除危险，以避免由于危险造成结果发生的义务。

形式作为义务理论	实质作为义务理论
法律、法规规定的义务。	依照法律规定保护特定法益的义务。
职务或者业务要求的义务。	事实性自愿承担保护的义务。
法律行为产生的义务。	特定的共同体关系。
先行行为产生的义务。	危险源的监督者。
	管护特定他人的义务。
	危险前行为。

第六章　犯罪主体

第一节　自然人犯罪

重要法条及司法解释

《刑法》第 17~19 条。

命题分析

按照考试大纲，自然人犯罪主体下的主要考点主要包括“刑事责任年龄”与“刑事责任能力”，这两个知识点经常会在同一个选择题中予以考查。“刑事责任能力”与“刑事责任年龄”这两个知识点的内容本身并不难，不过需要考生对于相关的法条规定记忆细致。对于相对刑事责任年龄的负责范围，则需要在记忆的基础上理解透彻。

知识点精讲

一、刑事责任年龄

（一）责任年龄阶段的划分

刑事责任年龄是指刑法所规定的行为人对自己的犯罪行为负刑事责任所必须达到的年龄。确定刑事责任年龄的界限，主要与刑事政策相关。我国《刑法》第 17 条将刑事责任年龄划分为三个阶段：已满 16 周岁的人，属于完全刑事责任年龄阶段；已满 14 周岁、不满 16 周岁者，为相对刑事责任年龄阶段；未满 14 周岁者，不负刑事责任。其中，尤其需要注意的是相对刑事责任年龄阶段。

处于相对刑事责任年龄阶段者，犯故意杀人、故意伤害致人重伤或者死亡、强奸、抢劫、贩卖毒品、放火、爆炸、投毒罪的，应当负刑事责任。需要注意的是，这里的“犯故意杀人、故意伤害致人重伤或者死亡、强奸、抢劫、贩卖毒品、放火、爆炸、投毒罪”，不是仅指触犯这几种罪名，而是指实施这几种行为。

例 1（模拟题）　15 周岁的甲绑架了乙的小孩丁，因未勒索到钱财，甲便将丁杀害。甲是否构成犯罪？

提示：在本例中，尽管根据《刑法》第 17 条的规定，甲不需要对绑架罪负责，但是甲必须为在实施绑架过程中的杀人行为负责，因此，甲应当成立故意杀人罪，而非不构成犯罪。另外，在相对刑事责任年龄者伙同达到刑事责任年龄者实施绑架行为，如果在得到赎金后释放人质的，或者因为过失导致人质死亡的，相对刑事责任年龄者都不负绑架罪的刑事责任。

例2（模拟题） 15周岁的陈某在盗窃的过程中被人发现，为了抗拒抓捕，而对抓捕者使用暴力。陈某是否成立犯罪？

提示：根据《刑法》第269条的规定："犯盗窃、诈骗、抢夺罪，为窝藏赃物、抗拒抓捕或者毁灭罪证而当场使用暴力或者以暴力相威胁的，依照本法第二百六十三条的规定定罪处罚。"上例中陈某的行为属于在盗窃过程中为了抗拒抓捕而使用暴力，理论上应当成立抢劫罪，但《最高人民法院关于审理未成年人刑事案件具体应用法律若干问题的解释》规定："已满十四周岁不满十六周岁的人盗窃、诈骗、抢夺他人财物，为窝藏赃物、抗拒抓捕或者毁灭罪证，当场使用暴力，故意伤害致人重伤或者死亡，或者故意杀人的，应当分别以故意伤害罪或者故意杀人罪定罪处罚。"据此，陈某不成立抢劫罪。但是，一定要注意的是，最高法院的前述解释只能视为是特别的例外规定。因此，处于相对刑事责任年龄阶段者携带凶器抢夺的，或者在聚众"打砸抢"过程中故意毁坏财物的，都应当成立故意犯罪。

例3（真题） 丙（15岁）在帮助李某扣押被害人王某索取债务时致王某死亡。

提示：根据《刑法》第238条的规定，为索取债务非法扣押、拘禁他人的成立非法拘禁罪。由于是丙等的扣押行为本身导致王某死亡，因此，只能认定丙的行为具有非法拘禁的性质，因此，丙不应当负刑事责任。

此外，尤其需要注意的是，必须严格遵守罪刑法定主义的要求，相对刑事责任年龄者实施刑法明确列举的8种行为以外的其他行为的，即便其社会危害性很严重，也不得追究其刑事责任。例如相对刑事责任年龄者实施决水行为的，其社会危害性程度并不低于放火、爆炸和投放危险物质罪，但不能追究其刑事责任。同样的，相对刑事责任年龄者制造或者运输毒品，其行为的社会危害性并不低于贩卖毒品行为，但是不能定罪处罚。

（二）责任年龄的计算

刑法所规定的年龄是指实足年龄，不是指虚岁。实足年龄以日计算，并且按照公历的年、月、日计算，如已满14周岁，是指过了14周岁生日的第二天起，才是已满14周岁。

当行为人的行为跨越了刑事责任年龄段时，只能追究相应年龄段内应予负责行为的刑事责任。如行为人在13~16周岁期间实施了多起贩卖毒品的行为，只能追究其在14~16岁之间所犯行为的责任。

此外，在行为事实和危害结果发生存在较长时间间隔的场合，年龄的计算基准应当按照行为发生时为基准进行判断。理由在于犯罪是表现于外的行为，责任能力是辨认、控制自己行为的能力，所以，辨认、控制能力必须是行为当时的能力。如行为人实施伤害行为时未满14周岁，而发生死亡结果时则已满14周岁，此时仍然不能按照《刑法》第17条第2款追究行为人的责任。当然，如果行为人实施一定行为以后，具有防止结果发生的义务，此时就应根据不作为犯罪的发生时间（作为义务的持续时间）计算年龄。

例 4（模拟题） 不满 14 周岁的甲在同宿舍同学乙的饮用水中投毒，过了几日乙饮用水时，甲已满 14 周岁，甲发现乙中毒后并没有立即将乙送医，导致乙死亡。甲是否成立故意杀人罪？

提示：在本例中，可以认为行为人对于自己 14 周岁以前的行为所可能引起的危险有排除的义务，其已满 14 周岁，但仍然不履行危险的排除义务，因而导致他人死亡的，应当成立故意杀人罪。

二、刑事责任能力

刑事责任能力是指人对自己行为的辨认能力和控制能力，它与个人的精神状况直接相关。从心理学角度看，某人缺乏辨认和控制自己行为的能力，是指对自己的行为缺乏意识和意志。一切精神正常的人，对于自己实施的如杀人、伤害等行为都有辨认和控制的能力。但对精神病人来说则可能缺乏这种能力。有的人患有轻度精神病，但并未丧失辨认和控制行为的能力，就应当负刑事责任。间歇性精神病人，在其精神正常时实施犯罪行为的应当负刑事责任。对于犯罪后精神错乱的，可中止案件的审理，待精神正常后再行审理，并不排除其负刑事责任的可能性。作案当时的精神状况到底如何，应当通过司法精神病学专家或有关医疗部门的医生鉴定。

判断刑事责任的有无，需要借助生物学标准和心理学标准。生物学标准是指以患者是否具有精神障碍作为判定行为人责任能力的标准。心理学标准是指以是否具有辨别是非、控制自己行为的能力作为判定行为人是否具有责任能力的标准。

我国刑法在认定刑事责任时，采取的是综合生物学和心理学的混合标准：行为人不仅必须患有刑法所规定的精神障碍，而且其所患精神疾病必须引起法定的心理状态和心理结果，才能被判定为无刑事责任能力或限制刑事责任能力。按照混合标准，首先应先判明行为人是否存在某种法定的精神障碍，然后进一步认定行为人是否由于这种精神障碍而丧失辨认能力和控制能力。前者有精神病医学专家鉴定，以得出行为人是否有精神病以及精神病程度轻重的结论。后者由司法人员判断，但其不能否认精神病医学专家对有无精神病所作出的结论，只能在精神病医学专家的鉴定基础上进一步判断行为人是否具有辨认与控制自己行为的能力：如果精神病医学专家的鉴定结论是行为人没有精神病，司法人员就必须肯定行为人具有辨认与控制能力；如果精神病医学专家的鉴定结论是行为人患有精神病，司法人员就必须在此基础上进一步判断行为人是否具有辨认和控制能力。需要特别注意的是，如果行为人在行为时具有责任能力，但在行为过程中丧失行为人能力，案发后又恢复辨认能力时，原则上仍应成立犯罪既遂。

我国《刑法》第 18 条第 1 款规定，精神病人在不能辨认或者不能控制自己行为的时候造成危害结果，经法定程序鉴定确认的，不负刑事责任，但是应当责令他的家属或者监护人严加看管和治疗。在必要的时候，由政府强制医疗。第 2 款规定间歇性精神病人在精神正常的时候犯罪，应当负刑事责任。第 3 款规定的是限制刑事责任能力（减轻刑事责任能力）：尚未完全丧失辨认或者控制自己行为能力的精神病人犯罪的，应当负刑事责任，但是可以从轻或者减轻处罚。

此外，根据《刑法》第 19 条的规定，又聋又哑的人或者盲人犯罪的，可以从轻、减轻或者免除处罚。又聋又哑者或者盲人不是无责任能力之人，他们犯罪理应负刑事责任，但考虑到这类群体的生理缺陷，在智力、体力等方面与身体健全者存在差异，同时出于人道主义的考虑，处罚不宜过重。这种生理缺陷既包括先天的，也包括后天的。在具体处理时，需要综合考虑其接受教育的程度和智力发展水平等情况。

第二节　单位犯罪

重要法条及司法解释

《刑法》第30~31条。

1999年6月25日《最高人民法院关于审理单位犯罪案件具体应用法律有关问题的解释》。

2001年1月21日《最高人民法院全国法院审理金融犯罪案件工作座谈会纪要》第1、2、3、4条。

2017年6月1日最高人民检察院公诉厅《关于办理涉互联网金融犯罪案件有关问题座谈会纪要》第20~27条。

命题分析

我国的刑事立法与司法实务向来肯定单位的刑事责任主体地位，本知识点也是刑法的重点和难点。从往年的命题来看，主要考查的是单位犯罪的概念以及特点。其中，单位犯罪和单位中自然人犯罪之间的关系，考生务必要理解清楚。此外，随着近年来非法吸收公众存款犯罪频发，公司内部“直接负责的主管人员”与“其他直接责任人员”如何认定成为困扰司法实务的问题，考生需要多加注意，尤其是近两年最高人民法院、最高人民检察院相关司法解释中有关单位犯罪的规定。

知识点精讲

我国《刑法分则》规定了大量的单位可以成为犯罪主体的情形，这就是所谓的“单位犯罪”。单位犯罪是指公司、企业、事业单位、机关、团体为单位谋取非法利益，或者以单位名义，经单位集体研究决定或者由负责人员决定，故意或者过失实施的犯罪。

一、理论依据

责任是主观的责任，也是个人的责任。法人不能成为犯罪主体，历来是刑法学中的定论。“社团不能犯罪”乃是古罗马法所奉行的一个原则。罗马法对于法人的本质采拟制说，将法人比拟为自然人，从而使法人获得了自然人某些法律上的能力。在罗马法中，法人有权利能力而无行为能力。法人的权利能力是指在完成其目的事业的范围内具有享受权利、承担义务的能力。由于法人无行为能力，因而必然得出结论：法人不能犯罪。这种法人拟制说，体现出罗马法中自然人本位的观念，实际上并没有从法律上真正承认法人的独立地位。当然，我们也应当客观地看到，法人拟制说毕竟赋予法人以权利能力，从而为法人参与社会经济活动提供了法律根据，也为此后法人的发展奠定了基础。在相当长的时间里，法人拟制说成为一种禁锢，为法人犯罪化设置了理论上的障碍。

随着近代资本主义的发展，个人主义社会向法人社会演变。在法人社会，法人团体取代个人日益成为社会的基础。在这种情况下，团体主义的法律思想开始流行，法人作为个人之间的联合体，成为联结个人与国家的中介。在经济生活甚至社会生活中，国家面临的不再仅仅是以个体为单位的自然人，而是大量的法人。随着法人社会的到来，法人拟制说所确认的法人性质不能适应社会需要，因而法人拟制说衰落，法人实在说崛起。依据法人实在说，法人与个人一样，属于现实的社会实体，法人机构及其代表人以法名义实施的行为应视同法人的直接行为。这样，法人不仅具有权利能力，而且具有行为能力，由此直接导出法人可以成为犯罪主体的结论。法人实在说为追究法人的刑事责任提供了理论根据。随着理论的发展，法人犯罪在世界上许多国家逐渐为立法所承认。

在刑法中确立法人犯罪的情况下，法人犯罪的性质仍然是刑法理论上值得研究的问题。在论及法人犯罪性质的时候，首先应当明确法人犯罪与个人犯罪的区分。个人犯罪的犯罪主体是自然人，而自然人具有刑事责任能力，因而个人应对本人所实施的犯罪行为承担刑事责任。但法人不同于个人，法人是一个组织体，它通过法人组织中的自然人实施某种行为。这种行为虽然是由自然人实施的，之所以能够被视为法人的行为，主要是因为它符合法人的意志，因而这种行为的法律后果也应当由法人承担。法人犯罪具有双重机制：表层是法人代表人的犯罪行为，当这一犯罪行为是由法人作出决策或者获得法人认可时，就触及了深层的法人的犯罪行为。正是在这个意义上，法人代表人的行为具有双层属性：既作为个人犯罪的行为，又作为法人犯罪的行为。

例 1（真题） 就同一犯罪而言，单位犯罪与自然人犯罪的既遂标准完全相同。

提示：上述表述是正确的。尽管单位犯罪与个人犯罪在现象上有所差异，但是，对于同一犯罪来说，由于保护法益相同，除了犯罪主体外的其他构成要件要素均没有任何差别，因此，理论上单位犯罪与自然人犯罪的既遂标准不应当有规范上的差异。当然，司法实务基于处罚范围等因素的考虑对于部分单位犯罪的追诉标准制定的相较于自然人犯罪要高，但是必须清楚，司法解释不等于立法规定，并且，追诉标准不等于既遂标准。像是盗窃罪，全国各地的追诉标准都不尽统一，但我们不能说盗窃罪既遂的标准不一致。

需要指出，某些行为（如放火、爆炸、故意杀人、故意伤害、非法拘禁，以及贷款诈骗、普通诈骗、盗窃等）并未被刑法规定为单位犯罪，但在现实生活中却存在着因为谋取非法利益，经单位决策机构集体研究或由负责人员决定实施这些犯罪的现象。在这种情况下，刑法未定单位可以构成这些犯罪，当然不能追究单位的刑事责任，但是否可以追究单位中直接负责的主管人员和其他直接责任人员的刑事责任？对此，我国刑法理论上存在否定说与肯定说之争，否定说认为，单位中直接负责的主管人员和其他直接责任人员的刑事责任是以单位构成犯罪为前提的，既然单位不构成犯罪，那么对上述人员也不能追究刑事责任。肯定说则认为，在刑法没有规定单位构成犯罪的情况下，对单位不能追究刑事责任，但这并不妨害对单位中直接负责的主管人员和其他直接责任人员以个人犯罪追究刑事责任。从法益保护的角度看，肯定说是合理的。对此，全国人大常委会 2014 年 4 月 24 日《关于

〈中华人民共和国刑法〉第三十条的解释》这一立法解释明确规定，公司、企业、事业单位、机关、团体等单位实施刑法规定的危害社会的行为，《刑法分则》和其他法律未规定追究单位的刑事责任的，对组织、策划、实施该危害社会行为的人依法追究刑事责任。最高人民检察院的有关司法解释也持相同立场。

二、分类

我国《刑法分则》对单位犯罪作了具体规定，根据我国刑法的规定，单位犯罪可以分为以下两种类型：

（一）纯正的单位犯罪

纯正的单位犯罪是指只能由单位构成而不能由个人构成的犯罪。例如，根据我国《刑法》第327条的规定，非法出售、私赠文物藏品罪的主体只能是国有博物馆、图书馆等单位，这一犯罪就只能由单位构成。除此以外，单位受贿罪与单位行贿罪等都是纯正的单位犯罪。立法者为纯正的单位犯罪设置了独立的犯罪构成，更加便利司法机关认定。

（二）不纯正的单位犯罪

不纯正的单位犯罪是指既可以由单位构成又可以由个人构成的犯罪。绝大多数单位犯罪都是不纯正的单位犯罪。不纯正的单位犯罪，包括以下类型：①多数是在本条之后另起一款规定，并对单位中直接负责的主管人员和其他直接责任人员处以与个人犯罪相同之刑。②少数在本条之后规定不纯正的单位犯罪，但对单位中直接负责的主管人员和其他直接责任人员处以较个人犯罪为轻之刑。例如，《刑法》第191条第1款规定，对个人犯洗钱罪的，处5年以下有期徒刑或者拘役，并处或者单处洗钱数额5%以上2%以下罚金；情节严重的，处5年以上10年以下有期徒刑，并处洗钱数额5%以上20%以下罚金该条第2款则规定，单位犯前款罪的，对单位判处罚金，并对其直接负责的主管人员和其他直接责任人员，处5年以下有期徒刑或者拘役。③在《刑法分则》某些章之下“节”的末尾设专条规定本节的所有单位犯罪。例如《刑法》第220条规定，单位犯本节第213条至第219条规定之罪的，对单位判处罚金，并对其直接负责的主管人员和其他直接责任人员，依照本节各该条的规定处罚。

三、主体范围

根据《刑法》第30条的规定，公司、企业、事业单位机关、团体都是单位犯罪的主体。

根据1999年6月25日《最高人民法院关于审理单位犯罪案件具体应用法律有关问题的解释》，私营公司、企业只有在具有法人资格时，才能成为单位犯罪的主体。此外，个人为进行违法犯罪活动而设立的公司、企业实施犯罪的，或者公司、企业依法设立后，以实施犯罪为主要活动的，不以单位犯罪论处。事业单位是指依照法律或者行政命令成立，从事各种社会公益活动的组织。事业单位可以分为国有事业单位和集体事业单位两种。机关则包括国家行政机关、立法机关、司法机关、军队、政党等有关机关。需要指出，前述国家机关，实际上是国家机器的一部分。虽然从理论上看，将机关作为犯罪主体不存在法律障碍，但是，在实务中，一旦对机关追究刑事责任，将带来罚金如何执行、相关机关的威信如何维持以及今后如何进一步开展工作等难题。因此，在具体个案中，是否将机关作为单位犯罪主体，需要仔细斟酌。团体，又称为社会团体，是指各种群众团体组织，例如人民团体（工会、共青团、妇联等）、社会公益团体、学术研究团体、文化艺术团体、宗教团体等。

此外，根据2001年1月21日《最高人民法院全国法院审理金融犯罪案件工作座谈会纪要》的规定，以单位的分支机构或者内设机构、部门的名义实施犯罪，违法所得主要归分支机构或者内设机构、部门所有的，应认定为单位犯罪。由此推论，以单位的分支机构、内设机构、部门的名义实施犯罪，但违法所得归个人所有的，应以个人犯罪论处。

四、单位犯罪行为

单位是一个组织体，它通过单位中的自然人实施某种行为。这种由自然人实施的行为，之所以能够被视为单位的行为，主要是因为它符合单位意志，因而这种行为的法律后果也应当由单位承担。

单位犯罪具有双重机制：表层是单位负责人直接责任人员的犯罪行为，当这一犯罪行为是由单位作出决策或者获得单位认可时，就上升到了深层的单位犯罪行为。正是在这个意义上，单位负责人、直接责任人员的行为具有双层属性：既作为个人犯罪的行为，又作为单位犯罪的行为。在实务中，自然人的行为及其所造成的后果，如果代表了单位的意思，或者是单位所不反对的，就可以视为单位的行为。

五、单位犯罪的责任

从《刑法分则》关于单位犯罪的具体规定来看，虽然大多数是故意的单位犯罪，但也不可否认存在少数过失的单位犯罪。

（一）单位犯罪故意

对单位犯罪故意的判断，需要考虑两大问题：一方面，犯罪意思由谁作出？单位主要负责人为了单位利益，自己或者安排下属实施职务、业务行为，该行为在上述行为人的职权范围内，并代表单位意志的，单位主管人员和直接责任人员的犯罪意思就是单位的意思。另一方面，犯罪意思经过何种程序形成？单位犯罪需要经过一定的决策程序实施，代表单位的意志。单位犯罪一定是单位本身的犯罪，是在单位整体意志支配下实施的。单位意志不是单位内部某些成员展示其个人意图的产物，也不是各个成员意志的简单相加，而是单位内部成员在相互联系、相互支持、协调一致的前提下所形成的整体意志。

单位整体意志的形成，包括两种形式：①由单位的决策机构按照单位的决策程序决定。②虽未经明确的单位决策程序，但由单位主要领导在为单位谋取利益的意思支配下根据其职权作出决定。单位决策不等于单位集体决策，对决策程序的要求也不能像法律上要求诉讼程序那么严格。虽然缺乏单位决策机构集体决策的形式，但是，由单位负责人按照其职责权限的要求作出的决定，如果是为了单位的利益，在单位的概括性意思之内，且该行为也理当得到单位事后追认的，就应当认为是经过单位决策所作出的决定，就代表了单位的整体意志。单位整体意志形成后，由直接责任人员具体实施。

并未经过单位决策程序所实施的盗用、冒用单位名义的犯罪行为，违法所得由实施犯罪的个人私分的，或者单位内部并不具有决策权的成员未经单位决策机构批准、同意或者认可而实施犯罪的，或者单位内部成员实施与其职务活动无关的犯罪行为的，都难以认定单位有犯罪故意，不属于单位犯罪，应当依照刑法有关自然人犯罪的规定定罪处罚。

（二）单位犯罪过失

单位过失犯罪中的过失行为一般来说具有个人性，个人行为往往是职务行为。在一般情况下，我国刑法规定的过失的单位犯罪都只处罚单位中的直接责任人员，而未处罚单位。例如《刑法》第137条规定的工程重大安全事故罪，该罪的主体是建设单位、设计单位、施工单位、工程监理单位，但刑法并未规定处罚上述单位，而只是处罚单位的直接责任人员。当然，我国刑法中规定的少数单位过失犯罪，也实行双罚制。例如，《刑法》第229条、第231条共同规定了出具证明文件重大失实罪，承担资产评估、验资、验证、会计、审计、法律服务等职责的中介组织出具证明文件重大失实的构成犯罪，对单位判处罚金，对直接负责的主管人员和其他直接责任的人员，依照个人犯罪的规定进行处罚。

例2（真题） 单位只能成为故意犯罪的主体，不能成为过失犯罪的主体。

提示：上述表述是错误的。我国《刑法分则》的规定中存在单位过失犯罪，典型适例即《刑法》第137条规定的工程重大安全事故罪。

六、单位犯罪的处罚

对单位犯罪的处罚，存在单罚制与双罚制之分。我国《刑法》第31条规定："单位犯罪的，对单位判处罚金，并对其直接负责的主管人员和其他直接责任人员判处刑罚本法分则和其他法律另有规定的，依照规定。"这一规定说明，我国刑法对单位犯罪的处罚以双罚制为原则，以单罚制为例外。

（一）双罚制

双罚制指既处罚单位，又处罚单位中的自然人。应该说，对单位犯罪实行双罚制，既处罚单位，又处罚单位中直接负责的主管人员和其他直接责任人员，能够反映刑法上对单位犯罪的充分的否定性评价，有利于遏制单位犯罪，具有合理性。

在双罚制中，对直接负责的主管人员和其他直接责任人员应当判处刑罚（包括自由刑与罚金，但主要是自由刑）。对个人判处自由刑的，有以下几种情况：①在绝大多数情况下，判处与个人犯罪相同刑罚。例如《刑法》第220条规定："单位犯本节第二百一十三条至第二百一十九条规定之罪的，对单位判处罚金，并对其直接负责的主管人员和其他直接责任人员，依照本节各该条的规定处罚。"这里所谓依照本节各该条的规定处罚，就是指依照对自然人犯罪的规定处罚。②在少数情况下，对单位内部的自然人判处低于个人犯罪的刑罚。例如，个人犯受贿罪的，最高可以判处死刑。但《刑法》第387条规定："国家机关、国有公司、企业、事业单位、人民团体，索取、非法收受他人财物，为他人谋取利益，情节严重的，对单位判处罚金，并对其直接负责的主管人员和其他直接责任人员，处五年以下有期徒刑或者拘役。"由此可见，在单位犯受贿罪的情况下，对直接负责的主管人员和其他直接责任人员判处的刑罚远轻于个人犯受贿罪的处罚。

（二）单罚制

单罚制是指在单位犯罪中，只处罚单位内部的自然人或者只处罚单位本身，并不同时对二者进行处罚。例如，《刑法》第396条规定：“国家机关、国有公司、企业、事业单位、人民团体，违反国家规定，以单位名义将国有资产集体私分给个人，数额较大的，对其直接负责的主管人员和其他直接责任人员，处三年以下有期徒刑或者拘役，并处或者单处罚金；数额巨大的，处三年以上七年以下有期徒刑，并处罚金。”本罪的主体是国家机关、国有公司、企业、事业单位、人民团体，但只处罚直接负责的主管人员和其他直接责任人员，而不处罚单位。

例7（真题） 对单位犯罪一般实行双罚制，但在实行单罚制时，只对单位处以罚金，不处罚直接负责的主管人员与直接责任人员。

提示：上述表述是错误的。我国刑法理论一般认为，对单位犯罪的处罚，原则上是双罚制，既处罚单位，也处罚直接负责的主管人员和直接责任人员；例外的实行单罚制，理论上的单罚制，可以只处罚单位内部的自然人或者只处罚单位本身，并不同时对二者进行处罚。但需要注意的是，我国《刑法分则》规定的单罚制似乎仅处罚直接负责的主管人员和直接责任人员，而不处罚单位。因此，上述表述是错误的。当然，也有学者认为《刑法分则》规定只处罚直接负责的主管人员与其他直接责任人员时，不宜认定为单位犯罪，而是自然人犯罪。

无论是单罚制还是双罚制，都涉及对单位中直接负责的主管人员和其他直接责任人员的责任追究问题。对此，《全国法院审理金融犯罪案件工作座谈会纪要》（2001年1月21日）规定：“直接负责的主管人员，是在单位实施的犯罪中起决定、批准、授意、纵容、指挥等作用的人员，一般是单位的主管负责人，包括法定代表人。其他直接责任人员，是在单位犯罪中具体实施犯罪并起较大作用的人员，既可以是单位的经营管理人员，也可以是单位的职工，包括聘任、雇佣的人员。应当注意的是，在单位犯罪中，对于受单位领导指派或奉命而参与实施了一定犯罪行为的人员，一般不宜作为直接责任人员追究刑事责任。”

第七章　犯罪故意

重要法条及司法解释

《刑法》第 14 条。

命题分析

犯罪故意是历年必考的内容。从近十余年的统计来看，犯罪故意的考查频次和占分比基本和罪刑法定原则差不多，足见这一部分的重要性。需要注意的是，事实认识错误部分无论在刑法教科书还是考试大纲中，均将其放在犯罪故意部分论述。在有关犯罪故意的内容中，考查的重点和难点尤其在事实认识错误部分。

有关事实认识错误的理论较复杂，各种学说和处理方案让人眼花缭乱，因此也是考生最容易犯错误的地方。尽管错误论很复杂，但是这一知识点确实重要，考生在复习时务必要搞懂、搞透错误的基本分类及其处理规则背后的法理，如果将“死记硬背”的复习方式用在错误论这里，肯定是在犯错误！

知识点精讲

一、故意的认识因素与意志因素

（一）认识因素

犯罪故意的认识因素是指行为人必须对于客观构成要件要素相对应的事实存在认识。例如，成立故意杀人的故意，行为人必须要认识到其开枪的对象是具体现实的“人”。行为人要认识到自己的行为及结果是具有社会危害性的。具备这种认识因素，是犯罪故意区别于日常语言中作为一般心理活动的故意的关键点。

犯罪故意的认识因素是对行为的法益侵害性或者威胁性的认识，包括对以下因素的认识：

（1）行为的性质。对于行为性质的认识，是指对于行为的自然性质或者社会性质的认识。必须注意的是，对于行为的法律性质的认识属于违法性认识而非事实性的认识。目前刑法理论界占据绝对支配性地位的观点认为：违法性认识不再是故意的要素，而是独立于故意的责任要素。所以，“成立故意犯罪，不要求行为人认识到自己行为的违法性”这一命题就是正确的。

（2）行为的客体。对于行为客体的认识，是指对于行为客体的自然属性或者社会属性的认识。例如，成立盗窃枪支罪的故意，行为人就必须认识到其窃取的对象物是具有杀伤力的“枪支”，而非玩具枪或其他物品。再如，“成立贩卖淫秽物品牟利罪，要求行为人认识到物品的淫秽性”，这一论述也是正确的。所谓的淫秽性，就是对于淫秽物品所具有的社会意义的认识。

（3）行为的结果。对于行为结果的认识，是指对于行为的自然结果的认识，这种认识在很大程度上表现为一种预见，结果成为行为的可期待的结果。

（4）行为与结果之间的因果关系。对于因果关系的认识，指行为人意识到某种结果是本人行为引起的，或者是行为人采取某种手段可以达到预期的结果。从另一个角度看，即行为人意识到：一旦改变自己的行为模式，便可以让危害结果不发生。在这种情况下，行为人即具备了对行为与结果之间的因果关系具有事实上的认识。

（5）其他属于特定构成要件的构成要件要素对应的事实，如犯罪的时间、地点、附随状况等。

事实性认识存在认识程度问题。在故意犯罪中，认识程度是指认识到结果必然发生与认识到结果可能发生。应当指出，这里的“必然发生”与“可能发生”都是指行为人在当时情况下的一种主观判断，因而属于主观认识内容，而非客观事实。所谓“认识到结果必然发生”，是指行为人当时认为，基于事物发展的趋势，结果发生是在预见之中的。所谓认识到结果可能发生，是指行为人当时认为，基于事物发展的趋势，结果有可能发生，也有可能不发生。认识结果必然发生与认识结果可能发生，对于区分直接故意与间接故意具有一定意义。一般认为，直接故意的认识因素，既包括认识到结果必然发生，又包括认识到结果可能发生。而间接故意，都以认识到结果可能发生为前提，认识到结果必然发生而又放任其发生的，属于直接故意而非间接故意。

（二）意志因素

意志对人的行动起支配作用，并且决定着结果的发生。犯罪故意的意志因素是行为人在明知自己的行为会发生危害社会的结果的基础上，决意实施这种行为的主观心理态度。其可分为希望与放任两种形态。

二、故意的分类

根据我国《刑法》第 14 条第 1 款的规定，犯罪故意可分为直接故意与间接故意两种类型。

（一）直接故意

直接故意是指行为人明知自己的行为会发生危害社会的结果，并且希望这种结果发生的心理态度。根据认识因素的不同内容，直接故意又可以分为两种情形：一种是行为人明知自己的行为必然发生危害社会的结果，并且希望这种结果发生的心理态度；另一种是行为人明知自己的行为可能发生危害社会的结果，并且希望这种结果发生的心理态度。直接故意的意志因素是希望。希望，即指行为人追求某一目的的实现。在希望的情况下，行为人是有意识的通过自己的行为实现某一目的。因此，行为与结果之间的关系是手段与目的的关系，意志通过行为对结果起支配作用。

（二）间接故意

间接故意是指行为人明知自己的行为可能发生危害社会的结果，并且有意放任，以致发生这种结果的心理态度。

间接故意对构成要件要素对应的事实有认识，并且对结果发生与否持无所谓的态度。

因此，结果即便发生，也在行为人能够接受的范围内。在这个意义上，可以说间接故意和直接故意一样有实现构成要件的愿望，只是愿望的强烈程度有差别而已。

需要注意的是，明知结果必然发生时，便不可能再存在放任的心态。换句话说，如果认识到结果必然发生，仍然实施行为的，实质上是希望危害结果发生。事实性认识存在一个认识程度问题。在故意犯罪中，认识程度是指认识结果必然发生与认识结果可能发生。这里的必然发生与可能发生都是指行为人在当时情况下的一种主观判断，因而属于主观认识内容，而非客观事实。所谓“必然发生”，是指行为人当时认为，基于事物发展的趋势，结果发生是在意料之中的。所谓“可能发生”，是指行为人当时认为，基于事物发展的趋势，结果有可能发生，也有可能不发生。认识结果必然发生与认识结果可能发生，对于区分直接故意与间接故意具有一定的意义。一般认为，直接故意的认识因素，既包括认识结果必然发生，又包括结果可能发生。与此不同，间接故意，理论上又被称为“未必故意”或“可能的故意”，因而都以认识结果可能发生为前提。

间接故意是一种可能故意，放任是听之任之，对行为人来说，结果发生与不发生都可以接受的心理态度，因此，成立间接故意的当然逻辑前提是结果具有发生与不发生两种可能性。在当时情况下，行为人对于危害结果是否会发生，处于一种不能肯定的状态，存在结果发生与不发生都可以的心理态度。如果认识到危害结果必然发生，则不可能再放任结果发生，即便行为人自己辩解对结果的发生是“不希望或无所谓的心态”，这也是其内心的“小九九”，在规范上理应将其心态认定为直接故意，换句话说，其实质上希望结果发生。像是近距离朝人开枪，即便行为人自己声称不希望被害人死亡，也应当认定其是直接故意。

（三）直接故意与间接故意的关系

我国刑法理论界有观点认为，《刑法分则》中的个别罪名只能由间接故意构成，而不能由直接故意构成；而在另外一些构成要件中，则只能由直接故意构成，不能由间接故意构成。如此，则人为地割裂了故意概念的统一性，无意间将放任与希望解释为互斥对立的关系。

一方面，《刑法分则》对故意犯罪的规定，并未限制其故意类型，理论上就不能认为连间接故意都可以成立的犯罪，具有更大非难可能性的直接故意反而不能构成。对分则各个故意犯罪的判断，不能脱离总则的规定进行，而《刑法总则》将直接故意和间接故意规定在同一个条文，也并未明确指出直接故意和间接故意有排斥关系，没有承认它们在性质上有何差别，在解释论上就当然不能认为某罪只能由间接故意构成，而不能由直接故意构成，或者只能由直接故意构成，不能由间接故意构成。

另一方面，有的犯罪通常以直接故意的面目出现，但不能因为理论上难以想象、实务中并未或很少出现就直接推定只能由直接故意构成，而间接故意无法构成。例如，一般而言，放火罪基本都是出于直接故意的心态，但完全存在为了骗取保险金而放火的情形，此时的防火罪就可能是间接故意。再如，故意毁坏财物罪一般都是出于直接故意，但完全可能存在行为人在故意实施其他重罪过程中放任财物毁坏结果发生的情形。

	直接故意	间接故意
认识因素	必然+可能	可能
意志因素	希望	放任

三、事实认识错误

事实认识错误是犯罪故意理论部分中的重点。错误论的部分理论复杂，学说杂陈，非常容易犯错误。考生在掌握此一部分内容时，首先得清楚掌握错误论的基础架构，以及究竟有哪几种错误形式和错误种类，这样有了整体性的概观后，在遇到案例事实时便知道从何入手。在清楚定位属于何种错误后，接下来就看采何种理论学说处理此类错误问题。这样的话，在碰上有关错误论的问题时犯错的概率便会下降很多。

事实认识错误是指行为人主观上的认识与客观构成要件事实产生不一致的情形。事实认识错误理论是反面的故意论，是对故意论加以展开的理论，它对于认定犯罪故意具有重要意义。一般以是否在同一犯罪构成内为标准将认识错误分为具体的事实认识错误（如想杀人，却误认了对象或是枪法欠准而杀错了人）与抽象的事实认识错误（如想杀人，却误将野猪当作人或枪法欠准打中了人骑着的马），而具体的事实认识错误又进一步可细分为对象错误、打击错误与因果关系错误三种下位类型，在对象错误与打击错误这两种场合的处理方式又有法定符合说和具体符合说的争论：法定符合说认为，行为人所认识的事实和实际发生的事实只要在犯罪构成的意义上是一致的，即可成立故意既遂犯；具体符合说认为，行为人所认识的事实与实际发生的事实具体地相一致时，才能成立故意既遂犯。

（一）具体的事实认识错误

具体的事实认识错误是指虽然行为人所认识到的事实与客观上发生的事实并不一致，但并未超出同一犯罪构成的范围，因此也被称为“同一犯罪构成内的错误”。对于如何解决具体具体的事实错误，理论上存在具体符合说与法定符合说的争议。我国的刑法理论采取法定符合说。

具体符合说认为，行为人所认识或者预见的构成事实与实际发生的事实完全一致时，才成立故意既遂；行为人所认识或者预见的构成事实与实际发生的事实不符，则阻却故意既遂的成立，转而成立未遂与过失的想象竞合。具体符合说的特色是将行为所侵害的对象朴素地具体化为“那个人”或者“那个财物”。例如，甲意欲杀乙而对其开枪，但因为枪法不准，将丙打死，甲想杀害的“那个人”乙并没有死亡，因此，甲只能成立故意杀人罪未遂和过失致人死亡的想象竞合。具体符合说要求主观认识与客观事实完全一致才成立故意既遂。例如，行为人欲打电话敲诈勒索甲，但错拨电话给了乙，并取得乙交付的财物。所知与所为不完全相同，按照具体符合说因为存在认识错误，行为人构成敲诈勒索罪的未遂（对甲）和过失的敲诈勒索罪（对乙），但现行刑法没有规定过失的敲诈勒索罪，因此对行为人只能处以敲诈勒索罪未遂。这一结论显然无法被人接受。

法定符合说认为，如果行为人所认识的结果与发生的事实在同一构成要件之内，就可以认定行为人对所有的犯罪事实都有故意。如行为人有杀 A 的意思，导致 A 死亡，附带产生 B 死亡的结果，这两个结果都符合杀人罪的构成要件，因为无论是否击中 A，只要击中了 B，就符合故意杀人罪的故意，行为人属于“想杀人，并且杀了人”。按照法定符合说，行为人的主观认识与现实发生的事实之间，虽然在侵害对象、手段上不一致，但只要在构成要件上相符合，在法律上（构成要件）就有相同的价值，就可以认定行为人具有故意。法定符合说的逻辑是，故意概念可以抽象到法定的构成要件层面，而不需要具体到某个人。

1. 对象（客体）错误

对象错误是指行为人在实行行为之前便就对象（行为客体）的同一性产生了认识错误，但客观上在实行行为的时点并没有发生目标客体与侵害客体不一的问题。如张三将迎面朝自己走过来的李四误认为王五而开枪，在开枪的时点，欲攻击的客体和实际侵害的客体都是李四，因而是对象错误。再如，丙打算将含有毒药的巧克力寄给王某，但因写错地址而寄给了汪某，汪某吃后死亡。对于对象错误，无论法定符合说还是具体符合说，都会得出不影响故意既遂犯罪成立的结论。法定符合说认为，行为人所认识的事实和现实具体发生的事实，在故意杀人这一法定构成要件的范围内一致，因而成立故意既遂。因为理论上看，行为人虽然杀错了人，但由于人的生命价值相同，刑法对于所有生命实行同等一体保护，在行为人具有杀“人”的故意，并且最终导致他人死亡的场合，死亡的人到底是甲还是乙，对于故意杀人罪的构成要件要保护的法益没有区别。而具体符合说则认为，在行为人杀人的当时，其对意欲杀害朝自己走过来的“那个人”并没有产生错误，因此不阻却故意既遂的成立。就对象错误来说，具体符合说与法定符合说在结论上并没有差异，二者只是在方法论（抽象程度）上不同。所以，丁误将生父当作仇人杀害，根据具体符合说与法定符合说，都会得出丁的行为成立故意杀人既遂的结论。

2. 打击（方法）错误

打击错误是指行为人由于方法的偏差致使原初锁定的攻击客体（目标客体）与实际的攻击客体（侵害客体）欠缺同一性的情形。如甲对准乙开枪，结果由于枪法不准将偶然路过而出现在乙附近的丙打死。

在打击错误的场合，按照法定符合说，行为人成立故意犯罪既遂。据此，上例中的甲应成立故意杀人既遂。此外，如果甲试图杀害乙，子弹穿过乙的身体，击中了丙，导致乙、丙两人死亡的，按照法定符合说，甲对乙、丙均成立故意杀人既遂，由于只有一行为，成立两个故意杀人罪既遂的想象竞合。如果甲试图杀乙，对准乙开枪，导致乙重伤后，子弹又穿过乙的身体将丙打死的，按照法定符合说，甲对乙成立故意杀人罪未遂，对丙成立故意杀人罪既遂，最后论以想象竞合。

而按照具体符合说，行为人所认识的事实和实际发生的事实，只要在构成要件范围内没有具体一致地符合时，就不成立故意既遂。因此在甲对准乙开枪，结果由于枪法不准将偶然路过而出现在乙附近的丙打死的场合，甲对乙成立故意杀人未遂，对丙成立过失致人死亡，二者成立想象竞合犯。如果甲试图杀乙，子弹穿过乙的身体，击中丙，乙、丙均死亡的，按照具体符合说，甲对乙成立故意杀人既遂，对丙成立过失致人死亡，二者成立想象竞合。如果甲试图杀乙，对准乙开了一枪，造成乙重伤后子弹又飞到丙的身上，丙死亡，按照具体符合说，甲对乙成立故意杀人未遂，对丙成立过失致人死亡，二者成立想象竞合。

3. 因果关系错误

因果关系错误是指行为人对自己行为与结果之间因果发展进程的认识和实际的因果流程不相符合的情形。因果关系错误包括三种情形：

（1）狭义的因果关系错误。指结果的发生不是按照行为人对因果流程的预设来实现的情形。

例 1（模拟题） 甲为了让乙被淹死，将乙从高处推下桥，结果乙的头部不慎撞上桥墩致死。甲是否成立故意杀人既遂?

提示: 甲将乙推下桥的行为制造了乙的生命风险,而这种风险当然会以多种方式被实现,如乙被淹死、乙被撞死等,而这些死亡方式均在一般人的经验认知范围内,当然也是甲能够认识到的,因此,甲原初想象的因果历程对于故意既遂的归责便不再重要,因果历程有偏差不影响其成立故意杀人既遂。

不难发现,对狭义的因果关系错误的处理,实质上是解决对因果关系的认识要具体化到什么程度的问题。实际上,当行为人实行行为终了的那一刻起,因果历程的发展便已经如"脱缰的野马",不再可能完全按照行为人预想的因果流程进行,更何况,以目前一般人的认知,对于很多自然因果流程的具体作用仍然处于模糊的状态(如下毒致死的工作机理和行为人想象的毒药运作机理并不一致),因此,在规范的归责上,我们不可能要求行为人对于因果流程的认知达到完全具体、科学的程度,只要行为人制造了法益侵害的风险,并且风险最后也确实实现,同时结果的发生与行为人对于自己行为制造风险的流程想象大体一致时,便成立故意既遂。

(2)结果的推迟发生。又称为"事前的故意",指行为人误以为自己的行为已经发生了预期的侵害结果,为达到另一目的,又实施了另一行为,事实上行为人所预期的结果是后一行为所造成。

例2(模拟题) 甲为杀人先实施伤害行为,造成被害人重伤昏迷后,甲误以为被害人已经死亡,将被害人丢入井中,被害人实际死于溺水。甲是否成立故意杀人罪既遂?

提示: 对于结果的推迟发生如何处理,存在激烈争议,主要有三种解决思路:其一,整体观察说。该说主张在此情况下,虽然客观上存在先前行为与后续行为之分,但两个行为是密切联系的,后续行为是先前行为的延续;主观上行为人具有概括故意,后一行为仍然为犯罪故意所涵盖,因而视为一个故意犯罪行为较为妥当,甲成立故意杀人罪既遂。但该说承认故意具有涵盖不同行为的效力,完全无视行为的定性,将故意概念绝对抽象化,并不合适。其二,行为各自独立说。认为前后两个行为各自独立,前一行为存在故意,后一行为只有过失。这种观点强调在任何情况下都应该将前后两个行为割裂开考虑,其合理性值得质疑。其三,第一行为危险性说。该说强调,如果第一行为特别危险,后一行为及其结果都是由第一行为所直接引发的,从经验生活上观察,行为人所想象的因果流程与实际发生的事件进展之间没有偏离一般预见可能性的范围的,就可以认为结果发生是由行为人的行为(尤其是第一行为)所逻辑地决定的,行为人对因果流程的认识错误无关紧要。因此,甲成立故意杀人罪既遂。

(3)结果的提前实现。又称为"犯罪构成的提前实现",是指行为人为实现犯罪目的打算通过前后相继的两个阶段的行为造成危害结果,希望通过第二个行为直接导致结果的发生,但事实上危害结果由前一阶段行为造成。

例3(模拟题) 甲准备使乙吃安眠药熟睡后用铁棍将其打死,但在甲用铁棍打乙之前,乙由于服用安眠药过量而死亡。甲是否成立故意犯罪既遂?

提示： 由于甲的第一行为已经具有导致乙死亡的危险性，甲对此也有认识，所以应认定成立故意犯罪既遂。

总之，故意的成立要求行为人认识因果关系，但是这种认识只是大致的认识，而不是具体的认识，不要求认识到细节。只要结果的发生是一般人的生活经验可以预见的，行为人设想的因果流程即便与实际发生的因果流程不一致，也不影响故意既遂的成立。

（二）抽象的事实认识错误

抽象的事实认识错误是指不同构成要件之间的错误，即行为人试图犯甲罪，但事实上触犯了乙罪。如行为人想杀害他人的狗，却错误地杀害了狗的主人。抽象的事实认识错误包括对象错误和方法错误。而对于如何处理抽象的事实认识错误，则有抽象符合说和法定符合说的对立。

1. 抽象符合说

抽象符合说认为，行为人所认识或者预见的构成事实与实际发生的构成事实不受构成要件的制约，在存在抽象的一致时，不论存在具体的行为差别还是罪质轻重，均对行为人所认识或者预见的事实以故意犯罪既遂论处，不存在认识错误。

2. 法定符合说

法定符合说认为，由于认识的事实和发生的事实跨越不同的构成要件，所以原则上两者之间没有构成要件上的符合性，对于所发生的结果不成立故意。目前，法定符合说处于通说地位。根据法定符合说处理案件，有两项规则：通常情况下，行为人对所认识的事实，可以成立故意的未遂犯，对于符合构成要件的事实没有认识的，不能成立故意犯，但可能成立过失犯，以想象竞合犯处理。

例 4（模拟题） A 故意伤害 B，导致 B 重伤昏迷。B 的仇人 C 经过现场时，以为 B 已经死亡，就肢解 B 的“尸体”。事后查明，B 是因为 C 的肢解行为而死亡。对 C 的行为应如何处理？

提示： C 想犯的侮辱尸体罪，但由于尸体客观上并不存在，对于 C 所认识的事实，可以成立侮辱尸体罪的未遂犯。实际发生的后果是 B 死亡，但 C 对符合被害人死亡的构成要件的事实没有认识，不能成立故意杀人罪，但可能成立过失致人死亡罪，对 C 应当按照侮辱尸体罪和过失致人死亡罪的想象竞合犯处理。

例外情况是，虽然认识的事实和实际发生的事实跨越不同的构成要件，但在两个构成要件有重合时，在重合的范围内成立故意犯罪。出于轻罪的认识而实现重罪的场合，成立轻罪的故意犯罪既遂，如为了盗窃财物，结果被盗的手提包内有一把枪支，此时应当认为行为人主观上只是想盗窃普通财物，客观上虽然盗窃了普通财物及枪支，但是按照主客观相统一的原则，只能对其能够认识的盗窃普通财物部分负责，成立普通盗窃罪既遂；出于重罪的认识而实施了轻罪的场合，成立重罪的故意犯罪未遂，例如为盗窃枪支（重罪）而实施盗窃行为，但实际上盗窃了普通财物的（轻罪），成立盗窃枪支罪（未遂）。再如，甲以为留在长途汽车座椅上的高级皮包是刚刚下车的乙的遗忘物，于是拿起便提前下车逃走。但是，皮包实际上是到汽车尾部卖票的售票员丙暂时放在座位上的财物。由于甲想犯的侵占罪，实际上实施的盗窃行为，两罪有重合关系，在重合的范围内，成立侵占罪既遂。

判断两个犯罪的构成要件之间是否重合时需要考虑以下三点：第一，在行为人所认识的 A 罪与实际实施的 B 罪之间属于法条竞合关系时，两罪之间显然有重合关系。第二，在 A 罪和 B 罪的构成要件明显存在交叉或者包容关系的场合，重合关系存在。如故意杀人罪和故意伤害、抢劫罪和抢夺罪、抢劫罪和盗窃罪、抢劫罪和敲诈勒索罪、诈骗罪和敲诈勒索罪、盗窃罪和侵占罪、非法拘禁罪和绑架罪之间都存在重合关系。第三，构成要件之间因为行为方式的共同性、保护法益上的共同性，而实质上是重合的，如误将核材料当作武器加以走私的，两罪的构成要件就具有实质上的重合性。

第八章　犯罪过失

重要法条及司法解释

《刑法》第 15 条。

命题分析

相较于犯罪故意来说，犯罪过失在历年考试中的分值相对较低。对于过失犯的考查集中在过失犯的认定以及过失犯的基本特征，题目相对故意犯罪部分来说简单很多。考生需要认真掌握过失犯的要件，以及间接故意和有认识过失的界限。只要理解并掌握了过失犯的概念以及结构，解决犯罪过失部分的问题并不难。

知识点精讲

我国刑法以处罚故意犯为原则，以处罚过失犯为例外。只有刑法明确处罚过失的，才能作为过失犯罪论处。根据《刑法》第 15 条第 1 款的规定，犯罪过失，是指行为人应当预见自己的行为可能发生危害社会的结果，因为疏忽大意而没有预见，或者已经预见而没有避免，以致发生这种结果的心理态度。

一、过失的种类

（一）疏忽大意过失

疏忽大意过失是指行为人应当预见自己的行为可能会发生危害社会的结果，因为疏忽大意而没有预见，以致发生这种结果的心理态度。疏忽大意过失作为一种无认识过失，其特征是在具有预见可能性的情况下，没有预见，从而没有避免结果的发生。疏忽大意过失具有以下两个特征：

1. 行为人应当预见自己的行为可能发生危害社会的结果

判断行为人是否具有疏忽大意过失，不是先判断行为人是否疏忽大意，而是先确定行为人是否应当预见自己的行为可能发生危害社会的结果。如果行为人应当预见而没有预见，就说明其具有疏忽大意过失。在应当预见的情况下，行为人并没有疏忽大意，但又确实没有预见的情形，是不存在的。因此，认定疏忽大意的关键是确定行为人是否应当预见，即结果预见义务是否存在。

所谓“应当预见”，是指行为人在行为时有义务并且有能力预见以避免危害结果的发生。正是由于行为人对其义务漠不关心，以致造成危害社会的结果，才使得其构成犯罪过失并因此承担刑事责任。如果行为人并不存在预见危害结果发生的义务，或在当时的情况下不可能预见危害结果的发生，不管造成什么样的危害结果，都不能认为其具有过失而追究其刑事责任。

应当预见的内容是法定的危害结果。由于过失犯罪以发生危害结果为构成要件，构成要件是由刑法规定的，所以，过失犯罪中应当预见的危害结果，只能是《刑法分则》对过失犯罪所规定的具体的犯罪结果。例如，过失致人重伤时，行为人所预见的是自己的行为可能导致他人重伤这一法定的具体结果。也因此，过失犯罪，法律有规定的才负刑事责任。这里的“法律”不限于刑事法律的提法就是错误的。不过，结果是否具体是相对的。在危害公共安全或者妨害社会管理秩序的过失犯罪中，行为人应当预见的结果可能不一定很具体，但其必须是《刑法分则》所要求的结果。

2. 行为人没有预见其行为可能发生危害社会的结果

疏忽大意过失是无认识过失，这种无认识的表现就是行为人在行为当时没有想到其行为可以发生危害社会的结果。没有预见可能发生危害结果，或者是行为人只意识到行为可能产生其他结果而不会产生危害社会的结果，或者是行为人认识到行为本身，但未预见行为可能导致实际结果，或者是行为人对行为本身和行为可能导致的结果都没有认识。没有预见的原因并非行为人不能预见，而是在应当预见的情况下由于疏忽大意才没有预见；如果行为人保持其意思紧张，谨慎从事，就会预见，进而避免危害结果的发生。对危害结果的未认识状态，是构成疏忽大意过失的前提。

（二）过于自信的过失

过于自信的过失是指行为人已经预见到自己的行为可能发生危害社会的结果，但轻信能够避免，以致发生这种结果的心理态度。过于自信的过失具有以下两个特征：

1. 行为人已经预见到自己的行为可能发生危害社会的结果

过于自信的过失属于有认识过失，行为人对于可能发生的危害结果有所预见，是构成这种过失的认识因素。但是，这种认识因素在程度上是比较模糊、不确定的。也就是说，行为人更倾向于认为危害结果不会发生，或者说危害结果虽有可能发生的危险，但在行为人看来，这种可能性也不会转化为现实性。

2. 行为人轻信能够避免危害结果的发生

轻信能够避免是指在预见到结果可能发生的同时，又凭借一定的主、客观条件，相信自己能够避免结果的发生。但所凭借的条件并不可靠。轻信能够避免主要表现为两种情况：一是过高估计了避免危害结果发生的自身条件和主观能力；二是过高估计了现实存在的可能阻碍结果发生的客观条件。因此，在主观意志上，过于自信的过失的行为人不仅不希望危害结果的发生，而且危害结果的发生也是违背其主观意愿的。

过于自信的过失和意外事件的区分是需要关注的问题。意外事件是指行为虽然在客观上造成了损害结果，但是并非出于故意或者过失，而是由于不能预见的原因所引起的情形。在判断是否属于过于自信的过失时，必须要考察行为人自身对于结果的预见和避免能力和客观上一般情形下是否有阻碍结果发生的有利条件。

例 1（模拟题） 甲、乙是马戏团演员，甲表演飞刀精准，从未出错。某日甲表演时，乙突然移动身体位置，飞刀掷进乙胸部致其死亡。甲的行为属于意外事件吗？

提示：在此例中，甲本身从事的日常生活工作就是表演飞刀，其对于自己的飞刀技术原则上可以避免死伤结果的发生这种信赖应当是有一定根据的，客观上如果不是乙突然移动身体，根本不会产生飞刀伤人的结果发生，因而乙的死亡结果是甲根本无法预见，乙的死亡是意外事件，而非过于自信的过失。

例2（真题） 老师因学生不守课堂纪律，将其赶出教室，学生跳楼自杀。

提示：教师对于不守课堂纪律的学生施加赶出教室的惩戒措施，并没有超出教育惩戒的限度，在日常生活中属于常态，因此教师对于学生被惩戒后自杀的情形，根本地欠缺预见可能性，因而本例中的学生跳楼自杀属于意外事件，教师的行为不成立过失。

例3（真题） 路人见义勇为追赶小偷，小偷跳河游往对岸，路人见状离去，小偷突然抽筋溺毙。

提示：本例中小偷自己跳河游往对岸，一个具有日常生活经验认知的一般人在当时显然会认为小偷会游泳，不会出现生命的风险，因此，小偷脚部抽筋导致溺毙对于路人来说是不可预见的原因导致，因而是意外事件。

二、间接故意和过于自信过失的区分

间接故意和过于自信的过失相同之处在于，行为人都已经预见到，自己的行为有可能造成危害结果，两者之间的区别仅仅在于意志因素：间接故意的行为人从根本上是接受构成要件结果发生的，其对于构成要件实现的风险是予以容认的；而有过于自信过失的行为人则自认为结果根本不会发生，因此，“认识到可能发生危害结果，但结果的发生违背行为人意志的，成立过失犯”这一命题就是正确的。显然，间接故意相较于过于自信过失而言，其与法秩序敌对的性质更严重，反过来，过于自信过失相较于间接故意，对法规范的忠诚更高。正因如此，才导致故意犯的处罚远远重于过失犯，“过失犯的刑事责任一般轻于与之对应的故意犯的刑事责任”。也所以，清楚区分间接故意与过于自信过失便成为非常重要的问题，但同时也是刑法学上最为困难和最有争议的问题之一。

区分间接故意和有认识过失的关键在于如何理解“放任”。间接故意的行为人认识到结果可能发生，而以认可的态度予以容认、纵容；有认识过失则是行为人认识到结果发生的可能性，但不同意其发生，而且是真的相信结果不会发生，不是不太明确地相信不会发生构成要件结果。

例4（模拟题） 某正在施工的隧道进水，岩石松动，随时有可能塌方，A为将价值200万元的机械抢救出来，下令工人冲进隧道抢运，此时发生塌方导致3人死亡。

例5（模拟题） 在年会射击表演时，未受过专门训练的甲与人打赌，射击女演头顶的酒杯而击中女演员，法院认定为间接故意。

例6（模拟题） 卡车司机B在行车途中，被一吉普车超车，B顿生不快，便加速超过该车。不一会儿，该车又超过了B，B又加速超车。当该车再一次试图超车行至B车左侧时，B对坐在副座的乙说：“我要吓他一下，看他还敢超我。”随机将方向盘向左边一打，吉普车为躲避碰撞而翻下路基，司机重伤，另有一人死亡。B驾车逃离。

提示：对于上述案件，理论上可以根据有凭借说、同意说、可能性说、放任说等加以区别。①有凭借说认为，有认识过失是行为人主观上对于结果发生有所依靠（如娴熟的技术、其他物质条件等），因而过于自信；间接故意不存在任何避免结果发生的条件，行为人无所凭借。但该说在解释例4和例6时便有疑问：A、B对于结果的发生没有任何凭借，只能是抱着侥幸心理，期待结果不发生。②同意说主张，对于间接故意和有认识过失，应当以弗兰克公式——“早知如此就不如此”来进行判断：如果结果肯定发生，行为人会不会这样做，如果会，就是间接故意；如果不会，就是有认识过失。这一理论一方面将间接故意变成了“假设的直接故意”，从而缩小了故意的范围：间接故意的特点是行为人认识到的仅仅是结果发生的可能性，而非肯定性；另一方面，它将对于行为性质的评价转变为对行为人人格的评价，即假设如果出现这种结果，他还敢做吗？③可能性说认为，间接故意的行为人认识到结果发生的可能性很大，有认识过失的行为人认为结果是不可能发生的。但是，什么是可能性很大并不容易判断，刑法有滑向主观主义的危险，也可能将故意罪过划入过失范畴。因此，有凭借说、同意说、可能性说的缺陷是比较明显的。

放任说主张有认识过失对结果的发生持否定态度，而间接故意对结果发生持不否认态度，而抱一种无所谓的放任心态，结果即便发生了也不违背行为人的本意。在碰到有认识过失与间接故意区分有困难的情形时，要着重审查以下三点：

（一）判断客观危险

间接故意中行为人对危险的认识和相信程度，会决定行为人是否能够形成反对动机。客观危险是认识因素判断过程中要考虑的重要指标。

间接故意等于有高度危险意识，认真地计算，然后容认结果的发生；有认识过失是不认真地计算或者相信可以避免。有认识过失的行为人虽然认识到危险，但他要么不认真对待这种危险，行为人因为违反注意义务而否定对行为客体的具体危险；要么认真对待危险，但仍然违背义务地相信危害结果可以避免。

如前所述，放任是否存在，与行为人认识到结果发生的盖然性高低有关。判断盖然性高低，与行为的风险性大小有关。行为风险的大小，又取决于法益重要性。某些重大的法益，因为行为人毫不在意而低估其重要性，则不能排除间接故意。当然，可能引起日常性危险的行为，不能评价为间接故意。例如，交通肇事行为，是一种不被允许的危险，它由每日必须进行的交通行为所引起。基于维持必要社会生活的需要，使用交通工具所带来的危险必须被人们忍受，人们在日常生活中已学会如何避免、应对这些危险。这种危险在生活领域不是必须被避免的，行为人的行为如果是与这些日常风险有关的，例如醉酒驾车、超速行驶、为赌气超越他人车辆而有意不保持安全距离行驶，即使行为人对自己行为的反规范性质有明确认识，也不能认为其容认死伤结果的发生，不能被评价为故意杀人或者故意伤害。矿山开采也是同样的问题：因为矿难每年死亡的人数，国家权威部门都有统计，矿山开采的危险性是可以估算的，但它在个人生活经验中不是重要的危险。所以将上述的例4和例6认定为过失，应当是可以接受的。

例7（真题） 汽车修理工恶作剧，将高压气泵塞入同事肛门充气，致其肠道、内脏严重破损。

提示：显然，一般人都会认知到将高压气泵塞入肛门充气，发生致人伤亡的概率非常高，据此，行为人对于这种高度的风险应当抱的是一种放任的态度，理当认定为间接故意，而非有认识的过失。

（二）行为人的态度

间接故意的行为人抱持无所谓的态度，而有认识过失的特点则是轻纵。对结果抱无所谓态度，和相信结果能够避免，是具有互补性的概念，即两者彼此相连、互为补充：谁相信结果可以避免，并本着该认识行动的，就不是放任；谁放任结果的产生，就不会相信结果可以避免。

在区别间接故意和有认识过失时，需要特别注意：行为人除了在意识上对于结果的发生可能性有认识之外，还需要对结果的发生有特别的评价。当行为人严肃地认为结果可能发生并进而行动时，在行为决定中已然包含对结果的预料。这种对结果的预见已经具有目的支配性。而当行为人对结果的预见和应受负面评价的结果在作出行为决定时结合在一起时，就表现出行为人个人不法的特质。所以，对前述例 5 中的甲，认定为故意杀人，并无不妥。如果行为人并不认真地认为结果会发生，就等于不认为结果有发生的可能性。因此，认真地认为结果有发生的可能性，进而行动，表示在行为决定之时就预定了结果。

（三）是否存在真挚的努力

采取回避结果发生的措施，并且已尽真挚努力的，当然可以认定为过失。此外，虽然已经预见到结果可能发生，但对其发生怀有很大的疑问，或者抱着结果最终真的不会发生的想法而为其行为的，都应当排除故意。

三、过失犯的认定

（一）监督过失与管理过失

首先需要提醒的是，管理过失与监督过失并非是在疏忽大意的过失与过于自信的过失之外，另行提出的独立的过失犯种类。只不过在过失犯中，一般出现的情况是行为人对自己违反义务的行为承担责任，但这并不排斥主体对第三人的行为承担结果避免义务，这便是监督过失与管理过失的问题。基于现代社会分工越来越频繁，必然带来注意义务边界的不断扩散，因此监督过失与管理过失在过失犯的认定中具有举足轻重的作用，在实务操作中，尤其在企业组织、医疗等分工协作较多的领域，监督过失与管理过失的应用凸显其作用与意义。

所谓“管理过失”，是指行为人没有采取必要的防范措施，或者没有指示他人采取措施，导致危害后果的发生，或者由于自然力或第三人的无过错行为导致损害发生的情形。管理过失者的结果避免义务，是管理者为了在企业经营上、事务管理上保护人的生命、身体的安全而负有的义务。这里的管理包括两种情况：一是对人的管理，例如精神病院的护士 A 负责看管精神病人 B，但疏于管理，B 杀害了 C。二是对物的管理，如行为人甲负责看管烟花爆竹仓库，但对仓库大门经常不上锁，导致乙擅自闯入乱丢烟头，酿成大祸。又如，在由于旅馆发生火灾而烧死了住宿客人的场合，相对于旅馆的从业人员而言会发生的问题是违反关于灭火活动和引导住宿客人避难等注意义务，同时，对旅馆的经营、管理人员也必须追究有关确立旅馆建筑物的防火设备、从业人员的防火体制等结果避免义务的违反。

所谓“监督过失”，是指在被监督者的行为直接造成损害，存在一般过失的场合，监督者由于对被监督者的行为负有监督义务，而应当承担过失责任的情况。在企业生产过程中，对规章制度的确立、遵守、检查应当贯彻始终，换言之，监督者必须制定详尽的安全管理制度，建立预警机制和危险反应制度；监督者对被监督者的行为，在事前要进行教育、指导、指挥，在事中要进行监督、检查，事后要进行总结。如果没有履行这些义务，又对直接行为人的过失行为有所认识，对其行为可能造成的法益侵害后果有预见可能性，那么，对于被监督者直接造成的后果，监督者必须承担过失责任。例如，企业主应强令工人自我保护，禁止工人使用危险技术，如果没有履行这些监督义务，就应当承担过失责任；又如在工厂操作危险机器的作业人员错误地操作机器，致使在附近工作的其他作业人员负伤的场合，与错误操作的作业人员的结果避免义务不同，厂长具有指挥、监督作业人员安全操作机器的结果避免义务，这种义务不是直接操作机器的结果避免义务，而是使作为部下的作业人员进行安全作业的义务。当然，此时危害后果的发生，是被监督者的一般过失和监督者的监督过失共同造成的（过失的竞合）。

一般所说的过失，是行为人应当预见自己的行为可能发生危害社会的结果，因为疏忽大意而没有预见，或者已经预见而轻信能够避免，以致发生这种结果的心理态度。管理过失，是指行为人应当预见自己的不确立管理制度，不谨慎履行危险源管理义务的行为可能由自己、第三人或者自然力造成社会的结果，因为疏忽大意而没有预见，或者已经预见而轻信能够避免，以致发生这种结果的心理态度。监督过失，是行为人应当预见自己的疏于监督的行为可能引起被监督者的过失行为，并由此导致危害社会结果的发生，但因为疏忽大意而没有预见，或者已经预见而轻信被监督者不会有过失行为，以致发生这种结果的心理态度。从理论上讲，如果肯定客观归责论在过失犯中的运用，提出管理、监督过失概念的意义是相对有限的。不过，从回应实务需要上看，提出这一对范畴，也有一定的实际意义：提示司法人员，大量过失犯罪的行为要对自己的行为直接导致的后果负责，但是也有为数不少的处于管理、监督地位的行为未履行自己的结果避免义务，在他人（被管理者、被监督者）的行为直接导致后果的场合，也需要承担过失责任，即被管理、被监督人员的过失原则上也就是监督者、管理者的过失。这为追究那些站在直接责任人员背后的企业管理者、国家机关工作人员的重大责任事故罪或者滥用职权罪提供了理论依据。

（二）信赖原则

传统的过失理论把预见可能与预见义务视为一体，凡有预见危害结果的可能时，就有注意义务；凡认识到危害结果时，便应采取避免危害结果的措施。根据这一逻辑，由于交通运输行业本身的危险性，驾驶员在行车过程中必须时刻注意车辆及行人的各种动向，并做好应急准备，否则，一旦发生事故，驾驶员就要承担过失责任。如果要求交通运输人员履行这样严格的注意义务，势必使驾驶员慢速开车，以便及时应付各种紧急情况，避免危害结果。这样一来，不仅丧失了汽车等交通工具的高速性能，也容易阻塞交通，妨害社会管理，不适应现代社会要求。于是，随着交通运输业的迅猛发展，为提高运输的效率，减轻交通运输人员的过多义务负担，适用允许的危险理论的具体原则应运而生，把预见可能性与注意义务相分离，也就是说在某种条件下，行为虽具有预见危害结果的可能性，但不一定就有结果避免的义务。

信赖原则是指在社会生活中的某些场合，应该对他人的行为给予信任，相信他人的行为能够对自己的安全和正常活动予以保障。它是通过第二次世界大战之前德国判例所形成的原则，是随着现代汽车作为高速交通工具在社会中的普遍使用而发展起来的关于过失免责的理论，是今天处理交通肇事等过失犯罪时必须加以考虑的。根据信赖原则，在交通运输人员根据规则驾驶车辆时，只要不存在特别的事情，就可以信赖其他的交通参加者也会遵守规则而行动，如果因为其他的交通参加者采取违反规则的行动而发生了事故，就不能追究相关的责任，在此意义上，信赖原则就限定了注意义务的范围。迄今为止，信赖原则逐渐在交通关系以外的社会诸领域得到承认，例如，在医疗行业，医生和药剂师之间就有信赖关系，药剂师应当信赖医生处方的正确性，医生应当信赖药剂师能够按照处方正确配发药剂。

当主体有一定理由相信他人会履行注意义务，但是他人并未履行的，是否有过失责任？换言之，信赖原则的适用究竟应该限定在何种范围？

例8（模拟题） 手术小组中的主刀医生A注意到他的某个助手B未按医院规定对手术刀进行消毒就直接做手术时，并未进行阻止，导致病人C术后伤口感染，最后造成重伤后果。A是否违反注意义务？

提示：如果认为信赖原则的适用范围可以尽可能扩大，不需要限制适用，就可以认定在手术过程中，医生A和助手B之间存在相对明确的分工，医生A有特殊理由相信B应该履行注意义务，A的不阻止行为不能认为是增加了法益风险。但是，如果承认监督过失概念，助手B不注意，但是医生A如果恰当履行注意义务，事件仍然可以避免，所以A存在过失。这就是说，在监督过失的场合，原则上需要否认监督者对被监督者的信赖关系，否认在这种场合下信赖原则的适用可能性，因为被监督者相当于监督者的“手脚”。从这个意义上讲，医生A应当承担过失责任。

信赖原则认为，行为人即便预见到他人可能实施不正常的非法行为，也没有回避义务。这就意味着信赖原则具有缩小过失责任的功能。当然，行为人并非在任何时候都可以适用信赖原则而免除预见他人实行不法行为的义务，需要对其加以必要限制。理论上通常认为，在下列情况下，不能适用信赖原则免除行为人预见他人实施不法行为的义务：

（1）行为人自己违反注意义务。

（2）行为人已经发现对方有反常行为，不能盲目地相信对方会履行自己的注意义务。

（3）因某种客观条件的限制，他人违反注意义务的可能性较大。

（4）发现对方是幼儿、老人、盲人或者其他残疾人而且无保护人陪同。

（5）对方的违反注意义务行为即将造成危害结果，行为人有时间，也有能力避免危害结果等。

上述限制事由大体可以归结为：一方面，行为人自身违反注意义务的，应当注意采取特别措施避免结果发生，通常不能适用信赖原则，否则对过失犯的认定会失去平衡；另一方面，在对方由于身心上的理由（如对方是幼童、老人、醉酒者、身体残疾者）容易采取异常行动而不值得信赖时，也不能适用信赖原则。

第九章 犯罪排除事由

从犯罪论体系上说，违法阻却事由和责任阻却事由在构成要件该当性、违法性、有责性这一德日通说的三阶层中是性质不同的犯罪排除事由。违法阻却事由是排除一个行为的违法性，如果符合正当防卫等违法阻却事由的要件，则行为是合法的，随之在体系上推导而来的逻辑后果便是对于正当防卫行为不能再进行正当防卫等。而责任阻却事由是在确认一个行为是合法之后，进一步看行为人是否有值得宽宥或者可谴责之处。需要附带说明的是，鉴于兼顾体系的明确性和备考的便利性角度考虑，本书未将违法阻却事由和责任阻却事由明确区分为两章论述，因为严格按照三阶层的体系逻辑的话，像是故意以及过失、责任年龄和责任能力等均在有责性阶层下论述，但这些责任要素在法律职业资格考试大纲中均被作为独立章节，为了突出故意、过失等内容跟的重要性，本书也在前面章节中以独立的章节单独阐述。由于违法阻却事由和责任阻却事由都不妨被称之为犯罪排除事由，因此本书将二者合并放在本章。

由于正当防卫与紧急避险的要件中是否包含主观的正当化要素（防卫意识与避险意识）是当今违法性理论争论的核心，因此，本章在论述具体的四个违法阻却事由之前，首先介绍关于违法性的一般理论。

第一节 违法性的一般理论

所谓“违法性”，就是指行为不被法律所允许。违法性是犯罪成立的重要条件，对于违法性的判断，是从法律秩序整体的角度出发判断行为是否值得科处刑罚。

一、行为无价值论与结果无价值论

结果无价值论以法益侵害或危险作为违法评价的基准，从行为所引起的结果中去寻找违法性评价的对象。结果无价值论的主要特色在于：①重视结果。主张刑法的目的是保护法益，违法性的实质是法益侵害或危险；②违法是客观的，违法判断的对象是事后查明的客观事实。目前在我国刑法学界，在违法性理论层次，非常有力的观点是结果无价值论，即以法益侵害或危险作为违法性评价的基准，从行为所引起的结果中去寻找违法评价的对象，重视结果，强调违法判断的对象是事后查明的客观事实。

行为无价值论认为，犯罪是违反行为规范进而侵害法益的行为，因此，要从包含行为人的主观意思在内的行为中去探求违法评价的目标，而不能仅仅盯住事后出现的结果。行为无价值论意在强调刑法要以积极的姿态参与社会治理，重视对行为的机制、制裁来凸显规范的重要性，进而实现一般预防目的。

对于结果无价值论和行为无价值论的差异，结合具体案件就能看得更清楚。例如，妇女甲试图杀害患重病的丈夫乙，其在给乙熬制药材时，每次添加一味有毒的药材。未料多次服用后，丈夫因服用该有毒药材而疾病痊愈。依结果无价值论，结果好，就“一俊遮百丑”，制造好结果的行为便都是好行为，所以甲无罪。但是，按照行为无价值论，偶然地没有导致坏结果的行为不一定就是好行为；坏行为一般会制造坏结果，但有时碰巧也会制造好结果，对该行为刑法就不能无视。妻子甲的行为是坏行为，所以成立故意杀人罪，但因其制造了好结果，所以不成立犯罪既遂，而是未遂。可以看出，在判断一个行为是否具有违法性的问题上，结果无价值论和行为无价值论的出发点、思考方向都大不相同。

总体而言，行为无价值论与结果无价值论在以下四个方面呈现对立状态：

（1）违法性的本质是什么？究竟是法益侵害还是行为规范、命令规范的违反？在行为并没有侵害法益的危险性时，能否仅根据行为的规范违反性进行处罚？例如，甲驾车正常行驶，致横穿马路的丙重伤，乙教唆甲驾车逃离现场，让其不救助被害人丙，后者最终死亡的，因为规范对甲并无救人的期待，所以，即便存在丙后来死亡的后果，按照共犯从属性的法理，没有违反行为规范的教唆者乙也无罪。

（2）主观要素是否对违法性有影响？在成立犯罪之际，是否应将重点放在行为的故意、动机与目的等主观要素之上。换言之，违法判断的“静的对象”是主观的因素还是客观的因素？或者说是否应当承认主观的违法要素？例如，按照行为无价值论，租赁汽车然后转手卖掉的，必须结合租车行为时的意思，才能确定行为具有诈骗还是侵占的违法性。

（3）判断违法性的基准点、重点究竟在哪里？是行为还是结果？换言之，违法判断的“动的对象”以行为为中心，还是以结果为中心？

（4）违法性判断的逻辑是什么？是事前的还是事后的判断？判断的顺序是什么，是沿着行为—结果的顺序思考问题，还是根据结果进行反向判断？在这一点上，行为无价值论重视行为时，强调从行为到结果的“顺向”思维逻辑。例如，在区别故意杀人罪和遗弃罪时，先考虑行为手段、案件发生场所的特殊性，再考虑法益侵害。结果无价值论则选择“逆向”思考。

我们认为，立足于行为规范违反说的行为无价值二元论是合理的。就行为无价值与结果无价值的分歧而言，我们的基本看法是：

（1）违法性的本质是行为规范的违反。同时，法益侵害也是违法性判断的根据之一，在没有法益侵害或危险时，不能仅根据行为的规范违法性进行处罚。

（2）应当承认主观的违法要素。

（3）判断违法性的基准点、重点是行为，在既遂犯、结果（加重）犯的场合，判断对象以行为为中心同时考虑结果。

（4）违法性判断是事前判断。对行为危险性的判断应从行为出发；对客观的结果归属的判断，应根据结果进行反向判断。

结果无价值论与行为无价值论尽管属于理论上的争议，但需要提醒考生注意的是，2017年“四大本”在论述正当防卫与紧急避险的构成时，均将“防卫意图”与“避险意图”作为要件论述，换句话说，“四大本”承认主观的违法要素，偏向于行为无价值论的立场，因为如果逻辑一贯地站在结果无价值论的立场，正当防卫与紧急避险就不需要“防卫意图”与“避险意图”等主观的正当化（违法）要素。

二、违法性与法秩序统一性原理

法秩序统一性原理是指某种行为如果不违反民事、行政法律法规，就不可能具有刑法上的违法性。认定某种行为成立犯罪，必须以民事上构成违约或者侵权、在行政法上违反行政管理法规为前提，不能将民事、行政法上合法的行为，在刑法上作为违法处理，否则便违反了法秩序统一性。这主要是因为刑法是保障法，是“第二次法”，需要动用刑法来定罪处刑，一定是违反其他法律，且其他法律的处理难以和行为的危害性相当，难以达到预防效果的情形。

应该说，任何一个直接侵害公民个人权利的行为，都一定是违反民商法规定的行为，因此，这些犯罪不可否认地存在违约、侵权与犯罪的竞合问题。例如，某一种信息或者文件如果从知识产权法的角度看，不包含任何技术秘密和经营上的秘密，就既不是技术信息，也不是经营信息，不是商业秘密的载体，窃取或者披露这一信息的，不可能构成侵犯商业秘密罪。此外，任何一个故意伤害犯罪，都一定是根据侵权责任法要承担赔偿责任的行为，以行为违反侵权责任法为前提；任何一个合同诈骗行为，都首先是合同法上的违约行为，就此来看，一般学说上经常论述的“合同诈骗与民事违约的界限”这一命题本身就是错误的；任何一个盗窃、抢劫行为，也一定都是侵权行为。只不过由于这些行为对被害人权利的损害过大，运用民商法难以达到一般预防目的，难以弥补被害人的损失，要将民事侵权违约行为上升为犯罪行为加以惩处。

在运用刑法惩罚这些犯罪时，民商法上确认的对被害人利益的赔偿和弥补在刑事程序上也必须尽可能考虑。对此，张明楷教授明确指出：“对于侵害财产罪的构成要件的解释，不可能完全脱离民法的相关规定。倘若某种利益在民法上并没有予以保护，就不宜作为刑法上的法益予以保护。例如，行为人欺骗卖淫女说‘发生性交后给钱’，但发生性交后，行为人没有给钱就溜走了。发生性交本身不是财物，卖淫产生的‘债权’并不是值得民法保护的债权。与之相适应，就不应当认定行为人的行为构成诈骗罪。”[①] 此外，在商法上允许特定交易行为存在时，刑法上就不可能成立经济犯罪，尤其不能成立破坏市场交易秩序的犯罪。因此，刑法对于犯罪的认定和民商法对侵权行为、违约行为的认定应该具有内在一致性。由此也就自然地推导出：对于某些案件的处理，就必须采用体系解释方法，使得刑法上的定罪结论和民商法上的处理不出现内在矛盾。

法秩序统一性原理与刑法体系解释方法具有内在一致性。体系解释方法的实质是对法秩序统一性原理的承认。按照法秩序统一性原理，通过文义解释所得出的结论，要接受体系解释乃至整体法秩序的检验。体系解释是要将个别的法律观念放到整个法律秩序中去考察规范的内在关联，使得解释符合“无矛盾的要求”。对于某些案件的处理，如果仅仅采用文义解释方法，而不以体系解释去检验文义解释结论，就可能出现将刑法适用变为“望文生义”，把办案子变成“查字典”的不当情形。

---

① 张明楷：《刑法分则的解释原理》（第2版），中国人民大学出版社2011年版，第71页。

第二节 正当防卫

重要法条及司法解释

《刑法》第20条。

最高人民法院、最高人民检察院、公安部、司法部《关于依法办理家庭暴力犯罪案件的意见》（2015年3月2日）第19条。

命题分析

正当防卫向来是理论和实务上最为重要的犯罪排除事由（违法阻却事由），也是经常考查的知识点。在近些年的真题中，正当防卫的考查非常频繁。

正当防卫涉及公民权利的保障，“于欢案”再次将正当防卫制度及其理解适用推向风口浪尖，理论和司法实务界对此存在非常激烈的争议，因此，近年考查正当防卫制度的可能性是相当大的，考生对此需要多加注意。在复习时，要正确理解正当防卫的成立要件，以及防卫过当的判断方法。

知识点精讲

根据《刑法》第20条的规定，正当防卫是指为了国家、公共利益、本人或者他人的人身、财产和其他权利免受正在进行的不法侵害，而对不法侵害人所采取的必要而适度的制止其不法侵害的防卫行为。

一、成立条件

（一）防卫的起因条件

防卫起因是指存在由人所实施的不法侵害，没有不法侵害便谈不上正当防卫。不法，是指行为为法律所不允许。不法侵害，包括违法行为与犯罪行为，即广义的违法行为。侵害的不法性决定了对于一切合法行为不允许进行正当防卫，比如对依据法律执行的逮捕行为（即使最后经过调查认定为错捕）、对依法执行公务或者命令的行为、对公民依法扭送在逃人犯的行为，对正当防卫、紧急避险以及父母对子女基于亲权而行使的惩戒行为等，都不能进行正当防卫。

例1（模拟题） A假借省纪委的名义向官员B寄信，试图敲诈B现金10万元。B对此非常恼火，在想方设法得到A的地址后，B指使C带领3名下属冲入A家，将A关在室内，把其打得头破血流。A情急之下，拼命反抗。C等人见A居然敢反击，下手更狠，A由此受重伤，B等人遂离开现场。事后，B、C主张：A是敲诈勒索罪犯，在A对C等人进行侵害时，C等人是在正当防卫，无须对A的重伤结果负责。B、C等人的行为是否构成正当防卫？

提示：在本例中，即便A是敲诈勒索罪犯，有权对A进行追诉和惩罚的是司法机关，而非B、C个人。C带人进入A的住宅，是非法侵入住宅的行为；该行为和后来对A的打击行为都是不法侵害。A有权对此实施正当防卫。在A的行为具有正当性、不是不法侵害的场合，C不能再以正当防卫为借口对A进行攻击。因此，B、C等人应当构成故意伤害罪。

不法侵害仅指自然人的侵害，法人自身没有意思能力，其行为谈不上“不法”的问题，法人的行为不能成立不法侵害。如某私营企业偷电，电力公司不能对该私营企业采取正当防卫行为。

不法侵害不仅可以作为形式实施，同样可以不作为形式实施，对不作为方式的侵害行为当然可以实施正当防卫，问题的关键在于不作为是否对于法益造成了紧迫的侵害。如果这种不作为的行为已经形成紧迫的危害，那么就可以进行正当防卫，否则，就不应当进行正当防卫。对于不作为的侵害行为进行防卫，是防卫人用强力迫使侵害人履行其应当履行的作为义务，从而避免危害结果的发生。例如，对于落水者有救助义务者能救助而不救助，其他人可以强迫有救助义务者进行救助；对于不履行扶养义务的遗弃行为，正当防卫是迫使不作为犯事实履行特定义务的作为；对于无故侵入自己住宅，要求其推出而不退出的人，可以强力将其驱逐出住宅。

不法侵害不仅可以由故意构成，同样可以由过失构成。从实定法的角度看，《刑法》第20条本身并未将“不法侵害”限定为故意的不法侵害。从理论上看，如果承认违法性的本质是承认主观违法要素的行为无价值，则无论故意抑或过失，都是主观的违法要素，因而都是不法侵害；而如果承认违法性的本质是结果无价值，则会倾向于认为不法侵害是指客观上具有违法性的侵害，这一点和行为人的主观认识无关，所以基于过失、甚至是无过错的行为，只要客观上给他人造成损害的，也是不法侵害。所以，“基于过失而实施的侵害行为，不是不法侵害”这一表述无论从结果无价值论抑或行为无价值论的角度看，都是错误的。

关于不法侵害，有以下几点需要特别加以注意：

（1）关于对物防卫。在不法的判断中需要考虑主观的违法（正当化）要素，而在确定正当防卫前提的不法侵害时，是否需要确认侵害行为主观上的违法性，一直是存在争议的问题。对于这一点的理解，会影响到理论上对于对物防卫的定性。

结果无价值论从客观违法性论处罚，认为不法只是客观的法益侵害，与主观认知无关，因此，判断不法侵害不需要考虑主观要素。由于违法性中只有客观要素，因此，动物的侵害自然也是法益侵害，逻辑上自然推导出对物防卫就应当成立正当防卫。

行为无价值论则认为，不法侵害包含主观要素，只有人的侵害才是不法侵害，由于动物的侵害不可能具有主观意思，自然，“对物防卫”就不可能成立正当防卫，而只能视情况成立紧急避险。

当然必须注意的是，如果动物的攻击侵害行为如果是人所唆使的，便已经不再是动物的侵害，而是人的侵害，动物只是人实现不法侵害的工具与手段而已，因此，此时的动物侵害自然是不法侵害，当然可以进行防卫。所以，“动物被饲主唆使侵害他人的，其侵害属于不法侵害；但动物对人的自发侵害，不是不法侵害”这一真题选项的论述是完全正确的。

（2）针对他人不具有故意、过失的客观侵害行为进行反击的，不属于正当防卫，可以按照阻却违法的紧急避险处理。

(3) 幼儿、精神病人的侵害同样属于不法侵害，但对这两类特殊群体的不法侵害可以进行防卫，但必须严格加以限定。为了保护被侵害者的利益，对作为正当防卫前提的不法侵害来说，就不能要求行为人是有责地进行的侵害（即不要求侵害行为是不法且有责的行为）。只要造成危险的侵犯者的行为是由人的意志所控制的，就是不法侵害。因此，幼儿与精神病人的侵害行为同样是违法行为，他们的行为仅仅缺乏有责性，因而可以对之进行防卫。例如，A驾驶汽车带精神病人B就医途中，B突然攻击A，抢夺A的方向盘时，就必须承认A的正当防卫权；又如，甲偶然和患有精神病的邻居乙坐电梯上楼，但突然发生的断电事故导致电梯骤停，极其烦躁的乙开始攻击甲，甲当然有权进行正当防卫。在前述两个例子中，精神病人的侵害虽然因其不具备责任而不成立犯罪，但是，对其行为在客观上必须给予违法性评价。

但是，对无责任能力者进行的防卫，虽然其正当性被承认，但针对特殊人群的防卫受到很多限制，以尽可能保护这些“侵害者”。只有在迫不得已时，才允许辅助性地采取损害法益的防卫行为；而且这种防卫给无责任能力者所造成的损害不能明显大于所面临的危险（禁止权力滥用）。

例2（真题） 甲手持匕首寻找抢劫目标时，突遇精神病人丙持刀袭击。丙追赶甲至一死胡同，甲迫于无奈，与丙搏斗，将其打成重伤。

提示： 在本例中，尽管甲是预备进行犯罪，但其并未对丙进行不法侵害，反而丙对甲进行了不法攻击，题干明确交代，甲在被丙追赶至死胡同后迫于无奈将丙打成重伤，丙的行为属于不法侵害，而甲是在迫不得已的情形下才奋起反击将丙打成重伤。因而，甲的行为属于正当防卫。

(4) 对正在实施违法、犯罪行为者实施侵害的（所谓的“黑吃黑”行为），侵害者的行为仍然具有不法性。

例3（模拟题） 甲运输毒品，乙明知甲实施犯罪行为，认为自己“黑吃黑”，甲也不敢报案，就着手实施暴力，抢劫甲的毒品。如甲反抗，是否成立正当防卫？

提示： 在本例中是否成立正当防卫，关键看防卫人在当时是否存在事实上需要保护的利益。如果认为刑法不仅保护合法的所有权，而且保护事实上的占有关系，即便是对非法占有的违禁物品，只要原占有者的占有权在法律上得到肯定，侵害者的行为就对财产占有权具有不法侵害性。如果允许“黑吃黑”存在，司法权在将来的行使就会受到影响，社会秩序就会受到破坏。所以，甲对财物的占有关系需要保护。至于国家事后应当依照何种程序追索甲占有的违禁物品，则属于另外的问题。既然甲的占有需要刑法保护，乙的行为当然就是不法侵害行为，甲自然可以对其进行正当防卫。

(5) 不法侵害指向利益的特殊性。不法侵害所针对的法益必须是特殊的，一般而言是个人法益。从理论上看，如果不法侵害针对是整体法益，除非同时也侵害了个人法益，否则不应当对其进行正当防卫。因为，对公共利益和公共秩序侵害行为的防卫，属于国家机关的任务，如果概括容许个人进行防卫，则人人会以国家警察自居，由此带来的可能不是制止不法侵害和混乱，反而会带来更多的不法侵害和混乱。所以，从这个角度看，《刑法》第 20 条规定在国家利益、社会利益受到侵害时，都可以进行防卫，是否过分扩大了正当防卫制度所保护的法益范围，并非不可置疑。正当防卫具有私权性、自我保护性，这就决定了正当防卫的法益保护范围只适宜于个人法益。这里的个人法益，包括了自己和他人的生命、健康、自由、财产、名誉、隐私等。如果侵害国家、社会法益的行为同时危及了个人法益的，公民可以进行正当防卫。例如，对盗窃金融机构的行为，可以正当防卫，因为金融机构中的财产中包含储户的个人财产。反之，与个人法益无关联性的、单纯的国家法益、社会法益不应当属于正当防卫所要保护的范围。公民个人进行这种防卫在道义上可能是正当的，但在法律根据上可能是欠缺的：①对国家和社会法益的侵害，是否具有紧迫性，是否非得用防卫的方法来解决是有问题的。②国家、社会利益本质上不具有正当防卫中的可防卫性，应当是公民个人防卫权不应或不能涉及的领域。法律、行政法规将对这类侵害行为的防卫权赋予国家或者相应机关，而没有赋予公民个人。③国家机关有义务防止侵害国家和社会利益的行为发生，这种国家义务不能转嫁给个人。对侵害国家、社会利益的行为进行追诉、惩罚的权利，本质上是属于国家的垄断性权力，是国家专门机关的专门活动与职权，如果允许公民个人进行防卫，难以有效保护国家、社会和公共利益，还可能引发社会秩序的混乱。据此，任何个人都不能在发现非法经营行为时夺取经营者的财产。

例 4（真题） 丙发现邻居刘某（女）正在家中卖淫，即将刘家价值 6000 元的防盗门砸坏，阻止其卖淫。

提示： 刘某的卖淫行为确实属于不法行为，但是这一不法行为并未侵害到某一个人的法益，因此，不得对之进行正当防卫，因此，丙的行为不成立正当防卫。

例 5（真题） 丁开枪将正在偷越国（边）境的何某打成重伤。

提示： 丁的行为同样不能主张正当防卫，毕竟何某偷越国（边）境的行为没有侵害个人法益。

总之，必须对《刑法》第 20 条规定的作为正当防卫前提的不法侵害利益范围进行限定解释。

（6）假想防卫的定性。只有在不法侵害真实发生的情况下，才存在正当防卫的问题。所谓假想防卫是指客观上并不存在正在进行的不法侵害，但防卫人误以为存在，因而对臆想中的不法侵害人进行防卫反击的情形。例如，A 与 B 正在拍电影，A 持道具枪欲朝 B 开枪，从旁走过的 C 误以为 A 真的要枪杀 B，便开枪将 A 击毙。C 的行为便属于典型的假想防卫。

在德国，由于承认故意的双重体系定位（即既具有构成要件故意，又有责任故意），又因为责任是从不法推导出来，因此具备构成要件故意原则上便具有责任故意，但在假想防卫的场合，便存在了例外：假想防卫人对伤害臆想中的“不法侵害人”具有构成要件故意，但不具备责任故意，亦即假想防卫在罪责层次上影响故意犯的成立，但依情形可能成立过失犯。德国通说最后的处理结论与我国实务的做法基本相同。

实务上，对于假想防卫通常按照事实认识错误的一般原则解决其形式责任问题：首先，假想防卫不可能构成故意犯罪，因为假想防卫的行为人不具有构成要件故意，其对自己的行为会发生危害社会的后果缺乏认识。例如，甲深夜在加油站附近发现有人快速奔跑，以为其是抢劫加油站的罪犯，就开车撞击导致其受重伤，但伤者实际是正在追击抢劫犯的加油站负责人，甲的行为没有成立故意杀人罪的余地。其次，在假想防卫的情况下，如果行为人主观上存在过失，应以过失犯罪论处。最后，在假想防卫的情况下，如果行为人主观上没有罪过，其危害结果是由于不能预见的原因引起的，则是意外事件，行为人不负刑事责任。

例6（模拟题） 甲第一次吸毒产生幻觉，误以为伍某在追杀自己，用木棒将伍某打成重伤。甲是否负刑事责任？

提示：甲的行为典型的属于假想防卫，但由于甲自身对造成误认存在正当防卫的前提事实存在过失，即由于吸毒会使自己陷于幻觉状态存在过失，因而甲应成立过失致人重伤罪。

（二）防卫的时间条件

正当防卫的时间条件是不法侵害正在进行，即侵害具有现实紧迫性。侵害的现实紧迫性要求侵害应当是现在的侵害，即既非过去也非未来的，而是现实面对的侵害，包括侵害行为已经着手实行、正在进行、尚未完毕等情形。如果对于过去的侵害加以报复，或者唯恐未来受侵害而进行所谓的防卫，则属于事后侵害或者事前侵害行为，都不成立正当防卫。

例7（真题） 制服不法侵害人后，又对其实施加害行为，成立故意犯罪。

提示：上述论述是正确的，原因在于在制服不法侵害人之后，不法侵害已经结束，此时对不法侵害人施加加害行为，属于对过去的侵害加以报复，理当成立故意犯罪。

不法侵害的开始，与实行行为的“着手”是大致相同的概念。对于提前安装防卫设施的定性需要注意：事前安装防卫装置的行为，比如为防盗而在家里窗户的内侧架设铁丝网并通电，为防盗而用碎玻璃扎在围墙上，结果将翻越围墙入室盗窃的侵害人扎成轻伤的，只要行为没有危害公共安全，就是具有社会相当性的行为。在他人实施入户盗窃等不法侵害时，防卫装置发挥作用的，视为在不法侵害正在进行时防卫人进行防卫，在没有超过防卫限度的场合，行为就具有合法性。事前安装防卫装置和事前防卫并不相同：事前防卫是防卫人主动、积极地针对他所认为的侵害人进行的作为方式的防卫。而安装防卫装置是利用一定工具与手段进行的一种预防侵害的防卫行为。该装置不会主动发生作用，只有在侵害成为现实时才发挥作用。换言之，该装置发挥作用时，不法侵害正在进行。当然，必须注意的是，只有在事前安装的防卫装置危及公共安全时，根据情况才可能成立故意杀人、过失致人死亡或者以危险方法危害公共安全罪，而不能成立正当防卫。

所谓“不法侵害正在进行”，是指犯罪行为已经着手实施，且尚未结束。对于“结束”应理解为只要本人或他人还存在着受暴力犯罪行为侵害的危险，就可以实施正当防卫予以排除不法威胁。

具有下列情形之一的，不法侵害已经结束：①不法侵害行为已经被防卫人所制止；②不法侵害由于侵害人意志以外的原因不能继续进行下去；③不法侵害人由于自身的原因而丧失继续侵害的能力；④不法侵害人已经自动中止不法侵害；⑤犯罪行为已经既遂或者实害结果已经发生。

凡是危险已经被实际排除的，就不能再实施正当防卫。

例 8（模拟题） 女青年李某上山砍柴时遇到同村的张某，张某顿起淫念，强行奸淫了李某。强奸实施完毕后，张某穿裤子时，李某用柴刀朝张某头部连砍两刀致其重伤，然后急忙逃走。李某的行为是否构成正当防卫？

提示： 应当认为，张某的强奸行为已经实施完毕，李某遭受性侵害的后果已经不可挽回地形成，行使正当防卫的条件已经丧失，李某的行为属于事后加害行为，而非正当防卫。

必须提醒注意的是，在财产犯罪的场合，只要侵害者尚未对财物建立稳固的持有关系（即尚未终了），即便其财产犯罪已经既遂，应当认为不法侵害仍在继续，被侵害者仍然可以实施正当防卫。也就是说，在不法侵害时财产性违法犯罪的场合，虽然侵害行为已经达到既遂状态，但被害人在现场（包括从现场直接延伸的场所）使用强力还来得及挽回财产损失的，应当视为不法侵害尚未结束，可以正当防卫。即只要财产性违法犯罪的行为人被当场发觉，并及时受到追捕的，在其将非法获取的财物隐藏到他人难以发现的场所之前，不法侵害行为都视为一直在持续，财产持有、所有人或者其他追捕者可以为夺回财物而对不法侵害人进行防卫。

例 9（模拟题） 甲叫了一辆出租车，说去某地。当车行至偏僻处时，甲见四周无人便掏出刀子对女司机乙实施抢劫。得手后，甲关掉乙的汽车发动机，拔了车钥匙并威胁乙："不准报警，我下车走一段路后把钥匙丢下，你自己来找。"甲下车后，乙关好车门拿出备用钥匙开动汽车向甲追去。追一段后，乙追上了甲，并用车去撞甲且高声呼救。甲被撞倒爬起来再跑，乙又驱车撞甲，最终甲在被闻声而来的群众和警察的围捕下落网。甲被乙撞成轻伤。乙的行为是否构成正当防卫？

提示： 在本例中，甲对乙实施抢劫，并实际取得了财物，抢劫行为已经既遂。但是，甲还处于逃跑过程中，乙用车撞甲仍然属于在现场为夺回被抢财物而对不法侵害人使用暴力，是维护自身财产权利的合法行为，即使甲被撞成轻伤，也不能追究乙的刑事责任。据此，抢劫犯使用暴力劫取财物，即使抢劫行为已经既遂，但被害人为夺回被抢财物，而当场对抢劫犯使用暴力的，应当根据《刑法》第 20 条成立正当防卫。所以，"抢劫犯使用暴力取得财物后，对抢劫犯立即进行追击的，由于不法侵害尚未结束，属于合法行为"这一论述是正确的。

（三）防卫的对象条件

防卫的对象条件是指正当防卫只能对不法侵害者本人实施，不能针对与不法侵害无关的第三人。正当防卫是通过对不法侵害人造成一定损害的方法，使本人或他人的合法权益免受正在进行的不法侵害，由此决定了它只能通过对不法侵害人的人身或者财产造成一定损害的方法来实现防卫意图。大多数情况下，防卫针对的对象都是不法侵害人自身，但少数情形下，物也可能成为防卫对象，此时的防卫从形式上看是对物防卫，但本质上仍然是对人的防卫，因为作为防卫对象的物是不法侵害人所利用的工具或手段。例如，在狗主人唆使狗攻击他人时，被攻击者将狗打死的行为，便属于对狗主人的正当防卫。

不法侵害者本人始终是防卫行为所直接指向的目标，而不是偶然在现场或者与不法侵害人有关的第三人。防卫第三者的场合，可能成立紧急避险，也可能成立间接故意犯罪或者过失犯罪。在防卫行为造成第三人损害时，需要区别情况：

第一，侵害者利用第三人的物进行攻击的。此时，对于不法侵害人而言，防卫者当然成立正当防卫，对第三人而言防卫者成立紧急避险。由于正当防卫对于法益衡量的要求不如紧急避险严格，所以在正当防卫和紧急避险竞合时，将防卫人的行为皆视为正当防卫可能更为合理。

例 10（模拟题） 不法侵害人 A 基于伤害，使唤 B 豢养的狼狗攻击 C，C 情急之下反击，将 B 的狗砸死。C 的行为是否成立正当防卫？

提示： 本例中，C 的行为属于正当防卫和紧急避险的竞合，因为 B 的财物是 A 实施不法侵害行为的手段，C 反击时砸死 B 的狗，实际上是针对 A 的不法侵害进行防卫，所以成立正当防卫；同时，C 的行为对于没有实施不法侵害的 B 而言，造成了 B 的财产损害，属于 C 在遭受危险时让第三人承受损失，所以对 B 而言，C 成立紧急避险。在违法阻却事由竞合的情况下，将 C 的行为认定为正当防卫更为合适。

第二，防卫者利用第三人的财物实施防卫。对于财物的所有者而言，防卫人的行为属于紧急避险。防卫者的行为合法，赔偿义务由不法侵害人承担。

第三，防卫行为造成无辜第三人损害。防卫行为所产生的结果由第三人承担的场合，如何确定防卫人行为的性质，较为复杂。例如，甲对准乙开枪，乙一边闪躲，一边向甲扔石头，乙扔出的一块石头在空中裂为两半，其中一半砸中偶然从现场路过的丙，导致丙受重伤。对于此一问题，存在紧急避险说、假想防卫说、责任阻却说等解决方案：由于避险意识是紧急避险的成立条件，乙缺乏避险意思，所以紧急避险说不尽合理；由于乙对丙根本没有防卫意思，所以对丙谈不上假想防卫的问题；责任阻却说用超法规的期待可能性作为责任阻却事由，可能会被滥用而影响法安定性，相对而言，将乙的行为解释为正当防卫可能更为合理。

（四）防卫的限度条件

防卫行为应当在必要限度内进行，明显超过一定限度并造成重大损害就是不适当的，属于防卫过当。对正当防卫的必要限度应当着重从以下三个方面进行考察：不法侵害的强度、不法侵害的缓急、不法侵害的权益。[①] 不法侵害的强度，一般指行为的性质与危险性程度、行为对客体所造成的侵害结果的轻重及侵害的手段、工具等因素的统一。不法侵害的强度越大，防卫的强度就可以越大。不法侵害的缓急是指不法侵害的紧迫性程度，不法侵害越紧迫，防卫过当的标准就应当越宽松。不法侵害法益就是正当防卫所保护的法益，为

① 陈兴良：《规范刑法学》（第 2 版），上册，中国人民大学出版社 2008 年版，第 147 页。

防卫重大法益而对不法侵害人造成重大损害，可以认定为没有超过必要限度，为保护轻微的法益而侵害重大的法益，即便非此不可，也应当认定超过必要限度。比如对于未带凶器的单个小偷，对于夜间无故侵入住宅的侵害人，用枪杀的方法进行防卫，显然是手段与法益均严重失当的防卫，即明显超过必要限度，造成了重大损害。

需要注意的是，防卫过当本身并非罪名，在实务中遇到防卫过当的情形，仍然必须结合《刑法分则》的具体罪名定罪量刑。至于防卫过当的主观心态，理论界存在争议：

第一种观点，即我国刑法学通说认为防卫过当的罪过为排除直接故意的任何罪过形态均可构成（即包括间接故意、过失）。但实际上，将防卫过当的罪过限定在排除直接故意外的罪过形态，很显然存在明显的问题：直接故意与间接故意均是故意，规范上没有理由限定只能由间接故意可以构成防卫过当，而直接故意不构成。

第二种观点认为，防卫过当既可以视过失，也可以由直接故意和间接故意构成。如果行为人对于过当结果有认识并持希望或放任心态，则应认定为相应的故意犯罪。如果对过当结果有认识可能性，但因疏忽大意未能预见或过于自信采取的防卫手段不会造成过当结果，则成立过失犯罪。

第三种观点认为，防卫过当只能构成过失犯罪。因为防卫过当者起先只有正当防卫的意思，防卫的认识不等于故意犯罪的意思，即使后来防卫过当的行为也不能认为是在犯罪故意的支配下实施的。行为人认识到不法侵害正在进行，并有保护法益的意思，而且认识到对不法侵害人造成伤亡是法律允许的，不具有故意犯罪的“明知”，防卫意识与犯罪故意明显不符。实际上，在防卫过当过程中存在的心态，不外乎两种：防卫人原本应当预见自己的防卫行为可能超过限度，造成重大损害，但是因为疏忽大意没有预见，或者已经有所预见，但是过于相信现场的客观条件或者自己的能力、技术等物质条件可以防止重大损害的发生，但最终并未防止。不能将防卫人对重大损害这一结果的发生有所预见，而且最终发生了这种结果，就认定其存在间接故意的心态，这过于夸大了间接故意的存在空间。

（五）防卫意识

防卫意识是指防卫人认识到不法侵害正在进行，为了保护国家、公共利益、本人或者他人的人身、财产等合法权利而决意制止正在进行的不法侵害的心理状态。如果防卫人根本不知道正在进行的不法侵害的存在，而且主观上并非处于防卫的意思，即使客观上存在正在进行的不法侵害，该行为人缺乏防卫意识的行为也不能成立正当防卫。防卫意识可以包括两个方面的内容：对于正在进行的不法侵害的认识，即防卫认识；对于制止正在进行不法侵害的决意，即防卫意志。对于主观的正当化要素，是仅有防卫认识即为已足，还是要求既有防卫意识，同时出于防卫意志，才能成立正当防卫，存在争论。争论的实益在于，当行为人认识到存在不法侵害，但是出于报复等目的实施攻击行为，能否成立正当防卫的问题。

对于防卫意识要件是否是成立正当防卫的必备要件，行为无价值论与结果无价值论的对立非常明显。行为无价值论持肯定态度，但结果无价值论持否定态度。我国刑法学通说持肯定态度。从我国《刑法》第 20 条有关正当防卫的法律规定“为了使……权利免受正在进行的不法侵害，而……”的表述中，也可以推导出从法律上肯定了正当防卫需要防卫意识的结论。

与防卫意识要件有关的争议问题主要包括以下三个：

1. 偶然防卫

偶然防卫是指行为人故意或过失实施某种犯罪时，该犯罪行为偶然地符合了正当防卫的客观前提条件的情形。即行为人非基于防卫意识而实施的故意或过失不法行为，客观上起到了“正当防卫”的效果。例如，在多个共犯相约故意驾车出去“碰瓷”，再敲诈对方财物的案例中，如果共犯人之一的甲在“碰瓷”过程中，因为操作失误将自己一方的汽车撞坏甚至将人员撞死，而真正的被害人由此躲过一劫的，甲能否因为客观上“救助”了真正的被害人而成立正当防卫？刑法学立场不同，会导出不同的处理结论。

结果无价值论认为，违法性的实质在于客观上对法益的侵害，客观上没有法益侵害的行为便不具有违法性，即使行为人内心再恶，刑法也不处罚不会造成法益侵害的行为，因此，不承认主观的正当化要素，相应地，正当防卫的成立也不要求防卫者必须具有防卫意识，由此得出偶然防卫不成立犯罪的结论。

行为无价值论认为，防卫意识是主观的正当化要素。在偶然防卫杀人的场合，虽然“防卫人”杀死的也是一个罪犯，该结果法律并不反对，可以认定其不具有故意杀人罪既遂的结果无价值，但有未遂的结果无价值；如果同时考虑到“防卫人”有未遂的行为无价值（行为人具有违反法规范的敌对意思），在结果无价值与行为无价值同时存在的场合，不能阻却违法。因此，在偶然防卫的场合，起码成立相应犯罪的未遂，无论如何不可能不成立犯罪。

对于上述争议所带来的处理结论上的不同，通过2011年卷二的一道真题可以清晰地呈现：

例11（真题） 乙基于强奸故意正在对妇女实施暴力，甲出于义愤对乙进行攻击，客观上阻止了乙的强奸行为。

提示： 在本例中，如果认为正当防卫不需要有防卫认识（结果无价值论的立场），则甲故意侵害乙的行为客观上保护了正在被不法侵害的妇女，起到了防卫的效果，成立正当防卫；如果认为成立正当防卫需要防卫认识，但不需要防卫意志，甲认识到了乙正在不法攻击他人，具备防卫意识，但甲是出于义愤而非防卫的意志（目的）攻击乙，同样满足了正当防卫的主客观要件，甲成立正当防卫；如果认为正当防卫需要防卫意志，即要求防卫人具有保护合法权益的意图，则甲本身是出于义愤，很难认定其具有防卫意志，则甲不成立正当防卫；如果认为正当防卫的主观的正当化要素既要求防卫认识，也需要防卫意志的话，则甲的行为同样由于不具备防卫意志条件，不成立正当防卫。

2. 防卫挑拨

防卫挑拨是指行为人为了加害对方而故意挑逗他人为一定的不法侵害或攻击，然后在正当防卫的借口下以防卫行为加害他人的情形。防卫挑拨通常不能成立正当防卫：防卫挑拨中的防卫行为尽管表面上具有防卫的形式，但其实质是进行真正的不法侵害，其行为并非出于防卫意思，因此，不能成立正当防卫。例外的情形是，如果挑拨行为人以可能给对方造成轻微损害的方式进行挑拨，但对方反应过于激烈，在挑拨人的生命、健康权利受到严重威胁时，仍然可以认为防卫挑拨人具有正当防卫权。

3. 相互斗殴

相互斗殴是指双方参与人各自出于向对方施加不法侵害的故意而相互侵害对方的情形。在相互斗殴的场合，原则上不能成立正当防卫。其理由为：其一，行为人都有妨害社会管理秩序、加害对方的意思，并且客观上实施了侵害对方的行为，双方缺乏防卫意思。其二，从人身法益的角度看，因为存在被殴打者的被害人承诺，一方的行为不具有侵害对方人身法益的违法性，缺乏正当防卫的前提条件。其三，从社会法益的角度看，双方的行为都是不法行为，而非制止不法侵害的防卫行为。当然，相互斗殴的一方已经停止斗殴，或者因明显处于劣势而逃跑、求饶，对方仍然继续进行暴力程度很高的攻击时，先行停止斗殴或者处于劣势的一方进行反击的，可能成立正当防卫。

例 12（真题） 甲乙两家有仇。某晚，两拨人在歌厅发生斗殴，甲、乙恰巧在场并各属一方。打斗中乙持刀砍伤甲小臂，甲用木棒击中乙头部，致乙死亡。

提示： 由于甲、乙双方的相互斗殴行为不存在攻击烈度的强烈对比，因此，甲的行为不成立正当防卫，而应认定为故意杀人。

正当防卫的要件	内容要求
防卫的起因条件。	人所实施的不法侵害。
防卫的时间条件。	不法侵害必须正在进行（现实紧迫性）。
防卫的对象条件。	针对不法侵害人本人。
防卫的限度条件。	防卫不得超过必要限度。
防卫的主观条件。	防卫认识+防卫意志（有争议）。

二、特殊防卫

根据《刑法》第 20 条第 3 款的规定，对正在进行行凶、杀人、抢劫、强奸、绑架以及其他严重危及人身安全的暴力犯罪，采取防卫行为，造成不法侵害人伤亡的，不属于防卫过当，不负刑事责任。这是刑法关于特殊防卫权（无过当防卫）的规定，该规定的合理性表现在其考虑了利益均衡的法律原则。

特殊防卫成立的前提条件被限定为行凶、杀人、抢劫、强奸、绑架以及其他严重危及人身安全的暴力犯罪。在不是严重危及人身权的暴力犯罪场合，防卫人可以选择非致命的暴力防卫措施，没有必要造成不法侵害人伤亡的后果。只有在严重危及人身安全的暴力犯罪发生时，由于不法侵害人处于主动、有力的地位，防卫人在仓促、紧张的状态下，往往才明确允许免除防卫人对不法暴力侵害人造成伤亡后果的刑事责任。

（一）行凶的含义

对于什么是行凶，刑法并未做明确规定。打人巴掌、推人一把、与人厮打等行为在日常生活中或许可被称为行凶，但很难被认定为特殊防卫规定中的“行凶”，否则会违反法律上利益均衡原则，因此，需要对“行凶”的含义做限制解释。

行凶，并非一个具体的罪名，而是一种犯罪手段。它一般指故意伤害，但是也不能排除侵害人以伤害以外的其他行为危及防卫人的生命和健康。大体上可以认为，行凶必须是严重危及人身安全的暴力犯罪手段，因此，诸如严重危及不特定公民人身安全的放火、爆炸、破坏交通工具等，都具有相当程度的暴力性，可以被认定为行凶。另外，需要注意的是，行凶不限于使用凶器，行为人未使用任何凶器仍然可能进行严重危及人身安全的暴力犯罪，例如武功高强的人赤手空拳攻击别人，同样可以造成他人严重的伤害，当然属于行凶。对于行凶的认定，可总结如下：行为人以暴力形式实施了不法侵害行为，至于是否使用凶器在所不问；不法暴力行为严重危及他人的生命、健康，可能造成他人重伤或死亡的结果。因此，如果暴力程度较低，所可能造成的后果为有限的轻伤害者，不属于这里的行凶；犯罪故意明确的杀人、强奸、绑架、抢劫4种犯罪行为，不是这里的行凶。

（二）“杀人、抢劫、强奸、绑架罪”的含义

这里的“杀人、抢劫、强奸、绑架罪”，既可以指具体的罪名，也可以指4种形式的犯罪手段。例如，对于抢劫犯罪，不应狭义理解为仅指侵犯财产罪中的抢劫罪，还可以包括《刑法》第127条第2款规定的抢劫枪支、弹药、爆炸物罪，这种抢劫行为侵犯的法益中同样包含了人身权利、适用的手段同样也是暴力，其危害性通常大于财产犯罪中的抢劫罪。如果允许对普通抢劫罪实施特殊防卫行为，就没有理由不允许对危害更为严重的抢劫枪支、弹药、爆炸物罪实施特殊防卫。而强奸罪，包括拐卖妇女过程中奸淫被拐卖的妇女的行为，类似行为虽然不单独构成强奸罪，但是属于以强奸的手段侵害被害人性自由权利的行为，当然可以实施特殊防卫。再如绑架犯罪，可以包括以出卖为目的，使用暴力、胁迫或者麻醉方法绑架妇女儿童的行为，虽然应当认定为拐卖、妇女儿童罪，但从犯罪手段上看，是以绑架方法实施的，应当允许进行特殊防卫。

此外，杀人、抢劫等都包括转化犯的情形。例如，根据《刑法》第238条第2款的规定，使用暴力非法拘禁，致人死亡的，应当依照故意杀人罪定罪处罚。又如，《刑法》第269条规定，犯盗窃、诈骗、抢夺罪，为窝藏赃物、抗拒抓捕或者毁灭罪证而当场使用暴力或者以暴力相威胁的，应当依照抢劫罪定罪处罚。《刑法》第267条第2款规定的携带凶器抢夺的，以抢劫罪论处。但是，如果行为人只是为实施其他犯罪而携带凶器，却并未使用该凶器，更未对被害人使用暴力，不属于可行使特殊防卫权的抢劫罪范围。需要注意的是，在抢劫已经既遂但行为人尚未离开现场、并未对财物建立完全稳固的持有状态时，尽管可以对抢劫者行使普通正当防卫权，但不可以进行特殊防卫：毕竟，抢劫已经得逞，抢劫行为本身对于人身安全的威胁已经不再紧迫，因此防卫人为挽回自己的财产损失而进行防卫，导致不法侵害人死亡或重伤的，仍然要负防卫过当的刑事责任。

对于强奸罪，只有在不法侵害人使用暴力强奸的，防卫人才能使用特殊防卫权，对于非暴力的强奸（例如利用权势胁迫被害人实施的强奸，冒充被害人丈夫的强奸，以治病为名实施的强奸等），原则上不允许实施特殊防卫。

总之，对杀人、强奸、抢劫、绑架这四种罪名或行为，必须使用达到严重程度的暴力时，才能行使特殊防卫权，而非只要性质上属于这四种罪名或行为，就可以行使特殊防卫权。因为杀人、强奸、抢劫、绑架等可以由非暴力手段实施。例如，杀人罪就可以是由非暴力手段的投毒、精神刺激等作为或不尽扶养义务等不作为实施，如果允许对这类故意杀人行为行使特殊防卫权，缺乏防卫紧迫性与合理性。另外，绑架与抢劫罪也可以由非暴力的猥亵、麻醉手段实施，或由程度轻微的暴力手段实施，对特殊防卫权的行使也应当予以限制。

（三）“其他严重危及人身安全的暴力犯罪”的理解

一般认为，对“其他严重危及人身安全的暴力犯罪”不宜作扩大解释。刑法作如此规定，主要考虑立法者不可能完全通过列举的方式穷尽所有的严重危及人身安全的犯罪，所以采用“列举式”与“概括式”并用的立法模式，有利于审判实践根据立法精神，判断特殊防卫权的行使是否妥当。

暴力犯罪是指采用武力手段对被害人进行威胁、恫吓、殴打、捆绑，以造成被害人精神恐惧及人身危险，从而达到犯罪目的的行为。暴力行为具有很强的破坏力，在运用上具有突然性、猛烈性、攻击性，对人的心理能够瞬间产生强制性并可能最终导致被害人的生命丧失、健康受损。从外观上看，暴力的表现形式多种多样，如刀砍、棒打、捆绑、爆炸、放火等。可以从以下几个方面确定暴力犯罪的程度：

一是结合实行行为考虑。根据具体罪名确定暴力犯罪的程度，例如，劫夺被押解人员罪、暴动越狱罪、聚众持械劫狱罪等，从其罪名上即可确定其暴力犯罪可能达到严重危及人身安全的程度，因而对这类犯罪应当允许进行特殊防卫。

二是结合行为的危险性考虑。根据具体案件中是否足以造成“严重危及人身安全”的危险来确定暴力犯罪的程度。如聚众斗殴、非法拘禁，一般情况下不具有严重危及人身安全的可能，但是当使用暴力足以致人伤残、死亡的，则属于严重的暴力犯罪，可以对其实行特殊防卫权。

三是结合犯罪的法定刑幅度考虑。在《刑法分则》中，虽然有些犯罪是以暴力手段实施的，但由于暴力程度较轻，法定刑较低的（3年以下有期徒刑），在任何时候都不能对其进行特殊防卫。侮辱罪、破坏选举罪、暴力干涉婚姻自由罪、妨害公务罪等，都属于这类犯罪。

在不法侵害明显只针对财物，而未危及人身安全时，不能行使特殊防卫权。

例13（模拟题） 出租车司机甲在被伪装成乘客的歹徒乙以刀威逼索要财物时，迅速将车停下并奋力反抗，两人滚出车外。司机甲将刀夺过并将歹徒扎伤，乙见势不妙，抽身上车准备开车逃跑。甲追上前，一刀将乙扎死。甲的行为是否构成行使特殊防卫权？

提示：本例不能依据《刑法》第20条第3款认为甲无罪。甲在遭受抢劫与乙打斗过程中，生命权利受到严重威胁，可以行使特殊防卫权。但是，在乙针对防卫人甲的人身实施的暴力侵害已经结束，试图抢劫其汽车逃跑时，只是防卫人的财产安全受到暴力侵害，特殊防卫的前提已经丧失，应成立防卫过当。

第三节　紧急避险

重要法条及司法解释

《刑法》第21条。

命题分析

相对于正当防卫，对紧急避险的考查次数就少得多。而且，个别年份的真题中，命题人会在同一个选择题中同时设置正当防卫与紧急避险的选项，如命题者在 2017 年卷二的第 4 题就考查了正当防卫与紧急避险的对比理解。“紧急避险”一节中考查的具体知识点最重要的就是紧急避险的概念以及紧急避险的构成。考生需要认真理解，什么情形属于正当防卫，而什么情形属于紧急避险；此外，还要认真掌握理解紧急避险的构成特征。

知识点精讲

紧急避险是指在为了保护较大的合法利益，而不得已牺牲较小利益的情形。通说认为，紧急避险阻却违法性的根据在于法益衡量说，即在价值较高的法益遭受紧急危难与危险状态时，为了保全法益，在紧急情形下牺牲其他较小法益以保全价值较高的法益。

正当防卫与紧急避险在很多方面存在差别，其中最大的不同在于：紧急避险需要在严格的法益衡量之后才能正当化，避险行为导致他人死亡的，原则上该行为不能正当化。正当防卫原则上不需要进行法益衡量，在紧急情况下，允许使用比不法侵害稍大的武力进行防卫，防卫行为导致不法侵害人死亡的，有时也不影响防卫的正当性。

一、紧急避险的成立条件

（一）避险的起因条件

存在危险，是紧急避险的起因条件。危险是指自己或他人的生命、健康、自由、财产等法益受到侵害或处于有侵害的危险状态。危险的来源包括：自然灾害、动物攻击、人所实施的侵害行为（但直接针对不法侵害者本人实施的反击行为，则应直接援引正当防卫规定）。

对于他人的合法行为，因无危险可言，所以不能主张紧急避险以保护其利益。如警察依法逮捕犯罪嫌疑人，则犯罪嫌疑人就无刑法上的危险可言，当然就不能主张紧急避险。

根据《刑法》第 21 条的规定，避险行为所保护的利益并没有限制，只要是法律所承认和保护的利益便可以，理论上包括了各种个人或整体法益，只要在避险行为的当时有保护的必要性，都不排除实施紧急避险的可能。这一点与理论上对正当防卫要保护的利益有所限制不同。

（二）避险的时间条件

危险处于紧急状态，是避险的时间条件。紧急是指危险正在发生而又没有结束的状态。危险正在发生是指危险已经出现并对一定的法益形成现实的迫在眉睫的威胁。危险尚未结束是指危险继续威胁着一定的法益，甚至会对相关法益造成更大的损害的情形。无论哪种情形，此时行为人如果不立即采取避险措施，就可能丧失救助法益的机会而无法阻止损害的发生或造成更大的损害后果。所以紧急避险中危险的现实性与正当防卫中侵害的现实性是不同的。在紧急避险的情形下，如果危险并不会马上发生，但有发生危险的可能性，那么紧急避险的危险现实性仍然是成立的。

（三）避险的对象条件

紧急避险时采取损害一种法益的方法保全另一种法益，并且它所损害的是第三者的法益。由此，在危险来自人的违法行为时，避险对象是第三者的身体健康或者财物。

紧急避险是为保全某种合法权益而损害另外的合法权益，所以是一种“正对正”的关系，这和正当防卫明显不同：正当防卫是一种“正对不正”的关系，防卫人所针对的是不法的侵害。

例1（真题） 甲遭乙追杀，情急之下夺过丙的摩托车骑上就跑，丙被摔骨折。乙开车继续追杀，甲为逃命飞身跳下疾驶的摩托车奔入树林，丙一万元的摩托车被毁。甲的行为性质属于正当防卫还是紧急避险？

提示：在本例中，甲的生命处于急迫的危险状态，甲在紧急情况下抢了丙的摩托车，并导致丙被摔骨折，属于为了降低或消灭自己身上的风险而针对第三人进行避险，即为了保护自己的生命法益而牺牲他人的财产与健康法益，甲的行为因而成立紧急避险。

（四）避险的限度条件

避险的限度条件是“不得已”损害较小法益来保全较大法益。“不得已”意味着避险成为唯一的手段与方法时才能允许，才能构成正当化事由。倘若还有报案、寻求第三人的帮助、逃跑等其他可行的方法足以避免危险，就不是不得已，不能成立紧急避险。

《刑法》第21条第2款规定，紧急避险超过必要限度造成不应有的损害的，应当负刑事责任。在衡量紧急避险是否超过必要限度时应当考虑：①在一般情况下，凡是紧急避险行为所造成的损害小于或者等于所避免的损害的，就是没有超过必要限度的行为。就利益大小的比较而言，一般来说，人身权利大于财产权利。在人身权中，生命权大于健康权，健康权大于自由权以及其他权利。在财产权中，以财产价值的大小作为衡量的标准。但是，为了避免轻微的身体伤害而毁损他人的特别高额的财产，是不是超过限度，还是一个有争议的问题。②牺牲他人的生命来保全自己生命的，通说认为不符合避险的限度条件。因为任何个体的生命都具有最高价值，在任何情形下都不能作为达到他人目的的手段。理所当然地也不能成为维持他人生命的手段。牺牲他人的生命来保全自己的生命，已经超越了避险的限度要求，理应承当刑事责任。

当然，牺牲他人、保全自己的行为不能成立阻却违法的紧急避险，并不能直接就得出行为成立犯罪的结论。行为人在特别紧急的情况下，选择牺牲他人利益以保全自己或第三人的法益，也可能是人性的正常表现，毕竟，法律不强人所难，基于避险当时的特殊情境下人所处的动机压力，因此还是有可能通过期待可能性理论的管道认定行为人的行为阻却或减轻罪责。

（五）避险的意思条件

避险的意图在于使国家、公共利益、本人或者他人的人身、财产和其他权利免受正在发生的危险。行为无价值论和结果无价值论对于避险意思是否需要，存在激烈争论。行为无价值论认为与行为相伴的恶的动机是刑法评价的重要素材，在没有避险意思、只有犯罪意思的场合，行为并不具有合法性，因此，赞成避险意思必要说，从而否认偶然避险以及自招风险情况下的避险正当化。结果无价值论肯定法益的重要性，即使没有避险意思，但客观上有助于保护法益的行为，不具有违法性，因此，赞成避险意思不要说，认为偶然避险可以成立紧急避险，自招风险在特殊情况下也可以成立紧急避险。

例2（模拟题） 甲意图盗窃，砸坏了乙的汽车玻璃，却救出了被乙误锁在车内、濒于窒息的乙的3岁儿子。甲的行为是否成立紧急避险？

提示：在上例中，行为无价值论认为甲没有避险意思，不能成立紧急避险，而应当成立故意毁坏财物罪；结果无价值论则认为，甲的行为客观上保护了法益，无论其有无避险意思，都应当成立紧急避险。

从我国《刑法》第21条有关紧急避险的法律规定“为了使…权利免受正在发生的危险”的表述中，也可以推导出从法律上肯定了紧急避险中避险意思的结论。结果无价值论认为紧急避险不需要避险意思的主张，和我国刑法的立法规定相悖。2017年“四大本”同样将避险意图作为紧急避险的成立要件之一。

此外，如果按照正当防卫中有关防卫意识的具体内容的争论，避险意识同样存在仅需认识到避险的紧急情况（避险认识），还是必须同时兼备避险者主观上是为了避险的意志目的（避险目的）的争议。一般认为，对于避险意识，只需要行为人认识到法益处于紧急危险的状态即为已足，换句话说，避险意识仅需要满足避险认识即可。

（六）避险主体的特别限制条件

《刑法》第21条第3款规定，刑法关于避免本人危险的规定，不适用于职务上、业务上负有特定责任的人。这是因为法律对负有特定义务的人有特别要求，国家对其有特别的期待，在发生危险时，如果自己先行避险，国家的期待就会落空，当然不允许其为了避免本人的危险而进行相关的避险行为以逃避法定的义务。

紧急避险的要件	内容要求
避险的起因条件。	存在危险。
避险的时间条件。	危险处于紧急状态。
避险的对象条件。	针对无辜第三人。
避险的限度条件。	“不得已”损害较小法益保全较大法益。
避险的主观条件。	避险意识+避险意志（有争议）。

二、避险过当及其刑事责任

按照《刑法》第21条第2款的规定，避险过当应当承担刑事责任，但是应当减轻或者免除处罚。避险过当，是指避险超过必要限度造成不应有的损害的行为。避险过当必须具备以下条件：行为必须具有避险的性质；必须是避险超过必要限度，造成不应有的损害；行为人在主观上对过当的避险行为有罪过。对避险过当是减轻处罚还是免除处罚，应当综合考虑所保全的法益与牺牲法益的价值大小、避险过当的程度、罪过形式、危险大小等诸多因素加以确定。

第四节　被害人承诺与推定的被害人承诺

命题分析

相对于正当防卫，被害人承诺的考查次数较少。我国《刑法总则》中并没有规定被害人承诺的法条，但分则中的个别条款对于被害人承诺作为犯罪排除事由则有所体现。

被害人承诺作为刑法理论中最为重要的超法规的犯罪排除事由，在近些年的真题中不时出现。命题人考查的重点在被害人承诺的适用界限和适用条件，在复习时需要多加注意。

知识点精讲

一、被害人承诺

被害人承诺是指被害人出于自愿允许他人对自己可以处分的法益加以侵害的行为。被害人承诺阻却违法性的法理依据在于：法律尊重个人对某些法益的自我决定权，在承诺人本人对其自身的法益可以自由处分的情况下，如果其本人实施一定的处分法益行为不构成犯罪，那么，在行为人获得承诺人真实承诺的情形下而为的侵害行为，当然也不构成犯罪。得到被害人承诺的侵害行为，并不排除构成要件符合性，而是排除行为的违法性。由于刑法未将被害人承诺作为法定的排除犯罪事由，因此，被害人承诺属于超法规的违法阻却事由。成立有效的被害人承诺，必须具备以下要件：

（一）法益具有可处分性

被害人能够处分的，必须是法律允许其处分的个人法益。对于国家和社会法益，个人无权进行处分，因此承诺无效。但是，对于国家和社会法益，尽管被害人的承诺不能阻却违法，但行为人也可能因为被害人的承诺而只构成较轻的罪名。例如，《刑法》第234条之一规定的组织出卖人体器官罪中的构成要件行为是以得到他人的承诺为前提的。因为组织出卖人体器官行为可能危及被害人生命，所以他人的承诺无效，不能阻却行为的违法性。但毕竟存在被害人承诺情节，而不是行为人使用暴力手段伤害他人，因此，不构成故意伤害罪。

具有个人处分可能性的法益主要是属于被害人自己的财产、人身法益等法益。但是，对于生命与健康法益的处分却又有相应的限制：得到被害人承诺的轻伤行为，可以阻却违法性；但是得到被害人承诺的重伤或者杀害行为的违法性难以被阻却。因为生命与重大健康等法益，虽然专属于个人，但同时也涉及社会公共利益，生命与重大健康法益一旦被侵害，个体生命可能从社会中消失，或由于侵害而导致身体严重残疾，会造成社会的不安，增加被害人的家庭负担与不幸。所以刑法虽然不禁止法益主体的自我处分，但禁止他人在得到被害人承诺后实施杀人或者重伤行为。

例1（真题）　李某同意丁砍掉自己的一个小手指，而丁却砍掉了李某的大拇指。

提示： 按照我国刑法学界通说的观点，对于生命与重大健康等法益，个人是无权作出承诺的。对于重伤害的承诺之所以无效，很重要的一个原因在于重伤害非常可能危及被承诺者的生命安全，所以对生命采绝对保护主义。李某同意丁砍掉自己的小手指，但丁砍掉了大拇指，大拇指被砍基本均属于重伤害，而重伤害的承诺当然无效，另外丁并未严格遵照承诺者的真实承诺意思行事。因此，丁的行为不能阻却违法性，成立故意伤害罪。

例2（真题） 黑社会成员因违反帮规，在其同意之下，被截断一截小指头。

提示： 在本例中，由于砍断小指头，按照《人体损伤程度鉴定标准》，属于轻伤害，而对于轻伤害的承诺应当是有效的。因此，砍断小指的行为人不成立故意伤害罪。

（二）承诺通常由法益持有者本人作出

承诺不是由法益持有者本人作出时，该承诺通常无效。但在法益并非重大财产权时，法益持有者的监护人的承诺通常有效；在承诺行为不会严重损害法益持有者（例如法人团体）的利益时，其法定代理人的承诺行为有效。在法益属于专属于个人的身体法益时，一般来说，代替法益拥有者所做的承诺都无效。

例3（真题） 儿童赵某生活在贫困家庭，甲征得赵某父母的同意，将赵某卖至富贵人家。甲的行为得到了赵某父母的有效承诺，并有利于儿童的成长，故不构成拐卖儿童罪。

例4（真题） 孙某为戒掉网瘾，让其妻子丙将其反锁在没有电脑的房间一星期。孙某对放弃自己人身自由的承诺是无效的，丙的行为依然成立非法拘禁罪。

提示： 上述两个选项都是错误的。由于拐卖儿童罪侵犯的是儿童的人身自由，而人身自由属于典型的人身专属法益，他人不得代为承诺与处分，因此，即便父母也无权处分子女的人身自由法益，所以甲的行为仍然成立拐卖儿童罪。而对于成年人来说，人身自由是其可以处分的法益，基于自由意志处分自己人身自由的行为当然是有效的承诺，因此，丙的行为不成立非法拘禁罪。

（三）承诺者必须有承诺能力

承诺者必须具有一定的辨认、控制能力，对承诺事项的内容、范围、结果乃至最终意义有相应的理解能力与意思能力。所以，不能理解承诺事项的意义、价值与结果的年幼者和精神病人所作的承诺无效。在某些情况下，对于缺乏承诺能力者的承诺，可以由其监护人作出，例如，家长有权对医生出于医疗目的伤害未成年子女的行为作出承诺。

（四）承诺必须真实、明确

承诺必须出于承诺人的自由意思。因为被欺骗、被胁迫所作的承诺无效；对承诺事项的意义、内容、范围与结果等产生错误认识时而为的承诺也应无效。当然，在特殊情况下，承诺存在较小的瑕疵时，也可以认定承诺有效。例如，在医生并未告知病人有关病情的全部情况时，如果病人的承诺并不涉及对自己重大权益的放弃，其承诺可以认为有效。此外，承诺还必须明确，不完全确定的承诺，由于其违反了承诺明确性的要求，应当认定无效。承诺的明确性不仅关涉承诺的意愿，也和承诺事项本身的性质、内容、范围与结果有关。

与承诺真实、明确有关联的复杂问题是：在死亡并非出于被害人自愿，即欺骗他人使之作出承诺并自杀的案件中，是否一律成立故意杀人罪。换言之，在被害人对于死亡结果存在清楚认知，但却对自杀身亡的目的、意义有错误认识时（被害人动机错误），是否仍然成立自杀？对此，应当考察在具体个案中，被害人动机错误的大小，是否足以构成重大意思瑕疵，来确定被害人承诺的效力。在可以假定没有该错误，被害人就不会决定放弃该法益，即不会选择自杀时，就应当认为该动机错误损害了被害人的自主决定权，其自杀承诺无效。也就是说，如果被害人没有充分的认知与判断能力，并且其意思表示有重大瑕疵时，不能认定其自愿选择了死亡。

例 5（模拟题） 甲因另有所爱而企图杀害极为依恋自己的女朋友乙，于是谎称父母反对自己与乙交往，进而与乙相约一起服毒自杀。在乙服下致死的毒药之后，甲却并未兑现自杀承诺的，如何处理甲？

提示：对于本例，应当认为，如果自杀者没有动机错误就不会决定放弃法益，不会选择自杀，该动机错误损害了被害人的自主决定权，该死亡就应该由欺骗者甲负责。在本案中，由于甲和乙共同赴死是乙决定自杀的本质要素，如果没有甲的伪装，乙就不会形成和强化自杀的意思，乙的自杀意图不是出于其自愿的真实意思，是在上当受骗之后实施的荒唐举止，该承诺无效，故乙不成立自杀，谎称共同自杀的行为人甲利用没有自杀意思的被害人的行为造成了死亡结果，因而构成故意杀人罪。

但是，对于欺骗他人自杀的情形，并不能一律定故意杀人罪。此时，分析被害人是否有动机错误，实际上也就是在考虑欺骗行为对于被害人作出自杀决定所起的作用大小。如果被害人决心自杀，只求速死，行为人为让其快死，而假装一同自杀，被害人由此自杀身亡的，行为人无罪，因为即便存在欺骗，被害人有一定认识错误，但是该错误是在被害人已经有死亡的自主决定权之后才产生的，行为人对被害人作出自杀决定的影响力较小。

（五）承诺必须在事前作出

有效的承诺必须在行为开始前或者行为当时作出。由于承诺的本质是承诺者对法益的自我决定权的行使，因此，承诺可以撤回。如果行为人违背承诺者已经改变的意愿，继续实施该行为，则这种行为不能阻却行为的违法性。事后的承诺，由于在行为的当时完全没有体现法益持有者对法益的自主决定权，因而事后承诺在刑法上当然无效。

（六）承诺为行为人了解（主观的正当化要素）

承诺必须由被害人根据其自由意思通过明示或暗示方式表达出来；同时，承诺必须传达给行为人，行为人由此清楚地认识到被害人作出了承诺，自己可以按照被害人的承诺行事。

在行为人对于被害人承诺有认识错误的，应当分别情况进行处理：一方面，如果被害人并未作出承诺，但行为人误以为被害人已经承诺的，误以为自己的行为具有正当性的，便会阻却犯罪故意的成立，但可能成立过失犯罪。如果根据当时的具体情况行为人难以预见的，则属于意外事件。例如，误以为被害人允许行为人重伤其身体而实施伤害行为，可以成立过失重伤罪。另一方面，如果被害人已经作出承诺行为，但行为人误以为被害人并未承诺，即行为人未意识到被害人承诺的，属于符合阻却违法性的客观要素，但缺乏主观要素的情形，应以故意犯罪未遂处理。

另外，需要提醒的是，行为人当然必须严格按照承诺者的承诺意思行事，否则不能阻却违法。

被害人承诺的要件	内容要求
承诺的法益具有可处分性。	必须是法益持有者有权处分的法益（生命、重伤以及集体法益都不可处分）。
承诺由法益持有人本人作出。	非本人作出的承诺原则上无效。
承诺者必须有承诺能力。	能够理解放弃的法益的范围、结果和意义。
承诺必须真实、明确。	出于承诺人的真实自由意思。
承诺必须事前作出。	事后承诺无效。
承诺为行为人了解。	行为人主观上认识到存在被害人承诺而行为。

二、推定的被害人承诺

由于推定的被害人承诺与被害人承诺密切相关，因此本书在此一并对推定的被害人承诺作介绍。

推定的被害人承诺，是指事先没有得到被害人的现实承诺，但为了被害人的利益而实施的某种行为，推定被害人如果知道事实真相后，应该会作出同意的情形。

成立推定的被害人承诺，必须符合下列基本要件才能作为正当化事由：①被害人没有现实的承诺；②待处理的事项具有紧迫性；③推定被害人知道实情后会作出同意；④行为必须是为了被害人利益；⑤行为所指向的法益必须是被害人有权处分的法益。

另外，推定被害人事后会同意，不以被害人的实际意思为标准，而是以客观的处于同一情状下的第三人是否会同意为标准，即对于在现实上无法获得被害人同意的推定的被害人承诺，应当考虑假设存在一个深思熟虑的第三人，是否会同意该行为。

例 6（真题） 在钱某家发生火灾之际，乙独自闯入钱某的住宅搬出贵重物品。由于乙的行为事后并未得到钱某的认可，故应当成立非法侵入住宅罪。

提示：上述表述是错误的。乙在钱某的财产法益遭受急迫的危险状态时，为了钱某的利益而闯入钱某的住宅，即便事后钱某不同意乙的救助行为，仍然可以推定的被害人承诺为理由认定乙的行为不成立非法侵入住宅罪。

第五节 执行职务行为

命题分析

执行职务行为作为正当化事由在往年真题中似乎尚未出现，但我国刑事司法实务中已经出现将公务员执行明显违法的上级指令等类似行为认定为犯罪的个例。因此应予以注意。

知识点精讲

一、执行职务行为的概念

执行职务行为是指从事公务的人员按照法秩序统一性的要求，在职务权限范围内所实施的行为。

执行职务行为和妨害公务罪是一个问题的两个方面：只要公务人员的职务行为不合法，对方就可以正当防卫或者紧急避险；如果公务执行行为是合法的，相对方只能选择忍受，不得以正当防卫或考紧急避险为由进行反击，否则，就可能构成妨害公务罪。

二、执行职务行为的分类

执行职务的行为可以分为依法律的行为与依上级命令的行为。

（一）依法律的行为

行为人依据法律的明确规定从事公务活动，行为的违法性不存在。例如，依法逮捕犯罪嫌疑人不构成非法拘禁罪，依法执行死刑不是故意杀人。依法律的行为，如果要构成正当化事由，必须具备如下要件：行为人有法律上赋予的权限，有从事公务活动的身份与资格；行为人主观上有正当行使权力的意思；行为人客观上应当遵守法律规定，并不得滥用权力。超越法律权限或违反法定程序的行为，不得被认为是依据法律的行为。

（二）依上级命令的行为

上级机关命令下属的公务员从事一定的职务行为，下级公务人员有服从的义务，即便下级公务人员的行为侵害法益，仍然可以构成正当化事由。

依据上级命令的职务行为，其成立正当化事由必须具备如下要件：

其一，客观条件。发布命令的必须是上级从事公务的人；执行命令的行为人必须具有从事公务的身份；命令必须是上、下级公务人员职务范围内的行为，超出职务范围的事务不能作为职务上的行为；上级的命令必须具备法定的形式与程序。欠缺形式合理性与程序正当性的命令，下级从事公务的人员据以执行的，不是依上级命令的职务行为，不能构成正当化事由。

其二，主观条件。下级公务人员不明知命令为违法；下级公务人员有执行职务的意思，而没有逾越命令范围的故意。

值得研究的是主观条件中，下级公务人员必须不明知命令为违法。下级公务人员对于上级命令是否违法应当承担形式审查义务还是实质审查义务？实质审查说认为，上级公务人员的命令可能明显超越其职权范围，从而实质上违法；同时，对这种实质违法行为，下级很容易发现，此时，再按实质上不合理的上级命令执行，就不能说是合法的行为。形式审查说认为，要求下级审查上级的命令实质上是否合法，和行政一体化的观念相悖，会引起行政隶属关系紊乱；同时，只要上级命令在程序上、形式上合法，下级公务人员就可以推定命令实质上合法。如果按照实质审查说行事，就意味着下级公务人员对每一个程序上、形式上合法的命令都要进行实质审查，这也不符合行政效率的要求。

形式审查说和实质审查说各有各的道理，折中的立场是：下级公务人员对于上级命令，原则上只有形式审查的义务。但是，当上级命令的违法性十分明显，具有通常理解力的下级公务人员都容易发现该错误，且错误命令会给相对人带来重大的利益损害时，下级公务人员有对命令进行实质审查的义务。因此，出于特殊原因有实质审查义务，明知上级发布的命令存在明显的、重大的、关键的缺陷或错误仍然予以执行的人，不能以行为构成正当化事由辩解，反而可能与发布命令的上级公务人员形成共犯关系。

第六节　期待不可能

一、概念

期待可能性是指从行为时的具体情况看，可以期待行为人不为违法行为而实施适法行为的情形。

法律不强人所难，只有当一个人具有期待可能性时，才有可能对行为人作出谴责。在期待不可能性的情况下，也就不存在谴责可能性。在这个意义上说，期待可能性是一种归责要素，期待不可能则是一种责任排除要件。

期待可能性是就一个人的意志而言的，意志是人选择自己行为的能力，这种选择只有在具有期待可能性的情况下，才能体现行为人的违法意志。有无期待可能性是有无阻却责任的事由，不是由法律明确规定的，所以被称为“超法规的阻却责任事由”，其是否存在需由法官具体判断。期待可能性理论是规范责任论的核心，是责任论从心理责任论向规范责任论转向的必然产物。

期待可能性理论来自德国法院 1897 年对“癖马案”所作的判决：行为人多年以来受雇驾驶双匹马车，其中一匹马具有以其尾绕住缰绳并用力压低马车的癖性。行为人多次要求换一匹马，但是，雇主没有答应他的要求。某日该马劣性发作，车夫采取了所有紧急措施，但马仍然撞伤他人。法院判决行为人无罪，因为很难期待行为人坚决违抗雇主的命令，不惜失去职业而履行避免其已预见的伤害行为的结果发生的义务。“癖马案”的时代背景是：19 世纪末 20 世纪初的德国，经济较为落后，劳苦大众生活艰难，尤其是失业率高。在这种情况下，“癖马案”中期待行为人坚决违抗雇主的命令，不惜失去职业而履行避免其已预见的伤害结果发生的义务，确实是强人所难。所以，法院根据行为人所处的社会关系、经济状况否定了期待可能性的存在，从而否定了在损害结果的发生上行为人的应受谴责性。

期待可能性理论经过迈耶和弗兰克等德国学者的不断发展和完善，为有的国家的刑法实务承认。后来，这一理论被试探性地运用于司法实践中。运用期待可能性理论的好处在于：考虑行为人本身的情况，不强人所难，能达到事实上的合理，不给其附加多余的义务，刑法对脆弱的人性给予适度同情。但是，期待可能性理论也存在明显不足：期待可能性是超法规的事由，由法官具体解释，容易导致被告人以其他事由阻却责任，从而冲击成文法的权威和社会秩序。“期待可能性毕竟是一种理论，在对法规范作出柔性解决的同时如果滥用也可能损害法规本身的确定性，这是必须加以警惕的”①。

期待可能性理论最近十年来在中国刑法学界似乎成了一个讨论重点，在许多人看来，

---

① 陈兴良、周光权：《刑法学的现代展开》，中国人民大学出版社 2006 年版，第 297 页。

期待可能性是解决很多问题的良方。比如，对于某农民工讨薪过程中因与欠薪者以外的第三人有其他纠纷而故意杀害数人的情况，也有人认为可以用期待可能性为被告人进行辩护。但这种将期待可能性泛化的做法是否妥当还值得质疑。无论如何，期待可能性是现行刑法上没有明确规定的所谓“超法规的责任阻却事由”，是在利用成文刑法处理案件可能会导致不太容易被公众接受的场合，适度考虑人情世故，而对成文刑法进行的变通。但是，既然有成文刑法关于行为构成犯罪的规定，过于夸大期待可能性理论的意义，或者在实际处理案件时过度适用期待可能性，都可能使刑法的效力大打折扣，使法治的精神受到冲击。在高度法治化的大陆法系国家，虽然理论上和实务中都承认缺少期待可能性属于超法规的责任阻却事由，但是，在具体判决中，对采用期待可能性理论持谨慎、消极态度。

所以，要维护法治的精神，就应当对期待可能性理论谨慎适用。对极其个别的轻微犯罪、过失犯罪，确实不能期待被告人实施适法行为的，可以用期待可能性进行辩解。但是，对于大多数犯罪，尤其是情节严重、可能涉及被害人重大的人身和财产法益的犯罪，应当排斥期待可能性的适用可能。在刑法学理论体系改造过程中，期待可能性的价值绝对不能被夸大。

二、判断标准

应当根据什么标准判断期待可能性，是在刑法理论上存在争论的问题。对此，主要存在以下学说：①行为人标准说，即在行为时，该行为人能否作出其行为之外的适法行为的可能性，这是把行为人本身的情况作为判断期待可能性的标准；②平均人标准说，即根据社会通常人的情况，将能否作出与行为人同样的行为作为判断期待可能性的标准；③国家标准说，即从国家法秩序的立场出发，期待行为人作出合法行为，以此作为判断期待可能性的标准。

就以上三种判断标准而言，各自都有不足。相对而言，行为人标准说更为妥当，因为一方面，期待可能性的宗旨是对在强有力的国家法规范面前喘息不已的个人给予救济；另一方面，责任是对该当构成要件且违法的行为的实施者进行人格非难。所以，应当站在行为人的立场上，设身处地地考虑其作出意志选择的可能性，从而使归责更合乎情理。对此，西田典之教授指出：“作为期待可能性的标准，一般人标准说属于通说，但既然问题在于具体的谴责可能性，还是应该采取行为人标准说。”①

三、体系性位置

对于期待可能性在责任论中的体系性地位问题，理论上见解不一。

（一）第三责任要素说

该说把期待可能性理解为与责任能力、故意及过失并列的第三责任要素。期待可能性虽然是指向行为人的主观的，是对行为人主观选择的期待，但是，与故意或过失不同，它不是行为人的主观的、心理的内容本身，而是从法规范的角度对处于具体状况下的行为人的主观选择的评价。期待可能性判断必须考虑行为当时的实际情况、有无特殊事由存在等。可以说，故意、过失是主观性归责要素，而期待可能性是客观性归责要素，期待可能性是

① ［日］西田典之：《日本刑法总论》，刘明祥、王昭武译，中国人民大学出版社 2007 年版，第 240 页。

独立于故意、过失之外的归责要素之一。问题在于：如果三者并列，则期待可能性就成为犯罪事实的一部分，就要求司法机关证明，就会加重检察官的责任，由其专门证明有无期待可能性。这在司法实务中不太现实。

（二）构成要素说

该说把期待可能性理解为故意与过失的构成要素。其面临最大的批评是：故意、过失是对基本事实的认识，而期待可能性不涉及基本的行为事实之有无；期待可能性并不具有区分故意、过失的功能。

（三）责任阻却说

该说认为，期待可能性既不是与责任能力、故意及过失并列的第三责任要素，也不是故意、过失的构成要素，而应当将不存在期待可能性的情形，理解为一种责任阻却事由。

在此问题上，通说的立场是第三责任要素说，这是比较合理的观点。在实际处理案件时，需要注意：只要存在以行为人的内心性要素为基础的故意、过失，一般就可以说行为人有责任，没有期待可能性的事态只是例外的情况。期待可能性是与行为人的内心态度明显不同的所谓客观的责任要素，把它解释为与故意、过失不同的责任要素，在理论上更为简明易懂。所以，在个案中，需要在确认个人有故意、过失之后，再考虑是否有必要利用期待可能性理论为被告人辩解，以求得实质上的合理性。有无期待可能性，只需要在确定行为人有故意、过失，但是，以犯罪处理又明显不合理的案件中加以证明。在刑事诉讼中，首先提出行为人缺乏期待可能性且需加以证明的责任应在辩护方，检察官只在提出反驳意见时才需要提出相应的证据。

在一般情况下，具有责任能力的人，基于故意、过失实施某一行为，通常就存在期待可能性，所以，行为人有无期待可能性，在绝大多数案件中，都不需要特别予以考虑。但在某些特殊情况下，期待可能性的判断仍然是必要的。例如，有配偶而与他人结婚，构成刑法上的重婚罪。但因自然灾害而流落外地，在为生活所迫与他人重婚的情形下，行为人明知本人有配偶，具有事实性认识；明知重婚违法，具有违法性认识；在这种情况下仍然与他人结婚，具有心理性意志，但由于是为生活所迫而与他人重婚，缺乏期待可能性，因而没有责任。对此，不能以重婚罪论处。又如，最高人民法院关于盗窃罪的历次司法解释都指出，亲属间相互盗窃的，一般不作为犯罪处理，实在有追究必要的，也应与社会上的盗窃相区别。这也考虑了期待可能性问题。再如亲属间对他人犯罪的包庇，从理论上看也是欠缺期待可能性的。此外，对防卫过当、避险过当减轻处罚，也是考虑行为人期待可能性较低。大量、恶意购买假币而使用，犯罪人的责任重，量刑相对重；而误收假币后，为减少自己的损失而使用，因为期待可能性较低，所以，处罚相对较轻。当然，期待可能性的范围不能太广，否则可能导致司法无序。在判断有无期待可能性时，需综合多种因素考虑，谨慎适用。

第十章 犯罪未遂与犯罪中止

第一节 犯罪未遂

重要法条及司法解释

《刑法》第23条。

命题分析

犯罪未遂一直是我国刑法教科书中“犯罪停止形态”一章中最为重要的内容，为什么要处罚未遂行为、着手实行的认定标准以及不能犯有无危险的判断是刑法总论中的重点问题，更是难点和争论不休的问题。但是，毫无疑问，犯罪未遂的相关问题（如不能犯的判断标准）会直接影响司法实务对于行为可罚性界限的掌握。因此，历年真题反复对此进行考查便不奇怪。

近些年，基本上每年都会涉及犯罪未遂的问题。考生需要重点掌握着手实行的判断标准，以及不能犯中危险的判断方法。

知识点精讲

一、犯罪未遂的特征

（一）着手实行犯罪

着手实行犯罪，是犯罪未遂成立的首要条件。是否着手是区分预备、未遂的分水岭。行为人一旦着手，便起码成立犯罪未遂，而不再属于犯罪预备。因此，着手的认定，便是非常关键与重要的问题。

如何判断着手，有时非常困难。对此，刑法学上大体存在主观说与客观说两个派别的对立。

刑法主观主义坚持主观说（行为人标准说），认为着手不能置行为人的主观方面于不顾，应当以行为人的内心意思为着手的认定标准，表现犯罪意思的行为开始实施即为着手。主观说的判断标准并不明确，并且存在提前认定着手，从而扩大未遂范围的危险。

刑法客观主义坚持客观说（行为标准说），认为着手实行应当依客观的基准确定。内部又存在形式客观说与实质客观说的对立：

（1）形式客观说认为，开始实施符合《刑法分则》犯罪构成要件的实行行为就是着手。形式客观说是我国刑法学的通说，但形式客观说并不能解决实际问题，因为这种形式客观说并没有从实质上回答什么是实行行为，也没有回答什么是着手和如何认定着手，同时形式客观说也会使得着手的认定过于提前或推后。例如，诬告陷害罪的构成要件是捏造犯罪事实，然后向有关机关告发。通说认为，"捏造"就是着手，但是单纯的捏造而未告发的行为，对法益的威胁极其间接，而无紧迫的具体危险。

（2）实质客观说认为，犯罪未遂都是具体危险犯而非抽象危险犯，未遂犯的判断都是司法上的具体判断，必须结合每个案件的具体情况，考察法益所面临的危险性的大小。根据实质客观说，开始实施对刑法所保护的法益有直接或紧迫危险的行为时，才可以视为犯罪的着手。换言之，侵害法益的危害性达到紧迫程度时，是实行行为的着手。至于何种行为具有法益侵害的紧迫性，则应根据不同犯罪、不同案件的具体情况综合考虑，要考察行为是否已经解除或者接近犯罪对象，行为人是否已经开始使用犯罪工具，行为人是否开始利用所制造的条件，所实施的行为是否立即就可以造成犯罪结果等。

官方"四大本"在论述着手时，采用的是实质客观说："仅在犯罪行为具有侵犯法益的紧迫时，才能认定行为人已经着手实行犯罪。"

关于实践中一些常发性犯罪着手的认定：

（1）基于故意使用枪支杀人的场合，掏枪是预备；瞄准是着手。

（2）投毒杀人的场合，投放毒物是着手；杀死被害人时既遂。

（3）为入室盗窃而撬门即被抓获的，撬门的行为对他人财物的危险具有抽象性，只能成立盗窃罪预备，入室后开始物色财物为着手；为盗窃车内财物而撬动车门的，财物近在咫尺，撬动车门的行为对财物足以产生紧迫的、高度的危险（具体危险），因此是盗窃的着手。

（4）诬告陷害的场合，为捏造犯罪事实而写诬告信，以及向有关机关就该捏造的事实进行告发的，对个人法益都不会产生具体的侵害危险，不是着手。考虑到本罪是侵犯人身权利罪，同时本罪还有间接正犯的类似构造，因此，应当将有关机关因为行为人的告发，准备启动调查程序作为本罪的着手。

（5）为实施保险诈骗罪，而向保险公司提出索赔请求，是该罪的着手；保险公司赔偿为既遂。

（6）在危险驾驶罪中，醉酒后发动汽车是着手；车辆向前行驶是既遂。

（7）在抢劫罪中，基于犯罪意思开始针对被害人实施暴力、胁迫，或者开始针对财物实施强取行为，是着手；取得财物是既遂。行为人为到某偏僻场所抢劫出租车而带着凶器上车，司机驾车前行途中偶然遇到警察的检查时，行为人因为形迹可疑而罪行败露的，只能成立抢劫罪预备。

例1（真题） 甲预谋拍摄乙与卖淫女的裸照，迫使乙交付财物。一日，甲请乙吃饭，叫卖淫女丙相陪。饭后，甲将乙、丙送上车。乙、丙刚到乙宅，乙便被老板电话叫走，丙亦离开。半小时后，甲持相机闯入乙宅发现无人，遂拿走了乙的3万元现金。

提示：在本例中，甲预谋通过拍摄他人裸照的形式索要他人钱财，由于对被害人乙来说不可能达到压制、剥夺他人反抗的程度，显然只可能成立敲诈勒索罪。而要认定是否成立敲诈勒索罪的着手，则必须看行为是否对法益有直接的危险，显然，在敲诈勒索的场合，只有在依照行为人的计划开始实施恐吓行为，即对被害人告以恶害的时候，才能认定为着手。本例中的甲拍摄裸照的行为尚未达到恐吓的行为阶段，因而属于敲诈勒索的预备，而非未遂。由于甲进入乙宅窃取财物属于另一行为，因而应当以敲诈勒索预备和盗窃罪既遂数罪并罚。

（二）犯罪未得逞

犯罪未得逞是犯罪未遂区别于犯罪既遂的根本特征。对于何为犯罪未得逞，我国刑法理论存在犯罪目的说、构成要件说、结果发生说三种不同观点。在之前的考试命题中，倾向于采用结果发生说。结果发生说主张以犯罪结果发生与否来区分犯罪未遂与犯罪既遂，由此认为，行为人的行为没有导致法定犯罪结果发生的，为犯罪未遂；导致法定犯罪结果发生的，为犯罪既遂。2017年“四大本”在论述犯罪未得逞时指出，“犯罪未得逞应指法益虽然面临威胁但尚未被侵害，但没有发生行为人所希望或者放任的、行为性质所决定的犯罪结果”。

例2（模拟题） 甲翻越院墙进入乙家盗窃，发现乙有一个带密码的大皮箱，但无法打开。于是，甲将皮箱搬离乙的卧室，藏在乙家院墙内的角落处，用树枝将其掩盖，想等第二天晚上带上刀具割开皮箱。次日上午，乙回家后发现皮箱被盗，四处寻找，在院墙的角落处将其找到。甲的行为是否成立犯罪未遂？

提示：在本例中，按照结果发生说，甲将乙的财物放置于特殊地点加以隐藏，已经导致了控制他人财物的结果出现，成立犯罪既遂。

（三）意志以外的原因

犯罪分子意志以外的原因使得犯罪未得逞，是犯罪未遂成立的第三个条件，也是其区别于犯罪中止的主要标志。

犯罪分子意志以外的原因可以区分为三种类型：

（1）抑制犯罪结果的原因，即与犯罪人无关的客观原因，其范围比较广，包括被害人的反抗、逃避，司法机关的介入或其他第三者的制止，自然力的影响，难以克服的物质障碍等，如正准备扣扳机时，他人将枪夺走；将被害人打成重伤后吊在树上，认为其血流不止必死，后由他人救下被害人。

（2）抑制犯罪行为的原因。这类原因包括犯罪人的能力、力量、身体状况、机能、经验等。如杀人犯罪分子虽然举枪却不懂如何开枪，犯罪分子因精神紧张而当场休克，误将救护车当警车而逃走等。

（3）抑制犯罪意志的原因。这类原因主要包括对犯罪对象、犯罪工具、因果关系的认识错误，以及对犯罪时周围客观环境的认识错误。如犯罪人误以为被害人已被杀死而离去，盗窃犯罪分子误以为下班铃声是警报声而仓皇逃离现场等。

二、犯罪未遂的处罚

《刑法》第23条第2款规定，对于未遂犯，可以比照既遂犯从轻或者减轻处罚。对于这一规定，应注意以下两点：

一方面，由于犯罪未遂没有达到犯罪完成的程度，在客观危害上一般要小于犯罪既遂，所以，对未遂犯，需要比照既遂犯给予宽大处理。未遂犯的参照标准是实行行为实施后，向前发展可能形成的结果所对应的既遂犯。对未遂犯多数应当比照既遂犯适当从轻处罚或者减轻处罚，法律规定可以从轻或者减轻处罚表明了一种倾向性态度。至于对于未遂犯是从轻处罚或者减轻处罚，需要根据案件具体情况，综合考虑犯罪的性质、犯罪行为已造成的危害结果大小、犯罪的动机、犯罪未遂的具体类型等因素。

另一方面，在特殊情况下，对未遂犯也可以不从轻或者减轻处罚。例如，个别性质特别恶劣、手段特别残忍的杀人行为，虽然没有造成死亡后果，但综合全部案情看，其社会危害程度与犯罪既遂相比已相差无几，未遂情节在案件中居于无足轻重的地位，不影响或基本不影响案件的危害程度时，对其处以与既遂犯相同之刑也是符合罪刑相适应原则的。

三、未遂犯与不能犯

不能犯是指行为人主观上有意实行犯罪，但就行为的性质看并无实现构成要件内容的可能性，现实上不能发生法益侵害结果而不受处罚的情形。不能犯与未遂犯的区别在于，前者无实现犯罪的可能性，而后者有这种可能性。因此，对于未遂犯，应当作为犯罪处理，只是在量刑时与既遂犯有所区别。由此看来，不能犯与未遂犯之间具有本质差别，理应加以区分。

不能犯一般包括三种情形：①手段（方法）不能，即行为人所采用犯罪手段根本不可能造成犯罪结果。例如，本想用砒霜杀人，但误将白糖当作砒霜拿给人喝。②对象不能，即行为人行为时根本不存在行为人意欲攻击的对象。例如，行为人本想杀人，朝屋内开枪，但被害人根本不在家。③主体不能，即行为人具有实施身份犯的意图，但其不具有相关的特殊身份。

关于不能犯判断的学说，主要存在纯粹主观说、抽象危险说、具体危险说和客观危险说的争论。与不能犯有关的刑法试题，主要集中在（无罪的）不能犯和（成立犯罪的）未遂犯的区分上。考生应该大致了解的是具体危险说和客观危险说，对纯粹主观说、抽象危险说基本可以忽略。

1. 具体危险说。具体危险说主张，以一般人所认识到的事实和行为人本人特别认识到的事实为基础，在行为的时点从一般人的角度看，是否有危险的存在。如果一般人能够感受到危险的存在，则成立未遂犯。行为人基于杀人的意思朝空无一人的房间开枪，但一般人认识到被害人可能在房间内，会感受到危险的，应当成立未遂犯。从行为时一般人的立场判断危险，是抽象危险说和具体危险说的共同之处。但二者判断的资料范围不同：抽象危险说将行为人的计划、意思内容作为一般人危险感觉的判断资料，确定一般人是否能够从行为人的认识中感受到危险；具体危险说是从一般人的立场出发去看计划的现实化程度，并将其作为判断资料，直接考虑一般人根据其认识是否会产生危险感觉。例如，行为人误将白糖当成砒霜杀人的场合，抽象危险说认为是杀人未遂；具体危险说则认为，如果行为人有拿成砒霜的可能性的，才是杀人未遂。有杀人的意思，对被害人开枪，但后者已经死亡的，抽象危险说认为成立犯罪未遂，具体危险说认为如果一般人感觉后者有活着的可能性的，成立犯罪未遂。

2. 客观危险说。客观危险说认为应当以行为时存在的所有客观事实为基础，在裁判的时点（事后）以科学的因果法则为标准判断危险的有无。例如，行为人用硫黄杀人时，由于科学法则告诉我们，这一手段根本不可能造成人的死亡结果，因而属于不能犯。再如，行为人使用未上膛的手枪向他人开枪射击的，由于在事后我们会清楚地认识到行为的当时没有子弹，不可能造成人死亡结果的发生，这一点应当作为判断的基础，因而成立不能犯。由于这种客观的危险说会导致所有的未遂犯都是不能犯：在事后的立场看，以今天科学的解释能力，一个行为不能造成结果必定有其因果法则上的原因。例如，行为人朝被害人开枪，子弹差一厘米从被害人耳边飞过，从事后的立场看，子弹未击中可能是风导致弹道偏离，即便是差一厘米击中被害人，也自始注定了行为不可能导致结果的发生，因而成立不能犯。显然，这是不能被接受的结论。因而有修正的客观危险说出现，基本上，各种修正的客观危险说大体均同样以行为时存在的所有客观事实为判断资料，站在行为的时点（事前），根据科学的一般人判断危险的有无。

学说	判断资料	判断时点	判断基准
具体危险说	一般人（或有特殊认知的本人）	行为时	一般人
客观危险说	客观事实	事后（修正的客观危险说：行为时）	科学一般人

我们认为，如果承认刑法具有行为规范的特点，其运作必须有助于实现积极的一般预防，那么，一般人在行为时对危险的判断就是至关重要的，因而具体危险说是恰当的。

在运用具体危险说判断危险的有无时，要考虑行为时所存在的各种情况，并要对事态的可能发展趋势作出预估。在这里，其实必须假定存在一个“客观的观察者”，由其从行为时的视角，依据相关的普遍性经验上的知识（以及特殊情况下，行为人所可能拥有的特殊知识），对行为当时所实际存在的具体情况进行分析，对由此造成的危险进行评估。

例3（模拟题） 毒贩A向一直贩卖毒品的B购买毒品，但买成了头痛粉。

例4（模拟题） C向卖药品的D苦苦哀求，要买毒品然后贩卖，D没有办法，给了C总共20包头痛粉。

提示：A构成贩卖毒品罪的未遂犯，C却只能成立不能犯。主要是因为A向贩毒者购买毒品的行为在一般公众看来危险，C向并不以贩卖毒品为业的D购买毒品的行为则不具有危险性。

与前述两例类似，误将人妖俱乐部的男性“美女”拐卖，只能成立拐卖妇女罪的不能犯，一般人不会认为在行为当时，存在拐卖妇女的危险。但在民风淳朴的乡村将打扮得花枝招展的女子拐卖，事后发现是男性的，则有可能成立未遂犯，因为在这里出现“变性人”的概率极低，一般人会认为行为有导致真正的妇女被拐卖的危险，成立未遂犯是理所当然的。

再如，甲基于强奸的意思，于凌晨两点在某偏僻路段守候并对路过妇女实施强奸行为，如果该路段在晚上12点以后基本上只有甲的妻子下夜班通行，甲对此也知道的，由于甲存在特殊认知，必须纳入危险的判断资料，因而应当认为甲成立不能犯。但如果这一路段经常有人通行，即便甲事后发现被害人是自己的妻子，也应成立未遂犯，因为行为对其他妇女实施性侵害的可能性非常大，公众能够感受到危险的存在。

例 5（真题） 甲欲枪杀仇人乙，但早有防备的乙当天穿着防弹背心，甲的子弹刚好打在防弹背心上，乙毫发无损。甲见状一边逃离现场，一边气呼呼地大声说："我就不信你天天穿防弹背心，看我改天不收拾你！"

提示： 本例中，甲的行为应当被认定为未遂犯，而非不可罚的不能犯。乙当天穿着防弹背心，甲对于这一点并没有特殊认知，甲朝乙开枪，以一个一般人的立场站在甲开枪的当时，必定会得出甲有可能击中乙，导致乙伤亡的后果，换句话说，甲的行为有致人死亡的危险，因而成立故意杀人罪的未遂犯，而非不能犯。

例 6（真题） 因乙移情别恋，甲将硫酸倒入水杯带到学校欲报复乙。课间，甲、乙激烈争吵，甲欲以硫酸泼乙，但情急之下未能拧开杯盖，后甲因追乙离开教室。丙到教室，误将甲的水杯当作自己的杯子，拧开杯盖时硫酸淋洒一身，灼成重伤。

提示： 在本例中，甲想要以装在杯子中的硫酸伤害他人，站在行为的当时，从一个一般人的立场看，甲拧开杯盖将硫酸泼向被害人、进而导致被害人伤亡后果出现的可能性非常大，只是基于偶然原因甲未能拧开杯盖，因此，甲的行为应当被认定为未遂犯，而非不能犯。

第二节　犯罪中止

重要法条及司法解释

《刑法》第 24 条。

命题分析

根据《刑法》第 24 条的规定，犯罪中止的效果是免除处罚或应当减轻处罚。可以说，对于中止犯的刑罚优惠是相当大的。之所以如此，是因为中止犯通过自己的中止意思与中止行为减轻或者抵消了原初与法规范相敌对行为的主观恶性，显示了其愿意重新回归法秩序要求的态度。

在一些边界案例，犯罪未遂和犯罪中止并非泾渭分明，而是有着相当的区分难度，而犯罪未遂和犯罪中止的刑罚效果又相差太大，因此，命题人对于犯罪中止的考查比较频繁，属于高频考点。在不少选择题的选项设置中，同时存在犯罪中止和犯罪未遂选项的情况更加突出地说明了这一点。

犯罪中止的重点和难点都在于如何判断中止的自动性，考生需要在理解的基础上记忆。

知识点精讲

根据《刑法》第 24 条规定，中止犯是指在故意犯罪过程中，犯罪分子基于自己的意思自动放弃犯罪，或者自动有效地防止犯罪结果发生的犯罪形态。对于中止犯的考察主要集中在中止犯的成立条件，尤其是中止自动性的认定上。一般认为，成立中止犯必须具备四个条件：时间性、自动性、客观性、有效性。

一、时间性

犯罪中止发生在犯罪过程中。犯罪过程始于犯罪预备行为，终于犯罪既遂，因此，在犯罪预备前的犯意表示阶段，以及犯罪既遂之后，都不存在犯罪中止的问题。

例 1（真题） 丙以出卖为目的，偷盗婴儿后，惧怕承担刑事责任，又将婴儿送回原处。丙构成拐卖儿童罪既遂，不构成犯罪中止。

提示：本例中，拐卖儿童罪侵犯的法益是儿童的人身安全与自由，当丙偷盗婴儿成功时，犯罪便已经既遂，既然既遂，便当然不可能再成立犯罪中止。

例 2（真题） 甲（15 周岁）求乙（16 周岁）为其抢夺作接应，乙同意。某夜，甲抢夺被害人的手提包（内有 1 万元现金），将包扔给乙，然后吸引被害人跑开。乙害怕坐牢，将包扔在草丛中，独自离去。

提示：甲、乙二人合谋通过功能分工的方式抢夺他人财物，甲在抢夺他人的手提包后，犯罪已然既遂，按照共同正犯交互归责的原理，对于乙来说也已经是既遂，因此，乙因为害怕而将包丢弃也不可能构成犯罪中止。

同时，在犯罪发展过程中，危害结果虽然尚未发生，但由于犯罪分子意志以外的原因犯罪已停止下来而形成了其他未完成犯罪形态，如犯罪预备形态或者犯罪未遂形态的，因为作为犯罪结局的形态已然形成，一个行为只能出现一个结局，所以也不可能再成立犯罪中止。

例 3（模拟题） 罪犯 A 为杀害仇人 B，趁 B 毫无防备之机使用暴力将 B 推下山崖。3 小时后，下山回家的 A 发现滚下山崖时砸在巨石上的 B 血流不止，情状惨烈，就出于同情将其送到医院。经过医生治疗，B 在 3 个月后康复出院。A 是否成立犯罪中止？

提示：A 在杀人故意支配下，实施暴力将 B 推下山崖的时候，作为结局存在的故意杀人未遂形态已经形成。此后，A 基于同情将被害人 B 送到医院，也只能认定为犯罪未遂结局出现之后，行为人有悔罪表现，但不能成立犯罪中止，对 A 仍然应当以故意杀人罪未遂追究刑事责任。至于其悔罪表现，可作为量刑情节加以考虑。

关于中止的时间性，以下两个问题值得特别注意：

（一）放弃重复侵害与中止

在着手实行之后，放弃重复侵害行为是否能够成立犯罪中止，是一个有争议的问题。“重复侵害行为”是指按行为人的意思，行为可在同一地点、以同一方式反复实施。行为人认识到重复实施的可能性，但自愿放弃侵害行为的情况并不鲜见。

例 4（真题） 甲欲杀乙，埋伏在路旁开枪射击但未打中乙。甲枪内尚有子弹，但担心杀人后被判处死刑，遂停止射击。

提示： 我国刑法理论过去曾认为在放弃重复侵害行为的场合，行为人已经构成实行终了的犯罪未遂，所以不能成立犯罪中止。现在一般认为，犯罪分子自认为完成犯罪所必需的全部行为没有实行完毕，客观上又存在进一步实行犯罪的条件，而放弃重复侵害的，应视为符合犯罪中止的时间性条件，因此上例中的甲成立犯罪中止。

（二）危险犯的中止

关于在实害结果发生之前的危险犯能否成立中止，同样存在争议。

否定说认为，成立中止有时间限制，即在“犯罪过程中”。危险犯的特点是行为一旦实施就会导致危险状态，危险犯的既遂即告成立，中止也就难以成立。如果认为危险犯的中止可以发生在既遂之后，就既与刑法关于中止时间性的规定相悖，也与犯罪停止形态的基本原理不符。对自动防止实害结果发生的危险犯，只能在量刑上作为酌定从宽情节考虑。

应当认为，上述主张混淆了危险犯的成立条件和既遂条件的界限。犯罪过程存在不同阶段，只要犯罪行为并未终局性地在既遂环节停止下来，就应当认为存在中止成立的余地。危险犯的发生、发展是一个过程。危险行为并不意味着其一经着手就立即既遂，具体危险犯从其着手并导致危险状态出现，到发生结果还有一个相对较长的过程；抽象危险犯以法定的抽象危险状态出现为犯罪成立条件，通常而言，行为人实施了符合抽象危险犯构成要件的行为之后，抽象危险结果也就随之出现，但仍不能排除在一些特殊场合，行为人虽然已经着手实施抽象危险犯的行为，却没有发生抽象危险行为所能够导致的结果的情形，这时就可以成立抽象危险犯的未遂犯。例如，《刑法》第127条所规定的抢夺枪支罪是抽象危险犯，行为人实施抢夺枪支的行为，但最终抢过来的是一把没有杀伤力的玩具枪的，就可以成立抢夺枪支罪的未遂犯。因此，危险犯中危险状态的出现，并非犯罪既遂的标志。在危险状态形成后，行为人自动采取措施的行为，在客观上有效地防止了危害结果发生的，应当成立中止犯。

例5（模拟题） 甲为抗拒依法执行的强制拆迁，携带煤气罐到拆迁现场，在数十名执行人员眼前用燃烧的火柴引燃煤气罐后，突觉惊恐，于是，马上将煤气罐扔向旁边的水坑，然后逃离现场。甲是否成立爆炸罪的中止？

提示： 本例中，甲的行为虽然引起了危险状态，但其及时消除危险从而有效避免了死亡结果的发生，其属于在作为未遂的危险出现之后，既遂结果发生之前自动有效地防止构成要件结果的发生，对其应当认定为犯罪中止。

二、自动性

中止犯的成立，要求行为人主观上必须有中止的意思，即中止必须是出于行为人的自主意愿。这就是学说上的中止自动性或任意性的问题。

官方“四大本”在论述中止自动性时，采用的标准依然为弗兰克公式：能达目的而不欲是中止，欲达目的而不能是未遂。即犯罪中止的成立需要考虑，基于行为人本人的认识，犯罪是否有可能达到既遂；行为人所认识到的事实，是否足以对犯罪停止动机的形成产生影响。如果在行为人看来，客观障碍完全不存在，要继续实施犯罪完全可行，但基于本人的意愿放弃犯罪的，就是中止。如果客观障碍实际上并不在，但行为人误以为存在障碍而停止犯罪的，就是未遂；如果客观障碍实际上存在，但行为人认为不存在障碍而主动停止犯罪的，则是中止。至于行为人是否出于伦理上的悔悟、忏悔等动机，以及是否绝对有抛弃犯罪的意思，都并不重要。

例 6（真题） 甲欲杀乙，将乙打倒在地，掐住脖子致乙深度昏迷。30 分钟后，甲发现乙未死，便举刀刺乙，第一刀刺中乙腹，第二刀扎在乙的皮带上，刺第三刀时刀柄折断。甲长叹“你命太大，整不死你，我服气了”，遂将乙送医，乙得以保命。经查，第一刀已致乙重伤。

提示： 本例中，如果按照弗兰克公式来判断甲是否成立中止犯的话，甲是在既无法掐死乙，也无法用刀刺死乙的情形下才停止犯罪，在甲本人看来其实是继续实施犯罪存在客观上的障碍，因此才不得不停止进行。因此不能认定甲放弃杀乙有中止自动性存在，甲应当成立犯罪未遂。换句话说，正是由于甲意志以外的原因而导致犯罪不能得逞，乙的死亡后果没有发生，因而甲只能成立犯罪未遂，而非犯罪中止。

例 7（真题） 甲因父仇欲重伤乙，将乙推倒在地举刀便砍，乙慌忙抵挡喊着说：“是丙逼我把你家老汉推下粪池的，不信去问丁。”甲信以为真，遂松开乙，乙趁机逃走。

提示： 在本例中，题干很清楚交代乙自行承认确实将甲的父亲推下粪池，因此，对于甲来说，伤害乙仍然是有犯罪利益（复仇）的，乙的欺骗行为尚未达到使得甲认为不得不放弃这种犯罪障碍的程度，因此，甲主动放弃伤害乙的行为应当有中止自动性，应成立中止犯。

例 8（真题） 甲入户抢劫时，看到客厅电视正在播放庭审纪实片，意识到犯罪要受刑罚处罚，于是向被害人赔礼道歉后离开。

提示： 甲入户抢劫，在看到电视节目后意识到犯罪日后会受处罚，应当认为，单凭担心日后会被抓到受处罚尚无法达到使得甲不得不放弃犯罪的程度，这与盗窃或抢劫时警察从旁边呼啸而过担心被抓显然不能等同视之，在后面这种情形，警笛对于行为人的心理产生了明显的压制效果，使得行为人认为继续犯罪的风险过大或是根本不可能既遂，因而成立犯罪未遂。但本例尚未达到这种心理压制的程度，应当说甲自己内心还是认为完全可以犯罪既遂，其主动放弃犯罪，成立犯罪中止。

三、客观性

客观性要求存在中止行为。与《刑法》第 24 条的规定相对应，对于中止行为分为两种情形：

（1）在行为未实行终了时，只要行为人主动放弃继续犯罪，便可以认定为中止。即在犯罪预备和实行行为尚未终了时，只要行为人不继续实施行为就不会发生犯罪结果的情况下，行为人自动放弃继续实行的，成立中止。需要注意的是，这里的自动放弃，要求行为人必须真实地彻底放弃本次犯罪，而非暂时停止犯罪继续进行以便寻找他人帮忙或是寻求运输工具运输财物。行为人基于“相机而动”的想法放弃本次犯行的，对于本次犯罪仍然可能成立犯罪中止。

例 9（真题） 甲潜入乙家原打算盗窃巨额现金，入室后发现大量珠宝，便放弃盗窃现金的意思，仅窃取了珠宝。对于盗窃现金，甲成立犯罪中止。

提示：上述表述是错误的。成立中止行为，要求行为人彻底放弃原先的犯意和实行，甲原打算盗取现金，在发现珠宝后转而盗窃珠宝，可是无论现金还是珠宝，都属于乙的财产，甲侵犯的是同一被害人的财产法益，不应当认定为犯罪中止。

（2）在行为已经实行终了时，不采取有效措施就会发生犯罪结果的情形下，要求行为人除了放弃继续实行外，还要求行为人有有效地防止犯罪结果发生的行为表现。这里的有效地防止结果发生的行为表现，是指行为人出于真挚努力所采取的行为应当有避免结果发生的可能性，否则不成立中止。例如行为人在将他人打成重伤后，仅仅大喊了几声“快来救人”后便赶紧离开现场，不能认定其存在真挚的防止结果发生的行为，不成立中止。

一定要注意的是，对于行为是否已经实行终了，应当考察行为人自身的犯罪计划（是否存在停止犯罪的意思）。毕竟，脱离行为人的主观想法，很多客观行为根本无从确定其性质。在行为人以为被害人受了致命伤，但实际上被害人只是轻伤的场合，尽管客观上看行为尚不可能造成犯罪结果的实现，属于尚未终了，但行为人主观上却以为完成了犯罪所需的实行行为，因此，行为人单独放弃犯罪的继续进行是不够的，仍然需要其真挚努力地实施将被害人送医等防止结果发生的行为，才能成立中止。反过来，在行为人以为被害人受了轻伤，但实际上被害人受了重伤的场合，尽管客观上看行为已经足以造成伤亡结果的实现，属于已经终了，但行为人主观上却认为尚未完成犯罪所需的行为，因此，行为人单独放弃犯罪的继续进行便成立中止，前提是死亡结果确实未发生。

四、有效性

有效性基本是针对实行终了的中止来说的，因为对于犯罪行为处于预备或尚未终了的实行阶段来说，只要行为人自动彻底停止犯罪，便成立中止。而在行为已经实施终了时，结果尚未发生，行为人必须自动且有效地防止犯罪结果的发生，才能成立犯罪中止。

如果行为人虽然采取了防止法定犯罪结果发生的积极措施，但实际上未能阻止法定犯罪结果发生的，或者法定犯罪结果未发生是由于与犯罪分子所采取的措施无关的其他原因所导致的，则不能认定为犯罪中止。换句话说，行为人的防止结果发生的中止行为必须与结果的不发生之间存在因果关系的，才能成立中止犯。

因此，如果结果的不发生与行为人的防果行为之间没有因果关联，不能成立犯罪中止。

例 10（模拟题） 甲入室抢劫将乙打成重伤后逃走，途中心生悔意拨打了 120，并且往乙家里赶，想要将乙送医。结果乙的妻子先行到家将乙送医，乙得救。甲是否成立犯罪中止？

提示：在本例中，乙最终未发生死亡结果，是由于其妻子将其送医，甲的防果行为事实上对于乙死亡结果的未发生没有起到条件意义上的因果作用，因此，甲的行为仍然不成立中止犯。

另外，需要提醒考生特别注意的是：如果结果的发生是由于行为人实行行为以外的其他原因导致的，换句话说，行为人实施了中止行为，由于其他原因导致危害后果发生，如果结果不能算在行为人原初实行行为的头上（没有因果关系与归责关联），即便出现了行为人原先打算想要造成的危害结果，由于实行行为与结果之间没有因果关系（客观归责），对于行为人来说，结果便不能算作是他实行行为的作品，规范地看，相当于结果没有发生，又由于行为人存在防止结果发生的中止行为，因而应当认定其成立中止犯。

例 11（模拟题） 甲基于杀人的意思砍杀乙，后乙受重伤，甲见乙十分痛苦，就送乙去医院，但由于医生的重大过失行为，导致乙死亡。甲是否成立犯罪中止？

提示：在本例中，甲为中止犯罪，即防止结果的发生付出了应有的努力，乙的死亡是由医生的重大过失所引起，甲无法防止医生的重大过失行为，因此，乙的死亡结果不能算在甲实行行为的头上，甲成立犯罪中止。

第十一章　共同犯罪

重要法条及司法解释

《刑法》第25~29条。

命题分析

最近十余年，共同犯罪部分每年必考，所占分值较高，可谓“重点中的重点”。考查的具体知识点重点集中在共同犯罪的概念、共同犯罪与犯罪构成的关系、必须有共同故意、教唆犯及其刑事责任。共同犯罪被称为“刑法学中最为黑暗与混乱的一章”，内容较为庞杂，理论学说争议很多，但又是不可回避的一章，需要考生认真、仔细掌握每一个有关共同犯罪的知识点。

知识点精讲

由于共同犯罪的内容体系比较庞杂，本章主要围绕“共同犯罪”一章中近十年考查较多的重点知识点展开分析，下文拟分五部分论述：共同犯罪的一般原理部分主要处理共同犯罪的立法宗旨、共同犯罪的成立范围（共同犯罪与犯罪构成的关系）以及对合犯的问题，正犯部分论述共同正犯与间接正犯，共犯部分讨论教唆犯和帮助犯，共同犯罪人的处罚主要涉及主从犯的种类，在特殊问题部分分析共犯与身份以及共犯之间的错误等问题。

第一节　共同犯罪的一般原理

一、共同犯罪的立法宗旨

我国《刑法总则》规定共同犯罪，旨在确定共同犯罪在违法上的连带性。评价犯罪的过程通常是，先确定数个参与人的行为是否造成法益侵害事实（违法性的判断），然后就该违法事实确认能否谴责行为人（责任性的判断）。对违法的判断是一般的判断，对责任的判断是个别的判断。在共同犯罪中，违法是连带的，责任是个别的。各参与人为了实现自己的犯罪而结合在一起，行为之间根据支配作用共同引起法益侵害的事实。法益侵害的事实与各参与人具有物理上、心理上的因果性。虽然这种因果性就各参与人而言并非完全等价，但是具有因果关系这一点却无法否认。这种引起法益侵害的连带因果性便决定了各参与人违法的连带性。因此，在判断共同犯罪的违法性时，无法对参与人进行单独个别的判断，而只能进行整体的、连带的判断。

例如，甲乙共谋杀丙，同时向丙开枪。甲的子弹没有击中丙，乙的子弹击中丙，导致丙死亡。即使不考察甲的行为，单独考察乙的行为，能够认定乙的行为导致丙死亡。但是，如果不考察乙的行为，只单独考察甲的行为，则无法将丙的死亡归属于甲的行为。刑法规定共同犯罪，就是为了将丙的死亡结果这一法益侵害事实也归属于甲的行为，因为甲乙是共同犯罪，在造成法益侵害事实这一点上，二者的行为具有连带性。

在判断完成违法事实后，评价工作便转入责任阶层，对此应遵守责任主义。虽然共同犯罪披上了“共同”的外衣，但不能因此抛弃个人责任。在判断共同犯罪的责任时，也应对参与人进行个别的判断，而不能株连无辜。也就是说，共同犯罪中的“犯罪”，其实只需要满足数个行为人共同制造了法益侵害事实，便可以认定成立共同犯罪中的“犯罪”。明白这一点，对于理解共同犯罪非常重要。

例 1（真题） 甲（15 周岁）求乙（16 周岁）为其抢夺作接应，乙同意。某夜，甲抢夺被害人的手提包（内有 1 万元现金），将包扔给乙，然后吸引被害人跑开。乙害怕坐牢，将包扔在草丛中，独自离去。

提示： 本例中，甲、乙二人共同商议实施抢夺，二人存在功能分工，并且甲确实也抢夺了被害人的手提包扔给了乙，就抢夺罪的法益侵害事实来说，甲、乙二人都需要负责，在违法性层面的意义上，甲、乙二人成立抢夺罪的共同犯罪。只不过由于甲未达完全刑事责任年龄，其对抢夺罪不负刑事责任，乙则需要负责，这便是责任判断的个别性。

例 2（模拟题） 甲（12 周岁）与乙（17 周岁）二人商议强奸二人的同学丙，甲、乙二人在将丙控制后使用暴力轮流与丙性交。甲乙二人是否成立共同犯罪？

提示： 本例中的甲尽管未达刑事责任年龄，但是就其与乙强迫丙性交的法益侵害事实来说，二人成立共同犯罪，并且是轮奸的共同犯罪，只不过由于甲未达刑事责任年龄，不构成犯罪。但乙则需要负强奸罪（轮奸）的刑事责任。

二、共同犯罪与犯罪构成

共同犯罪是二人以上共同犯罪。“二人以上共同”中的“共同”含义如何，在哪些方面“共同”，是否以符合同一个犯罪构成为前提，决定了共同犯罪的本质，也决定了共同犯罪成立的范围大小，对案件的最终处理会产生重大影响。对此，大体存在两种对立的观点，即犯罪共同说与行为共同说。

（一）犯罪共同说

依照犯罪共同说，共犯成立的范围较窄。犯罪共同说认为，共同犯罪是二人以上共犯一罪。是否共犯“一罪”，需要判断不同的行为人是否共同尽心尽力，实施了符合某一犯罪构成要件的行为。只有两人以上的犯罪在构成要件上相同，才能成立共同犯罪。反之，如果两人以上的犯罪，其构成要件并不相同，就不是共同犯罪。正犯因为其实行行为或者其他犯罪支配性行为而符合分则罪状的规定，教唆行为与帮助行为应当从属于实行行为。理应按照实行犯所犯之罪确定共同犯罪的罪名，因此，共同犯罪之共同性，是法律规定的构成要件的共同，而非事实上行为的共同。例如，对于甲本着诈骗的意思将冥币冒充假币，交给具有贩卖假币故意的乙出售一案，根据犯罪共同说会得出甲、乙的犯罪故意和实行行为都不相同，构成要件没有相同的地方，所以不可能成立共同犯罪的结论。犯罪共同说有效限制了共犯成立范围，对于实现刑法的全力保障机能有现实意义，因而具有合理性。对于共犯的构成要件究竟要相同到何种程度才能成立共同犯罪，犯罪共同说内部也存在争议。

（1）完全犯罪共同说。该说主张，不同行为人的行为符合多个构成要件，在构成要件之间存在着重合时，多人之间的行为成立重罪的共同正犯。但对于实施了轻罪的人，只处以轻罪的刑罚。根据完全的犯罪共同说，A 教唆 B 去盗窃，但 B 实施了抢劫的；以及 C、D 共谋盗窃，到现场后 C 实行抢劫，D 仍然盗窃的，A 与 B、C 与 D 均成立抢劫罪的共同正犯，但只有盗窃意思者仅承担盗窃罪的责任。E、F 共谋报复 G，但对如何具体实施报复行为并未明确，到现场后 E 杀害 G，F 对 G 的住宅放火的，E、F 之间的行为在构成要件上完全不同，所以不成立共犯。

完全犯罪共同说的问题在于，明明是实施轻罪的人，却要承担重罪罪名。在最终处罚时，却又按照轻罪处罚。理论上飘摇不定，与生活事实相悖，也不符合思维规律，因此，并不妥当。

（2）部分犯罪共同说。该说认为，如果数个犯罪的构成要件之间存在重合部分，该部分本身是刑法所规定的一种犯罪时，就可以认为两人以上就重合的犯罪具有共同故意与共同行为，从而在重合的范围内成立共同犯罪。但是，此时并不像完全犯罪共同说那样成立重罪的共同犯罪，而仅仅成立轻罪的共同犯罪。例如，甲以杀人的故意、乙以伤害的故意对丙使用暴力，并造成丙死亡的，根据部分犯罪共同说就可以认为甲、乙在故意伤害（致人死亡）的范围内成立共同正犯，但甲在故意伤害之外，因其另有杀人的故意和行为而单独成立故意杀人罪的单独正犯。虽然从最终结局看，甲需要对故意杀人罪承担刑事责任，乙只承担故意伤害罪的责任，二人的罪名不同，但这并不妨碍其犯罪的部分构成要件相同，也不妨碍甲、乙二人成立共同犯罪。

根据部分犯罪共同说，A 教唆 B 去盗窃，但 B 实施了抢劫的；以及 C、D 共谋盗窃，到现场后 C 实行抢劫，D 仍然盗窃的，A 与 B、C 与 D 均成立盗窃罪的共同犯罪，但只有抢劫意思者需要承担抢劫罪的责任。E、F 共谋报复 G，但对如何具体实施报复行为并未明确，到现场后 E 杀害 G，F 对 G 的住宅放火的，E、F 之间的行为在构成要件上没有重合的地方，所以不成立共犯。

目前多数学说认为，犯罪的“共同”不一定非得是同一个构成要件的共同，两个行为的构成要件之间具有较大范围的重合关系时，就可以判断犯罪具有共同性，共同犯罪就可以成立。

根据我国《刑法》第 25 条第 1 款的规定，共同犯罪是指二人以上共同故意犯罪。这里的“共同”故意犯罪，绝不意味着二人以上必须在故意的内容与行为方式上完全相同，才成立共同犯罪，因为不同行为人之间的行为在构成要件上部分相同的，也是“共同”。按照部分犯罪共同说，只要行为人就部分犯罪具有共同故意与共同行为，不同的犯罪之间具有重合、交叉性质时，就“共同”的部分即在重合的范围与限度内，就可以成立共同犯罪。同时，由于犯罪毕竟有一部分并不“共同”，所以对共犯人存在分别定罪的可能性。如此理解，既符合共犯的一般理论，也不会违背罪刑法定原则。

根据部分犯罪共同说，在以下场合，可以认定犯罪之间存在交叉、重合关系，实施不同构成要件行为的行为人可以成立共同犯罪：①行为人故意侵害的同类法益相同，但在实行行为的危害性程度、行为方式上存在差异。例如，两个行为人分别实施盗窃和抢劫、抢夺和抢劫、杀人和伤害、非法拘禁和绑架的，由于前后两罪的保护法益基本相同，实行行为在很大程度上相同，构成要件具有重合、交叉关系，可以在重合部分成立共同犯罪。②在法条竞合的场合，普通法条的构成要件可以包容特别法条的构成要件，行为人可以在普通法条范围内成立共同犯罪。例如，共谋后实施诈骗罪的甲和实施金融诈骗罪的乙、实施抢劫罪的A和实施抢劫枪支罪的B之间均可以共同犯罪。③在想象竞合的情形下，不同行为人的犯罪故意和行为之间存在重合，可以成立共犯。例如，甲以杀害仇人丙的意思，乙以对丙所在人群实施爆炸的意思，经过共谋后同时投掷爆炸物的，甲、乙可以成立共同犯罪。④在转化犯中，如果作为共同犯罪人之一的A实施了转化前的行为，B在此之外还实施了转化行为，A对此并不知情的，A、B仅在转化前的犯罪范围内成立共同犯罪。⑤犯罪之间具有包容关系的，行为人可以在包容的范围内成立共同犯罪。比如，甲隐瞒强迫丙卖淫的事实，教唆乙强奸丙，以迫使丙最终卖淫，乙果然实施了强奸行为的，甲、乙可以在强奸罪的范围内成立共同犯罪，但甲最终成立强迫卖淫罪。

（二）行为共同说

行为共同说的核心主张是，共犯的本质是各个参与者共同实施各自的犯罪，因此，能够认定各个参与者共同实施的是违法的构成要件该当行为，只要构成要件该当行为的重要部分相同，就能够成立共同犯罪。这里的共同行为，不是传统行为共同说的自然行为，而是法定意义上、规范意义上的构成要件行为，是从各个共犯人自己的观点出发来看待的实行行为，因而可能分别是不同犯罪的实行行为。

例3（真题） 乙为吴某入户盗窃望风，但吴某入户后实施抢劫行为。乙是盗窃罪的共犯。

提示：本例中，尽管乙是以盗窃的故意帮助吴某望风，但是吴某入户后实施了抢劫行为，由于盗窃与抢劫侵犯的都是财产法益，二者只是侵犯财产的行为方式不同，两个罪名之间在盗窃的范围内成立共同犯罪。因此，上述命题是正确的。

例4（真题） 甲、乙共谋行抢。甲在偏僻巷道的出口望风，乙将路人丙的书包（内有现金1万元）一把夺下转身奔逃，丙随后追赶，欲夺回书包。甲在丙跑过巷道口时突然伸腿将丙绊倒，丙倒地后摔成轻伤，甲、乙乘机逃脱。

提示：甲、乙共谋“行抢”，由甲望风，乙将他人书包一把夺下就走显然构成抢夺罪，而甲在明知他人抢夺后使用暴力压制被害人反抗，成立转化型抢劫，根据部分犯罪共同说，甲、乙二人存在抢夺的共同故意，也有抢夺的共同行为，在抢夺罪的范围内成立共同犯罪，不过甲成立抢劫罪。

三、任意的共犯与必要的共犯

在近十年的刑法题中，对必要的共犯中的对向犯（对合犯）做过专门考查，因此在这里一并介绍。

任意的共犯是指分则的构成要件既可以由一人实施，也可以由数人共同参与实施的情形。如共同杀人、盗窃、抢劫等均是任意的共犯。必要的共犯，则是指《刑法分则》规定的构成要件必须由二人以上共同实行才能成立犯罪的情形。我国刑法中的必要共犯大体可以分为聚合犯与对合犯两种情形。

（一）聚合犯

聚合犯是指《刑法分则》特别规定具有同一目标的多人共同实施危害行为，犯罪才能成立的情形。聚合犯包括集团犯和聚众犯两种。集团犯，是刑法同时处罚犯罪集团的多人的情形。例如，《刑法》第120条第1款的组织、领导、参加恐怖组织罪中，刑法处罚组织、领导者，也处罚积极参加者、其他参加者，这便是关于集团犯的规定。聚众犯，是指《刑法分则》特别规定的，临时性的聚集多人共同实施犯罪的情形。聚众犯并非都构成共同犯罪，《刑法分则》对个别聚众犯规定仅仅处罚首要分子，因而是首要分子的单独犯罪。

在聚合犯中，对集团的外部行为（包括提供情报、准备凶器、事前的共谋等）是否可以定罪处罚，理论上存在争议。应该说，刑法中关于聚合犯的规定是在已经考虑犯罪性质的基础上，只对一定范围内的参与者（组织、领导者，积极参加者，其他参加者）进行处罚，对不在该规定范围内的参与者就不能予以处罚。

（二）对合犯

对合犯是指两个以上的犯罪人必须有相互对应的行为，犯罪才能成立的情形。根据刑罚处罚规定的不同，对合犯可以分为三种类型：①刑法同时处罚对合地位的两个行为人，且法定刑相同，如重婚罪。②刑法对两个对合主体都处罚，但罪名和法定刑都不同，如刑法关于行贿、受贿的规定。③《刑法分则》规定只处罚对合犯的一方，对另一方不予处罚。例如，贩卖淫秽物品牟利罪只处罚贩卖者，而不处罚购买者；枉法裁判罪只处罚作出错误裁判的司法人员，并不处罚从该枉法裁判中受益的人；破坏军婚罪只处罚明知是现役军人的配偶而与之结婚的人，不处罚现役军人的配偶。

对合犯的问题在于，对于第三种《刑法分则》不予处罚的对合性参与行为，能否结合《刑法总则》关于教唆犯和帮助犯的规定进行处罚？例如，购买淫秽物品的人打电话叫贩卖者送货上门的，对购买者是否可以结合《刑法总则》的规定以贩卖淫秽物品牟利罪的教唆犯、帮助犯处罚？又如，金融机构工作人员向存款客户说明其资金可能不记入银行法定账户而用于“体外循环”时，存款客户同意，并接受金融机构工作人员开出的假存单作为存款凭证，此后，存款客户接受了金融机构工作人员分给的违法所得的，在《刑法》第187条吸收客户资金不入账罪只处罚金融机构工作人员的情况下，对存款客户能否按照本罪的帮助犯处罚？

对于上述问题，有三种学说立场：

（1）立法者意思说。2017年“四大本”在论述对合犯时，采用的是立法者意思说。立法者在制定《刑法分则》时已经考虑到对合行为会存在参与方，但对显然可以预见的对合性参与行为不予处罚。对贩卖淫秽物品牟利罪，立法者的本意是仅处罚贩卖方，必要共犯的概念本身就已经表明某些危害行为具有不可罚的性质，所以刑法对购买者的行为不问，以保持刑法谦抑的立场。立法者意思说认为，对必要共犯不可罚的根据在于参与对合行为的通常性，因此，当参与行为超过通常程度，必要共犯属于积极的造意者时，仍然应当适用《刑法总则》的规定进行追究，例如，A 积极鼓动 B 将淫秽物品卖给自己的，A 可以构成贩卖淫秽物品牟利罪的教唆犯。

立法者意思说存在的问题是：一方面，在解释刑法时探究立法者的意思，容易陷入主观解释的窠臼；另一方面，哪些参与行为超过了通常程度、属于可罚的必要共犯，哪些属于不可罚的必要共犯，并不明确。

（2）实质说。对参与性对合行为不处罚，是因为从实质上看，参与人是被害人，或者参与人缺乏责任。实质说也存在一定问题，例如，如果购买淫秽物品者是未成年人，其当然是被害人，刑法不能处罚该参与者，相反要保护他。但如果认为贩卖淫秽物品的保护法益是淳朴的社会风尚，成年的购买者就不是被害人而是共同加害人，对其处罚就是有实质根据的。

（3）折中说。该说认为，立法者在规定某些必要共犯时，就将可能侵害法益的一部分人的行为予以构成要件化，同时将另外一部分人的行为排除在构成要件之外，这样，某些参与性行为，即使在违法、罪责方面具有当罚性，也可能排除在可罚性的范围之外。所以，即使采取实质说，仍然必须维持立法者意思说这一意义上的“必要共犯”概念。

基本上，是否处罚必要性参与者，有时需要考虑其是否属于被害人或者处于类似于被害人的地位，需要考虑要保护的利益究竟是什么。例如，奸淫幼女的场合，即使幼女主动引诱行为人，对其也不能作为强奸罪的教唆犯处罚。又如，破坏军婚罪中军人的婚姻家庭权利需要保护，如果处罚现役军人的配偶，明显不利于保护本罪的法益，所以刑法只处罚明知是现役军人配偶而与之结婚的人，即使军人的配偶对破坏军婚行为存在教唆行为，也不作为共犯处理。再如，《刑法》第 162 条之二规定，公司、企业通过隐匿财产、承担虚构的债务或者以其他方法转移、处分财产，实施虚假破产，严重损害债权人或者其他人利益的，构成虚假破产罪。实施转移、处分财产行为虚假破产的，行为人和财产接受者之间具有对合关系，但接受者本身也可能处于被害人的地位，例如，破产者对未到期的债务提前清偿的，接受该财物者可能也深受他人拖欠债务之苦，将其作为虚假破产罪的帮助犯处理，实质上不合理。

当然，对并不处于被害人地位的对向参与者，则应该肯定行为的违法性，可能有处罚的必要。例如，挪用公款罪的实行行为包括挪用公款归个人使用，进行非法活动的；挪用公款数额较大，进行营利活动的；挪用公款数额较大，超过 3 个月未归还三种情形。在将公款挪用给本人以外的亲友或者其他自然人使用的场合，接受者、使用者明知公款是挪用而来，仍然对公款加以接受和处分的，挪用者和公款使用者之间在行为上具有对合关系，或者至少可以说具有对合性质。但对单纯接受、使用他人挪用的公款者，并不能按照共犯处罚。有关司法解释也规定，挪用公款给他人使用，使用人与挪用人共谋，指使或者参与策划取得挪用款的，以挪用公款罪的共犯论处。这主要是考虑到，在这些特殊情形下，挪用人和使用人之间才具有共同故意和行为；同时，使用人并不处于被害人地位。

此外，根据共犯处罚根据的混合引起说，对必要共犯，在共犯者未引起违法事态时，不处罚。在共犯者处于被害人地位时，是该规定的保护对象，由于共犯不法引起违法事态这一事实欠缺，对共犯行为不能进行处罚。即便共犯行为非常积极，超过通常预想的程度，与法益侵害结果的发生有条件关系，也不能处罚共犯。立法者在规定某些必要共犯时，就将可能侵犯法益的一部分人的行为予以构成要件化，同时将另外一部分人的行为排除在构成要件之外。根据犯罪成立理论，犯罪化在刑法上是定型的，非罪化在刑法上也是定型的，对于符合非罪定型的必要性参与行为，不能认定为犯罪。对于贩卖淫秽物品牟利罪立法上定型化处理的是贩卖行为，购买行为不处罚，所以，凡是可以包含在“购买”含义中的行为，包括预付现金、反复让对方提供淫秽物品供自己选择、与对方联络让其送货上门等，都是购买行为的一部分，不能评价为贩卖淫秽物品牟利罪的帮助犯。对于枉法裁判罪中显而易见存在的（单纯）受益人，构成要件性地将其排除在犯罪之外。所以，立法者意思说这一意义上的“必要共犯”概念有其独立的存在价值。

例5（真题） 甲见卖淫秽影碟的小贩可怜，给小贩1000元，买下200张淫秽影碟。

提示：对于贩卖淫秽物品牟利罪，立法者在订立本构成要件显然预见到既然有贩卖者，就必然会有购买者，但立法者仅处罚贩卖者，因此，对于仅仅只是购买淫秽影碟的甲来说，不成立该罪的共犯。

例6（真题） 乙明知赵某已结婚，仍与其领取结婚证。

提示：与破坏军婚罪不同，对于普通的重婚罪来说，重婚的双方都没有特别值得保护的利益，重婚的双方也都不是被害人，因此，乙明知赵某已经结婚的情况下仍与其结婚，双方都成立重婚罪。

例7（真题） 丙送给国家工作人员10万元钱，托其将儿子录用为公务员。

提示：行贿与受贿属于典型的对合犯，并且立法者明确订立了对行贿、受贿双方各自不同的可罚性构成要件，因此，丙为谋取利益给予国家工作人员金钱，双方各自成立行贿罪与受贿罪。

例8（真题） 丁帮助组织卖淫的王某招募、运送卖淫女。

提示：丁帮助组织卖淫的王某招募、运送卖淫女的行为实质上属于组织卖淫罪的帮助犯，但是，《刑法分则》专门订立了协助组织卖淫罪的构成要件，协助组织卖淫罪因而成为“共犯正犯化”的典型样本，因此，对于协助组织卖淫罪不再适用总则中关于从犯处罚的规定，但丁与王某仍然是共犯关系，这一点并不因此而改变。

第二节　正犯

一、间接正犯

间接正犯是指利用自己的认知以及意志上的优势地位，将他人作为犯罪工具予以利用，实施犯罪的情形。按照今天处于正犯与共犯如何区分通说地位的犯罪支配理论，正犯是对构成要件该当事实的实现处于支配性地位的人。根据这一观点，间接正犯的正犯性主要表现在处于优势地位的间接正犯对于被利用者（行为媒介）的支配性，隐身于“幕后”的操纵者如果没有支配、控制和决定犯罪，就不具备正犯的起码条件。直接正犯通过自己的实行行为引起危害后果，其对于犯罪的支配表现为直接的行为支配。间接正犯需要通过其他人的行为才能引起结果的发生，但其他人对于自己被利用的事实是完全不知情的，属于利用者犯罪行为的“无辜代理人”。这里的不知情，可能是因为年龄、责任能力的限制而不可能知情，也可能是因为被欺骗、被蒙蔽而无法知情。处于“幕后”的利用者将被利用者的行为作为自己行为的一部分加以支配，这种支配是一种处于优势地位的意思支配。“优势的意思支配”表明利用者对于犯罪在认识因素上要比被利用者清楚，在意志因素上追求、容认结果发生的要求更为迫切，所以，“优势的意思支配”包括“认识上的优势”和“意志上的优势”。离开利用者的优势支配和操纵，被利用者的行为随时可能停止，所以，利用者是控制犯罪因果进程的“灵魂人物”，是犯罪的决定性角色。处于间接正犯“掌心”之中的被利用者，和单独正反在犯罪时所使用的刀枪棍棒、猛兽等本质上毫无差别，所以，刑法将通过自己的意思支配整个犯罪的间接正犯（幕后操纵者）当作直接正犯处理，有充分的根据。总之，间接正犯的正犯性表现在：行为人以自己的意思对被利用者进行意思支配，从而左右了被利用者实施犯罪的因果进程。

（一）间接正犯的类型

1. 利用欠缺责任者的行为

利用无责任能力或者部分责任能力者实施犯罪的，可能成立间接正犯，其中，利用精神病人实施犯罪的，被利用人属于绝对被操纵者，利用者成立间接正犯。但必须注意的是，利用未达到刑事责任年龄者或者限制责任能力的精神病人实施犯罪的，根据共犯从属性说中的限制从属性原理，正犯不需要具有有责性，教唆犯也能够成立，所以，利用者可能成立教唆犯，也可能成立间接正犯。一般来说，利用者强制、操纵、说服、支配欠缺责任能力者犯罪的，被利用者对于犯罪没有添加自己的理解，没有自己的意志，受利用者的决定性影响，利用者将他人作为工具实现自己的犯罪目的，其就是间接正犯。相反，如果在一定程度上受到利用者控制的人，具有规范意识和意思能力，对犯罪有自己的认识和理解，具备有目的地实施犯罪的能力，犯罪时并没有受到强制的，犯罪是该媒介自己的“作品”，其对犯罪就具有支配力，利用者只是单纯地“支持”被利用者犯罪，而非基于优势的意思支配、控制其犯罪的，被利用者是直接正犯，利用者就是教唆犯，利用者并不像间接正犯那样认为犯罪是自己的“作品”。例如，A（25 岁）指使差一天年满 14 周岁的 B 抢劫 C 的财物，A 可以成立抢劫罪的教唆犯，B 是抢劫罪的直接正犯，只是没有责任。

2. 利用他人缺乏故意的行为

被利用者实施了幕后操纵者自己想实施的行为，但如果被利用者对案件事实完全不知情，缺乏犯罪故意，利用者就成立间接正犯。例如，A 将毒品说成是药品，利用不知情的 B 运送毒品的，构成运输毒品罪的间接正犯。甲利用不知情的开锁匠乙开了丙家的门，然后雇搬家公司将丙的财物运到指定地点的，利用者甲具有明显处于优势的支配意思，构成盗窃罪的间接正犯。

3. 利用他人的合法行为

利用他人的合法行为实施犯罪，是指利用他人符合构成要件、但阻却违法性的行为达到幕后支配者的目的。

例 1（模拟题） A 事实上想杀害 B，却教唆 B 去杀 C，同时 A 告知 C 有人想杀她，让 C 做好正当防卫的准备。后来，当 B 持刀杀害 C 时，C 果然正当防卫杀死了 B。A 是否成立故意杀人罪的间接正犯？

提示： B 持刀杀 C 时，C 反击将 B 杀死，对于 C 来说，属于保护自己合法利益的正当防卫。但是，A 作为具有认知优势的幕后者操控了整个事件流程，属于利用 C 的防卫行为达到杀害 B 的目的，因而成立故意杀人罪的间接正犯。

4. 利用他人的过失行为

利用他人的过失行为实施犯罪的，被利用者和利用者之间缺乏共同故意，被利用者仍然属于被支配的犯罪工具。

例 2（模拟题） 具有杀人故意的医生 A 将某种有毒注射液交给护士 B，令其给病人 C 注射。由于该注射液与正常药品在颜色上有重大差异，B 稍加注意就能发现，但忙于下班的 B 因疏忽大意而给 C 注射了该药，导致 C 死亡。A 是否成立故意杀人罪的间接正犯？

提示： B 本应履行适当的注意义务，但疏忽大意未适当履行，导致 C 死亡，B 成立医疗事故罪。但是，A 属于整个事件的幕后操纵者，其利用自己的认识优势利用了 B 的过失行为，达到自己的犯罪目的，因而 A 成立故意杀人罪的间接正犯。

5. 利用有故意但无目的或者无身份的工具

利用有故意的工具是指利用具有刑事责任能力、有故意但缺乏目的、身份的人实施犯罪的情形。利用无目的有故意的工具时，被利用者不知道利用者的真实意图，不具备构成要件所要求的“主观的超过要素”，而利用者却在幕后支配犯罪，使被利用者在不自觉中完成了利用者的目的行为，利用者构成间接正犯。例如，A 有传播淫秽物品牟利的目的，但其隐瞒牟利目的，说服 B 传播淫秽物品，直接传播者 B 因欠缺主观要素而不符合传播淫秽物品牟利罪的构成要件，只能成立传播淫秽物品罪，A 构成传播淫秽物品牟利罪的间接正犯。利用有故意但无身份的人时，无身份者因为欠缺特定身份，其行为不是身份犯才能构成之罪的实行行为，不能构成正犯，利用者就不能成立教唆犯，只能以间接正犯处理。

6. 利用他人犯轻罪的故意

利用者有犯重罪的故意，但隐瞒该故意，教唆他人实施轻罪的行为，被利用者出于犯轻罪的故意，同时导致了轻罪结果和重罪结果的，利用者成立轻罪的教唆犯和重罪的间接正犯。在利用他人故意犯罪的场合，由于利用者优越的意思支配地位始终存在，对犯罪有独立的支配，所以即便被利用者构成犯罪，成立（单独）直接正犯，利用者仍然可以构成间接正犯。所以，“正犯后正犯”应当被承认。

例 3（模拟题） A 出于杀害 B 的目的，知道 B 当时正在屏风后面，指使 C 向该屏风开枪，不知情的 C 一枪打坏了屏风，同时也打死了 B。A 是否成立故意杀人罪的间接正犯？

提示： 由于 C 仅有毁坏财物的故意，但无杀人的故意，而这一点正好被具有特别认知优势的 A 予以了利用，因此，是 A 操控了 B 的死亡结果的产生，A 成立故意杀人罪的间接正犯。

7. 利用被害人的行为

被害人本人自杀、自伤或者损毁本人财物的行为本身不是犯罪，教唆、帮助被害人自杀、自伤、毁损本人财物的，因为不存在符合构成要件、具有违法性的正犯行为，按照共犯从属性说，教唆、帮助行为就没有可罚性。但是，利用、控制、操纵被害人使其实施自杀、自伤或者毁损本人财物的，利用者本人就是正犯，犯罪的结果就要归责于利用者。

例 4（模拟题） 丈夫 A 和妻子 B 吵架后离家出走，有杀人故意的邻居 C 告诉 B："你假装上吊，我马上打电话叫 A 回来看看，吓吓他，让他以后不敢和你争吵。"B 听从 C 的意见，将搭在房梁上的绳子套在脖子上，很快吊死。C 是否成立教唆犯？

提示：本例中，被害人原本并没有自杀意愿，在受 C 唆使后，其本意也非真的想终结自己的生命，C 实际上利用自己的认知上势操控了 B 的死亡，因而应当认定其为故意杀人罪的间接正犯，而非教唆犯。

（二）不成立间接正犯的情形

1. 亲手犯

亲手犯是指行为人必须亲自实施《刑法分则》罪状所要求的实行行为，才能成立正犯的情形。换言之，亲手犯必须是"亲历亲为"的犯罪，不能假他人之手实施。典型的亲手犯有伪证罪、脱逃罪、重婚罪等。

间接正犯是将他人作为犯罪工具，假借被利用者之手实施犯罪。而亲手犯必须自己实施犯罪，所以，对亲手犯进行支配的，不能成立正犯，自然也不能成立间接正犯，但可能成立教唆犯或者帮助犯。换言之，亲手犯是不能以间接正犯的形式成立的犯罪。例如，虽然不具有证人身份的 A 和证人 B 多次进行谋议，但最终对司法机关作虚假陈述的是 B，只有 B 是正犯，A 只能成立教唆犯；证人 C 和 D 经共谋后，先后对司法人员作伪证的，二人各自分别成立伪证罪的直接正犯，不是共同正犯；母亲甲发现儿媳妇不能生育，反复劝说有精神病的儿子乙和丙重婚，但最终实施重婚行为的只能是乙，甲只能成立重婚罪的教唆犯，而非重婚罪的间接正犯。

2. 真正身份犯

真正身份犯是指构成要件的非难核心在于行为人的身份，身份成为建构整个构成要件的基础不法内涵，因此，不具有身份者不能成立正犯的情形。不具有特殊身份的人，即使从形式上看，其对犯罪具有事实上的支配和控制作用，是犯罪的核心角色，但行为也不是《刑法分则》针对身份所规定的实行行为，所以不能成为正犯，自然也无法成为有身份者的间接正犯。也即在刑法理论上，无身份者不能利用有身份者成为实行犯罪的人。例如，没有国家工作人员身份的妻子 A 指使担任国有公司财务经理职务的 B 做假账，非法占有公共财物的，A 只能构成贪污罪的教唆犯，不能构成间接正犯。

二、共同正犯

共同正犯是指二人以上存在共同犯罪决意，通过行为分担的方式共同完成犯罪的情形。共同正犯在犯罪支配理论下被称为功能支配：即通过功能分工的角色分配实现犯罪构成要件。认定共同正犯的核心意义在于所谓的部分实行全部责任原则（交互归责）。

（一）成立条件

1. 二人以上

共同正犯的违法具有连带性，因此，这里的“二人”以上，并不要求行为人都具备完全的责任能力。有责任能力者和无责任能力的精神病人、未成年人共同实行危害行为的，不能否定行为人之间共同实施违法行为的性质，由此可以肯定共同正犯的成立，只是无责任能力者不具有责任而已。具备责任能力者利用、支配无责任能力者实施犯罪（而非共同实行的），成立间接正犯，仅由利用者单独承担刑事责任，不能成立共同正犯。

2. 共同意思

共同正犯的成立，在犯罪故意上有以下要求：①各个行为人主观上具备相同的犯罪认识因素和意志因素，而且，每个行为人都认识到，自己所实施行为的性质以及该行为所可能导致的后果，都是另外的行为人有所认识、有所期待的，即存在相互认识、相互期待的关系。“相同的犯罪故意”，不必要完全一致，有重合即可。可以一方是直接故意，另一方是间接故意，不要求都是直接故意。此外，共同犯罪的意思，通常形成于共同犯罪之前，但是，在同时实行犯罪过程中，因为偶然原因产生共同意思，或者因同时实行者改变犯罪意图而产生共同意思的，也属于共同故意。②行为人之间存在意思联络。这里的“意思联络”，明示的或者暗示的都可以。联络通常是直接的，是数个共同正犯同时谋议的。但是，通过某人顺次传达的，甚至是“单线联系的”间接的“意思联络”，也属于共同意思的表达方式。例如，有杀人意思的A分别与B、C、D联系，邀请并指挥他们共同实施杀害仇人E的行为，B、C、D到达现场后同时举刀杀死E。B、C、D三人相互之间缺乏意思联络，但也成立共同正犯，而非同时犯。

例5（真题） 甲、乙预谋修车后以假币骗付。某日，甲、乙在某汽修厂修车后应付款4850元，按照预谋甲将4900元假币递给乙清点后交给修理厂职工丙，乙说：“修得不错，零钱不用找了”，甲、乙随即上车。丙发现货币有假大叫“别走”，甲迅即启动驶向厂门，丙扑向甲车前风挡，抓住雨刮器。乙对甲说：“太危险，快停车”，甲仍然加速，致丙摔成重伤。

提示：本例中，甲与乙对于使用假币与诈骗的行为存在共同的行为故意，但是，甲在发现丙扑在车的前风挡后仍然加速致使丙受重伤，对于这一节的事实，已经超出了二人原先的共同决意，对于甲可能伤害丙的行为，乙已经明确表示反对，因此对于此一节事实二人没有共同的行为决意，不应成立故意伤害罪的共同正犯。

与共同正犯的共同意思相关的有四个重要概念，需要注意：

（1）同时犯

同时犯，又称为“平行正犯”，是指数人没有共同意思联络、偶然地在同一场所、同一时间针对同一客体实行犯罪的情形。同时正犯与共同正犯最大的不同之处在于，由于没有共同的行为决意，因而不适用交互归责的原则，在事实不清时，必须对各实行人做有利的事实认定。

例6（模拟题） 甲和乙未经商议，在同一时点不约而同地对他们的共同仇人丙开枪，事后查明，仅有一颗子弹击穿丙并致其死亡，但无法确认到底是谁的子弹击中了丙。甲乙是否成立共犯？

提示：由于甲和乙没有共同的行为决意，因此，只能就丙的死亡后果与甲、乙二人的行为分别确认因果关系，由于谁击中丙的事实无法确证，无法排除是另一人的子弹击中，所以最后只能做有利于二人的事实认定，认定结果和各自的行为都没有因果关系，最后得出二人都是犯罪未遂的结论。

（2）过失共同正犯

刑法主观主义认为过失的共犯存在余地，因为共同犯罪中的共同意思，只是共同为自然行为的意思，而不要求行为人有追求构成要件结果或者规范意义上的结果的意思，所以不要求行为人之间有共同故意，那么过失共同犯罪的存在就是合理的，故意犯与过失犯的共同犯罪也可能是存在的。

刑法客观主义在犯罪共同说的基础上，否认过失的共犯的存在。理由在于：共同犯罪是两人以上共同实施的特定犯罪，除了有共同的行为外，意思联络也至关重要，各行为人对构成要件结果的发生必须有共同的故意，这样，共同犯罪就只能在故意的范围内成立。过失犯罪由于其没有彼此的意思联络，所以不成立共同犯罪。应该说，站在犯罪共同说立场上的过失的共同正犯否定说更为符合我国现行刑法的规定。此外，如果承认犯罪支配说，也可能会得出否认共同过失犯罪的结论。

共同过失犯罪，没有相同的犯罪认识和意思因素，也不存在意思联络，不是共同正犯，但可能成立过失犯的同时犯。

（3）片面正犯

共同正犯之间有意思联络，该意思联络是否一定要有意思的“互换”？没有共同实行的“交互”的意思联络，只有一方有与他人联络的意思的，是否成立共同正犯？例如，A知道B要杀害C，就将C捆绑起来，扔在不知情的B的必经之路上，B将C砍死的，对A应当如何处理？这就是片面正犯问题。

对此，行为共同说认为，“共同”是指构成要件的行为共同，因此只要客观的实行行为相同或部分相同就可以成立共同正犯，因此，彼此之间是否有意思的联络并不是问题的实质，只有一方联络的意思，他方并不知情，也认为正犯有共同的意思联络。只要一方有利用或补充他方的行为，就可以成立共同正犯。

犯罪共同说认为，共同犯罪的成立，除了彼此之间必须有共同的实行行为外，行为人之间还必须有共同的意思联络，意思联络对违法性有影响。共同意思联络，必须是“交互”的意思沟通。因此，片面正犯当然因其没有彼此之间的意思的联络而不成立共同正犯，由此否定了片面正犯概念。

应当认为，片面正犯否定说是有道理的。共同正犯的归责原则是“交互”归责（部分行为全部责任），在共同犯罪过程中，正犯之间在心理上、物理上相互都有引起和被引起的关系，互为因果，所以，正犯甲要对正犯乙的行为以及其所造成的后果负责，反过来，正犯乙要对正犯甲的行为及其后果负责。在片面正犯的条件下，不知情的一方不可能对单纯有正犯意思者的行为负责，无法使用部分行为全部负责的处罚原理。按照共同正犯的性质，行为者之间必须有共同犯罪的认识，有意思的交换，并有相互利用对方的行为以达到犯罪目的的意思。片面正犯难以符合共同正犯主观上的这些要求，所以不应该承认片面正犯概念。否认片面正犯概念，不等于放纵犯罪，对相关行为人可以按照间接正犯、同时正犯或帮助犯处理。

（4）承继的共同正犯（相续的共同正犯）

在他人实行一部分犯罪行为之后，犯罪行为尚未完全结束之际，行为人基于共犯的意思，加入该犯罪的实行的，成立承继的共同正犯。是否承认承继的共同正犯，理论上也存在很大的争议。应当认为，如果承认责任主义是不可动摇的原理，也承认犯罪事实支配理论是界定正犯的合理标准，否定承继的共同正犯概念是合理的。毕竟，后行为者的参与和先前行为人已经造成的结果之间没有关系，后参与者只能支配参与之后的事实。据此，在他人使用暴力导致被害人重伤的场合，后行为人仅参与取得财物的，仅成立盗窃罪的正犯。

承继的共同正犯，必须成立于他人的实行行为全部完成之前。在非法拘禁罪、绑架罪等继续犯中，他人将被害人置于被实际控制的地位时，犯罪已经既遂，但是，在其释放被扣押者之前，犯罪行为仍然一直在持续状态，行为人基于正犯的意思加入的，可以成立承继的共同正犯。在结果犯中，实行行为完成，犯罪达到既遂状态时，不能再成立承继的共同正犯。

（5）共谋共同正犯

所谓的“共谋共同正犯”，是指数人共谋共同犯罪，参与谋议的一人或数人并不参与实行，而推由他人实行，仅参与共谋而未参与实行者也被论以正犯的情形。共谋共同正犯最早起源于日本实务，其为帮派首领等在共同犯罪中的预备阶段起策划、组织作用的人的正犯性提供了根据。目前，我国通说与实务皆承认这一概念。成立共谋共同正犯，要求有共同谋议的事实与他人的实行两个条件。所谓的“共谋”，是指二人以上为了实行特定的犯罪，以将各自的意思付诸实现为内容，互相就犯罪的实行共同发挥作用的意思沟通并最终达成共识的过程。通过共谋，单纯共谋者与实行担当者一体化的内在联系得以产生，并且对于共谋行为的内容及随后采取的行为达成一致。他人的实行则要求共谋者中必须有一人或一部分人在共同某一的基础上直接实行了犯罪构成要件中的实行行为。

3. 共同行为

在通常情况下，共同正犯存在共同的犯罪决意，并往往由此形成较为详尽的犯罪计划。与这种犯罪心态相匹配，共同正犯形成功能上的分工、合作关系，各自分担了实现犯罪计划所必要的行为，对犯罪进程的推进作出了必要的“贡献”。共同正犯的共同行为，包括以下情形：①最典型的是参与实行分则构成要件所规定的构成要件行为。②在我国刑法中，犯罪集团的首要分子或者聚众犯罪中起组织、策划、指挥作用的人，即使不在现场，没有亲自实施《刑法分则》所规定的构成要件行为，按照犯罪的功能性支配说，可以认定其为共同正犯。因为处于组织、指挥、策划地位的人，始终会把整个犯罪作为自己的事情而非他人的事情，所以，在共同犯罪中处于核心地位者，是犯罪的决定性人物，他人在现场的具体实行行为随时受制于组织、指挥、策划者，后者的功能远非具有边缘性的教唆犯可比。将这些人作为共同正犯是理所当然的。

（二）共同正犯的处理

共同正犯要对自己的行为所导致的结果负责，同时要对其他正犯所导致的结果负责，因为其他正犯的犯罪，是所有共犯人“自己的犯罪”。所以，在共同正犯的场合，只要一个行为人的行为既遂，所有的共犯都要承担既遂的责任，这就是共同正犯“部分行为全部责任”原则或者交叉归责原理。

例 7（模拟题） A、B 经共谋后，以杀人的意思同时对 C 开枪。后查明 C 身上只中一颗子弹。请分析 A、B 需要承担的责任？

提示： 本例是共同正犯，二者之间需要对其他人所造成的不法结果负责，因此，如果查明该子弹为 A 所射击，B 根本没有打中 C，A 当然是故意杀人既遂，B 仍然需要对 A 造成的结果负责，因而同样也是故意杀人既遂；而如果无法查清该子弹由谁发射，则 A、B 也都成立故意杀人既遂，因为无论是谁打中 C，另一方都需要对死亡结果负责。与例 15 对比，便可以轻松发现共同正犯与同时正犯的不同之处。

在共同正犯的处理上，坚持部分行为全部责任原则，并不违反责任主义。主要理由在于：①从犯罪支配说的角度看，在客观上，共同正犯之间相互利用、相互补充，自己的犯罪是他人的，所有正犯都难脱干系。②在主观上，任何一个正犯的存在及行为都对其他正犯在心理上有很大影响力，正犯相互之间是对方的“精神支柱”。

共同正犯着手实行行为后，都没有达到既遂状态的，则所有共犯都是未遂。例如，A、B 经共谋后，以杀人的意思同时对 C 开枪，但 A 打中了 C 身旁价值高昂的观赏狗，B 的子弹根本无法发射，则 A、B 都只能成立故意杀人未遂。对于本案中出现的共同正犯的抽象事实认识错误，适用单独犯的事实认识错误处理原则。对共谋共同正犯的主犯，也应当适用部分行为全部责任的法理，即单纯共谋者虽然没有实施实行行为，不是形式上的实行者，但是，由于其实质上对于实行行为的实施、犯罪的完成发挥了重要的作用，应与实行者“同视”，因为其应当同实行者一样对实行行为及其危害后果承担全部责任（包括对整个犯罪结果负责，承担既遂责任等）。

例 8（模拟题） 甲、乙、丙共谋去抢赌资。三人骑自行车到某单位宿舍院外，此时甲巧遇友人丁，遂下车与之交谈。乙、丙没有等甲，放下自行车持刀闯入宿舍楼某房，用暴力抢走正在参与赌博的人共计 500 元钱。乙、丙抢到钱后匆忙下楼推车，甲见状即与丁道别，并推车与乙、丙一同回甲家分赃。甲获赃款 50 元。甲是否构成抢劫罪？

提示： 本例中的甲参与事前的抢劫共谋，并一同骑车去抢劫现场，而后在楼下等候，待他人抢劫得手后便主动一同去分赃，应视为实施了“一定的”抢劫行为，应当构成抢劫罪。

（三）共同正犯与加重结果

共同正犯与实施各自的行为，其中个别正犯导致的加重结果，其他正犯是否需要承担责任？结果加重犯存在基本犯是故意、加重结果为过失；基本犯是故意、加重结果是故意；基本犯是过失、加重结果是过失三种情形，但我国刑法不承认过失共同正犯，因而前两种情形是否就加重结果负责是需要注意的。

（1）基本犯是故意、加重结果是故意时，所有的共同正犯均需对加重结果负责，符合部分行为全部责任的共同正犯处理原则。

例 9（模拟题） A、B共谋抢劫，A堵住一个死胡同的路口，B对误入该胡同的C进行抢劫，在C反抗时，B故意杀死了C。A是否要对C的死亡结果负责？

提示：本例中，A、B共谋实施的抢劫罪是重罪，共同正犯对其他人在犯类似于抢劫的重罪过程中可能杀害被害人并非难以认识，B故意杀害C，C死亡的结果是A能够接受的，因此A同样需要对C的死亡结果负责。

（2）基本犯是故意、加重结果是过失时，考虑各个共同正犯的行为是否符合结果加重犯的条件，即需要分别考察各个行为人对于加重结果的发生是否有预见可能性。因为各个行为人对加重结果缺乏故意，缺乏意思联络，对于加重结果部分不能成立共同正犯，所以不能按照部分行为全部责任的原则处理。

例 10（模拟题） A、B共同绑架C，B在事后看管C时，将C捆绑太紧，导致其窒息死亡。A是否要对C的死亡结果负责？

提示：本例中，B属于绑架致使被害人死亡，A在与B实施法定刑起点为10年的绑架罪时，对于他人可能在绑架过程中杀害被绑架者或者过失导致被绑架者死亡客观上有所预见，所以A需要对C的死亡结果负责。

因此，对于加重结果，是否要求所有的共同正犯负责，是分别判断的。换句话说，在出现加重结果的场合，基本的处理原则是：对于基本犯而言，成立共同正犯；对于加重结果而言，由各行为人各自对结果负责。而各行为人是否对加重结果负责，不可一概而论，是否对加重结果有预见可能性是问题的关键。当然，在结果加重犯的共犯场合，各个共犯对结果的预见可能性通常是存在的，因此，其一般要对加重结果负责。

（四）共同正犯与加重情节

加重结果也是广义的情节，这里的“加重情节”，是指加重结果以外，《刑法分则》有特别规定的法定刑升高的情节，或者因为在基本行为之外另外实施一定行为而转化罪名以重罪论处的情况。

我国《刑法》第263条规定了8种法定刑升高的情节，其中多数属于加重情节。在共同正犯的场合，一个正犯的行为具备某种情节的，对其他正犯的处理通常也需要适用该情节的规定。例如，A、B经共谋后实施抢劫行为，A在室外望风，B入户抢劫或者进入金融机构抢劫的，则对A、B都要适用入户抢劫或者抢劫金融机构的法定刑。

共同正犯之一在基本行为之外另外实施一定行为而转化罪名的，其他共同正犯是否应对转化后的罪名负责，需要结合个案进行判断。例如，甲、乙共谋抢夺，如果甲携带凶器，而乙对此并不知情的，则甲构成抢劫罪的正犯，乙构成抢夺罪的共同正犯。

例 11（模拟题） A、B入室盗窃，A取得财物后先行离开，B被回家的主人发现时为脱身而将主人打成重伤。请分析A、B构成何种犯罪？

提示：本例中，由于A、B的共同行为决意内容是入室盗窃，因此B成立抢劫罪的正犯，A只构成盗窃罪（重合范围内）的共同正犯。但是，如果A、B之间事前存在一旦盗窃难以脱身时就要殴打被害人的商议，则两人都成立抢劫罪。

第三节　共犯

一、共犯从属性

我国刑法学界一直存在共犯独立性说与共犯从属性说的争论，二者争议的关键在于共犯的可罚性是否取决于正犯具有可罚性，目前学界的主流均认为必须坚持共犯从属性，即教唆犯与帮助犯具有可罚性的前提是正犯具备可罚性。

至于正犯在性质上需要满足到什么程度，共犯才能从属，理论上存在四种可能：①最小从属形式。只要正犯满足构成要件符合性，即使正犯没有违法性与责任，共犯便可以从属，相应共犯就具有可罚性。如此一来，则教唆或帮助他人实施正当防卫、紧急避险等正当化行为的共犯也具有可罚性，因为正犯的正当防卫等行为也是符合构成要件的行为。②限制从属形式。当正犯具备构成要件符合性，且具有违法性，但不需要有罪责时，共犯便可以成立。如此，则教唆他人正当防卫等行为不成立教唆犯。③严格从属形式。当正犯具备构成要件该当性、违法性和有责性时，共犯才能成立。如此，则教唆15周岁的人盗窃，由于实行盗窃者未达到刑事责任年龄，不具有责性，教唆犯便相应不能成立。④极端从属形式。仅在正犯具备符合构成要件、违法性、有责性，且具备个别构成要件要求的客观处罚条件和其他加重、减轻事由时，共犯才能成立。

今天通说采取的立场是限制从属性，即教唆犯和帮助犯的成立，仅要求正犯实行的是一个具备构成要件该当、且具有违法性的行为。由此，教唆、帮助他人实施正当防卫，即便教唆者和帮助者故意想要造成被防卫人死伤的后果，由于正犯是一个合法行为，没有正犯可以从属，教唆者与帮助者也不成立共犯，不具有可罚性。教唆或帮助无刑事责任能力的人实施分则规定的行为的，因为正犯的行为具备构成要件符合性与违法性，因而成立共犯。当然，如果无刑事责任能力者达到了被支配和操控的程度，则教唆者理当成立不法内涵更高的间接正犯，而非仅仅只是教唆犯。

从属形式	从属内容
最小从属形式。	正犯构成要件该当。
限制从属形式。	正犯构成要件该当、违法。
严格从属形式。	正犯构成要件该当、违法且有责。
极端从属形式。	正犯构成要件该当、违法、有责，且具备客观处罚条件等所有的可罚性要件。

二、教唆犯

教唆犯是指引起他人的犯罪意思，使他人产生犯罪意思的人。成立教唆犯，需要有教唆故意和教唆行为两个要件。

（一）成立要件

1. 教唆故意

教唆故意是指诱发他人犯罪的故意。需要提醒注意的是，教唆犯的故意必须是双重故意：教唆者对自己的行为是在引起他人的犯罪故意具有明确认识；同时，认为自己教唆的犯罪能够达到既遂状态。

教唆犯必须促使被教唆者产生实施犯罪的决意。在被教唆者完全没有犯意而对其进行教唆的，当然是教唆（教唆从无到有）；在被教唆者的犯意并非确切、处于摇摆不定的状态时，通过唆使使他人产生确定的犯意的（教唆从不确定到确定），也是教唆。如果被教唆者已经有了坚定的犯意，此时再予"唆使的"，便谈不上使他人产生犯罪决意，只能视情形成立心理（精神）帮助犯或未遂的教唆。例如，乙具有携带管制刀具抢劫的意思，善于察言观色的甲建议乙持枪抢劫，乙果然听从甲的建议，甲的劝说行为并非教唆，而只是使得乙的抢劫行为更容易实施，所以甲应当成立抢劫罪的帮助犯。

例 1（模拟题） A 在某日下午 4 点教唆 B 杀害 C，下午 4 点在 B 前往 C 家途中，D 以 5 万元重金相诱惑，要 B 杀 C。早有杀人意思的 B 点头应承并接受了 D 的现金。1 小时后，B 果然杀死了 C。请分析 D 的行为性质。

提示：本例中，由于 D 实施教唆行为之前，A 的教唆行为已经实施完毕，B 已经具有坚定的杀害 C 的意思，按照因果关系的条件说，没有 D 的教唆行为，也会有 C 的死亡，所以 D 的教唆行为和 C 的死亡之间没有因果关系，D 不需要对 C 的死亡后果负责。所以，D 的行为只能成立教唆未遂。

只是抽象地叫他人"去犯罪"并不构成教唆，教唆的故意当中就应当包括教唆犯对于犯罪内容的具体认识，即教唆犯对于与正犯将要实施的犯罪有关的重要构成事实，应当具有应当程度的认识，知道自己是在教唆他人实施杀人、伤害、抢劫等行为。当然，教唆犯需要认识所教唆犯罪的重要构成事实，并不要求其认识犯罪所有的细节。

与教唆故意有关的重要问题是未遂的教唆概念。未遂的教唆是指教唆人在教唆时已经预测被教唆人的行为最多只能达到未遂、而不可能既遂的情形。行为人故意教唆他人实施不可能达到既遂的犯罪行为时，能否成立教唆犯是争议的焦点。例如，A 为考验 C 的胆量，教唆 B 用枪杀害 C，但 A 在 B 着手实行之前，将 B 枪里的子弹全部卸掉。应当认为，在未遂的教唆的场合，否定成立教唆犯的观点是合理的。由于教唆犯的双重故意要求教唆者实施教唆行为时对于被教唆人实施的犯罪能够达到既遂状态具有认识与希望或放任的心态。未遂的教唆者的犯罪故意中不包含完成犯罪的意思，其自始就知道犯罪绝对不能达到既遂状态，主观上不是为了实现犯罪的构成要件结果，就不成立教唆，不能以犯罪论处。因此，教唆人仅仅具有达到未遂的意图时，不能认为其具有教唆的故意，未遂的教唆不可罚。

如果教唆犯最初以为是未遂的教唆，在被教唆者着手实行时，被害客体偶然出现，或者被教唆者在教唆内容之外对犯罪方法有所改变，犯罪达到既遂或者有危害结果发生的高度危险性的，应该区别情况进行处理：①通常成立过失犯；②但是，结果所教唆的正犯行为的危险程度、手段特殊性，结果的发生还在教唆犯概括的故意范围内时，教唆犯仍然成立。例如，甲知道丙家中空无一物，教唆乙如实盗窃丙的财物。在丙入室前的一个小时，丙偶然将财物放入室内，乙盗窃得手的，甲成立盗窃罪的教唆既遂。又如，A教唆B用枪杀害C，但将B枪里的子弹卸掉，如果按照B的计划，一旦子弹无法击中C，就用枪托砸C的脑袋，C仍然有受到侵害的高度危险性，A应当成立教唆犯。

陷害教唆实际上也是一种未遂的教唆。如行为人以使他人受到刑事处罚为目的，诱使他人犯罪，而于被教唆人着手实行后，抓捕被教唆人，使其难以达到既遂的，就是陷害教唆。由于真正的教唆犯除了引起他人的犯罪意思外，还希望被教唆者完成犯罪而使法益遭到破坏，而陷害教唆的教唆犯欠缺使被教唆者实施犯罪既遂的意思，因此不成立教唆犯。

例2（真题） 甲唆使不满16周岁的乙强奸妇女丙，但乙只是抢夺了丙的财物一万元后即离开现场，甲成立强奸罪、抢夺罪的教唆犯。

提示：上述表述是错误的。甲仅有强奸罪的教唆故意，但被教唆者乙并未实施强奸行为，因此甲不成立强奸罪的教唆犯；乙实施的是与强奸行为没有任何交叉与包容关系的抢夺，就抢夺部分甲没有教唆故意，当然不成立抢夺罪的教唆犯。

2. 教唆行为

对于教唆的具体方式方法，并没有限制，包括开导、说服、请求、挑拨、刺激、利诱、怂恿、嘱托、胁迫，等等。教唆行为具有不同于正犯实行行为的特点，它不是由《刑法分则》加以规定，而是由《刑法总则》规定的。如果某种教唆行为，已经由《刑法分则》作了规定，那就不仅仅是教唆犯的教唆行为，而是本身就成立正犯行为，即共犯正犯化。

例3（真题） 教唆他人吸食、注射毒品的，成立吸食、注射毒品罪的教唆犯。

提示：上述表述是错误的，第一，吸食、注射毒品行为本身并非犯罪行为，换句话说，该行为不属于刑法上的违法行为，教唆犯便没有正犯可以依附与从属，教唆他人吸毒的，当然不成立教唆犯；第二，由于《刑法》第353条专门订立了引诱、教唆、欺骗他人吸毒罪，因此，教唆他人吸毒的行为属于分则明文规定的正犯行为，因此，不可能成立吸食、注射毒品罪的教唆犯。

（二）教唆未遂

《刑法》第29条第2款规定，如果被教唆的人没有犯被教唆的罪，对于教唆犯，可以从轻或者减轻处罚，这便是教唆未遂的规定。应当认为，被教唆的人“没有犯被教唆的罪”，是指教唆犯教唆他人犯罪，被教唆人已经着手实行犯罪，但未既遂。换句话说，适用第29条第2款规定的前提是：被教唆人已经着手实行犯罪，但未既遂。

对于教唆犯教唆他人犯罪，被教唆人仅有预备行为但“没有着手犯被教唆的罪”的情形，即便要处罚预备犯，也应该适用（他人）预备罪的法理，引用《刑法》第22条第2款预备犯的规定直接进行处罚，与教唆未遂和共犯从属性原理无关，无须适用《刑法》第29条第2款；对于教唆信息完全没有传递给被教唆人、被教唆人明确拒绝教唆、被教唆人虽接受教唆但尚未开始实施预备行为的三种情形，教唆行为对法益没有抽象危险，教唆者不但不能成立教唆未遂，而且连教唆预备犯都不成立，不属于刑法处罚的对象。

三、帮助犯

帮助犯是指故意对正犯提供辅助，使正犯的犯罪更容易得逞的情形。成立帮助犯，同样要求帮助故意与帮助行为。

（一）成立要件

1. 帮助故意

帮助故意是指明知自己是在帮助他人实施犯罪，如同教唆犯，帮助故意同样应当是双重故意：对于自己的行为会帮助正犯顺利实施犯罪持故意心态；对于正犯故意实施犯罪既遂同样持故意心态。尤其要注意的是第二重故意，即帮助故意的内容必须指向故意犯罪既遂，帮助犯一开始就知道自己的帮助行为不可能导致正犯故意犯罪既遂的，例如，应正犯的要求，绘制一张绝对无法找到被害人家里重要财物存放点的图纸交给盗窃犯的，欠缺帮助故意，帮助犯无罪。

2. 帮助行为

帮助行为必须是实行行为以外的，使他人的实行行为更容易实施的行为。帮助犯的实质为参与行为促进，使结果更容易发生。

对于帮助的形式，并没有限制。不过，帮助可以物质帮助和精神帮助。物质帮助是有形的帮助，包括为正犯实施犯罪创造有利条件、排除不利障碍等，诸如提供凶器等都是物质帮助；后者是无形的帮助（心理的帮助），为实行犯出主意、撑腰打气、站脚助威等均属于精神帮助。

成立帮助犯，要求帮助行为对于实行行为必须具有物理的或者心理的因果性影响，因此，帮助行为与正犯所造成的危害结果之间，必须有因果关系。即帮助犯对于正犯的实行行为有一定程度的物质或者精神上的影响，无此因果贡献的，帮助犯应当无罪。帮助犯对于犯罪的贡献是有限的贡献，明显有别于正犯的贡献。正犯实行行为的事实并不完全依托于帮助犯，帮助犯只不过是为正犯的实行行为提供多多少少的“支持”而已，帮助犯对于犯罪的参与是“最低限度”的参与。帮助者的物理帮助作用虽然没有发挥，但是，该帮助对于实行者所产生的心理影响仍然存在，使正犯在犯罪时心理更踏实的，成立精神帮助，帮助行为和实行行为及其后果之间的因果联系仍然存在，帮助犯成立。对于这一点，往年的真题中作过专门的考查。

例 4（真题） 甲欲去乙的别墅盗窃，担心乙别墅结构复杂难以找到贵重财物，就请熟悉乙家的丙为其标图。甲入室后未使用丙的图纸就找到乙价值 100 万元的珠宝，即携珠宝逃离现场。

提示： 本例中，尽管丙为甲绘制的图纸并未被甲实际使用，但是丙绘制的图纸为甲入室盗窃提供了心理上的“助力”是显而易见的，因为甲正是担心入室后找不到财物才找丙绘制图纸，因此得到丙的图纸坚定了其觉得自己会顺利实施盗窃的信心，所以甲与丙成立盗窃罪的共同犯罪，丙成立盗窃的帮助犯。

（二）片面帮助

由于帮助犯并非为了实现自己的犯罪，而是为了帮助他人。在提供物理或者心理帮助时，只要对正犯的实行行为有所认识，并单方面具有帮助的意思，即使正犯对此没有认识，帮助犯与正犯没有意思联络，该帮助行为也可以达到使正犯实行行为容易实施的效果，可以成立帮助犯，因此，不同于片面共同正犯，片面帮助犯是成立的。

例 5（模拟题） 即将辞职离开公司的甲在审查购货合同时，发现对合同设置很多陷阱的乙明显具有诈骗的意图。但对公司心怀不满的甲并未声张，乙顺利诈骗甲所在公司财物 50 万元。请分析甲的行为性质。

提示：本例中，甲与乙之间尽管没有意思联络，但甲客观上确实为乙顺利实施诈骗提供了助力，甲以片面的意思对乙的诈骗提供了帮助，可以成立合同诈骗罪的片面帮助犯。

第四节　共同犯罪人的处罚

我国刑法以作用分类法为主、以分工分类法为辅，将共同犯罪参与者分为主犯、从犯、胁从犯、教唆犯四种。

一、主犯

（一）种类

根据《刑法》第 26 条第 1 款的规定，组织、领导犯罪集团进行犯罪活动的或者在共同犯罪中起主要作用的，是主犯。由此，主犯大体可分为三类：犯罪集团的首要分子；聚众犯罪的首要分子；其他主犯。

犯罪集团的首要分子是指在集团犯罪中其组织、策划、指挥作用的人。犯罪集团的首要分子都是主犯。

聚众犯罪中的首要分子，在聚众犯罪中起组织、策划、指挥作用，刑法同时处罚聚众者和积极参加者时，是聚众犯罪中的主犯。聚众犯罪的首要分子并非都是共同犯罪的主犯。这是因为刑法规定了两种聚众犯罪：一是属于共同犯罪的聚众犯罪，刑法同时处罚首要分子和其他参加者（如聚众持械劫狱罪），此时的首要分子当然是主犯；二是不属于共同犯罪的聚众犯罪，刑法并不处罚首要分子以外的其他参加者（如聚众扰乱社会秩序罪），此时的首要分子是单独正犯，自然不涉及主犯问题。

其他主犯，包括了集团犯罪、聚众犯罪中起主要作用的人，以及一般共同犯罪中起主要作用的人。在一般共同犯罪中其主要作用的人，包括了以下类别：

（1）正犯。一般共同犯罪中其主要作用的人，多数都是正犯。但是，并非所有的正犯都是主犯，正犯在共同犯罪中所起的作用较小，是次要实行犯的，仍然可以成立从犯。正犯是否成立主犯，需要综合犯意由谁发起、纠集共犯的积极性、参与实行的主动性、是否充当指挥者角色、各自导致危害后果的大小等因素确定。

（2）教唆犯。教唆犯在共同犯罪中起主要作用时，是主犯。换句话说，教唆犯既可能是主犯，也可能是从犯。

（3）胁从犯。在特殊情况下，最初被胁迫参加犯罪的人，在着手实行之后，在共同犯罪中起重要作用的，也可以成为主犯。

（二）处罚

《刑法》第26条第3款规定，对组织、领导犯罪集团的首要分子，按照集团所犯的全部罪行处罚。这意味着只要最终的危害结果是在犯罪集团概括的犯罪意思支配下造成的，即使首要分子对犯罪集团其他共同犯罪人的某次犯罪事实并不明确知道，也需要对所有犯罪负责。按照犯罪的功能性支配理论，犯罪集团的首要分子事实上就是共同正犯，要求其对集团所犯的全部罪行负责，就是对共同正犯适用部分行为全部责任原则。

《刑法》第26条第4款规定，对于第3款以外的主犯，应当按照其所参与的或者组织、指挥的全部犯罪处罚。这意味着对聚众犯罪的首要分子，在集团犯罪、聚众犯罪中起主要作用的人，以及在一般共同犯罪中起主要作用的人，都应当按照其所参与的或者组织、指挥的全部犯罪处罚。因为共犯人之间存在相互利用的特殊情结，对共犯人之间的行为不能割裂开来看，所以，“按照其所参与的或者组织、指挥的全部犯罪处罚”，显然不是按照罪犯个人所造成的具体危害结果进行处罚，共同正犯成立主犯的，部分行为全部责任原则必须适用。在共同实施财产犯罪、贪污贿赂犯罪的场合，主犯需要对其所参与的全部犯罪负责，绝不能根据罪犯个人最后分得赃物的多少“计赃论罪”。

二、从犯

（一）分类

从犯是指在共同犯罪中起次要或者辅助作用的人。其包括在共同犯罪中起次要作用者和在共同犯罪中其辅助作用者。

1. 在共同犯罪中起次要作用者

在共同犯罪中起次要作用的人是指次要的正犯。这种正犯虽然直接实施了符合构成要件的行为，但可能并非犯意的发起者，或者没有实施寻找共犯的行为，或者参与实行的主动性不强，或者被动接受他人的指挥，或者所造成的危害后果较小，因此，相对于起主要作用的正犯而言，在共同犯罪中的作用较小。

2. 在共同犯罪中起辅助作用者

在共同犯罪中起辅助作用的人是指帮助犯。帮助犯是为他人实行犯罪提供各种物质和精神上的便利，对犯罪缺乏实质的支配，在共同犯罪中不可能起主要作用，所以，都属于从犯。

（二）处罚

根据《刑法》第27条第2款的规定，对于从犯，应当从轻、减轻处罚或者免除处罚。刑法虽然没有规定对于从犯必须比照主犯从宽处罚，但是从犯与主犯相比，无论是主观恶性还是客观危害性都要轻一些，所以对主犯和从犯进行比照，然后确定对从犯的从宽处罚，应是合理的。

主犯	从犯
犯罪集团的首要分子。	在共同犯罪中起次要作用者（次要的正犯）。
聚众犯罪的首要分子。	在共同犯罪中起辅助作用者（帮助犯）。
其他主犯（包括其主要的正犯和部分教唆犯及胁从犯）。	

第五节 共犯的特殊问题

一、共犯的脱离与中止

在共同犯罪的场合，要适用中止犯的规定，需要满足某些特定条件。共同正犯在着手前要成立中止，需要有脱离犯罪的意思表示，并且被其他共犯者所了解、认同；在着手实行犯罪后，脱离者不仅要有脱离的意思表示，同时还要求必须采取必要措施防止其他正犯造成犯罪结果的产生，否则便要承担犯罪既遂的风险。总体上看，现代刑法以保护法益为其本质要求，因此脱离者要想脱离、中止共犯关系，必须消除自己行为对其他共犯者所造成的物理或心理的因果关系。

（一）预备阶段的中止

1. 共谋共同正犯的中止

如果脱离共谋关系者将脱离的意思在其他共谋者着手实行行为以前传达给其他共谋者，并得到其他共谋者的接受和认同的，那么最初的共谋关系和最后的实行行为之间的因果关系被切断，共谋行为对其他事后实行者的心理支撑不再存在，此时脱离者对其他共谋人造成的未遂或者既遂后果不必承担责任，应按（预备阶段的）中止犯处罚。也即共谋共同正犯着手实行前要成立预备阶段的中止，需要满足两个条件：有脱离共犯关系的意思，并向对方明确表示；中止意思被对方接受。

例 1（模拟题） 甲、乙共谋伤害丙，在着手实施前，乙因害怕而在去往预定地点的途中偷偷逃离，甲独自将丙打成重伤。乙是否成立中止？

提示： 本例中，乙未将中止的意思告诉甲，更未得到甲的同意，只是在前往犯罪现场的途中偷偷逃离，不成立中止（脱离），乙仍然需要对丙的重伤结果负责。

例 2（模拟题） M 与 Q 二人在河堤边散步，偶遇往日同伙前往堤边准备抢劫作案，同伙邀其加入。M、Q 先是答应，后同伙中有一人提出堤边只有一作案对象，参加的人太多则分赃太少，M 与 Q 遂自动提出不再参与。其他同伙往前一路段抢劫作案后，重回原地，用摩托车载着 M 与 Q 二人离开堤边，后 M 与 Q 没有分得赃款物。M 与 Q 是否成立中止？

提示： 本例中的 M 与 Q 在预备阶段参与了共谋，但是在实行阶段没有参与，同时 M 与 Q 二人将自己脱离退出共谋关系的想法告知了其他共谋者，并被其他同伙接受，成立抢劫罪（预备阶段）中止，应当免除处罚。

需要特别注意的是：如果共谋者是共谋关系中的重要成员（如首谋者），对他人的实行行为可能产生巨大影响的，为了解除对实行行为产生的巨大影响，需要作出额外的努力，否则仍然应当对结果负责。也就是说，共谋实施重罪的正犯，以及共谋共同正犯中的主要犯罪提议者要成立中止形态，仅仅传达中止意思给对方并得到对方认可并不足够，还必须在此之外采取告知被害人、撤回许诺、报告警方等措施，以有效阻止其他共谋共同正犯实行。

2. 教唆犯的中止

教唆犯实施教唆之后，在他人着手之前产生中止的意思，并将该意思传递给被教唆者的，原则上就可以成立预备阶段的中止。但是，如果教唆的是重罪，或者教唆犯给予对方一旦事情成功即会获得报酬的承诺的场合，要成立犯罪中止，仅仅传达中止犯罪的意思给被教唆者，即使得到被教唆者的承诺，对于成立中止仍不足够，还必须在此之外采取告知被害人、撤回许诺、报告警方等措施阻止被教唆人犯罪。这一点与共谋实施重罪的正犯，或者共谋共同正犯中的主要犯罪提议者的中止成立条件基本相同。

例3（模拟题） 甲承诺给乙10万元让乙杀丙，并先给了乙5万元。在距乙杀人还有3小时之际，甲突然产生后悔的意思，并打电话告诉乙不要杀丙。乙在电话里说了声“知道了”，就挂断了电话。3小时后，乙仍然杀死了丙，并要甲支付另外5万元。甲是否成立中止？

提示：甲教唆乙实施重罪，同时，给予对方一旦事情成功即会获得总数10万元报酬的许诺，其要成立犯罪中止，除了告知对方不要着手犯罪之外，还应当采取追回已经给付的5万元、撤回另外5万元的承诺、告知被害人躲避、请求警方控制乙等措施来阻止乙杀害丙，而甲并未实施相应行为，所以，甲应成立犯罪既遂，而非中止。

3. 帮助犯的中止

在着手实行之前为他人的犯罪准备工具或者制造条件的人，如果告知对方自己要脱离共犯关系，就能够消除自己对未来的实行行为的积极影响，他人的着手实行就会遇到困难，同时放弃犯罪的意思得到对方同意的，可以成立中止。

例4（模拟题） A为在第二天盗窃C的汽车，邀请开锁匠B前往现场用铁丝捅车门。B在同意之后很快反悔，并表示自己不敢去。A无可奈何只得同意。第二天，A自己带着铁丝捅开C的车门将汽车开走。B是否成立中止？

提示：B告知对方自己的脱离意思并得到对方同意，切断、消除了自己对A的实行行为的影响。A自己带着铁丝捅开C的车门盗窃既遂，应当认为B切断了自己的行为同正犯A造成的危害后果的心理因果关系，B可以成立犯罪中止。

例5（真题） 丁知道孙某想偷车，便将盗车钥匙给孙某，后又在孙某盗车前要回钥匙，但孙某用其他方法盗窃了轿车。

提示：丁原先为孙某的盗窃行为提供了物理的帮助，在正犯孙某着手实行前向孙某要回钥匙，便切断了其与犯罪结果之间的物理性和心理性因果关系，理当认定为帮助犯中止，其对孙某的盗车结果不承担责任。

但是，仅仅有脱离共犯的意思，但并未消除对实行行为的积极影响，他人的着手因为帮助犯在预备阶段的行为更容易，帮助行为的加功效果并未消除的，即使放弃犯罪的意思被对方接受，也不能成立中止。

例 6（模拟题） 电工甲在被害人乙家里安装空调时，按照盗窃犯丙事前的安排观察并绘制了乙家别墅的房间分布图、表明财物的所在位置，然后将图纸交给丙。在丙着手盗窃之前，甲后悔并索回图纸。但在丙谎称已经撕毁图纸时，甲便不再深究。事后，丙凭借该图纸盗窃了乙的财物。甲是否成立中止？

提示：本例中的电工甲不应被认定为犯罪中止，是因为其并未彻底切断自己的帮助行为同正犯行为造成的危害结果之间的物理性因果关系（丙利用其图纸顺利盗窃），仍然成立盗窃罪既遂。

（二）实行阶段的中止

1. 共同正犯的中止

对于共同正犯来说，要成立犯罪中止，除了必须切断自己同其他正犯的物理性、心理性因果关系外，尚需进一步有效防止结果的发生，才能成立中止犯。因为共同正犯比单独正犯的危险性更高，实行交互归责原则，因此，共同正犯需要承担共同犯罪意思范围内其他共同正犯造成犯罪结果的风险。换句话说，有中止和脱离意思的共同正犯必须承担未能有效阻止其他正犯犯罪既遂的后果。

例 7（模拟题） 甲、乙经共谋后到现场共同对丙实施伤害行为，甲见丙流血不止，十分可怜，就偷偷离开现场。乙继续实施伤害，致丙死亡。甲是否成立中止？

提示：甲在着手后产生中止犯罪的意思，但由于其和乙成立共同正犯，甲未能采取积极有效的措施阻止乙继续实施犯罪，需要对乙造成的死亡结果承担责任，成立故意伤害（致人死亡）罪既遂，不成立中止。

2. 教唆犯与帮助犯的中止

教唆犯与帮助犯在正犯处于实行阶段时，中止（脱离）的条件基本等同于预备阶段的中止：即必须有效切断自己的行为贡献同正犯实行之间的物理性、心理性因果关系。对于教唆犯来说，要积极有效阻止正犯继续实行。而帮助犯在正犯着手之后自动停止帮助行为，并且被正犯所接受，但并未制止正犯继续实施犯罪的，不能成立中止。如果正犯既遂的，帮助犯仍然成立既遂。

例 8（模拟题） A、B 多次共同盗窃。一天深夜，A 和 B 又一起相约去某别墅区盗窃，但未事先商量盗窃种类，A 仍然是在外望风。B 入室盗窃，过一会儿出来对 A 说：“没偷到什么东西，但偷到一个汽车钥匙，要去把车开走。”A 很害怕，说：“你偷你的，汽车我不敢偷。”B 说：“你不偷，那你就等我一会儿。”A 于是仍然站在别墅门口，B 独自去开车库门。B 在开车时，不小心把喇叭弄响了一下，但没有人发现。B 将车开了出来，叫 A 上车。A 说：“我走回去。”B 说：“我开车送你回去。”A 说：“你偷你的车，反正与我无关。”于是，就上了 B 偷的车，坐车回家。B 将 A 送回家之后，独自将车开走并以低价卖出，A 未参与分赃。A 是否成立中止？

提示： 本例中，就B盗窃汽车的事实来说，A、B成立共同犯罪，A不成立犯罪中止，B是正犯（主犯），A是帮助犯（从犯）。A虽然表示不偷汽车，但是其留在现场且没有阻止B的盗窃行为，不能成立犯罪中止，其事实上对他人的盗窃还存在精神上的帮助，而帮助犯的成立不要求其本人有非法占有目的，因此没有参与分赃并不影响对其帮助盗窃既遂的认定。当然，A虽然要对B盗窃汽车既遂的行为承担责任，但是由于A是从犯，可以对其判处较轻的刑罚。

	预备阶段	实行阶段
共同正犯	消除共谋对其他正犯产生的物理性与心理性因果关系（共谋实施重罪有例外）。	消除自己的参与行为同其他正犯之间的物理性与心理性因果关系，同时积极要有效阻止结果发生。
教唆犯	将中止意思传递给被教唆者（教唆重罪有例外，需有效阻止犯罪）。	积极有效阻止正犯继续实行。
帮助犯	消除帮助行为对正犯产生的物理性与心理性因果关系。	除消除帮助作用外，尚需积极有效阻止结果发生。

二、共犯与身份

（一）真正身份犯与不真正身份犯

所谓的“身份犯”，分为真正身份犯与不真正身份犯。

真正身份犯是指建构构成要件不法内涵的核心就是行为人的身份，也即身份的有无影响定罪的情形（构成身份）。如果不具有相关的身份，且不存在有身份者的参与的场合，无身份者不成立身份犯构成要件的相关犯罪。

例9（模拟题） 不具有国家工作人员身份的A（某建设局局长之妻）在丈夫完全不知情的情况下，向开发商索要10万元现金。A是否构成受贿罪？

提示： 由于A不具有国家工作人员身份，同时具有身份的丈夫对于A的行为并不知情，因此A不构成受贿罪。

不真正身份犯是指身份的有无不影响定罪，但影响量刑的情形（加减身份）。在不真正身份犯的场合，有身份者与无身份者共同犯罪的，对有身份者适用特别之刑，对无身份者适用通常之刑。

（二）真正身份犯与共同犯罪

1. 无身份者永远不可能成立真正身份犯的正犯

真正身份犯与共同犯罪的关系比较复杂，对于准备法考来说，首要的一点必须记住：无身份的人永远不可能成立身份犯构成要件的正犯（包括共同正犯、间接正犯、直接正犯），只能成立教唆犯与帮助犯。这是因为，身份是建构这些构成要件的核心内涵，没有身份的人并非立法者订立这些构成要件时原先想要制裁的“行为人”，只不过因为总则和理论上存在教唆犯与帮助犯的规定，因此，制裁范围才扩大到这些没有身份的人（这便是限缩的正犯概念的理念核心）。正是在这个意义上，教唆犯和帮助犯在限缩的正犯概念那里便成为刑罚扩张事由。

2. 无身份者帮助、教唆有身份者

无身份者帮助、教唆有特定身份的人共同实施犯罪的，应当根据有身份者的犯罪定罪。例如，非国家工作人员与国家工作人员勾结，伙同贪污或者受贿的，应当成立贪污罪或者受贿罪的教唆犯或帮助犯；普通公民教唆邮政工作人员隐匿邮件的，构成《刑法》第253条所规定的隐匿邮件罪的教唆犯，不构成第252条的侵犯通信自由罪，无论该教唆犯是否主犯。

3. 真正身份者教唆无身份者

真正身份者教唆无身份者，刑法对被教唆者实施的行为规定了独立罪名的，教唆犯成立非身份犯的教唆犯和身份犯的间接正犯，二者成立想象竞合。例如，邮政工作人员甲教唆非邮政工作人员乙隐匿、毁弃他人邮件的，邮政工作人员应当成立《刑法》第252条侵犯通信自由罪的教唆犯和《刑法》第253条的隐匿、毁弃邮件罪的间接正犯，二者成立想象竞合关系，乙只构成侵犯通信自由罪，甲、乙在侵犯通信自由罪的范围内成立共犯。再如，国家工作人员A教唆非国家工作人员B盗窃自己负责管理的金库的，A成立盗窃罪的教唆犯和贪污罪间接正犯的想象竞合。

真正身份者教唆无身份者，刑法对被教唆者实施的行为并未规定独立罪名的，有身份者成立身份犯的间接正犯，无身份者成立该间接正犯的帮助犯。例如，国家工作人员甲教唆失业在家的妻子乙向他人索取财物的，刑法并未将乙的行为单独规定为犯罪，甲就是利用无特定身份的人实施只有国家工作人员才能成立的犯罪，因此甲成立受贿罪的间接正犯，乙成立帮助犯。

4. 身份犯的竞合

身份的竞合是指所有的共同犯罪人都有身份的情形。即共同犯罪人都具有身份，但身份不相同，不同身份者各自利用其身份，共同实施了纯正身份犯的犯罪行为的情形。例如，非国有公司的工作人员甲与国有公司委派到非国有公司从事公务的国家工作人员乙共同侵占本单位财物。司法实务主张对于此类案件按照主犯的性质定罪。最高人民法院2003年11月13日的《全国法院审理经济犯罪案件工作座谈会纪要》指出，在公司、企业或者其他单位中，非国家工作人员与国家工作人员勾结，分别利用各自的职务便利，共同将本单位财物非法占为己有的，应当尽量区分主从犯，按照主犯的犯罪性质定罪，难以区分主从犯的，可以贪污罪定罪处罚。该司法解释的合理性值得商榷，因为确定主犯是为了解决量刑问题，而定罪则是定性问题。只有解决了定罪，才能确定量刑，而不能相反。但是，对于考试来说，现行有效的司法解释必须遵循，因此，对于上述贪污罪和职务侵占罪的共犯身份竞合的处理，只能依照司法解释作例外对待，即按照主犯定罪，无法确定主犯的，以贪污罪定罪。换句话说，如果是国家工作人员乙起主要作用的，便定贪污罪；如果是非国家工作人员起主要作用的，便定职务侵占罪。

一般认为，理论上，都具有身份者利用各自的身份共同实施身份犯罪的，参与人都成立自己的身份构成要件的正犯和另一方身份构成要件的共犯，二者成立想象竞合。例如，投保人和保险公司职工共同决定骗取保险公司的保险金，由投保人制造保险事故，由保险公司职工负责办理理赔。对投保人来说，其实施了保险诈骗罪的实行行为，成立保险诈骗罪的正犯；同时还成立帮助保险公司职工实施职务侵占行为，因此又构成职务侵占罪的帮助犯，因此论以保险诈骗罪的正犯和职务侵占罪帮助犯的想象竞合，以重罪即保险诈骗罪的正犯论处；对于保险公司职员来说，其实施了职务侵占罪的实行行为，成立职务侵占罪的正犯；同时其还帮助投保人骗取保险公司的保险金，成立保险诈骗罪的帮助犯，因此论以职务侵占罪正犯和保险诈骗罪帮助犯的想象竞合，以重罪即职务侵占罪的正犯论处。

三、共犯与错误

（一）共犯与具体的事实认识错误

1. 正犯的客体错误

根据法定符合说，正犯实现的事实和共犯教唆、帮助的事实之间存在不一致，客体上出现错误的，只要二者属于同一构成要件内的错误，正犯的错误对于教唆犯、帮助犯的既遂没有影响。换言之，正犯的客体错误，对于教唆犯而言，也是客体错误。例如，A教唆B杀害C，但B在下手之时，误将D看作C杀害的，A仍然成立故意杀人罪的教唆既遂。再如，甲帮助乙盗窃丙价值很高的项链，但乙误将丙的手链当作项链加以窃取的，甲仍然成立盗窃罪的帮助既遂。

2. 正犯的打击错误

在正犯出现打击错误的场合，根据法定符合说，其成立故意犯罪既遂，教唆犯、帮助犯也成立故意犯罪的既遂。例如，A教唆B开枪杀害C，但在B开枪之后，子弹射向D并导致其死亡的，A成立故意杀人罪的教唆既遂。

3. 正犯的实行过剩

正犯超过共谋故意范围或者他人的教唆内容，基于自己的独立意思实施犯罪，实际实施的犯罪和共谋或者教唆的犯罪虽不完全符合，但仍然属于同一构成要件内时，是正犯的实行过剩，属于共犯过剩的一种表现形式。例如，A教唆B开枪杀害仇人C，但B认为如果打死A的另外一个仇人D，A可能更高兴，于是将D杀害，而未杀C。根据法定符合说，可以认为B的行为并未违背A杀害仇人的概括故意，A想杀害仇人，也确实借助于B的行为杀了人，虽然具体的死者出现差异，但无碍于A成立故意杀人罪的教唆既遂。

如果共犯行为和正犯行为之间缺乏心理因果性的，不能认为正犯行为和教唆、帮助有关，即使按照法定符合说，共犯也不能对正犯的行为所造成的结果负责。例如，A教唆B伤害C，但B去C处打探被害人的行踪时，与C的邻居D发生激烈争吵，B将D达成重伤。B虽然实施了故意伤害行为，但与A的教唆之间没有联系，A只能构成故意伤害罪的教唆未遂。

（二）共犯与抽象的事实认识错误

正犯超过共谋故意范围或者他人的教唆内容实施犯罪，且实际实施的犯罪和共谋或者教唆的犯罪属于不同构成要件时，就是共犯的抽象事实认识错误。共犯对抽象的事实认识错误，也是“共犯过剩”的一种表现形式。教唆犯只有在正犯的实行行为与其教唆之间存在紧密关联时，才对正犯的既遂负责。对于正犯所造成的过剩结果，教唆犯并不负责。

“共犯过剩”包括质的过剩与量的过剩。质的过剩，指被教唆人所实行的犯罪完全不同于被教唆的犯罪的情形。因为质的过剩，教唆人不承担被教唆者所犯之罪的责任，根据《刑法》第29条第2款的规定，只承当教唆未遂的责任。例如，甲唆使乙抢劫，乙实施了强奸行为的，甲只承担抢劫罪的教唆未遂责任。量的过剩，是指被教唆人所实行的犯罪与被教唆的罪并不完全一致，但存在重合部分。例如，被教唆盗窃的人，实施了抢劫行为；被教唆伤害他人的人，实施了杀人行为。由于盗窃罪与抢劫罪之间、故意伤害罪与故意杀人罪之间具有一定的重合关系，在教唆犯认识的事实与被教唆者实现的事实相互重合的范围内，可以认定教唆犯成立盗窃罪既遂、故意伤害（致人死亡）罪的教唆犯。在共谋共同正犯关系中出现量的过剩时，也应当如此处理。例如，A、B共谋故意伤害C，但在实行过程中，B实施杀人行为的，A、B在故意伤害（致人死亡）罪的范围内成立共同正犯，B对过剩的故意杀人行为负责。

第十二章 罪数论

第一节 区分罪数的标准

命题分析

从往年真题来看，在“罪数论（竞合论）”一章下具体考查的重点知识点主要包括“区分罪数的标准”“想象竞合犯”和“牵连犯”三个。需要说明的是，“区分罪数的标准”这一知识点在试题中会结合“想象竞合犯”或者“法条竞合犯”等知识点进行考查，其主要涉及的是一罪与数罪的区分问题。

知识点精讲

《刑法分则》的构成要件是以一人实施一个犯罪为原型设计的，但是，在很多场合下，行为是一个或者数个、符合一个还是数个构成要件并不明确时，便需要讨论行为人成立一罪还是数罪的问题。

对于罪数的区分，刑法理论上有以犯意、行为、法益或者由这些要素所组成的构成要件为标准的各种学说。现在的刑法理论通说是犯罪构成说，2017 年官方“四大本”也大体采用了犯罪构成说区分罪数。根据构成要件说，基于一个罪过，实施一个行为，符合一个构成要件的，是一罪；而基于多个罪过，实施多个行为，符合多个构成要件的，是数罪；行为数次符合同一个犯罪构成的原则上也是数罪（行为具有连续性或持续性除外）。

构成要件说的合理性在于：刑法对于行为的评价是以构成要件为准的，构成要件要素主要包括实行行为、结果、犯意等，根据构成要件的个数确定犯罪的单复数，具有很大的包容性，其为罪数的区分提供了基本思路。

由于《刑法分则》所规定的构成要件具有复杂性，有些行为形式上具备数个构成要件，刑法规定按一罪处理；有些行为实质上属于数罪，在法律上以一罪处理，所以，对罪数的确定，必须结合《刑法分则》的各种特殊规定进行。

例如，A 对 B 与 C 说：“现在口袋没有钱了，我们想办法去搞点钱花。”B 说：“从香港来做生意的 W 住在一家旅馆，他一定很有钱。”于是 A 等三人经过密谋，于凌晨 1 点，从后窗凉台爬进 W 房间，见一人躺在床上睡觉，便认为是 W。B 和 C 遂按住其双脚，并用绳子绑住其双手，A 拿起一块布条堵住他的嘴，然后三人搜遍被害人全身和房间，除了几件衣服和几支烟外，再无所获。A 认为 W 一定把钱藏起来了，又怕在旅馆时间太长被发现，就将 W 带到附近一间无人住的小屋内，并用绳子绑住 W 手脚，对其拳打脚踢，逼迫他说出钱财的所在地。在将 W 关押了 5 个小时以后，B 猛然发现绑错了人，被害人不是从香港来的W，经盘问才知是来此地探亲访友的X。三人见无钱可索要，就恶狠狠威胁X说："回去后不可将这事传出去，否则就给你好看"，然后将X放回。

上例中，A、B、C经过共谋后入室抢劫，在未取得财物时，又将被害人带离抢劫现场进行拘禁和殴打，表面上，行为人似乎有多个阶段可分的行为举止，但是，这些不同阶段的行为都从属于一个抢劫的故意，是当场使用暴力、胁迫取得财物的实行行为的不同阶段，从构成要件的角度看，行为人只有一个行为，因此，只能成立一个抢劫罪，而不能在抢劫（未遂）罪之外另成立非法拘禁罪。而共同正犯对于对象的认识错误，不影响犯罪的成立，也不影响犯罪既遂。

例1（真题） 丁在绑架过程中，因被害人反抗而将其杀死，对丁不应当以绑架罪和故意杀人罪实行并罚。

提示：上述表述是正确的。《刑法》第239条绑架罪第2款规定："犯前款罪，杀害被绑架人的，或者故意伤害被绑架人，致人重伤死亡的，处……"因此，绑架罪的构成要件中已经明确包含了绑架过程中的杀人行为，因此不能再数罪并罚。

例2（真题） 甲长期以赌博所得为主要生活来源。某日，甲在抢劫赌徒乙的赌资得逞后，为防止乙日后报案，将其杀死。

提示：本例中，甲的行为存在明显可分的三个行为，符合三个构成要件，应当数罪并罚。首先，根据《刑法》第303条第1款赌博罪的规定，以营利为目的，以赌博为业的，构成赌博罪。题干明确交代甲长期以赌博所得为主要生活来源，因此甲属于以赌博为业，成立赌博罪。赌资也是财产犯罪的保护对象，甲抢劫赌徒乙的赌资，当然构成抢劫罪。另外，甲在抢劫既遂之后，为防止乙日后报案，杀人灭口的行为，由于并非是为了抢劫财物而使用杀人这种最为严重的暴力手段，因此构成故意杀人罪。所以，按照犯罪构成标准说，对甲应当以赌博罪、抢劫罪、故意杀人罪数罪并罚。

构成要件的主要内容是实行行为。对于构成要件意义上的一行为，原则上应当成立一罪；对于构成要件意义上的数行为，原则上应当成立数罪。需要提醒注意的是，《刑法分则》中的一些条文对于是否数罪并罚以及如何定罪处罚作了明确规定，是命题人在考查罪数论时比较偏爱的命题点，在复习时应多加注意。

例3（真题） 投保人甲，为了骗取保险金杀害被保险人。

提示：我国《刑法》第198条第2款明确规定，实施保险诈骗犯罪，同时构成其他犯罪的，应按数罪并罚的规定处罚。因此，为了骗取保险金而杀害被保险人的，应当论以故意杀人罪与保险诈骗罪的数罪并罚。

例4（真题） 司法工作人员甲，刑讯逼供致被害人死亡。

提示：《刑法》第247条明确规定，司法工作人员对犯罪嫌疑人、被告人实行刑讯逼供过程中致人伤残、死亡的，依照故意伤害罪、故意杀人罪论处。因此，对于甲，不应当数罪并罚。

例5（真题） 运送他人偷越边境的甲，遇到检查将被运送人推进大海溺死。

提示： 根据《刑法》第318条第2款的规定，犯组织他人偷越国（边）境罪，对被组织人有杀害、伤害、强奸、拐卖等犯罪行为，或者对检查人员有杀害、伤害等犯罪行为的，依照数罪并罚的规定处罚。据此，对甲应以组织他人偷越国（边）境罪和故意杀人罪数罪并罚。

《刑法分则》中关于数罪并罚的明文规定主要有：

条文	并罚内容
第120条	犯组织、领导、参加恐怖活动组织罪，并实施杀人、爆炸、绑架等犯罪的，数罪并罚。
第157条	以暴力、威胁方法抗拒缉私的，以走私罪与阻碍国家机关工作人员依法执行职务罪（妨害公务罪）数罪并罚。
第198条	犯保险诈骗罪，同时构成其他犯罪的，数罪并罚。
第241条	收买被拐卖的妇女、儿童，并有强奸、非法拘禁、伤害、侮辱等犯罪行为的，数罪并罚。
第294条	犯组织、领导、参加黑社会性质组织罪，入境发展黑社会组织罪以及包庇、纵容黑社会性质组织罪，又有其他犯罪行为的，数罪并罚。
第318条	犯组织他人偷越国（边）境罪，对被组织人有杀害、伤害、强奸、拐卖等犯罪行为，或者对检查人员有杀害、伤害等犯罪行为的，依照数罪并罚的规定处罚。

此外，形式上看行为人的行为符合数个构成要件，但是在个别场合仍然应论以一罪，典型的就是不可罚的事前、事后行为以及牵连犯。

不可罚的事前行为，是指在着手实施某一种重罪行为前，可能有一些轻罪行为或者预备行为，但在行为人实施重罪之后，对着手重罪行为之前的行为不单独定罪处罚。例如，遗弃被害人后又杀害被害人的，遗弃行为是故意杀人罪的不可罚的事前行为。

比较重要的是不可罚的事后行为，是指行为人在实施犯罪既遂之后，又实施依照一般社会经验通常会伴随的危害行为的，后行为即不可罚。基本上，不可罚的事后行为基本为确保或利用因犯罪所得的利益，由于事后行为并未明显扩大原来的损害且未制造新的法益侵害，因此，事后行为的不法内涵被前行为所评价，因此，不再单独处罚。

基本上，不可罚的事后行为大体有两种类型：实施财产犯罪后针对赃物的行为以及实施人身犯罪之后毁灭证据的行为。①取得型侵犯财产罪属于状态犯，即犯罪行为实施完毕后，危害结果一经发生，犯罪就达到既遂状态，但犯罪行为所导致的不法状态并未结束，财产一直处于犯罪分子的不法控制状态下。所以，在盗窃既遂之后，对财物又故意进行毁坏的，由于立法上对盗窃罪这种状态犯预设了即使犯罪既遂违法状态还存在的情形，但在该状态之下实施的行为，即使符合故意毁坏财物罪的构成要件，也在盗窃罪中给予总体性的评价，毁坏财物行为作为量刑情节加以考虑，不成立盗窃罪和故意毁坏财物罪的数罪。但是，在事后行为造成新的法益侵害，符合独立的构成要件时，需要数罪并罚。最典型的便是，盗窃他人财物，又用该财物提供担保，骗取第三人财物的，应当以盗窃罪和诈骗罪数罪并罚。②在实施故意杀人、故意伤害致人死亡、强奸致人死亡、过失致人死亡等人身犯罪的场合，犯罪人采取抛尸等手段毁灭证据的，属于不可罚的事后行为。

例 6（真题） 甲在车站行窃时盗得一提包，回家一看才发现提包内仅有一支手枪。因为担心被人发现，甲便将手枪藏在浴缸下。甲非法持有枪支的行为，不属于不可罚的事后行为。

提示：上例中的甲在盗窃的当时并没有窃取枪支的故意，因此仅在盗窃罪的范围内成立犯罪既遂。由于甲在明知是枪支后仍然予以私藏，应当另行成立非法持有枪支罪。必须注意的是，之所以成立非法持有枪支罪，是因为前行为只能被评价为盗窃罪，而不是非法持有枪支罪，非法持有枪支的后行为无法被前行为的不法内涵所评价，因而不是不可罚的事后行为。

例 7（真题） 乙抢夺他人手机，并将该手机变卖，乙的行为构成抢夺罪和掩饰、隐瞒犯罪所得罪，应当数罪并罚。

提示：上述表述是错误的。抢夺罪是典型的取得型财产犯罪，行为人抢夺他人财物行为的初衷就是使用与利用财物所带来的利益，将抢夺后的手机变卖为现金当然是抢夺后的财物利用行为，没有侵犯新的法益，因而属于不可罚的事后行为，不应当数罪并罚。

第二节 想象竞合犯与结果加重犯

命题分析

在罪数论（竞合论）的下位概念中，想象竞合犯应该是最为重要的概念。在行为人存在数行为触犯数罪名的场合，理论与实务处理上均不存在大的麻烦。但想象竞合犯不同，行为人只有一行为，侵犯了数个法益，符合数个构成要件。而一行为符合数个构成要件的基本特征又和法条竞合犯极其类似，因此，如何区分想象竞合与法条竞合又成为难题，我国刑法理论界对此也一直争论不休。所以，想象竞合成为命题人偏爱的命题点，基本上每年都会涉及想象竞合的题目，考生要引起足够的重视。结果加重犯有时也会单独命题予以考查。在复习时，要认真掌握结果加重犯的成立要件尤其是基本行为和加重结果之间的直接性要件。

知识点精讲

一、想象竞合犯的概念与法律效果

想象竞合犯是指行为人基于一个罪过，实施一个危害行为，触犯数个罪名的犯罪形态。例如，采用破坏性手段，盗窃正在使用中的油田运输管道中的油品，可能同时构成破坏易燃易爆设备罪、盗窃罪；为杀害仇人，对准仇人所在的人群扔炸弹的，可能同时构成故意杀人罪和爆炸罪，这些都是想象竞合犯的适例。想象竞合犯触犯了数个罪名，符合数个构成要件，但由于其行为只有一个，所以实质上仍为一罪。

想象竞合犯具有以下特征：①基于一个确定的故意、过失或者概括的故意，实施了一

个危害行为。②一个行为符合数个构成要件，造成了多个危害结果，同时触犯了数个不同的罪名。

例 1（模拟题） T发现网络游戏“传奇3”受玩家追捧，即有意自行研发游戏外挂。凭着自己多年的软件研发经验，T等人很快破译了“传奇3”的程序源代码，并研发出了多款“传奇3”外挂。随后，T在自己设立的网站上向玩家大量出售外挂，经营数额高达二百八十余万元。玩家在启用外挂后，即使不亲自操控，也能保证处于游戏状态，由此可以取得比正常玩家更好的成绩。对T的行为如何定罪？

提示：本例中，从自然行为的角度看，T有两个行为：研发外挂软件，非法出售。但是，从构成要件的角度看，行为人却只有一个犯罪行为，就本案来说，对于构成要件关注的重心来说是其将自行研发的软件出售给他人的行为：其研发外挂软件并销售，侵犯了游戏著作权人的权益，而且扰乱了游戏运行的公平环境，使得游戏消费者失去兴趣，给游戏运营商造成了经济损失，系非法进行互联网出版活动，触犯了侵犯著作权罪；而将自行研发外挂软件提供给玩家使用，则又改变了游戏规则，也缩短了游戏的运营寿命，属于提供、非法控制计算机信息系统程序、工具罪，因此，T成立侵犯著作权罪和提供侵入、非法控制计算机信息系统程序、工具罪，成立想象竞合犯。

要特别提醒考生注意的是，在处理犯罪之间的关系时，应当多从犯罪之间可能具有交叉、竞合或数罪的角度思考问题，再根据想象竞合犯或并罚的法理分析案件，不能动辄就说不同犯罪之间具有排斥或者非此即彼关系，动不动就将行为人设想为仅触犯一罪的人，使得理应被重罚的罪犯被放纵，从而和罪刑相适应原则有抵触。对于这一点，在最近几年的刑法真题中多有体现，所以考察行为的定性，绝对不能轻易下非此即彼的互斥判断，需要围绕每个罪名的犯罪构成逐个分析，最后通过罪数论（竞合论）的方法判断到底行为人构成一罪还是数罪。例如，为抢劫而携带凶器进入被害人家中，乘无人之际偷走财物的，应当成立抢劫罪预备和盗窃罪的想象竞合犯；为抢劫压制被害人反抗，因被害人哀求而放弃，但乘机猥亵被害人，在被害人不注意之机，拿走被害人的首饰的，构成抢劫罪中止、强制猥亵罪和盗窃罪，应当数罪并罚；为抢劫而对被害人投麻醉药，被害人原本在30分钟后因为药效发作会熟睡，但因被害人当日过于疲劳，服药后10分钟即睡着，行为人将其财物拿走的，构成抢劫罪未遂和盗窃罪的竞合；甲到某工地偷水泥，守夜的乙发现后不管不问，甲由此取得价值5000元的财物，甲成立盗窃罪正犯和职务侵占罪共犯的想象竞合犯。

例 2（真题） 陈某为求职，要求制作假证的李某为其定制一份本科文凭。双方因价格发生争执，陈某恼羞成怒，长时间勒住李某脖子，致其窒息身亡。陈某在手机中查到李某丈夫赵某手机号，以李某被绑架为名，发短信要求赵某交20万元“安全费”。由于赵某及时报案，陈某未得逞。

提示：本例中，就陈某向李某丈夫索要财物的行为事实部分来说，其行为同时触犯了敲诈勒索罪（未遂）与诈骗罪（未遂），由于只有一行为，因而成立两罪的想象竞合。对于本题，考生非常容易认为李某仅成立敲诈勒索罪或仅成立诈骗罪。敲诈勒索罪是指以非法占有为目的，对他人实施恐吓索取公私财物的行为。李某已经死亡，陈某仍然以绑架为名向赵某索要钱财，显然是想利用赵某的恐惧心理索取财物，成立敲诈勒索罪。而诈骗罪则是指行为人以非法占有为目的，使用欺骗手段使得他人陷入认识错误后处分财产进而造成财产损失的行为。陈某明知李某已经死亡，仍然虚构李某被绑架的事实索要赵某财物，成立诈骗罪。由此，当行为人对被害人以恶害相告知的威胁事实，既具有使被害人恐惧的因素，又具有使被害人产生认识错误的因素时，便成立敲诈勒索罪和诈骗罪的想象竞合。

对于想象竞合犯，应当采用从一重罪处断的原则。例如，实务上对盗窃广播电视设施、公用电信设施，同时构成盗窃罪和破坏广播电信设施、公用电信设施罪的，择一重罪处罚；盗窃使用中的电力设备，同时构成盗窃罪和破坏电力设备罪，择一重罪处罚。此外，必须特别注意的是，所谓从一重罪处断，需要比较行为人触犯的数个犯罪的处罚轻重：数罪的法定刑都只有一个幅度的，比较并适用各罪中的法定刑最高者；数罪的法定刑有多个幅度的，比较根据行为的具体情节所应当对应的法定刑档的高低。

二、想象竞合犯与法条竞合犯

与想象竞合犯密切相关的一个重要概念、也是历年命题中比较容易出现的便是法条竞合犯。二者容易混淆的一个重要原因是，无论是想象竞合还是法条竞合，都只有一行为，（法条竞合形式上）也同时符合数个犯罪构成要件。不过，想象竞合犯和法条竞合犯之间存在根本性的差别。

法条竞合犯是不真正竞合，是法律上的一行为。不真正竞合，是指两个以上的刑罚规范在外表上是竞合的，但实质上是相互排斥的。从形式上看，行为该当 A 罪构成要件，也该当 B 罪构成要件，但是实质上，从法条之间的逻辑关系看，便决定了 A 罪法条排斥 B 罪法条的适用，仅成立一个 A 罪。此时，并不真正成立 B 罪，因此，排斥 B 罪法条的适用。

想象竞合犯是真正的竞合，但属于事实上的一行为。行为在成立 A 罪的同时，法官完全可以并且应当宣告其同时成立 B 罪，只不过由于行为人只有一行为，因此最终按照处罚最重的犯罪定罪处罚。这与法条竞合在成立 A 罪时，一定会排斥 B 罪的适用并不相同。

作为“一行为”的竞合形态，法条竞合与想象竞合的区别主要在以下三方面：

（1）立法者的价值设定。法条竞合，纯粹是因为针对同一犯罪行为的《刑法分则》规定整体或者部分重合，导致法律适用复杂化。法条竞合，与立法者的价值判断有关，是一种静态的竞合，当一行为触犯的两个法条的罪名之间具有从属或者交叉的逻辑关系，且保护法益具有同一性时，为法条竞合。想象竞合，是行为人的一个行为偶然地触犯了多个罪名，它与法律条文本身如何规定无关，而与行为人实施犯罪时的选择有关，行为触犯的两个罪名在保护法益上完全可以不同，所以，是一种动态竞合。一般认为，法条竞合时，不管具体的现实案情如何，两个条文都具有竞合关系，或者说，是否具有法条竞合关系，并不取决于案件事实，而是因为法条之间存在交叉或者重叠关系。而想象竞合犯则是因为具体的行为事实触犯了两个不同的法条，不同法条之间并没有重叠与交叉关系。

（2）法益同一性。法条竞合不仅是法条之间形式上的逻辑关系，具有包含或者交叉关系的法条还必须是为了保护同一法益的目的而设立时，才属于法条竞合。对于某些形式上存在包含、交叉关系的法条，如果法益不同一的，应当否定法条竞合关系，而认定为想象竞合。换言之，法条竞合是一行为侵害一法益而触犯数罪；想象竞合则是一行为侵害数法益而触犯数罪名。法益是否同一（是一法益还是数法益），成为区分二者的关键之所在。

关于法益同一性的判断，需要考虑：

（1）法益同一性是指具体法益的相同。例如，绑架罪和非法拘禁罪都侵害个人行动自由，具体法益具有同一性；强奸罪和强制猥亵罪都侵害性自由，具有具体法益的同一性。但是，法益“同一”不是法益“同类”，因此，侵犯同类法益的犯罪未必具有法益同一性，因为同类法益之下的具体法益，其具体内容未必相同。例如，市场经济秩序、社会管理秩序是对诸多犯罪的具体法益的高度抽象概括，该同类法益之下各罪具体法益的内容差异很大。例如，显然不能认为同属破坏社会市场经济秩序罪的洗钱罪和串通投标罪之间具有保护法益的同一性。更进一步讲，同属于侵犯人身权利的故意伤害罪与故意杀人罪虽属同类法益，但就具体法益而言，因为故意伤害罪侵害的是健康权，故意杀人罪侵害的是生命权，那么二者侵害的法益也并不同一，通常不能认为其存在法条竞合关系，因此，基于杀人故意造成重伤害结果的，应当成立故意杀人未遂与故意伤害罪的想象竞合。

（2）抽象地看，国家法益、社会法益和个人法益之间不存在法益同一性。但是，行为指向国家法益和社会法益，但在具体个案中其结果由具体个人承受，而侵害个人法益的犯罪中对此又有规定的，可以认为国家法益或者社会法益可以还原为个人法益，或者认为国家法益、社会法益由个人法益所组成，包含了个人法益的内容，从而肯定法条竞合关系的存在。例如，交通肇事罪和过失致人死亡罪，洗钱罪和掩饰、隐瞒犯罪所得罪、犯罪所得收益罪之间，可能视情形存在法条竞合关系。因此，一个保护公法益（国家法益、社会法益）的法条与一个保护私法益（侵犯人身罪、侵犯财产罪）的法条之间，也可能形成法条竞合关系。

（3）行为侵害多个法益，法益有相同部分的，就该相同部分可以肯定法益同一性。例如，集资诈骗罪既侵害金融管理秩序，也侵害个人财产占有，就对个人法益侵害而言，其与诈骗罪之间存在法益同一性，应当成立法条竞合。盗窃罪与贪污罪之间也存在这种法条竞合关系。

在适用法律时，因为法条竞合仅仅是在形式上存在竞合关系，司法判决书只需要列举适用的罪名即可，对于没有适用的犯罪，完全不需要在判决中予以说明理会。换句话说，对于法条竞合犯，法官无须列举被排斥的罪名。同时，被排斥的法条的存在原则上对量刑不会产生影响。例如，在保险诈骗的场合，不需要在判决书中再论证被告人触犯合同诈骗罪的理由。

对于想象竞合，行为人的行为究竟符合哪些犯罪的构成要件，需要在判决书中明确列举出来，以便让人判断行为人所触犯的多个罪名孰轻孰重，以及法官对从一重罪处断的把握是否准确，以防止司法人员不当行使司法权。换言之，对于想象竞合，在一个说理充分的判决书中，应当分别列出罪名，然后从一重罪处罚。这是因为想象竞合存在两个违法事实与责任，那么，在判决宣告时，必须将这些事项逐一清晰地列举出来，以实现刑法的充分评价，并有效发挥想象竞合的澄清功能。因此，是否有必要详细交代罪犯所触犯的罪名以实现积极一般预防的效果，也是能否将某种竞合关系认定为想象竞合时需要考虑的。

例如，为强奸而对被害人使用暴力，该暴力行为扯坏被害人价值很高的首饰的，同时触犯强奸罪和故意毁坏财物罪。如果认定二者之间成立想象竞合犯，故意毁坏财物罪、强奸罪在判决书中就都需要详细列出，并加以论证。当然，如果属于法条竞合，便没有必要分别列出行为人所触犯的特别法条和普通法条。

所以，从诉讼经济、防止司法资源浪费的角度看，为避免司法人员在评价犯罪时分散精力，去判断原本就不需要判断的行为，将想象竞合与法条竞合区分清楚是有道理的。由上述诸多区别，决定了法条竞合和想象竞合之间存在排斥关系，不存在一个行为既是想象竞合又是法条竞合的情形。

三、结果加重犯

结果加重犯是指行为人出于基本构成要件的故意，在实施基本构成要件所规定的行为时，发生了超过基本构成要件结果以外的加重结果，因而导致刑罚加重的犯罪形态。对结果加重犯之所以加重处罚，是因为加重结果由基本犯的故意犯罪行为所导致，而该基本犯从一开始就在其自身包含了发生加重结果的危险，并且该加重结果得以实现。一般认为，成立结果加重犯需要具备三个条件：实施了基本的行为，但造成了加重结果；对基本犯罪持故意，对加重结果至少有过失；刑法就加重结果规定了加重的法定刑。

在认定结果加重犯时，必须要注意基本行为与加重结果之间必须有因果关系以及存在直接的风险关联性。即只有在基本行为所特有的风险，在特定场合直接地得以实现时，才有成立结果加重犯的余地。在加重结果不能归责于行为人，与行为无关时，不成立结果加重犯。对于行为和加重结果之间因果关系的判断，需要根据相当因果关系理论进行，考虑按照一般的社会生活经验，该行为是否通常可能导致加重结果的发生。实施一定的行为，经验上存在导致加重结果的可能性的，结果加重犯的因果关系存在。在实施在基本行为之后，有以下情形的，都不能认为存在这种联系：①被害人故意自杀、自残或基于自身重大过错导致死亡的；②被告人有新的违法行为导致结果的；③其他人过错程度较高的行为（例如，医生的重大失误、解救人质时警方的重大失误等）介入的。例如，张某故意伤害李某，并致其轻伤，李某在医院治疗时医生手术上有一定失误，李某因伤口感染死亡。如果医生在抢救时存在重大失误，在经验上就可能认为是医生的失误这一介入因素导致死亡结果发生，张某的行为和死亡结果之间不存在因果关系，张某只应负故意伤害（致人重伤）罪的责任。但是，如果医生治疗失误很小，则根据相当因果关系仍然可以认定结果加重犯的因果关系存在，张某应当构成故意伤害（致人死亡）罪。

在共犯的场合，由某些犯罪人造成的加重结果，是否需要其他犯罪人承担，也是与结果加重犯的共犯有关的问题。例如，甲入室抢劫，乙按照甲的安排在室外望风。甲在翻人被害人 H 家里后，发现 H 及其妻子 S 均在家里，甲在主卧室压制被害人 S 的反抗后，到处搜寻财物甲在对另一被害人 H 使用暴力过程中，遇被害人反抗并大声呼救，即将 H 砍死。事后，甲、乙二人携带赃物仓皇逃离，甲对乙隐瞒杀人的事实。乙是否要对 H 的死亡承担刑事责任？

甲的行为和 H 的死亡之间明显存在因果关系，属于抢劫致人死亡，成立抢劫罪的结果加重犯，这是没有疑义的。乙即使没有亲自下手杀死 H，也需要对 H 的死亡承担刑事责任，乙的帮助行为和死亡结果之间，存在因果关系因为抢劫是暴力程度很高的行为，帮助犯乙为使他人的抢劫进行得更为顺利而望风，是帮助他人实施重罪。在共同抢劫的场合，实行犯遇到被害人反抗时，对被害人使用杀伤程度的极端暴力，并不是异常情况，而是经验上通常会出现的结果。所以，乙为甲抢劫实施的帮助行为，对于死亡结果的出现而言，存在相当因果关系，乙需要对死亡结果负责。附带提及，从主观上看，乙对实行犯在实施抢劫这种重罪过程中可能实施暴力程度最高的杀害行为，是具有预见可能性的。所以，乙对H的死亡至少具有过失。甲事后故意对乙隐瞒杀人的事实，对于乙成立抢劫罪的结果加重犯没有任何影响。

第三节　牵连犯与不可罚的事前、事后行为

命题分析

由于牵连犯与不可罚的事前、事后行为实质上都是多行为犯，因此放在一节予以介绍。过去我国刑法理论界一直承认牵连犯概念，实务界也一直大范围适用牵连犯。近几年，刑法学界对于此一概念提出了较多的批评，因为过去认定为牵连犯的场合，基本是行为人的数个行为侵犯了数个法益，符合数个构成要件，最后却只论以一罪，毫无疑问地属于不当地通过牵连犯的概念操作给予行为人不当的刑罚优惠。所以，牵连犯概念也会不时地予以考查。考生需要认真学习领会牵连犯中的重点内容——牵连关系的认定。至于不可罚的事前、事后行为，一般不会单独予以考查，而是在涉及罪数的题目中附带考查。

知识点精讲

一、牵连犯

我国刑法学通说承认牵连犯概念。所谓的牵连犯，是指实施某种犯罪，其犯罪的方法行为或者结果行为又触犯了其他罪名的情形。典型的例如，为实施诈骗行为而伪造公文的，成立伪造公文罪和诈骗罪的牵连犯。

一般认为，牵连犯具有以下四个特征：

第一，出于一个犯罪目的。如果出于不同的犯罪目的而实施数行为的，不属于牵连犯，而是典型的数罪。行为人出于一个犯罪目的，但主观上同时具有数个犯罪故意。

第二，实施了数个犯罪行为。数个行为中，直接体现了行为人犯罪目的的行为成为目的（原因）行为；为实现犯罪目的创造条件，先于目的行为实施的行为称为方法行为或手段行为。

第三，数个犯罪行为之间具有牵连关系。所谓“牵连关系”，是指行为人实施的数个行为之间方法与目的，或者原因与结果之间的内在联系。对于牵连关系的认定标准，理论上存在主观说、客观说与折中说的分歧。折中说主张，对牵连关系的认定，应当从主、客观两个方面进行考察，即客观上要有通常性的牵连关系，如果手段与目的、原因与结果之间只具有偶然性的联系，而没有密切性的因果关联的，不能认定为具有牵连关系；同时，行为人主观上也必须具有牵连关系，即要求行为人主观上具有对方法与目的或原因与结果关系有所认识的牵连意图。官方“四大本”在牵连犯部分也采用了折中说。

第四，数个行为触犯不同的罪名。

对于牵连犯，刑法学界传统观点认为，除法律有明文规定实行数罪并罚的以外，应当从一重罪处断。实际上，成立牵连犯的情形基本都是数个行为符合数个犯罪构成，理论上基本都应当成立实质上的数罪，理当数罪并罚。因此，如果非要承认这个概念，就必须进行实质地限定解释，严格认定牵连犯概念的成立范围，否则便是不当地给予行为人刑罚优惠。例如，受贿后又徇私枉法的，很多人认定其成立牵连犯，进而主张行为人实施渎职犯罪过程中牵连受贿犯罪的，其行为符合刑法理论中有关牵连犯的特征，应当从一重罪处罚。但是，如果严格限定牵连犯的成立范围，基于牵连关系客观的类型化立场，很难认为受贿罪和滥用职权罪、玩忽职守罪之间存在牵连关系，因为行为人滥用职权、玩忽职守并不受贿，或者受贿以后并不滥用职权、玩忽职守的情况并不鲜见，谈不上A行为是B行为的通常手段行为，所以，受贿罪和滥用职权罪、玩忽职守罪之间，并没有类型化的手段与目的、原因与结果的关系。不将受贿罪和滥用职权罪、玩忽职守罪认定为牵连犯，而作为数罪处理，理论上并无任何障碍。

例1（真题） 甲承租乙的房屋后，伪造身份证与房产证交与中介公司，中介公司不知有假，为其售房给不知情的丙，甲获款300万元。

提示：本例中的甲主观上为了诈骗而伪造身份者和房产证，在主观层面可以认定其具有手段行为与目的行为之间的关联性；客观上，伪造身份证件和房产证件与实施诈骗行为之间可以认定存在类型化的牵连关系，毕竟，通过伪造证件的方式实施诈骗在经验上是比较常见的手段与目的的关系，因此，可认定甲成立诈骗罪与伪造居民身份证罪、伪造国家机关证件罪具有牵连关系，从一重罪处断，即以诈骗罪从重处罚。

二、不可罚的事前、事后行为

对实施本犯的人而言，不可罚的事前、事后行为和本犯行为之间，实际上是多行为的关系。但是，对事前、事后行为，原则上并不定罪处罚，所以，事前、事后行为和本犯行为之间，是形式竞合。对于不可罚的事前、事后行为，立法上也承认。例如，《刑法》第171条第3款规定，伪造货币并出售、运输伪造的货币的，以伪造货币罪定罪、从重处罚。

事实上，我国刑法学通说承认的吸收犯概念，很大一部分内容都能被不可罚的事前、事后行为所囊括。刑法学通说上所认可的吸收犯，是指实施数个存在吸收关系的犯罪行为，仅以吸收之罪定罪的犯罪形态。也即吸收犯原本存在数个犯罪行为，属于数罪，但因为存在吸收关系，所以不实行数罪并罚。大体上，一般认为存在三种吸收关系：①重罪吸收轻罪；②前行为吸收后行为，即“当然结果”的行为被吸收；③后行为吸收前行为，即“必经阶段”的行为被吸收。像是前文中所说的伪造货币并出售的，有人认为是重罪吸收轻罪的吸收犯，有人认为是后行为吸收前行为的吸收犯，由于吸收犯的认定极其混乱，而且吸收犯概念所要解决的问题基本都能被不可罚的事前、事后行为所囊括，因此，本书重点介绍不可罚的事前、事后行为。

（一）不可罚的事前行为

行为人在着手实施某一种重罪行为之前，可能会有一些轻罪行为或者预备行为，但在行为人实施重罪行为之后，对着手实施重罪行为之前的行为不单独定罪处罚。如甲为盗窃乙的财物，在破门而入时砸坏了乙价值很高的防盗门，甲故意毁坏财物的行为显然属于盗窃罪的预备行为。而实施犯罪预备行为的人，在着手实行行为之后，无论其是否达到既遂状态，该预备行为都作为实现构成要件的必经阶段，不再予以单独处罚。此外，实施轻罪后，又很快实施重罪行为的，轻罪行为视为重罪行为的不可罚的事前行为。例如，遗弃被害人之后又杀害被害人的，遗弃行为属于故意杀人罪的不可罚的事前行为。

（二）不可罚的事后行为

实施某些犯罪，在犯罪既遂之后，又实施依一般社会经验通常会伴随的危害行为的，后行为视为不可罚的事后行为。

1. 实施财产犯罪后针对赃物的行为

取得型侵犯财产罪属于状态犯，即犯罪行为实施完毕后，危害结果一经发生，犯罪就达到既遂状态，但犯罪行为所导致的不法状态持续存在。如盗窃、抢劫行为人在取得财物之后犯罪即告既遂，但犯罪分子占有赃物的状态并未结束，财产一直处于犯罪分子的不法控制状态下，所以，在盗窃既遂之后，对财物又故意进行毁坏的，由于立法上对盗窃罪这种状态犯预设了犯罪既遂违法状态还存在的情形，所以在该状态之下实施的行为，即使符合故意毁坏财物罪的构成要件，也在盗窃罪中给予总体性的评价，毁坏财物行为作为量刑情节加以考虑，不成立盗窃罪和故意毁坏财物罪的数罪。

但是，如果事后行为造成了新的法益侵害，符合独立的构成要件时，需要成立数罪。例如，盗窃他人财物，又用该财物提供担保，骗取第三人财物的，应当以盗窃罪和诈骗罪数罪并罚。

例 2（真题） 甲窃得一包冰毒后交乙代为销售，乙销售后得款 3 万元与甲平分。甲贩卖毒品的行为侵害了新的法益，应与盗窃罪实行并罚。

提示：上述论述是正确的。甲盗窃毒品后予以出卖的行为，又侵犯了国家对于毒品的管制秩序，属于侵害了新的法益，不应当成立不可罚的事后行为。应论以盗窃罪和贩卖毒品罪数罪并罚。

2. 实施人身犯罪之后毁灭证据的行为

在实施故意杀人、故意伤害致人死亡、强奸致人死亡、过失致人死亡等犯罪行为的场合，犯罪人侮辱尸体、毁灭证据的，属于事后行为，作为不可罚的行为处理。

第十三章　刑罚裁量

第一节　累犯

重要法条及司法解释

《刑法》第65~66条。

命题分析

累犯本身并不难理解，但需要记忆的部分比较多。从往年真题来看，关于累犯考查的点主要在于成立累犯的条件，以及累犯的法律效果。如果对于累犯的成立条件记忆不牢，便有可能犯错误。

知识点精讲

一、累犯的概念

累犯，是指因犯罪而受过一定的刑罚处罚，在刑罚执行完毕或者赦免以后，在法定期限内又犯一定之罪的罪犯。

刑法上累犯的最初概念，注重的是犯罪行为的特征。这种累犯概念，是以刑事古典学派的客观主义作为其理论基础的。此后，随着刑事实证学派的兴起，理论上开始了从犯罪行为向犯罪人的转变，由此出现了以犯罪人的人身危险性为重点的累犯概念。现代刑法上的累犯，更多地强调犯罪人的人身特征，将累犯视为人身危险性较大的一种特殊犯罪人类型。犯罪人在一定时间以内又犯性质比较严重的罪行，表明其人身危险性很大，只有对其判处较重的刑罚，才能有效地实施惩罚和改造，最终达到预防犯罪的目的。这就是刑法确立累犯制度的理由所在。

我国《刑法》第65条规定了一般累犯，第66条规定了危害国家安全罪、恐怖活动犯罪、黑社会性质的组织犯罪的特别累犯，两种累犯在构成条件上存在着差别。

二、累犯的成立条件

（一）一般累犯的成立条件

一般累犯，是指因故意犯罪被判处有期徒刑以上刑罚且已满18周岁的犯罪分子执行完毕或者赦免以后，在5年内故意再犯应当判处有期徒刑以上刑罚之罪的情形。

一般累犯的构成条件包括以下方面：

1. 主观条件

前罪与后罪都必须是故意犯罪。如果前后两罪都是过失犯罪，或者前后两罪中其一是过失犯罪，则不构成累犯。刑法将过失犯罪排除在累犯之外，对累犯的主观构成要件作了严格的限制，主要是因为：一方面，故意犯罪的犯罪人比过失犯罪的犯罪人具有更为严重的人身危险性和更大的主观恶性，理应受到重罚；另一方面，在我国，经常发生且对国家、社会和公民危害最大的主要是故意犯罪而非过失犯罪，因此，将累犯制度设立为防止犯罪人再犯故意之罪的法律措施，是有实际意义的。

例1（真题） 丁因失火罪被判处三年有期徒刑，刑期自1995年5月15日至1998年5月14日。丁于1998年5月15日在出狱回家途中犯故意伤害罪。

提示：上述论述是错误的。成立累犯，必须前后罪都是故意犯罪，而丁的前罪为过失犯罪，因此不成立累犯。

2. 责任年龄条件

前罪与后罪都必须是已满18周岁的人。第一次犯罪时行为人未满18周岁，第二次犯罪时亦未满18周岁的，不成立累犯；第一次犯罪时未满18周岁，第二次犯罪时已满18周岁的，也不成立累犯。这一规定的主要考虑是：只要行为人犯第一个罪时未满18周岁，其认识能力和控制能力就都远低于成年人，其非难可能性相对也较低，法律上特别给予其照顾——视为不满18周岁时的犯罪不存在，其再犯罪的，无论后罪是否已满18周岁，均不作为累犯处理。根据有利于被告人的类推可以允许的法理，不满18周岁的人，也不应当构成《刑法》第356条所规定的毒品犯罪的再犯。

3. 刑度条件

前罪被判处有期徒刑以上刑罚，后罪应当被判处有期徒刑以上刑罚，换言之，构成累犯的前罪被判处的刑罚和后罪应被判处的刑罚都是有期徒刑以上刑罚，如果前后两罪所被判处的刑罚都低于有期徒刑，或者有一罪低于有期徒刑的，都不构成累犯。所谓“前罪被判处有期徒刑以上刑罚”，是指人民法院根据犯罪的全部情况，最后确定其宣告刑为有期徒刑以上刑罚。这里的有期徒刑以上刑罚，除了有期徒刑以外，还包括无期徒刑和死刑缓期2年执行。所谓“后罪应当被判处有期徒刑以上刑罚”，是指根据后罪社会危害性的大小，实际上应当宣告有期徒刑以上刑罚。

4. 时间条件

后罪发生在前罪的刑罚执行完毕或者赦免以后5年之内。我国刑法以刑满或赦免以后5年内再犯罪作为累犯成立的时间条件，如果后罪发生在前罪的刑罚执行期间，则不构成累犯，而应适用数罪并罚；如果后罪发生在前罪刑满或赦免5年以后，也不构成累期。这里的“刑罚执行完毕”，法律没有明文规定，一般认为是指主刑执行完毕，不包括附加在内。主刑执行完毕以后5年内又犯罪的即使附加刑还未执行完毕，也可以构成累犯。

（二）特别累犯的构成条件

根据我国《刑法》第66条的规定，特别累犯，是指因犯危害国家安全犯罪、恐怖活动犯罪、黑社会性质的组织犯罪受过刑罚处罚，在刑罚执行完毕或者赦免以后，在任何时候再犯上述任一类罪的情形。我国刑法对特别累犯的规定，体现了刑法对危害国家安全犯罪、恐怖活动犯罪、黑社会性质的组织犯罪从严惩处的精神。特别累犯的构成条件是：

1. 罪质条件

前罪与后罪均必须是危害国家安全犯罪、恐怖活动犯罪、黑社会性质的组织犯罪。①危害国家安全犯罪的范围是《刑法分则》第一章“危害国家安全罪”所有罪名。②恐怖活动犯罪的范围。我国刑法直接规定恐怖活动的罪名有组织、领导、参加恐怖组织罪，帮助恐怖活动罪等7个。但是第66条中的“恐怖活动犯罪”并不仅指这7个罪名，还包括恐怖组织实施的各种犯罪，例如杀人、爆炸、绑架等犯罪。③黑社会性质组织犯罪的范围。我国刑法直接规定黑社会性质组织犯罪的罪名有3个：组织、领导参加黑社会性质组织罪（第294条第1款），入境发展黑社会组织罪（第294条第2款），包庇、纵容黑社会性质组织罪（第294条第3款），但是第66条中的“黑社会性质的组织犯罪”并不仅指这三个罪名，还包括黑社会性质组织实施的各种犯罪。实施的犯罪中不仅包括杀人、爆炸、绑架等暴力性犯罪，也包括其他非暴力性犯罪，例如，洗钱罪、寻衅滋事罪等。

值得注意的问题是，《刑法》第66条规定，犯危害国家安全犯罪、恐怖活动犯罪、黑社会性质的组织犯罪，在刑罚执行完毕或者赦免以后，在任何时候再犯上述“任一类罪”的，都以累犯论处。这表明，特别累犯的前罪可以是三类犯罪中的任何一类，后罪也可以是三类犯罪中的任何一类，不要求保持一致，不要求后罪的种类与前罪相同。换言之，如果行为人前罪是恐怖活动犯罪，后罪是黑社会性质的组织犯罪，也可以构成特别累犯。这实际上在很大程度上扩大了特别累犯的成立范围。

例2（真题） 丙因危害国家安全罪被判处五年有期徒刑，1996年4月21日刑满释放，2006年4月20日再犯同罪。丙不构成累犯

提示：成立特别累犯罪质条件的一种情形即危害国家安全犯罪，危害国家安全的犯罪分子在刑罚执行完毕或者赦免以后，在任何时候再犯危害国家安全罪的，都以累犯论处。对特别累犯而言，前后罪的时间间隔长短并没有任何限制。因此，上述表述是错误的。

2. 主观条件

前罪和后罪都必须为故意犯罪，因为危害国家安全犯罪、恐怖活动犯罪、黑社会性质的组织犯罪均只能由故意构成，不存在过失犯罪的问题。

3. 刑度条件

前罪被判处的刑罚和后罪应判处的刑罚的种类及轻重不受限制。即使前后两罪或者其中一罪判处管制、拘役甚至单处附加刑，也不影响危害国家安全罪等特别累犯的构成。

4. 时间条件

后罪可以发生在前罪刑罚执行完毕或者赦免后的任何时候，不受两罪相隔时间长短的限制。

成立条件	一般累犯	特别累犯
主观（罪质）条件。	前后罪均为故意犯罪。	前后罪均为故意犯罪，且属于危害国家安全犯罪、恐怖活动犯罪、黑社会性质的组织犯罪。
年龄条件。	前后罪均已满18周岁。	前后罪均已满18周岁。

续表

成立条件	一般累犯	特别累犯
刑度条件。	前后罪均为有期徒刑以上。	无要求。
时间条件。	后罪发生在前罪刑罚执行完毕或赦免后5年内。	无要求。

三、累犯的其他问题

（一）假释犯与累犯的关系

对此，应当区别情况考虑：被假释的犯罪分子，如果在假释考验期内又犯新罪的，不构成累犯，而应在撤销假释之后，适用数罪并罚。因为假释考验期未满，就不能视为原判刑罚已经执行完毕，就不符合成立累犯的基本条件。被假释的犯罪分子，如果在假释考验期满后5年以内又犯新罪的，则构成累犯，因为假释考验期满就认为原判刑罚已经执行完毕，此时再犯罪的，自然应成立累犯。

例3（真题） 甲因故意伤害罪被判七年有期徒刑，刑期自1990年8月30日至1997年8月29日止。甲于1995年5月20日被假释，于1996年8月25日犯交通肇事罪。甲构成累犯

提示： 上述论述是错误的。由于甲尚处于在假释考验期内，而在假释考验期内原判刑罚就属于尚未执行完毕，当然不符合累犯的时间条件，不能成立累犯。

（二）缓刑犯与累犯的关系

对于在缓刑考验期间又犯新罪的，我国《刑法》第77条明确规定，应当撤销缓刑，对新犯的罪作出判决，把前罪和后罪所判处的刑罚，依照《刑法》第69条关于数罪并罚的规定，决定执行的刑罚。因此，在这种情况下，根本就谈不上是否成立累犯的问题。

此外，在缓刑考验期满以后，5年以内又故意犯应当判处有期徒刑以上刑罚之罪的，也不能构成累犯：①根据我国刑法规定，在缓刑考验期限内没有再犯新罪，缓刑考验期满，原判刑罚就“不再执行”，而非原判刑罚“执行完毕”。既然前罪刑罚没有执行，那就缺少构成累犯的一个必要条件，即前罪刑罚必须执行完毕或者赦免。在这种情况下，当然不能构成累犯。②以假释期满后再犯新罪可以构成累犯为由，得出缓刑考验期满以后再犯新罪也可以构成累犯的结论，并不妥当。按照《刑法》第85条的规定，假释考验期满，“就认为原判刑罚已经执行完毕”，而按照《刑法》第76条的规定，缓刑考验期满，“原判的刑罚就不再执行”，二者存在重大区别，所以，假释期满后再犯新罪的可以构成累犯，但缓刑期满以后再犯新罪的，不构成累犯。③累犯的成立要求前、后罪都是该当有期徒刑以上刑罚的、性质比较严重的犯罪。而缓刑犯之所以被宣告缓刑，是因为其犯罪情节较轻，有一定悔罪表现，不致再危害社会。这与被判处有期徒刑以上刑罚并且被实际执行的犯罪分子相比，在犯罪程度上毕竟存在差别，不能等同。缓刑期满后再犯罪，虽然不能构成累犯，但是不等于对其不能从重处罚。在对新罪量刑时，司法机关完全可以充分考虑其被宣告缓刑但不思悔改等具体情节，根据罪刑均衡原则对犯罪分子给予应有的处罚。

（三）再犯与累犯的关系

《刑法》第356条规定："因走私、贩卖、运输、制造、非法持有毒品罪被判过刑，又犯本节规定之罪的，从重处罚。"这里的"本节之罪"是指《刑法分则》第六章第七节"走私、贩卖、运输、制造毒品罪"的所有犯罪。这就是刑法关于再犯的特殊规定。

从形式上看，再犯与累犯都导致从重处罚的法律后果，但再犯的前、后罪有特殊要求：前罪仅限于走私、制造、贩卖、运输、非法持有毒品罪五种犯罪，后罪的范围是《刑法分则》第六章第七节所有的毒品犯罪。此外，对后罪发生时间，前、后罪的刑度都没有要求，这与特别累犯非常类似。

关于再犯与累犯在适用上的关系，最高人民法院在2000年4月4日《全国法院审理毒品犯罪案件工作座谈会纪要》中有明确规定："关于同时构成再犯和累犯的被告人适用法律和量刑的问题。对依法同时构成再犯和累犯的被告人，今后一律适用《刑法》第356条规定的再犯条款从重处罚，不再援引刑法关于累犯的条款"。但是，对此也不能绝对化，因为《刑法》第74条规定，对于累犯，不适用缓刑；第81条第2款规定，对于累犯不得假释。如果一律适用再犯制度，就可以对同时符合累犯条件的再犯适用缓刑和假释，这会造成法律适用上的不公平。因此，犯罪人同时构成累犯和再犯的，原则上再犯规定是特别规定，应优先适用《刑法》第356条关于再犯的规定对罪犯从重处罚，不再适用总则中的累犯条款。但如果要对再犯宣告缓刑、假释的，仍应受《刑法》第74条、第81条第2款的限制，对同时构成累犯和再犯的犯罪人，不应适用缓刑和假释，此时应在累犯和再犯规定之间选择适用累犯的规定，以确保罪刑相适应原则得到贯彻。

四、累犯的法律效果

根据我国《刑法》第65条的规定，对累犯应当从重处罚。据此，对累犯裁量刑罚，确定其应当承担的刑事责任时，应注意把握以下几个方面的问题：

（一）对于累犯必须根据一定的标准从重处罚

无论具备一般累犯的构成条件者，还是具备特别累犯的构成条件者，都必须对其在法定刑的限度以内，判处相对较重的刑罚，即适用较重的刑种或较长的刑期。

一方面，对于累犯应当比照不构成累犯的初犯或其他犯罪人进行从重处罚。具体而言，就是当累犯所实施的犯罪行为与某一不构成累犯者实施的犯罪行为在性质、情节、社会危害程度等方面基本相似时，应比照对不构成累犯者应判处的刑罚再予以从重处罚。虽然我国刑法并未明文规定对于累犯应当比照不构成累犯者从重处罚，但基于刑法设置累犯制度的宗旨和累犯制度的基本精神，应对于累犯采用从重处罚原则。

另一方面，对于累犯从重处罚，必须根据其所实施的犯罪行为的性质、情节和社会危害程度，确定具体应判处的刑罚，应切忌毫无事实根据地对累犯一律判处法定最高刑的做法。在司法实践中，有个别审判人员习惯于对累犯不问情况一律判处法定最高刑，似乎对"从重处罚"的理解就是一律判"满贯刑"，这种理解显然是不妥当的。

（二）对累犯"应当"从重处罚，而不是"可以"从重处罚

"可以"是选择性规范，即适用者可以选择从重，也可以不选择从重。"应当"从重则是命令性规范，法官没有灵活选择的余地，即凡是符合累犯条件而构成累犯的，审判人员

就必须对犯罪人在法定刑的幅度内处以较重的刑罚，否则就有悖于罪刑相适应的刑法原则。

（三）对于累犯不适用缓刑、不得假释

这是《刑法》第 74 条、第 81 条第 2 款所明确规定的。因为缓刑和假释的适用，都要求以犯罪人不致再危害社会为条件，累犯则属于屡教不改，具有较大的人身危险性。对累犯适用缓刑和假释，不利于对累犯的教育、改造，起不到预防犯罪的刑罚目的，更不能保证社会的安全。

第二节　自首

重要法条及司法解释

《刑法》第 67 条。

《最高人民法院关于处理自首和立功具体应用法律若干问题的解释》（1998 年 4 月 17 日）（本节下文简称《解释》）。

《最高人民法院关于处理自首和立功若干具体问题的意见》（2010 年 12 月 2 日）。

命题分析

从历年考查的真题来看，刑罚裁量部分考查比较频繁的重点知识点包括自首、立功及数罪并罚制度三个。由于自首在实务中是非常重要与常见的问题，几乎每年的真题中都会对自首予以考查。有关自首知识点的考查，难度本身并不大，考生需要在理解的基础上熟记适用自首的条件，以及重要司法解释中的相关规定。

知识点精讲

自首是指犯罪以后自动投案，如实供述自己罪行的行为，或者被采取强制措施的犯罪嫌疑人、被告人和正在服刑的罪犯，如实供述司法机关还未掌握的本人其他罪行的行为。

自首的本质在于犯罪分子悔罪，自动供述其犯罪事实并承担相应法律后果，这在一定程度上表明了自首犯人身危险性的减小。正确适用自首制度，一方面，可以鼓励和引导犯罪人主动归案，改过自新，争取宽大处理；另一方面，可以尽可能降低司法成本，提高破案效率，有效地实现刑罚目的。理解和掌握上述自首制度的规范目的和要义，对于实际案例中认定是否成立自首非常重要，考生需要多加注意。

一、自首的种类及成立条件

自首分为一般自首与特别自首。一般自首是指犯罪分子犯罪以后自动投案，如实供述自己罪行的行为。特别自首，也称为“准自首”，是指被采取强制措施的犯罪嫌疑人、被告人和正在服刑的罪犯，如实供述司法机关还未掌握的本人其他罪行的行为。

（一）一般自首的成立条件

一般自首的成立条件大体有两点：自动投案与如实供述自己罪行。

1. 自动投案

自动投案是指犯罪分子在犯罪之后、归案之前，出于本人意志而自愿置于司法机关的控制之下，接受审判的行为。对于自动投案，可以从投案时间、投案对象、投案方式、投案意愿、投案彻底性五个方面予以把握。

（1）投案时间。投案行为必须发生在犯罪人尚未归案之前，这是对自动投案的时间限定。投案行为通常发生在犯罪分子犯罪之后，犯罪事实未被司法机关发觉以前；或者犯罪事实虽然已被司法机关发觉，但犯罪人尚未被发觉之前；或者犯罪事实和犯罪分子均已被发觉，而司法机关尚未对犯罪分子进行讯问或者采取强制措施以前。因此，在犯罪行为实施完毕，犯罪分子尚未离开现场即被巡逻的警察怀疑而遭盘问的场合，犯罪分子如实交代犯罪事实的，可以成立自首，因为行为人在犯罪现场仅遭盘问，表明犯罪事实尚未被发现，其只是被怀疑实施了犯罪。此外，犯罪分子的罪行尚未被司法机关发觉，仅因形迹可疑被有关组织、部门询问、教育后，自动投案；经查实犯罪分子确已准备去投案，或者正在去投案的途中，被公安机关逮捕的，也应视为自动投案。但需要注意的是，根据2010年12月22日《最高人民法院关于处理自首和立功若干具体问题的意见》（本节以下简称《意见》）的规定：罪行未被有关部门、司法机关发觉，仅因形迹可疑被盘问、教育后，主动交代了犯罪事实的，应当视为自动投案，但有关部门、司法机关在其身上、随身携带的物品、驾乘的交通工具等处发现与犯罪有关的物品的，不能认定为自动投案。至于犯罪后被群众扭送归案的，或被公安机关逮捕归案的，或在追捕过程中走投无路当场被捕，或经司法机关传讯、采取强制措施后归案的，均不能认为是自动投案。

对于在犯罪事实和犯罪人均已被发觉，犯罪人逃跑以后被司法机关通缉的情况下自动归案的，应当视为自首。因为法律设置自首制度的立法初衷是给犯罪人一条悔过自新的出路，通过自首而获得宽大处理。这不仅对犯罪人有利，而且使刑事案件得以及时破获，对司法机关同样有利。《最高人民法院关于处理自首和立功具体应用法律若干问题的解释》对此也做了规定，即犯罪后逃跑，在被通缉、追捕过程中，主动投案的，属于自动投案。

（2）投案对象。投案对象是指犯罪分子必须投向有关机关与有关个人。这里的有关机关，主要是指司法机关，也包括其他非司法机关，例如犯罪人所在单位、城乡基层组织等。因为自首的本质是主动将自己交付司法机关处理，向司法机关以外的其他机关投案，最终也必将移送给司法机关处理，符合自首特征，应以自首论处。投案对象除有关机关以外，也包括有关个人。这里的个人，法律与司法解释都未作限制，包括有关单位负责人、被害人等。

（3）投案方式。投案方式是指以何种形式向有关机关或者个人投案的问题。应当指出，法律上对于投案方式并没有限制，因此，无论以何种方式投案都应当视为自首。一般有以下几种投案方式。

第一，亲首。亲首是指犯罪人在犯罪以后亲自向有关机关或有关个人投案自首。亲首是投案自首的一般形式，绝大部分案件的犯罪人都是亲首。当然，在亲首的情况下，并不排除犯罪人利用电话、传真、信件、电子邮件等通讯方式向有关机关投案，要求司法机关尽快派员将自己捕获归案。

第二，代首。代首是指犯罪人在犯罪以后，只有投案自首的诚意，但由于种种原因不能亲自前往司法机关，而明确委托他人代为投案。代首的特点是委托他人代替自己向司法机关投案。之所以委托他人去投案，往往存在某种客观原因，例如，犯罪人因病、因伤，犯罪人为将被害人送往医院抢救而无暇亲赴司法机关投案，犯罪人为排除犯罪所造成的物质损害而无法及时自动投案等。

第三，送首。在行为人犯罪后，亲友经过规劝送其到司法机关投案的，可以成立自首。1998年《解释》明确规定："并非出于犯罪嫌疑人主动，而是经亲友规劝、陪同投案的；公安机关通知犯罪嫌疑人的亲友，或者亲友主动报案后，将犯罪嫌疑人送去投案的，也应当视为自动投案。"这里的"并非处于犯罪嫌疑人主动"，不是指即使犯罪嫌疑人毫无投案意愿而被强制投案也视为自动投案，而是指犯罪嫌疑人的投案意愿不是自发产生的，而是经亲友规劝产生的。也就是说，这一司法解释没有改变自首的基本要件，而只是一种提示性规定。之所以需要提示，是因为在亲友送首的情形下，犯罪人的投案意愿不容易确定。但犯罪嫌疑人强烈反抗的，就不能认为其有投案意愿，因此，犯罪嫌疑人被亲友采用捆绑等手段送到司法机关，或者在亲友带领侦查人员前来抓捕时有拒捕行为，即便如实供认犯罪事实的，也不能认定为自动投案，但可以参照法律对自首的有关规定酌情从轻处罚。

第四，陪首。陪首是指犯罪人犯罪以后，在他人的陪同下投案自首。这里的他人，一般是指朋友、邻居、同学、同时、单位领导等。在陪首的情形下，犯罪人也到司法机关去投案，但与亲首的不同之处在于他不是一个人前去投案，而是在他人的陪同下前去司法机关投案。

第五，首服。首服是指犯罪人在实施了告诉才处理的犯罪以后，向有告诉权的人告知自己的犯罪事实，并同意其告知司法机关的情形。

此外，犯罪后主动报案，虽然未表明自己是作案人，但没有逃离现场，在司法机关询问时交代自己罪行的，视为自动投案。明知他人报案而在现场等待，抓捕时没有拒捕行为，供认犯罪事实的，应当视为自动投案。

（4）投案意愿。投案必须是自动的，即犯罪分子的归案，并不是由违背其本意的原因所造成的，而是出于本人的意志。从这一要求出发，对于那些在犯罪后被抓获、被强行扭送公安机关而归案的犯罪分子，即使如实交代自己的罪行的，也不能认定为自首。把握犯罪分子归案行为的自动性，需要注意：一方面，自动投案的动机是多种多样的，有的出于真诚悔罪，有的慑于法律的威严，有的为了争取宽大处理，有的潜逃在外而生活无着落，有的经亲友规劝而醒悟等，但不同的动机并不影响归案行为的自动性。另一方面，投案自动性并不要求犯罪分子完全基于自己的意志选择。是否属于"出于本人的意志"，应从设立自首制度的宗旨的角度作广义的解释，凡是到有关机关或向有关人员投案，而又不明显抗拒控制或处理的，都可以认定为自动投案。换言之，在一些特殊情况下，投案的自动性也是不容否认的，例如，在强制戒毒、行政拘留、民事拘留期间，主动交代司法机关尚未完掌握的他种罪行的，相当于自动投案，也应视为自首。此外，对于那些并非主动，甚至在某种程度上带有一定的被迫性，而在亲友规劝、陪同下，或者由亲友主动送交投案的，均应认定为具有"自动性"，不能因为犯罪分子本人并不悔罪，而投案又是迫于亲友的压力所为，就否定其自动投案的性质。因为，这些情况下所发生的归案行为，虽然在一定程度上有别于典型的自动归案，但如果离开犯罪人本人的意志是难以实现或者根本不可能实现的，所以，在本质上，这些归案行为仍然是基于犯罪人的意志而发生的。

例1（真题） 陈某为求职，要求制作假证的李某为其定制一份本科文凭。双方因价格发生争执，陈某恼羞成怒，长时间勒住李某脖子，致其窒息身亡。陈某在手机中查到李某丈夫赵某手机号，以李某被绑架为名，发短信要求赵某交20万元“安全费”。由于赵某及时报案，陈某未得逞。陈某逃至外地，几日后，走投无路向公安机关投案，如实交代了罪行。

提示：本例中的陈某，针对故意杀人和敲诈勒索及诈骗的事实，成立自首。陈某尽管由于走投无路才自愿投案，但投案的动机并不影响投案自动性的认定。因此，陈某仍然成立自首。

（5）投案彻底性。投案彻底性是指犯罪分子投案后必须将自己自愿置于司法机关的控制之下，接受审查和裁判。审查，主要是指司法机关针对刑事案件而进行的审理、查明证据等诉讼活动；裁判，是指人民法院在审查的基础上对犯罪人定罪量刑所作的判决和裁定。犯罪分子自动投案、如实交代自己的犯罪事实后，必须听候、接受司法机关的侦查、起诉和审判，不能逃避司法追究，才能最终成立自首。犯罪分子将自己的人身置于司法机关的现实控制之下，是其悔罪的具体表现，也是国家对其从宽处理的重要根据。犯罪人归案之后，无论在刑事诉讼的侦查阶段、起诉阶段还是审判阶段，逃避司法机关现实控制的，都是不接受国家审查、裁判的行为，不能成立自动投案。在认定投案彻底性时，需要注意三个方面的问题：

第一，犯罪人自动投案并交代罪行后隐匿、脱逃的；或者自动投案并交代罪行后又推翻供述，意图逃避制裁的；或者委托他人代为自首而本人拒不到案的等，都属于拒不接受国家审查和裁判的行为，不能认定为自动投案。犯罪嫌疑人自动投案后逃跑，后出于悔罪或其他原因再次自动投案的，也应视为自动投案，只要其如实供述自己的罪行，应认定为自首。作这样的处理，符合自首制度的设立宗旨，也有利于最大限度地促使犯罪嫌疑人悔过自新。有关司法解释规定，在被通缉、追捕过程中自动投案的，也应当视为自动投案。

例2（模拟题） 赵某觉得自己的犯罪罪行迟早会败露，于某日向公安机关投案，如实交代了全部犯罪事实，并将勒索的20万元交给公安人员。公安人员李某听了赵某的交代后随口说了一句“你罪行不轻啊”，赵某担心被判死刑，逃跑至外地。在被通缉的过程中，赵某身患重病无钱治疗，向当地公安机关投案，再次如实交代了自己的全部罪行。赵某是否成立自首？

提示：本例中，赵某主动投案后如实交代自己的犯罪事实，但此后又逃跑，在被通缉的过程中再次自动投案且如实供述，应当认定成立自首。

第二，犯罪分子自动投案并如实交代罪行后，为自己进行辩护，或者提起上诉，或者补充或更正某些事实的，都属于正当行使法律赋予被告人的权利的行为，应当允许，不能视为拒不接受国家审查和裁判。

第三，在司法实践中，有的犯罪人匿名将赃物送回司法机关或原所有权人、占有权人处，或者用电话、书信等方式匿名向司法机关报案或指出赃物所在。此类行为并没有将行为人自身置于司法机关的有效控制之下，没有接受国家审查和裁判的诚意，因而不能认定为自首。但这种主动交出赃物的行为，是悔罪的表现之一，在处理时可以考虑适当从宽。

2. 如实供述罪行

如实供述自己的罪行是指犯罪嫌疑人自动投案后，如实交代自己的主要犯罪事实。犯罪分子自动投案之后，只有如实供述自己的罪行，才足以证明其悔罪，为司法机关追诉其所犯罪行提供客观依据，使追究犯罪人刑事责任的刑事诉讼活动得以顺利进行。因此，如实供述自己的罪行是自首成立的最重要条件。把握自首成立的这一条件，需要注意以下几个问题：

（1）如实。投案人的供述必须如实，这里的“如实”是指犯罪人对自己犯罪事实的表述与自己的记忆、与客观存在的犯罪事实相一致。通说一般强调犯罪人的供述与客观事实相一致，但是这可能有失偏颇。因为犯罪人自动投案，出于真诚悔悟的动机，对案件主要事实进行陈述，但是基于记忆等原因，其供述与案件的真实客观事实有重大出入并非罕见。应该说，在行为人按照自己的记忆进行供述，而其记忆与客观事实有冲突时，只要犯罪人基于真诚悔悟的动机进行交代，就应当承认供述的“如实性”。所以，这里的“如实”，首先是指供述符合犯罪人的记忆（主观说），其次才是符合案件客观事实（客观说）。一味地坚持客观说可能有悖于自首制度设立的初衷。当然，供述与犯罪人的记忆和客观事实相一致不是绝对的等同或者同一，而只能是近似或者相似。由于主客观条件的限制，犯罪人在供述自己罪行的时候不可能保证所做供述与犯罪事实所有细节都相同，只要其所供述的罪行与客观存在的基本犯罪事实相一致，就可以视为如实供述。

需要注意的是，犯罪嫌疑人一方面自动投案，另一方面又认为自己的行为不是犯罪，在司法机关面前拒不认罪。如犯罪嫌疑人认为自己的杀人行为属于紧急避险，但又向司法机关自动投案，交代自己的“避险”行为，同时在接受询问时坚持自己的行为是合法的杀人行为。再如，犯罪嫌疑人在有关领导找其谈话过程中承认自己有经济问题，但不认为自己是贪污犯罪。对于类似情形，仍应认为属于如实供述。理由在于：一方面，法律要求犯罪人“如实供述罪行”实际上是要求其如实供述“案件事实”，至于对案件的定性，与犯罪人是否自己承认犯罪无关，也与行为人对于法律的认识错误无关，犯罪人对自己的行为如何进行法律评价在自首的认定中不需要考虑。换句话说，自首的成立，不以犯罪嫌疑人承认自己的行为成立犯罪为前提，实际上只要犯罪嫌疑人按照自己的记忆如实供述了自己的犯罪事实就已经足够，某一行为是否构成犯罪，是需要司法机关在充分考虑案件事实和证据的基础上进行判断的复杂问题。另一方面，在认定是否如实供述的时候，应当注意把如实供述与合理辩解加以区分。如实供述是指将本人所犯罪行客观地予以陈述，而自我辩解则是在客观陈述自己罪行的基础上，对本人承担责任的轻重进行解释。合理辩解是犯罪人的诉讼权利，不能因为犯罪人进行了自我辩解而否定其供述的如实性。所以，只要如实供述罪行，即使进行为自己开脱罪责的辩解也不能否认其自首的成立。例如，犯罪人如实交代盗窃事实，但是又辩解自己的行为属于“饥寒起盗心”，缺乏期待可能性，因而不能作为犯罪处理；或者如实交代抢劫事实，但坚持将犯罪性质说成是抢夺的，都应当成立自首。

例3（真题） 乙犯有故意伤害罪、抢夺罪，自动投案后，仅如实供述抢夺行为，对伤害行为一直主张自己是正当防卫的，仍然可以成立自首。

提示：这一表述是正确的。乙自动投案后且如实供述了自己的主要犯罪事实，对于犯罪事实的行为定性有辩解不应当影响对其自首的认定，仍然应认为乙属于如实对自己的行为事实作了供述。如果不允许对自己的行为性质辩解，或者只有对自己行为性质作了和法院最后认定的行为性质相同的供述，才能成立自首，如此的话，恐怕大体只有精通刑法学的人犯罪才能成立自首。

（2）供述。供述是指交代、陈述自己的罪行，也就是通常所说的坦白。关于坦白，在刑法理论上存在广义与狭义之分。广义上的坦白指主动交代司法机关尚未掌握的罪行，因而这里的坦白包括自首。可以说，自首是坦白的最高形式。狭义上的坦白是指除自首以外如实供述司法机关尚未掌握的罪行。由此可见，自首包括坦白的内容，是投案以后的坦白。

在刑事审判程序中，犯罪嫌疑人如实供述后又翻供是较为常见的。对此，最高人民法院的司法解释规定："犯罪嫌疑人自动投案并如实供述自己的罪行后，又翻供的，不能认定为自首；但在一审判决前又能如实供述的，应当认定为自首。"如此解释，是为了有效地发挥自首制度的作用，敦促犯罪嫌疑人悔过自新、积极配合司法机关的诉讼活动。在理解和适用这一规定时，必须注意，对于犯罪嫌疑人对如实供述的罪行有无翻供、是否认定自首，考察的时段必须是"一审判决前"。有的犯罪嫌疑人在一审期间先是如实供述了自己的罪行，后又翻供，上诉后又重新如实供述罪行，这种情形不能认定为自首。

例 4（真题） 丁自动投案并如实供述自己的罪行后又翻供，但在二审判决前又如实供述的，应当认定为自首。

提示：上述表述是错误的。《最高人民法院关于处理自首和立功具体应用法律若干问题的解释》第 1 条规定，犯罪嫌疑人自动投案并如实供述自己的罪行后又翻供的，不能认定为自首；但在"一审判决"前又能如实供述的，应当认定为自首。由此，只有在一审判决前如实供述的，才能认定为自首，丁翻供后又在二审判决前如实供述，不能认定为自首。但需要注意的是，如果犯罪嫌疑人在一审期间如实供述了罪行，或者一审期间虽有翻供，但在一审判决之前最终还是如实供述了罪行，应认定为自首。

（3）罪行。在自首的情况下，犯罪人自动投案以后应当如实供述自己的罪行。这里的罪行是指犯罪事实。所谓犯罪事实，是指客观存在的犯罪实际情况的总和，既包括故意犯罪，也包括过失犯罪。当然，某一具体罪行的范围应当以犯罪人的所知为限，是与犯罪人记忆相一致的犯罪主要事实，只要这一事实足以使司法机关查明犯罪真相就可以成立自首。

通说认为，"如实供述自己的罪行"必须是按照实际情况彻底交代自己所实施的全部罪行。当然，如果由于主、客观因素的影响，犯罪嫌疑人只能如实交代自己的主要或基本的犯罪事实，也应视为如实供述罪行。如果犯罪嫌疑人在交代犯罪等过程中推诿罪责、保全自己、意图逃避制裁，或者歪曲罪质、隐瞒情节、企图蒙混过关，或者掩盖真相、避重就轻、试图减轻罪责等，均属于未如实供述罪行，不能成立自首。

如实供述的内容，根据《最高人民法院关于处理自首和立功若干具体问题的意见》，除供述自己的主要犯罪事实外，还应供述包括姓名、年龄、职业、住址、前科等情况。犯罪嫌疑人供述的身份等情况与真实情况虽有差别，但不影响定罪、量刑的，应认定为如实供述自己的罪行。犯罪嫌疑人自动投案后隐瞒自己的真实身份等情况，影响对其定罪、量刑的，不能认定为如实供述自己的罪行。

例 5（真题） 甲自动投案后，如实交代自己的杀人行为，但拒绝说明凶器藏匿地点的，不成立自首。

提示：上述表述是错误的。成立自首要求的“如实供述罪行”，是指犯罪嫌疑人自动投案后如实交代自己的主要犯罪事实。所谓的主要犯罪事实应当围绕犯罪构成要素对应的重要事实来认定，典型的应当包括犯罪行为、犯罪结果等要素。甲已经如实交代了自己的杀人行为，应当认为其已经如实交代了主要犯罪事实，成立自首。

（二）特别自首的成立条件

1. 特别自首的主体必须是被采取强制措施的犯罪嫌疑人、被告人和正在服刑的罪犯。这里的强制措施是指我国刑事诉讼法所规定的拘传、取保候审、监视居住、拘留和逮捕措施。正在服刑的罪犯，是指已经人民法院判决，正在被执行所判刑罚的人。只有上述三种人，才能成为特别自首的主体。

2. 必须如实供述司法机关还未掌握的本人其他罪行。一是所供述的必须是本人已经实施，但司法机关还不知道、不了解或尚未掌握的犯罪事实；二是被采取强制措施的犯罪嫌疑人、被告人和正在服刑的罪犯所供述的罪行与司法机关已经掌握的不同。罪行是否相同，应看最终认定的罪名是否相同，而非犯罪行为是否相同。《最高人民法院关于处理自首和立功若干具体问题的意见》规定，犯罪嫌疑人、被告人在被采取强制措施期间如实供述本人其他罪行，该罪行与司法机关已掌握的罪行属同种罪行还是不同种罪行，一般应以罪名区分。虽然如实供述的其他罪行的罪名与司法机关已掌握犯罪的罪名不同，但如实供述的其他犯罪与司法机关已掌握的犯罪属选择性罪名或者在法律、事实上密切关联，如因受贿被采取强制措施后，又交代因受贿为他人谋取利益行为，构成滥用职权罪的，应认定为同种罪行。

二、自首认定中的特殊问题

（一）共同犯罪自首的认定

共同犯罪人自首时所应供述的自己罪行的范围，必须与其在共同犯罪中所起的作用和具体分工相适应。

1. 主犯。对于主犯来说，主犯中的首要分子必须供述的罪行，包括其组织、策划、指挥下的全部罪行；其他主犯必须供述的罪行，应包括其在首要分子的组织、策划、指挥的支配下，单独实施的共同犯罪的罪行以及与其他共同犯罪人共同实施的犯罪行为。

2. 从犯。从犯中次要的实行犯必须供述的罪行，应包括犯罪分子自己实施的犯罪，以及与自己共同实施犯罪的主犯和胁从犯的犯罪行为；从犯中的帮助犯必须供述的罪行，包括自己实施的犯罪帮助行为，以及自己所帮助的实行犯的犯罪行为。

3. 胁从犯。胁从犯应供述自己在被胁迫下实施的犯罪，以及其所知道的胁迫自己犯罪的胁迫人所实施的罪行。

4. 教唆犯。教唆犯应供述自己的教唆行为，以及其所了解的被教唆人产生犯罪意图后实施的犯罪行为。

（二）数罪自首的认定

正确认定数罪的自首，关键在于判断犯罪人是否如实地供述了所犯数罪并分别不同情况予以处理。

1. 就一般自首而言，对于犯罪人自动投案后如实地供述所犯数罪的，应认定为全案均成立自首。对于犯罪人自动投案后如实供述所犯全部数罪的一部分，而未供述所犯他罪的罪行的，应当分别予以处理：如果行为人所犯数罪为异种数罪的，其所供述的犯罪成立自首，其未交代的犯罪则不成立自首，即自首的效力仅及于如实供述之罪。如果行为人的行为所犯数罪为同种数罪，则应根据犯罪人供述犯罪的程度，决定自首成立的范围。其中，罪犯所供述的犯罪与未供述的犯罪在性质、情节、社会危害程度等方面大致相当的，只应认定所供述之罪成立自首，未供述之罪不成立自首，即自首的效力同样只及于如实供述之罪。犯罪人确实由于主客观方面的原因，只如实供述了所犯数罪中的主要或基本罪行，应认定为全案成立自首，即自首的效力及于所犯全部罪行。

2. 就特别自首而言，被司法机关依法采取强制措施的犯罪嫌疑人、被告人，如实供述司法机关还未掌握的本人非同种罪行的；或者正在服刑的罪犯，如实供述判决宣告前发生、判决确定的罪行以外的，司法机关还未掌握的同种罪行或者非同种罪行的，以自首论。

（三）交通肇事罪的自首

交通肇事后无论逃逸还是不逃逸，只要案发后主动到公安机关投案，如实供述自己罪行的，均应认定为自首。这对于鼓励肇事者及时归案，配合司法机关处理案件，及时赔偿被害人的损失都有积极意义。《最高人民法院关于处理自首和立功若干具体问题的意见》规定，交通肇事后保护现场、抢救伤者，并向公安机关报告的，应认定为自动投案，构成自首的，因上述行为同时系犯罪嫌疑人的法定义务，对其是否从宽、从宽幅度要适当从严掌握。交通肇事逃逸后自动投案，如实供述自己罪行的，应认定为自首，但应依法以较重法定刑为基准，视情况决定对其是否从宽处罚以及从宽处罚的幅度。

（四）单位犯罪的自首

单位也能适用自首。一方面，单位可以具有投案意图。单位犯罪后，其法定代表人或直接责任人员处于愧疚、减轻罪责和恐惧等心理，产生投案意图，把自己的意图通过特定方式如开会研究等上升为单位的意志，并由单位决定向有关机关投案，从而可实现投案的意图。另一方面，在客观上，单位也可以自动投案，如实供述自己的罪行。单位的投案是先由其决策机构作出决定，再向有关机关投案。单位自首的对象为犯罪嫌疑人、被告人。在侦查阶段，犯罪单位也被称为犯罪嫌疑人；在起诉和审判阶段，犯罪单位也被称为被告人或被告单位，所以，我国刑法并没有明确自首的被告人、犯罪嫌疑人只能是自然人，更没有排斥、否定单位自首的存在。

（五）职务犯罪的自首

1. 犯罪事实和犯罪分子已被发觉掌握，犯罪分子没有自动投案，在办案机关调查谈话、讯问、采取调查措施或者强制措施期间，犯罪分子如实交代办案机关掌握的线索所针对的事实的，不能认定为自首。这里的办案机关的举措，不仅包括讯问和强制措施，也包括调查谈话和其他调查措施。其中的调查谈话，包括纪检监察机关对犯罪分子的调查谈话。其中的调查措施，包括纪检监察机关对犯罪分子采取的“双规”“双指”措施。

2. 具有以下情形之一的，以自首论：犯罪分子如实交代办案机关尚未掌握的罪行，且与办案机关已掌握的罪行属不同种罪行的；办案机关所掌握线索针对的犯罪事实不成立，在此范围外犯罪分子交代同种罪行的。

例 6（真题） 丙虽未自动投案，但办案机关所掌握线索针对的贪污事实不成立，在此范围外丙交代贪污罪行的，应当成立自首。

提示：贪污犯罪属于职务犯罪，办案机关原先掌握线索针对的贪污事实不成立，丙交代的是在此范围外的贪污罪行，应当被认定为成立自首。

第三节 立功

重要法条及司法解释

《刑法》第 68 条。

《最高人民法院关于处理自首和立功具体应用法律若干问题的解释》（1998 年 4 月 17 日）。

命题分析

相对于自首的认定来说，立功的内容相对简单得多。立功的相关理论并不深，考生在备考时对于立功的概念和适用条件以及相关重要司法解释中的内容务必认真地记忆，如果做到这一点，对于立功的题基本上想要丢分都比较困难。

知识点精讲

一、立功的概念与条件

立功是指犯罪分子揭发他人的犯罪行为，查证属实的，或者提供重要线索，从而得以侦破其他案件的行为。

立功的条件主要包括：①主体是犯罪分子，即被采取强制措施的犯罪嫌疑人、被告人和正在服刑的罪犯；②所揭发、检举的行为都同犯罪密切相关，属于他人的犯罪行为或者他人犯罪的重要线索；③揭发、检举的内容真实，对破案有效，其内容经查证属实或者据以侦破了其他犯罪案件。

刑法所确立的立功制度和对立功犯从宽处罚的原则，具有重大的意义：一方面，这一制度可以激励犯罪分子改过自新，重新做人，使其能以较为积极的态度协助司法机关工作，提高司法机关办案的效率；另一方面，这一制度可以有效瓦解犯罪势力，促使其他犯罪分子主动归案，减少因犯罪而对社会造成的不安定。

二、立功的表现形式

《刑法》第 68 条第 1 款规定了两种立功形式：

1. “揭发型”立功。即犯罪分子揭发他人的犯罪行为，并经查证属实的。犯罪分子被羁押或者归案后，不仅如实地交代自己的犯罪，还主动地揭发其他人的犯罪行为，包括揭发同案犯共同犯罪事实以外的其他犯罪行为。这种揭发必须经司法机关查证属实。如果经过查证，发现其揭发的情况不是事实，或者无法证实，或者不属于犯罪行为，则这种揭发不是立功。

关于“揭发型”立功，有以下问题需要注意：

第一，揭发“他人”的犯罪，是指对他人所认定的罪名应在“如实供述自己的罪行”的范围之外。在参与双方都会受到处罚的对向犯如行贿、受贿罪，揭发他人的事实属于如实供述自己犯罪事实的当然组成部分，是揭发者本人成立自首或者坦白的必要条件，此情节不能使用两次，因此，难以再成立立功。再如，甲因为犯故意杀人罪被抓获，在审讯过程中，甲交代了自己向乙行贿50万元的事实。对行贿罪而言，甲成立自首，其不能因为“揭发”乙对应的受贿行为再成立立功。但在处罚某一方的对向犯中，揭发者可能成立立功，例如，因抢劫被采取强制措施的犯罪嫌疑人检举他人贩卖淫秽物品犯罪的，可以成立立功。在共犯人之间的共同故意不相同的场合，超出共同故意的犯罪与共同故意的犯罪在性质上没有相似性，在犯罪发展过程上没有因果关联性的，揭发者可能成立立功，例如，共谋诈骗者之一在现场实施强奸的，他人对强奸犯的揭发可以构成立功；反之，则难以认定为立功，例如，明知与他人没有债务而教唆他人扣押人质索取债务的，构成非法拘禁罪的犯罪嫌疑人对绑架罪犯的揭发不能成立立功；共谋“教训”他人，有伤害故意者对杀人犯的揭发也不能成立立功；共谋盗窃，其中一人在现场使用暴力抗拒抓捕的，抢劫罪犯对盗窃犯的揭发也难以认定为立功。

第二，他人的“犯罪”，是指客观的法益侵害事实。揭发他人的犯罪行为，事后查明他人当时未成年或不具有责任能力的，揭发者仍应成立立功；揭发他人的“犯罪行为”，但是该犯罪行为已超过追诉时效的，不影响立功的成立。

2. “提供线索型”立功。即犯罪分子提供重要线索，使侦查机关得以侦破其他案件的。重要线索应是指司法机关尚未掌握的重要犯罪线索，即能够证明犯罪的重要事实、犯罪人或者有关证人等。提供的重要线索必须是真实有用的，司法机关能够据此查明犯罪，侦破案件。如果经过侦查，发现提供的线索不实，或者无法证明发生过犯罪，或者据此查明的行为不属于犯罪行为的，就不应当认为是立功。

《最高人民法院关于处理自首和立功若干具体问题的意见》规定：犯罪分子通过贿买、暴力、胁迫等非法手段，或者被羁押后与律师、亲友会见过程中违反监管规定，获取他人犯罪线索并“检举、揭发”的，不能认定为有立功表现。犯罪分子将本人以往查办犯罪职务活动中掌握的，或者从负有查办犯罪、监管职责的国家工作人员处获取的他人犯罪线索予以检举、揭发的，不能认定为有立功表现。犯罪分子亲友为使犯罪分子“立功”，向司法机关提供他人犯罪线索、协助抓捕犯罪嫌疑人的，不能认定犯罪分子有立功表现。

例1（真题） 丙被抓获后，通过律师转告其父想办法协助司法机关抓捕同案犯，丙父最终找到同案犯藏匿地点，协助侦查机关将其抓获。

提示：本例中的丙父协助侦查机关抓捕同案犯的行为，无法表明犯罪人本人的人身危险性和再犯可能性减小。前述司法解释对此也作了明确规定：犯罪分子亲友为使犯罪分子立功，向司法机关提供他人犯罪线索、协助抓捕犯罪嫌疑人的，不能认定为犯罪分子有立功表现。

对于立功的表现形式，立法上采取了列举和概括相结合的立法方法。根据立法精神和相关司法解释，下列情形属于立功：

第一，犯罪分子阻止他人的犯罪活动的。这种情况一般发生在羁押场所或者监狱里。犯罪分子为制止他人的犯罪活动，协助司法机关维护劳动改场所的秩序，承担了一定的风险，这是以实际行动证明其有悔改的诚意，所以应该属于立功表现。

第二，犯罪分子协助司法机关缉捕其他犯罪嫌疑人，包括同案犯的。《最高人民法院关于处理自首和立功若干具体问题的意见》规定，犯罪分子具有下列行为之一，使司法机关抓获其他犯罪嫌疑人的，属于“协助司法机关抓捕其他犯罪嫌疑人”：①按照司法机关的安排，以打电话、发信息等方式将其他犯罪嫌疑人（包括同案犯）约至指定地点的；②按照司法机关的安排，当场指认、辨认其他犯罪嫌疑人（包括同案犯）的；③带领侦查人员抓获其他犯罪嫌疑人（包括同案犯）的；④提供司法机关尚未掌握的其他案件犯罪嫌疑人的联络方式、藏匿地址的。

例 2（真题） 乙因购买境外人士赵某的海洛因被抓获后，按司法机关要求向赵某发短信“报平安”，并表示还要购买毒品，赵某因此未离境，等待乙时被抓获。

提示：本例中的乙按照司法机关的要求，以发信息等方式将贩卖毒品的赵某抓获，理当认定为立功。

需要注意的是：对于协助司法机关抓捕同案犯的认定，需要严格限制。对于犯罪分子提供同案犯姓名、住址、体貌特征等基本情况，或者提供犯罪前和犯罪中掌握与使用的同案犯联络方式、藏匿地址，司法机关据此抓捕同案犯的，不能认定为协助司法机关抓捕同案犯。

例 3（真题） 甲是唯一知晓同案犯裴某手机号的人，其主动供述裴某手机号，侦查机关据此采用技术侦查手段将裴某抓获。

例 4（真题） 丁被抓获后，向侦查机关提供同案犯的体貌特征，同案犯由此被抓获。

提示：上述两例中的甲与丁都不能成立立功，因为甲与丁仅仅只是提供同案犯的联系方式和个人基本特征，不能认定成立立功。

第三，犯罪分子有其他有利于国家和社会的突出表现的。如有重要的发明创造，对提供生产、促进建设有力；积极抢险救灾，减少或防止了国家损失，保护了他人的安全等。

三、职务犯罪的立功

1. 犯罪分子的亲友直接向有关机关揭发他人犯罪行为，提供侦破其他案件的重要线索，或者协助司法机关抓捕其他犯罪嫌疑人的，不应当认定为犯罪分子的立功表现，因为立功表明犯罪人本人的人身危险性和再犯可能性减小，代为立功难以证明这一点；同时，代为立功可能导致“花钱买立功”等不良现象产生，导致社会不公。

2. 因为线索、来源不合法，而不能成立立功的情形包括：①本人通过非法手段或者非法途径获取线索、材料的（例如，通过向公安人员行贿，购买他人犯罪线索，通过盗窃、敲诈勒索手段获取他人犯罪线索的，不能认定为立功）；②本人因原担任的查禁犯罪等职务获取的线索、材料的。③监管人员或其他人违反监管规定，向犯罪分子提供线索、材料的。

例 5（真题） 陈某因犯罪在检察机关审查起诉阶段，将自己担任警察期间查办犯罪活动时掌握的刘某抢劫财物的犯罪线索告诉检察人员，经查证属实。

提示：上例中的陈某不成立立功，由于其告诉检察人员的犯罪线索是在担任警察期间获取的，因为线索、来源不合法，不能成立立功。

3. 立功的认定程序。犯罪分子揭发他人的犯罪行为，提供侦破其他案件的重要线索的，必须经查证属实，才能认定为立功。审查是否构成立功，不仅要审查办案机关的说明材料，还要审查有关事实和证据以及与案件定性、处罚相关的法律文书，如立案决定书、逮捕决定书、侦查终结报告、起诉意见书、起诉书以及判决书等。

第四节 坦白

重要法条及司法解释

《刑法》第 67 条。

命题分析

相较于自首和立功，坦白的考查次数较少。复习时需要注意坦白与自首的区别。

知识点精讲

一、坦白的概念

坦白，是指犯罪分子被动归案之后，如实供述自己罪行的行为。例如，贪污、贿赂犯罪的嫌疑人被办案机关采取调查谈话、讯问、采取调查措施或者强制措施期间，如实交代办案机关掌握的线索所针对的事实的，不能认定为自首，但属于坦白。

《刑法修正案（八）》第 8 条将坦白规定为法定从宽处罚情节，主要有以下考虑：①坦白表明犯罪分子有心悔悟，说明其人身危险性有所降低；②犯罪分子坦白有利于侦查机关更顺利地结案，有利于节约司法资源，有时甚至能够及时避免特别严重后果的发生；③坦白从宽一直是我国的刑事政策，将该项刑事政策上升为刑法规定，有利于侦查机关开展讯问工作，尽最大可能减少刑讯逼供的发生；④具体司法实务，以及有关司法解释历来都认可对坦白应酌情从宽处罚的原则，立法只是将司法惯例成文化。

二、坦白的认定

坦白的成立条件是如实供述自己的罪行。

如实供述，意味着行为人按照自己的记忆供述自己的犯罪行为，而不是作虚假供述。如实供述的内容，除自己的主要犯罪事实外，还应包括姓名、年龄、职业、住址、前科等情况。犯罪嫌疑人在交代罪行的过程中隐瞒主要事实或关键情节，掩盖真相，企图蒙混过关，属于未如实供述罪行，不能成立坦白；犯罪嫌疑人如实供述自己的罪行后，又翻供的，也不能认定为坦白。

三、坦白与自首的区别

自首与坦白的相同之处为：①均以行为人实施了犯罪行为为前提；②犯罪人在归案之后都是如实交代自己的犯罪事实；③犯罪人都有接受国家审查和裁判的行为；④都是从宽处罚情节。

然而，自首与坦白之间的区别更为重要。一般自首与坦白的区别在于，一般自首是罪人自动投案后，如实供述自己的罪行；坦白是犯罪人被动归案后如实供述自己的罪行。特别自首与坦白的区别在于，特别自首是如实供述司法机关尚未掌握的本人其他罪行，坦白是如实供述司法机关已经掌握的本人罪行。实际上，自首与坦白所反映出的罪犯人身危险性程度不同，自首犯的人身危险性相对较低，坦白者的人身危险性相对较高。

第五节　数罪并罚制度

重要法条及司法解释

《刑法》第69~71条。

《最高人民法院关于办理减刑、假释案件具体应用法律的规定》（2016年11月14日）第33~37条。

《最高人民法院关于罪犯因漏罪、新罪数罪并罚时原减刑裁定应如何处理的意见》（2012年1月18日）。

命题分析

数罪并罚时的量刑规则制度在司法判决时非常重要，自2011年以来，立法机关针对判决宣告前一人犯数罪的并罚制度先后通过《刑法修正案（八）》和《刑法修正案（九）》作了两次修正。对数罪并罚知识点的考查在2011年以后基本每年必考，凸显了其重要性。考生在备考复习时尤其要重点关注新修订立法对于数罪并罚的规定，以及“先减后并”与“先并后减”各自的适用条件，很多考生对这两种情形“傻傻分不清”，终究还是因为没有透彻理解。

知识点精讲

一、数罪并罚的概念

数罪并罚是指人民法院对于行为人在法定时间界限内所犯数罪分别定罪、量刑后，按照法定的并罚原则及刑期计算方法决定其应执行的刑罚的制度。依照刑法的规定，数罪并罚具有以下三个特征：

1. 一人犯数罪。数罪并罚的前提是一人犯有数罪。如果一个人的行为不构成数罪，则不能为了对其加重处罚而适用数罪并罚。此处的数罪，是指实质上的数罪或独立的数罪。换言之，以行为人犯有一罪，或者非共犯的数行为人犯有数罪，都不产生数罪并罚的问题。同种数罪原则上不并罚。

2. 数罪发生在法定的时间界限之内。根据我国刑法的规定，并非任何时候的实质数罪都需并罚，适用数罪并罚只限于以下三种情况的数罪。第一，判决宣告以前一人犯数罪；第二，刑法执行过程中发现被判刑的犯罪分子在判决宣告以前还有其他罪没有判决；第三，判决宣告以后、刑罚执行完毕以前，被判刑的犯罪分子又犯新罪。司法实践中，在处理被告人刑满释放后又犯罪的案件时，发现他在前罪判决宣告以前，或者在前罪判处的刑罚执行期间，犯有其他罪行，未经过处理，并且依照刑法的规定应当追诉的，如果漏罪与新罪属于不同种的罪行，即应对漏罪与刑满释放后又犯的新罪分别量刑，并依照《刑法》第69条的规定，实行数罪并罚。如果漏罪与新罪属于同一种罪，可以判处一罪从重处罚，不必实行数罪并罚。

3. 根据一定方法进行并罚。数罪并罚必须在对数罪分别定罪、量刑的基础上，依照法定的并罚原则、范围与方法，决定执行的刑罚。数罪并罚并非对数罪所判刑罚的简单相加，而是对犯罪分子所犯数罪，依照《刑法分则》的相关规定，逐个地确定其罪名，量定刑罚，然后根据数罪并罚所应遵循的法定原则，决定执行的刑罚。在审判实践中，对于数罪中有一罪或者数罪应当判处无期徒刑或死刑（含死缓）的案件，同样应当对各罪分别量刑，然后决定执行其中最高的刑罚。对附加刑也应当分别量刑，这样才能看出附加刑是针对何罪适用。只有数罪中有判处附加刑的，决定执行的刑罚中才能有附加刑。

二、数罪并罚的原则

数罪并罚的原则，是指对一人所犯数罪合并处罚所依据的原则，简单地说，就是对数罪如何实行并罚。各国刑罚基于不同的刑事政策规定了不同的数罪并罚原则，大致有以下几种：

1. 并科原则。指将一人所犯数罪分别宣告的各罪刑罚绝对相加、合并执行的合并处罚原则。并科原则在某种程度上是报应刑论的产物，罪犯被合并执行的刑罚直观地展示了犯罪的危害程度，国家对罪犯的严厉谴责态度也充分地得到了显示。但该原则实际弊端很多，动辄对罪犯判刑数十年甚至上百年，既难以执行，也使刑罚显得过于严酷。

2. 吸收原则。指在对数罪分别宣告的刑罚中，选择其中最重的刑罚为执行的刑罚，其余较轻的刑罚为最重的刑罚所吸收，不予执行的合并处罚原则。吸收原则虽然对于死刑、无期徒刑等刑种的并罚较为适宜，且适用较便利，但若将其适用于其他刑种，则弊端较为明显。

3. 限制加重原则。指以一人所犯数罪中法定或已被判处的最重刑罚为基础，再在一定限度内对其予以加重作为执行罚的合并处罚原则。限制加重原则的特点是：克服了并科原则和吸收原则或过于严酷且不便于具体适用，或过于宽泛而不足以惩罚犯罪的弊端；既使得数罪并罚制度贯彻了有罪必罚和罪刑相适应的原则，又采取了较为灵活、合乎情理的合并处理方式。

我国《刑法》第 69 条总体上采用了限制加重原则，同时兼顾考虑了并科原则和吸收原则：

第一，限制加重原则的运用。对判决宣告的数个主刑为有期徒刑、拘役或管制的，采取限制加重原则。有期徒刑、拘役和管制本身都有一定的期限，因此，在数刑的总和刑期以下、数刑中最高刑期以上酌情决定执行的刑期是比较恰当的。但是，如果总和刑期过高，决定执行的刑罚就可能过长，因而我国刑法对最高刑期加以限制，即数罪并罚后管制最高不能超过 3 年，拘役不能超过 1 年，有期徒刑总和刑期不满 35 年，最高不能超过 20 年，总和刑期在 35 年以上的，最高不能超过 25 年。例如，甲先后犯有抢劫、故意伤害、集资诈骗等罪行，分别被判处 15 年、12 年、10 年有期徒刑，三个罪的总和刑期为 37 年，数刑中最高刑为 15 年，本来可以在 15 年以上、37 年以下的范围内决定执行的刑期，但因有期徒刑总和刑期在 35 年以上的，数罪并罚时最高不得超过 25 年，所以，对甲只能在 15 年以上、25 年以下的幅度内酌情决定执行的刑期。

第二，吸收原则的运用。对数罪分别判处死刑或者无期徒刑的，以及判处有期徒刑和拘役的，采取吸收原则。数罪中宣告几个死刑或最重刑为死刑的，仅应决定执行一个死刑，而不得决定执行两个或两个以上的死刑或其他主刑。因为，死刑是剥夺生命的刑罚，生命对于一个人只有一次，既然已经执行了死刑，其他刑罚如徒刑、拘役、管制等就不可能再执行。如果在其他主刑执行完毕后再执行死刑，又有悖于我国刑罚的目的，也不利于及时打击危害特别严重的犯罪。数罪中宣告几个无期徒刑或最重为无期徒刑的，执行一个无期徒刑，不执行其他刑罚。因为无期徒刑是剥夺终身自由的刑罚。一个人的终身自由被剥夺后事实上已不可能再执行其他刑罚。同时，根据数罪并罚原则，也不允许将两个无期徒刑合并升格为死刑。因为无期徒刑是剥夺自由的刑罚，死刑是剥夺生命的刑罚，两者的性质是截然不同的。需要注意的是，《刑法修正案（九）》第 4 条规定，数罪中有判处有期徒刑和拘役的，仅执行有期徒刑，实际上也代表了对于有期徒刑和拘役采取了吸收原则。

第三，并科原则的运用。一方面，对判处附加刑的，一般采取并科原则，附加刑仍须执行。数罪中主刑不论为死刑、无期徒刑、有期徒刑、拘役还是管制，如判处附加刑的，附加刑仍须执行，因为附加刑与主刑的性质不同，不妨碍并科。另一方面，《刑法修正案（九）》第 4 条规定，数罪中有判处有期徒刑和管制，或者拘役和管制的，有期徒刑、拘役执行完毕后，管制仍然要执行。这主要是考虑到管制对罪犯并不关押，其难以与拘役、有期徒刑进行相互折算。

三、数罪并罚的适用

根据《刑法》第 69 条、第 70 条、第 71 条的规定，适用数罪并罚有以下三种情况：

1. 判决宣告前一人犯数罪的并罚。《刑法》第 69 条规定，判决宣告以前一人犯数罪的，除判处死刑和无期徒刑的以外，应当在总和刑期以下、数刑中最高刑期以上，酌情决定执行的刑期，但是管制最高不能超过3年，拘役最高不能超过1年，有期徒刑总和刑期不满35年的，最高不能超过20年，总和刑期在35年以上的，最高不能超过25年。必须注意的是，对于判决宣告以前的同种数罪，原则上无须并罚，只要在特定犯罪的法定刑范围内作为一罪从重处罚即可以实现罪刑相适应的刑法原则。但是，当特定犯罪的法定刑过轻，且不并罚就难以使处罚结果与罪刑相适应原则符合，在法律未明文禁止时，也可以有限制地对同种数罪实行并罚。

2. 判决宣告后发现漏罪的并罚。《刑法》第70条规定，判决宣告以后，刑罚执行完毕以前，发现被判刑的犯罪分子在判决宣告以前还有其他罪没有判决的，应当对新发现的罪作出判处，把前后两个判决所判处的刑罚，依照《刑法》第69条的规定，决定执行的刑罚。已经执行的刑期，应当计算在新判决决定的刑期以内。对新发现漏罪的合并处罚具有以下几个特点：

第一，必须在判决宣告以后，刑罚执行完毕以前发现漏罪。其中，“判决宣告以后”，具体是指判决业已宣告并发生法律效力之后。如果漏罪被发现的时间不是在判决宣告以后至刑罚执行完毕以前的期限内，而是在刑罚执行完毕之后，或者所发现的漏罪不是在判决宣告之前实施的，而是在刑罚执行期间实施的，不得适用第70条进行合并处罚。

第二，对于新发现的漏罪，不论与前罪的性质是否相同，亦即无论是异种数罪还是同种数罪，都应当单独作出判决。

第三，应当把前后两个判决所判处的刑罚，即前罪所判处的刑罚与漏罪所判处的刑罚，按照相应的数罪并罚原则，决定执行的刑罚。

第四，在计算刑期时，应当将已经执行的刑期，计算在新判决决定的刑期之内。也就是说，前已判决已经执行的刑期，应当从前后两个判决所判处的刑罚合并而决定执行的刑期中扣除。这种刑期计算方法，成为“先减后并”。例如，甲犯贪污罪，判处有期徒刑12年，在刑罚执行5年以后，发现他在判决宣告以前，还犯有受贿罪没有处理。这时应当对新发现的受贿罪作出判决，如果可判处有期徒刑7年，则应在12年以上、19年以下决定执行的刑期。假设决定执行的刑期为16年，应将已经执行的5年计算在16年之内，也就是说，甲只需再执行11年期就届满。

对于发现漏罪的并罚，有以下几点需要特别注意：

首先，在数罪并罚以后刑罚执行期间，又发现犯罪分子在判决宣告以前犯有一罪的，应当对漏罪所判处的刑罚与原判决决定执行的刑罚，依照相应原则决定执行的刑期，而不是对漏罪所判处的刑罚与原判决所认定的数罪的刑罚即数个宣告刑，依据相应原则决定执行的刑期。主要理由在于：前一判决即原来所作的数罪并罚判决，是已经发生法律效力的判决，如果对漏罪所判处的刑罚不与原判决决定执行的刑罚并罚，而与原判决所决定的数罪的刑罚即多个宣告刑并罚，就意味着推翻前一判决和否定前一判决已发生的法律效力，势必影响刑事判决的严肃性。

其次，判决宣告以后、尚未交付执行之前发现漏罪的，是否适用《刑法》第70条的规定予以并罚？对于这种条件下发现漏罪的，可以分为两种情形处理：一是当判决已宣告但尚未发生法律效力之前发现漏罪的，不能适用《刑法》第70条进行数罪并罚。二审法院可以在查清事实后改判，也可以裁定撤销原判，发回原审人民法院重新审理。二是在宣告判决发生法律效力之后，但尚未实际交付执行之前，发现被判刑的犯罪分子还有其他罪行漏判的，应当适用《刑法》第70条的规定数罪并罚。

最后，在刑罚执行中，依法对犯罪分子减刑后，又发现犯罪还有其他犯罪未判决的，应先将原判刑期与后罪所判刑期按限制加重原则并罚，然后减去已执行刑期和减刑刑期，从而确定犯罪分子还须服刑期限。

例1（模拟题） 甲因犯抢劫罪于2003年被判处有期徒刑12年，2007年5月被依法裁定减刑2年。2008年司法机关发现甲于2002年还犯有盗窃罪未判决，经审查认为，盗窃罪应被判处有期徒刑15年。对甲进行数罪并罚时，如何计算刑期？

提示：本例中，应先将甲前罪所判12年刑期和漏罪所判15年刑期合并处罚，假设对其决定执行刑期20年。由于甲被依法减刑2年，即只需执行18年，减去已经执行5年，甲还需执行刑期13年。

3. 判决宣告后又犯新罪的并罚

《刑法》第71条规定：判决宣告以后、刑罚执行完毕以前，被判刑的犯罪分子又犯罪的，应当对新犯的罪作出判处，把前罪没有执行的刑罚和后罪所判处的刑罚，依照《刑法》第69条的规定，决定执行的刑罚。依照该规定，对判决宣告后又犯新罪的合并处罚具有以下特点：

第一，必须在判决宣告以后、刑罚执行完毕以前，被判刑的犯罪分子又犯新罪，即在刑罚执行期间犯罪分子又实施了新的犯罪。其中，“判决宣告以后”具体应指判决已经宣告并发生法律效力之后。

第二，对于犯罪分子所实施的新罪，不论与前罪的性质是否相同，也即无论是异种数罪还是同种数罪，都应当单独作出判决。

第三，应当把前罪没有执行的刑罚和后罪所判处的刑罚，依照刑法规定的相应原则，决定执行的刑罚。也就是说，首先应从前罪判决决定执行的刑罚中减去已经执行的刑罚，然后将前罪未执行的刑罚与后罪所判处的刑罚并罚，决定执行的刑罚。此种刑期计算方法被称为“先减后并”。例如，甲犯抢劫罪被判处有期徒刑12年，在服刑5年后，又犯了强奸罪，应被判处有期徒刑8年。裁量刑罚时要将甲抢劫罪没有执行完毕的7年有期徒刑同强奸罪所判的刑罚8年有期徒刑合并，总和刑期是15年，并罚时应在8年以上、15年以下决定应执行的刑期。假设决定执行有期徒刑12年，由于前罪已经执行有期徒刑5年不计算在新判决决定的刑期内，所以该罪犯实际上可能会被执行有期徒刑17年。

对新罪的“先减后并”与发现漏罪的“先并后减”有重大的区别，具体表现在：采用“先减后并”的犯罪分子在服刑期间不思悔改，继续作恶，又犯新罪，表明其难以改造，人身危险性较大，所以对其应当贯彻从严惩处的精神，由此导致了其决定执行刑期的最低期限高，而且实际执行的刑期有可能超过法定的数罪并罚最高期限。例如，甲犯有抢劫罪，被判有期徒刑12年，刑罚执行8年后，在监狱里又犯故意伤害罪，应判15年有期徒刑，按数罪并罚的“先减后并”方法计算应当在15年以上、19年以下决定执行的刑期，假设决定执行18年，那么，犯罪分子实际总共被执行的刑期是26年，超过了数罪并罚时，有期徒刑总和刑期不满35年，最高不能超过20年的限制。

采用“先并后减”原则时所考虑的重点则有所不同：司法机关尽管在对犯罪分子执行刑罚期间发现其有漏罪，犯罪人也试图隐瞒部分犯罪，但是漏罪毕竟是既往的犯罪事实，属于“旧账”，所以对前罪判决宣告前发生的犯罪的处理应当贯彻相对从宽的刑事政策，那么，犯罪分子实际被执行的刑期与判决宣告以前一人犯数罪时所应受到的处罚并无差别。

在司法实践中适用《刑法》第71条“先减后并”原则进行并罚时，刑罚执行期间即发现漏罪又犯新罪时，应当先对新发现的漏罪作出判决，与原判刑罚按照限制加重原则，确定应执行的刑罚，再减去已经执行的刑期（先并后减）；然后对新犯之罪作出判决，再与前两个判决所决定刑罚中尚未执行的刑罚并罚，决定应执行的刑罚（先减后并）。

例2（真题） 罪犯甲因犯盗窃罪被判处有期徒刑7年，执行3年后又犯故意伤害（致人死亡）罪，应当判处有期徒刑10年，并同时发现其漏罪强奸罪，应当判处有期徒刑11年，对甲如何处理？

提示：首先，将对漏罪强奸罪所判处的有期徒刑11年与盗窃罪的有期徒刑7年并罚，假设决定执行有期徒刑15年（先并）；然后，将该有期徒刑15年减去已经执行的3年（后减），剩余刑期为12年有期徒刑；最后，将减去已执行刑期的12年有期徒刑和对新罪故意伤害罪所判处的有期徒刑10年并罚，假设决定执行有期徒刑18年。该有期徒刑18年就是罪犯甲还必须服刑的刑期，即整个数罪并罚的结果。由于已经执行有期徒刑3年，甲实际执行的刑期前后总共为21年。

第六节 缓刑制度

重要法条及司法解释

《刑法》第72~77条。

命题分析

缓刑制度本身也没有什么理论难度，对于应试来说，缓刑制度这一知识点大部分内容需要记忆。命题人在命题时经常会结合累犯等制度予以考查。考生需要关注缓刑的适用条件，尤其是何种情形下不得适用缓刑。

知识点精讲

一、缓刑的概念和意义

缓刑是指对犯罪人判处刑罚，但在一定时间内暂缓执行刑罚的制度。

缓刑的基本特点是：判处刑罚，同时宣告暂缓执行，但又在一定期限内保持执行的可能性。缓刑只适用于罪行较轻、社会危害性和人身危险性较小，具有悔罪表现，认为暂缓执行刑罚不致再危害社会的犯罪分子。

我国刑法除规定了一般缓刑制度外，还规定了特殊缓刑制度，即战时缓刑制度。根据《刑法》第449条的规定，战时缓刑是指在战时，对被判处3年以下有期徒刑，但没有现实危险、宣告缓刑的犯罪军人，允许其戴罪立功，确有立功表现时，可以撤销原判刑罚，不以犯罪论处的制度。战时缓刑制度适用于特定时间和特定对象，其法律效果与一般缓刑制度的也有所不同：可以撤销原判刑罚，不以犯罪论处。

缓刑制度的意义体现在：

第一，缓刑有助于避免短期自由刑的弊端，最优化地发挥刑罚功能。这是由缓刑制度的基本特征即附条件暂缓刑罚执行所决定的。缓刑的具体适用，能够使犯罪分子在感受到刑罚的威慑力，对暂缓执行的刑罚随时可能被实际执行有所顾忌的条件下，在不被关押、由特定机关予以考察的过程中，更自觉地检点自己的行为，改恶从善，从而避免被实际执行短期自由刑而带来的与社会隔绝、重返社会困难、罪犯间交互感染等诸项弊端，并能较好地实现惩罚与教育、改造犯罪人的刑罚功能。

第二，缓刑有助于更好地实现刑罚目的。刑罚的重要目的之一是预防犯罪人重新犯罪。实现刑罚目的的途径，主要是对犯罪人判处并执行刑罚。但基于刑罚个别化原则，对某些符合法定条件的犯罪人，在判处刑罚并保持执行可能性的条件下，暂缓刑罚的执行，同样是实现刑罚目的所不可忽视的途径之一。在以自律为主的社会生活中获得的特殊预防效果，比将犯罪收押于监禁设施内执行刑罚，在以他律为主的监禁生活中获得的特殊预防效果更好。

第三，缓刑是实现刑罚社会化的重要制度保障。被宣告缓刑的犯罪分子不脱离家庭和所从事的工作，可以使其不致因犯罪而影响其履行自身负有的家庭和社会义务。根据有关规定，被宣告缓刑的罪犯，如果未被剥夺政治权利，可以在原工作单位留用供职；在缓刑期间，可以计算工龄；退休职工在缓刑考验期内，没有被剥夺政治权利的，可以继续享受原退休待遇。所以，被宣告缓刑者避免了因实际执行刑罚而带来的各种不利影响，在不脱离社会的条件下，既感受到法律的威严，也亲身体会到法律和社会的宽容，从而较自觉地完成改造任务。

二、缓刑的适用条件

根据《刑法》第72条、第74条的规定，适用一般缓刑必须具备以下条件：

（1）对象条件。一般缓刑的对象必须是被判处拘役或3年以下有期徒刑的犯罪人。被判处3年以下有期徒刑的罪犯，其罪行较轻，法益侵害程度较小；相反，被判处3年以上有期徒刑的犯罪分子，一般地说罪行较重，无论是法益侵害性还是人身危险性，都比较大，因此，缓刑的适用对象只能是罪行较轻和人身危险性小而被判较轻刑罚的犯罪分子。这里的3年以下有期徒刑是指宣告刑，而不是法定刑。即使犯罪分子所犯之罪的法定最低刑是3年以上有期徒刑，但若具有减轻处罚的情节，宣告刑是3年以下有期徒刑，也可以适用缓刑。

例1（真题） 甲犯抢劫罪，所适用的是“三年以上十年以下有期徒刑”的法定刑，缓刑只适用于被判处拘役或者3年以下有期徒刑的罪犯，故对甲不得判处缓刑

提示：上述命题是错误的。缓刑确实只能适用于被判处拘役或3年以下有期徒刑的犯

罪分子，但是《刑法》第 99 条明文规定：本法所称以上、以下、以内，包括本数。因此，甲仍然可能被判处 3 年有期徒刑，仍然可以对其适用缓刑。

犯罪分子犯一罪还是数罪并不是决定能否适用缓刑的关键，即使其犯有数罪，只要总刑期符合缓刑条件，就可以适用缓刑。至于罪行相对更轻的被判管制的犯罪分子，由于管制刑对犯罪人不予关押，仅限制其一定自由，无适用缓刑之必要。根据审判实践经验，缓刑一般适用于交通肇事、责任事故、重婚、虐待、伤害、妨害公务、销赃等较为轻微的犯罪；对于强奸、抢劫等严重刑事犯罪，一般不宜适用缓刑。

例 2（真题）　乙犯故意伤害罪与代替考试罪，分别被判处 6 个月拘役与 1 年管制。由于管制不适用缓刑，对乙所判处的拘役也不得适用缓刑

提示：上述结论也是错误的。对于拘役被判处有期徒刑的部分，只要根据乙的犯罪情节和悔罪表现适用缓刑不致再危害社会的，就可以适用缓刑。管制不适用缓刑并不影响拘役适用缓刑。

（2）实质条件。对于被判处拘役或 3 年以下有期徒刑的犯罪分子，同时符合下列条件的，可以宣告缓刑：犯罪情节较轻；有悔罪表现；没有再犯罪的危险；宣告缓刑对所居住社区没有重大不良影响。换言之，有些犯罪分子虽然被判处拘役或 3 年以下有期徒刑，但犯罪情节恶劣，没有悔罪的表现，不能表明不予关押不致再危害社会的，也不能宣告缓刑。只有确认犯罪分子符合上述各项条件，留在社会上不致再危害社会，才能适用缓刑。犯罪人的人身危险性的有无及其强弱应当从犯罪情节和悔罪表现两个方面加以判断：一方面，从犯罪动机或目的是否卑鄙、手段是否恶劣残忍、危害后果是否严重等属于已然之罪的范畴，对犯罪情节加以考察；另一方面，从犯罪人犯罪后是否真诚认罪悔过，是否如实、坦白交代自己的全部罪行，是否积极退赃，是否检举、揭发同伙的罪行，以及犯罪人的一贯表现、有无前科、年龄与个性、境遇与犯罪原因等属于未然之罪的范畴，对悔罪表现加以考察。只有犯罪情节（法益侵害性）和悔罪表现（人身危险性）都较小的犯罪分子，才可以适用缓刑。尤其值得注意的是，《刑法修正案（八）》特别体现了对于特殊群体的关照，规定对符合上述各项条件的不满 18 周岁的人、怀孕的妇女和已满 75 周岁的人，应当宣告缓刑。

（3）禁止条件。对于累犯和犯罪集团的首要分子，不适用缓刑，主要原因是累犯和犯罪集团的首要分子的人身危险性较大，适用缓刑难以防止其再犯。因此，对于累犯和犯罪集团的首要分子，即使其所判处的刑罚为拘役或者 3 年以下有期徒刑，也不能适用缓刑。

例 3（真题）　丙犯为境外非法提供情报罪，被单处剥夺政治权利，执行完毕后又犯帮助恐怖活动罪，被判处拘役 6 个月。对丙不得宣告缓刑

提示：适用缓刑的实质条件之一是有悔罪表现且没有再犯危险，《刑法》第 74 条明确规定对于累犯和犯罪集团的首要分子不适用缓刑其实就是从反面规定了缓刑的实质条件。而丙犯为境外非法提供情报罪被单处剥夺政治权利，执行完毕后又犯帮助恐怖活动罪，按照《刑法》第 66 条的规定属于特别累犯，因此对丙不应适用缓刑。

例 4（真题） 丁 17 岁时因犯放火罪被判处有期徒刑 5 年，23 岁时又犯伪证罪，仍有可能适用缓刑

提示： 上述结论是对的。由于不满 18 周岁者犯罪不成立累犯，所以丁犯伪证罪时不属于累犯，只要丁犯的伪证罪被判处 3 年以下有期徒刑或者拘役，仍然有可能适用缓刑。

三、缓刑的考验期

缓刑考验期，是指对被宣告缓刑的犯罪分子进行考察的一定期间。

缓刑的考验期，是缓刑制度的重要组成部分。设立考验期的目的，在于考察被判缓刑的人是否接受改造，弃旧图新，以使缓刑制度发挥积极的效用。法院在宣告缓刑的同时，应当确定适当的考验期。确定缓刑考验期长短的基本原则应当是既能激发缓刑犯改造的积极性，又能满足对其教育和考察的需要。

《刑法》第 73 条第 1 款、第 2 款规定，拘役的缓刑考验期限为原判刑期以上、1 年以下，但是不能少于 2 个月。有期徒刑的缓刑考验期限为原判刑期以上、5 年以下，但是不能少于 1 年。可见，我国刑法设置的缓刑考验期具有以下几个特点：①按判处拘役和有期徒刑分别规定不同的缓刑考验期限。也即所犯罪行的轻重程度不同，考验期限也相应不同。②以原判刑期为考验期限的起点。如果不以原判刑期为起点就有可能出现考验期限短于原判刑期、考验期已满而刑期未满的情况。③明确规定了缓刑考验期的最高限和最低限。这就为审判机关在具体确定缓刑考验期限时提供了明确的界限，但又给审判机关留下了一定程度的裁量余地。④缓刑考验期不得延长或缩短。

根据《刑法》第 73 条第 3 款的规定，缓刑考验期限，从判决确定之日起计算。所谓"判决确定之日"，是指判决发生法律效力之日。根据我国刑事诉讼法的规定，从接到第一审人民法院判决书的第二日起 10 日内，被告人没有提起上诉，人民检察院没有提出抗诉的，该判决即发生法律效力。对于已提起上诉或抗诉的案件，如果二审法院维持原判，则应从二审法院的判决或裁定确定之日起计算。判决前先行羁押的日期，不予折抵缓刑考验期，因为羁押期与缓刑考验期的性质不同。

四、缓刑考察

缓刑考察，是指对被宣告缓刑的犯罪分子进行观察、教育，帮助他改过自新。考察的内容是被宣告缓刑的犯罪分子在缓刑考验期限内是否具有《刑法》第 77 条规定的情形，即是否再犯新罪或者被发现漏罪，以及是否违反法律、行政法规或国务院有关部门有关缓刑的监督管理规定，或者违反人民法院判决中的禁止令，且情节严重。

（一）缓刑考察的主体

按照《刑法》第 76 条的规定，对宣告缓刑的犯罪分子，在缓刑考验期限内，依法实行社区矫正，如果没有《刑法》第 77 条规定的情形，缓刑考验期满，原判的刑罚就不再执行，并公开予以宣告。据此，缓刑的考察机关是社区矫正机构。

（二）缓刑考察的内容

根据《刑法》第 75 条的规定，被宣告缓刑的犯罪分子应当遵守下列规定：①遵守法律、行政法规，服从监督；②按照考察机关的规定报告自己的活动情况；③遵守考察机关

关于会客的规定；④离开所居住的市、县或者迁居，应当报经考察机关批准。

五、禁止令

根据《刑法》第72条的规定，对犯罪分子宣告缓刑，可以根据犯罪情况，同时禁止犯罪分子在缓刑考验期限内从事特定活动，进入特定区域、场所，接触特定的人。法院在适用禁止令时，应当根据犯罪分子的犯罪原因、犯罪性质、犯罪手段、犯罪后的悔罪表现、个人一贯表现等情况，充分考虑与犯罪分子所犯罪行的关联程度，有针对性地决定禁止其在缓刑考验期限内“从事特定活动，进入特定区域、场所，接触特定的人”中的一项或者几项内容。

禁止令的期限，既可以与缓刑考验的期限相同，也可以短于缓刑考验的期限。但是宣告缓刑的，禁止令的期限不得少于2个月。禁止令的执行期限，从缓刑执行之日起计算。被宣告缓刑的犯罪分子违反禁止令尚未达到情节严重程度的，由负责执行禁止令的社区矫正机构所在地的公安机关依照《治安管理处罚法》第60条的规定处罚。被宣告缓刑的犯罪分子违反禁止令，情节严重的，应当撤销缓刑，执行原判刑罚。原作出缓刑裁判的人民法院应当自收到当地社区矫正机构提出的撤销缓刑建议书之日起1个月内依法作出裁定。人民法院撤销缓刑的裁定一经作出，立即生效。

六、缓刑撤销

根据《刑法》第77条的规定：被宣告缓刑的犯罪分子，在缓刑考验期限内犯新罪或者发现判决宣告以前还有其他罪没有判决的，应当撤销缓刑，对新犯的罪或者新发现的罪作出判决，把前罪和后罪所判处的刑罚，依照《刑法》第69条的规定，决定执行的刑罚。根据《刑法修正案（八）》的相关规定，被宣告缓刑的犯罪分子，在缓刑考验期限内，违反法律、行政法规或者国务院有关部门关于缓刑的监督、管理规定，或者违反人民法院判决中的禁止令，情节严重的，应当撤销缓刑，执行原判刑罚。

第十四章　刑罚执行与刑罚消灭

第一节　减刑制度

重要法条及司法解释

《刑法》第 78～80 条。

《最高人民法院关于办理减刑、假释案件具体应用法律的规定》（2016 年 11 月 14 日）。

命题分析

从历年真题考查的统计来看，减刑制度并非重点知识点，但法考大纲就减刑制度新增了考点，因此考生需要加以关注。

知识点精讲

一、减刑的概念

减刑是指对于被判处管制、拘役、有期徒刑和无期徒刑的犯罪分子，在刑罚执行期间，由于确有悔改或者立功表现，因而将其原判刑罚予以适当减轻的一种刑罚执行制度。

减轻原判刑罚有两层含义：一是将原判较重的刑种减为较轻的刑种，如把无期徒刑减为有期徒刑，但有期徒刑不能减为拘役或者管制；二是将原判较长的刑期减为较短的刑期，即将有期徒刑、拘役、管制的刑期缩短。

在我国刑法中确立和贯彻减刑制度有重大意义，体现了我国惩办与宽大相结合、惩罚与教育相结合的刑事政策。在我国，一切危害国家和人民利益的犯罪行为都要受到刑罚的制裁。但是，犯罪人经过服刑改造，确有悔改或立功表现的，都可以得到减刑的宽大处理。这对于巩固改造成果，进一步加速犯罪分子的改造，实现刑罚目的有积极的作用。

二、减刑的适用条件

根据《刑法》第 78 条的规定，减刑分为可以减刑、应当减刑两种。可以减刑与应当减刑的对象条件和限度条件相同，只是实质条件有所区别。对于犯罪分子适用减刑，必须符合下列条件：

（一）对象条件

减刑只适用于被判处管制、拘役、有期徒刑无期徒刑的犯罪分子。只要是被判处该四种刑罚之一的犯罪分子，无论其犯罪行为是故意还是过失，是重罪还是轻罪，是危害国家安全罪还是其他刑事犯罪，只要具备了法定的减刑条件，都可以减刑。

例 1（真题） 对所有未被判处死刑的犯罪分子，如认真遵守监规，接受教育改造，确有悔改表现，或者有立功表现的，均可减刑

提示：“所有未被判处死刑的犯罪分子”，便包括了被单独判处附加刑的犯罪分子，如被单处罚金或者单处剥夺政治权利的情形。但对于被单处罚金的犯罪分子，不存在“认真遵守监规，接受教育改造”的问题，因此不可能会被减刑。所以上述表述是错误的。

《刑法》第 50 条第 2 款对减刑的对象条件进行了限制。对被判处死刑缓期执行的累犯以及因故意杀人、强奸、抢劫、绑架、放火、爆炸投放危险物质或者有组织的暴力性犯罪被判处死刑缓期执行的犯罪分子，人民法院根据犯罪情节等情况可以同时决定对其限制减刑。这主要是考虑到以往我国刑法对减刑未作次数限制，有些死缓犯被减为无期徒刑或有期徒刑后，在执行过程中被不断减刑，最后实际执行的刑期被过于缩短。按照《最高人民法院关于办理减刑、假释案件具体应用法律若干问题的规定》（2012 年 1 月 17 日）第 9 条第 2 款的规定，对死刑缓期执行罪犯经过一次或几次减刑后，其实际执行的刑期不得少于 15 年（不含死刑缓期执行期间）。该司法解释规定有助于落实《刑法》第 50 条第 2 款限制减刑的精神。

在实践中，对《刑法》第 50 条第 2 款的适用要注意两个问题：第一，是法院要注意的问题。该款规定对故意杀人、强奸、抢劫、绑架、放火、爆炸、投放危险物质或者有组织的暴力性犯罪的死缓犯可以限制减刑。这里的故意杀人、强奸、抢劫、绑架、放火、爆炸、投放危险物质共 7 种犯罪并不要求以暴力手段实施，而有组织犯罪要求以暴力手段实施。第二，刑法规定的是“限制减刑”而非“不得减刑”，所以对这些严重的死缓犯是可以减刑的，只是应当有所限制。

（二）实质条件

减刑的实质条件，因减刑的种类不同而有所区别。

可以减刑的实质条件，是犯罪分子在刑罚执行期间认真遵守法律法规及监规，接受教育和改造，确有悔改表现或者有立功表现。一般地说，犯罪分子在服刑中的悔改表现和立功表现是统一的。但也有些犯罪分子有悔改表现而无立功表现，或者有立功表现而无突出的悔改表现。刑法规定有悔改或者立功表现，都是减刑的条件。犯罪分子只要具备了其中之一，就可以减刑。当然，如果既有悔改表现又有立功表现则可以在法定的减刑限度内给予更大幅度的减刑、至于什么是悔改或者立功表现，刑法没有也不可能详细列举规定。根据有关司法解释，犯罪分子同时具备以下四个方面情形的，应当认为是确有悔改表现：①认罪悔罪；②认真遵守法律法规及监规，接受教育改造；③积极参加思想、文化、职业技术教育；④积极参加劳动，努力完成劳动任务。此外，对罪犯申诉不应不加分析地否认其认罪悔罪；罪犯积极执行财产刑和履行附带民事赔偿义务的，可视为有认罪悔罪表现，在减刑、假释时可以从宽掌握。根据前述司法解释第 3 条的规定，具有下列情形之一的，应当认定为犯罪分子有“立功表现”：①阻止他人实施犯罪活动的；②检举、揭发监狱内外犯罪活动，或者提供重要的破案线索，经查证属实的；③协助司法机关抓捕其他犯罪嫌疑人（包括同案犯）的；④在生产、科研中进行技术革新，成绩突出的；⑤在抢险救灾或者

排除重大事故中表现突出的；⑥对国家和社会有其他贡献的。

“应当”减刑的实质条件，是犯罪分子在刑罚执行期间有重大立功表现。根据前述司法解释第4条的规定，具有下列情形之一的，应当认定为有“重大立功表现”：①阻止他人实施重大犯罪活动的；②检举监狱内外重大犯罪活动，经查证属实的；③协助司法机关抓捕其他重大犯罪嫌疑人（包括同案犯）的；④有发明创造或者重大技术革新的；⑤在日常生产、生活中舍己救人的；⑥在抗御自然灾害或者排除重大事故中，有特别突出表现的；⑦对国家和社会有其他重大贡献的。

（三）限度条件

减刑是在原来判处的刑罚的基础上，根据犯罪分子的悔改表现或者立功表现，将其原判刑罚予以适当减轻。但是，无论是刑种的减轻还是刑期的减轻，都必须减得适当，即必须有一定的限度。如果减得过多，违背了罪刑相适应的刑法基本原则；如果减刑的幅度过小，对于犯罪分子而言，难以起到鼓励、鞭策的作用，也难以发挥减刑制度的积极作用。

根据《刑法》第78条第2款的规定，减刑以后实际执行的刑期，判处管制、拘役、有期徒刑的，不能少于原判刑期的1/2；判处无期徒刑的，不能少于13年；人民法院依照《刑法》第50条第2款限制减刑的死刑缓期执行的犯罪分子，缓期执行期满后依法减为无期徒刑的，不能少于25年，缓期执行期满后依法减为25年有期徒刑的，不能少于20年。从这一规定可以看出，减刑的形式有两种：一是刑种的变更，例如，将无期徒刑减为有期徒刑；二是刑期的变更，例如，有期徒刑本身刑期的缩短。但是这些刑期的变更都要受到一定的限制，例如，无期徒刑的限制是不能少于13年；限制减刑的死刑缓期执行的犯罪分子，缓期执行期满后依法减为无期徒刑的，不能少于25年，缓期执行期满后依法减为25年有期徒刑的，不能少于20年；其他情形下采用的是比例制，即实际执行的刑期，不能少于原判刑期的1/2。减刑限度的比例制，使原判刑期与实际执行的刑期成一定的比例关系，体现了刑罚的公正性。

有关司法解释对于被判处无期徒刑和有期徒刑的犯罪分子的减刑起始时间、间隔和幅度等问题作出了具体规定，包括以下内容：根据《最高人民法院关于办理减刑、假释案件具体应用法律若干问题的规定》第5条的规定，有期徒刑罪犯在刑罚执行期间，符合减刑条件的，减刑幅度为：确有悔改表现，或者有立功表现的，一次减刑一般不超过1年有期徒刑；确有悔改表现并有立功表现，或者有重大立功表现的，一次减刑一般不超过2年有期徒刑。该《解释》第6条规定，有期徒刑罪犯的减刑起始时间和间隔时间为：被判处5年以上有期徒刑的罪犯，一般在执行1年6个月以上方可减刑，两次减刑之间一般应当间隔1年以上。被判处不满5年有期徒刑的罪犯，可以比照上述规定，适当缩短起始和间隔时间。该《解释》第7条规定，无期徒刑罪犯在刑罚执行期间，确有悔改表现，或者有立功表现的，服刑2年以后，可以减刑。减刑幅度为：确有悔改表现，或者有立功表现的，一般可以减为20年以上22年以下有期徒刑；有重大立功表现的，可以减为15年以上20年以下有期徒刑。

例2（真题） 无期徒刑减为有期徒刑的刑期，从裁定被执行之日起计算

提示：上述表述错误。我国《刑法》第80条明文规定：无期徒刑减为有期徒刑的刑期，从裁定减刑之日起计算。

三、减刑的程序

《刑法》第79条规定：对于犯罪分子的减刑，由执行机关向中级以上人民法院提出减刑建议书。人民法院应当组成合议庭进行审理，对确有悔改或者立功事实的，裁定予以减刑。非经法定程序不得减刑。有关减刑案件的审理程序应当适用《最高人民法院关于减刑、假释案件审理程序的规定》（2014年4月23日）。

第二节　假释

重要法条及司法解释

《刑法》第81~86条。

《最高人民法院关于办理减刑、假释案件具体应用法律的规定》（2016年11月14日）。

命题分析

"刑罚执行与刑罚消灭"一章考查的重点知识点大体有三个："假释的适用条件""追诉时效的期限""追诉期限的计算"。其中，有关假释的规定在刑法典中占了约6条，包括假释的条件以及假释的程度等。假释制度本身并没有什么理论难点，但是，假释的适用条件较为繁杂，考生在备考时务必要清晰记忆。

知识点精讲

假释是指因自由刑而被收监的人，在执行期限届满之前，根据有关司法机关的决定而暂时释放的制度。我国刑法中的假释是指被判处有期徒刑、无期徒刑的犯罪分子，在执行一定刑期以后，如果认真遵守监规，接受教育改造，确有悔改表现，没有再犯罪的危险的，可以附条件地予以提前释放的行刑制度。

假释是我国刑法规定的一项行之有效的刑罚执行制度。正确适用假释，把那些经过一定服刑期间，改造效果良好，确有悔改表现，没有必要继续关押教育的罪犯放在社会上改造，使之早日回归社会，有利于化消极因素为积极因素，鼓励犯罪分子积极、广泛地参与社会生活。对罪犯的假释必须慎重，应严格按照法律规定的条件适用假释，否则会严重影响罪犯的再社会化进程，破坏公众的法公平与法信任感。

例1（真题） 被假释的犯罪分子，在假释考验期内，遵守了各种相关规定，没有再犯新罪，也没有发现以前还有其他罪没有判决的，假释考验期满，剩余刑罚就不再执行。

提示： 上述表述是错误的。假释是附条件予以提前释放的行刑制度，当被假释者的假释考验期满，在符合遵守假释规定等的前提下，视为原判刑罚已经执行完毕，而非剩余刑罚不再执行。

一、假释的条件

(一) 对象条件

假释的对象是被判处有期徒刑或无期徒刑的犯罪人，对于被判处其他刑罚的犯罪人，不适用假释。根据《刑法》第 81 条的规定，被判处有期徒刑以上的犯罪分子，执行原判刑期 1/2 以上，被判处无期徒刑的犯罪分子，实际执行 13 年以上，如果认真遵守监规，接受教育改造，确有悔改表现，没有再犯罪的危险的，可以假释。如果有特殊情况，经最高人民法院核准，可以不受上述执行刑期的限制。根据《最高人民法院关于办理减刑、假释案件具体应用法律的规定》（2016 年 11 月 14 日）第 18 条的规定，对累犯以及因故意杀人、强奸、抢劫、绑架、放火、爆炸、投放危险物质或者有组织的暴力性犯罪被判处 10 年以上有期徒刑、无期徒刑的罪犯，不得假释。因前述情形和犯罪被判处死刑缓期执行的罪犯，被减为无期徒刑、有期徒刑后，也不得假释。

例 2（真题） 被判处有期徒刑的犯罪分子，执行原判刑期的二分之一，如果符合假释条件的，可以假释；如果有特殊情况，经高级人民法院核准，可以不受上述执行刑期的限制。

提示：上述选项表述是错误的。在遇有特殊情形时，只有在最高人民法院的核准下，才能不受执行刑期的限制而适用假释。

例 3（真题） 对于因杀人、绑架等暴力性犯罪判处 10 年以上有期徒刑的犯罪分子，不得假释；即使他们被减刑后，剩余刑期低于 10 年有期徒刑，也不得假释。

提示：上述表述正确。对于杀人、绑架等暴力性犯罪被判处 10 年以上有期徒刑的犯罪分子，无论减刑与否都不得适用假释。

对累犯不得假释，是由于累犯属于受刑后又犯罪、屡教不改型的犯罪人，其人身危险性较高，适用假释难以预防其再次犯罪。对实施故意杀人、强奸、抢劫、绑架、放火、爆炸、投放危险物质或者有组织的暴力性犯罪的且被判处 10 年以上有期徒刑、无期徒刑的犯罪分子不得假释，是考虑到上述严重暴力性犯罪的罪行严重、犯罪人身危险性高，适用假释难以起到预防效果。在数罪并罚的场合，如果数罪中只有一罪是暴力性犯罪且该罪刑罚低于 10 年有期徒刑的，即使总刑期在 10 年以上，也可以对其假释；若数罪中有一罪是暴力性犯罪且刑期高于 10 年的，不得适用假释；若其中有两罪是暴力性犯罪，即使单罪刑期在 10 年以下，但并罚刑期在 10 年以上，也不得假释。此外，对于被判处 10 年以上有期徒刑的暴力性犯罪人，即使减刑后刑期低于 10 年有期徒刑，也不能假释。但是，并非以暴力方法实施的重罪，例如，以不作为方法杀人、以麻醉方法抢劫的，并不在禁止假释之列，都可以适用假释。

例 4（真题） 丁犯抢劫罪被判有期徒刑 9 年，犯寻衅滋事罪被判有期徒刑 5 年，数罪并罚后，决定执行有期徒刑 13 年，对丁可以假释。

提示：该表述正确。丁犯抢劫罪被判处有期徒刑 9 年，而寻衅滋事罪不属于暴力性犯罪，即便数罪并罚超过10年，也仍然可以假释。

例5（真题） 丙因犯罪被判处有期徒刑2年，缓刑3年。缓刑考验期满后，发现丙在缓刑考验期内的第7个月犯有抢劫罪，应当判处有期徒刑八年，数罪并罚决定执行九年。丙服刑六年时，因有悔罪表现而被裁定假释。

提示：上述表述同样是正确的。丙是在缓刑考验期内犯新罪，因而应当撤销缓刑进行数罪并罚。由于抢劫罪判处的刑罚并未超过10年，因此在丙有期徒刑执行超过一半时，如果其有悔罪表现的，当然可以适用假释。

（二）限制条件

对于被判处有期徒刑的犯罪分子，必须执行原判刑期的1/2以上，才能适用假释。执行原判刑期的1/2，应理解为包括判决前的羁押时间在内，因为有期徒刑判决执行以前的羁押日期可以折抵刑期，在适用假释时，自应将其视为已执行的刑期。

被判处无期徒刑的犯罪分子，实际执行13年以上才能适用假释。这里的实际执行不包括判决前羁押的时间，刑法对于无期徒刑犯的实际执行的刑期不能少于13年的规定，应当自无期徒刑判决确定之日起计算。因为无期徒刑判决确定前羁押的时间，无法折抵刑期；在无期徒刑判决宣告的当时，刑期并不确定，判决前羁押的期限自然不能视为无期徒刑之实际执行。

对罪犯的假释，如果有特殊情况，经最高人民法院核准，可以不受上述执行刑期的限制。这里的“特殊情况”，根据上述司法解释，是指有国家政治、国防、外交等方面特殊需要的情况。

（三）实质条件

犯罪人认真遵守监规，接受教育改造，确有悔改表现，假释后没有再犯罪的危险，是适用假释的实质条件。

《刑法修正案（八）》将假释的实质条件之一“假释后不致再危害社会”改为“没有再犯罪的危险”，主要是考虑法律用语的精确性。“不致再危害社会”的说法过于模糊、难以操作。“不致再危害社会”的含义就是指不具有再犯可能性，而再犯可能性是个比较规范的表述，因此将“不致再危害社会”改为“没有再犯罪的危险”，既有助于人们把握假释的实质条件，也有利于用语的规范化、准确化。根据前述司法解释第22条的规定，认定“没有再犯罪的危险”，除符合《刑法》第81条规定的情形外，还应当根据犯罪的具体情节、原判刑罚情况，在刑罚执行中的一贯表现，罪犯的年龄、身体状况、性格特征，假释后生活来源以及监管条件等因素综合考虑。

此外，《刑法修正案（八）》还在《刑法》第81条增加一项适用假释的条件：“对犯罪分子决定假释时，应当考虑其假释后对所居住社区的影响。”这是进一步细化“没有再犯罪的危险”。如何判断犯罪分子“没有再犯罪的危险”，应看其对社会有无危险性，具体而言就是看其对所居住社区有没有危险性。提请假释的，应当附有社区矫正机构关于罪犯假释后对所居住社区影响的调查评估报告。

二、假释考验

对于犯罪分子的假释，由执行机关向中级以上人民法院提出假释建议书，人民法院应当组成合议庭进行审理，对确有悔改表现，没有再犯罪危险的，裁定予以假释。有关假释案件的审理程序，应当适用2014年4月23日《最高人民法院关于减刑、假释案件审理程序的规定》。

被宣告假释的犯罪分子，必须遵守以下规定：遵守法律、行政法规，服从监督；按照监督机关的规定报告自己的活动情况；遵守监督机关关于会客的规定；离开所居住的市、县或者迁居，应当报经监督机关批准。

根据《刑法》第85条的规定，对假释的犯罪分子，在假释考验期内，依法实行社区矫正，如果没有《刑法》第86条规定的情形，假释考验期满，就认为原判刑罚已经执行完毕，并公开予以宣告。

假释考验期限，从假释之日起计算。“假释之日”是指根据人民法院的裁定对罪犯办理完假释手续，正式将其释放之日。

三、假释撤销

假释是对犯罪分子附条件地予以提前释放，所以，被宣告假释的犯罪分子在考验期间必须遵守相应规定，如果违反这些规定，就面临撤销假释、重新收监执行的问题。假释撤销事由包括三项：再犯新罪；发现漏罪；违反监督、管理规定。

（一）再犯新罪

被假释的犯罪分子，在假释考验期限内犯新罪的，应当撤销假释，依照《刑法》第71条（先减后并）的规定实行数罪并罚。假释犯在考验期内再犯新罪，并在考验期满之前被发现的，当然应当依照刑法规定撤销假释，数罪并罚。如果在假释考验期满以后才发现假释犯在考验期内又犯新罪的，只要所犯新罪未超过追诉时效，仍应当撤销假释，将前罪没有执行的刑罚和新罪所判处的刑罚按照刑法关于数罪并罚的规定，决定执行的刑罚。

例6（真题） 被假释的犯罪分子，在假释考验期限内犯新罪的，应当撤销假释，按照先并后减的方法实行数罪并罚。

提示：上例中的表述错误。在假释考验期内犯新罪，说明犯罪人的人身危险性依旧很高，因此应当撤销假释，按照《刑法》第71条先减后并的规定数罪并罚，按照先并后减的方法数罪并罚显然“便宜”了犯罪人。

（二）发现漏罪

在假释考验期内，发现犯罪分子在判决宣告前还有其他罪没有判决的，应当撤销假释，按照《刑法》第70条的规定实行数罪并罚。但漏罪已经过追诉时效的，则不应当撤销假释、实行数罪并罚。此外，需要注意，漏罪如果是在假释考验期满后才被发现的，也不应当撤销假释、实行数罪并罚。

（三）违反监督、管理规定

在假释考验期限内，犯罪分子有违反法律、行政法规或者国务院有关部门关于假释的监督、管理规定的行为，尚未构成新的犯罪的，应当依照法定程序撤销假释，收监执行未执行完毕的刑罚。在司法实践中，有个别被假释的罪犯并没有对自己以前的罪行继续反思、真诚悔悟，也没有吸取以前的教训，努力改造自己的思想，弃旧图新，而是继续危害社会，违反法律、行政法规或者国务院有关部门关于假释的监督、管理规定，给社会造成一定的危害，其实际行为表明他们已经不符合“没有再犯罪的危险”的假释适用要件，撤销假释在情理之中。

第三节 追诉期限

重要法条及司法解释

《刑法》第87~89条。

命题分析

“追诉期限”一节主要的考查对象包括追诉时效的期限和追诉期限的计算两个具体的知识点。考生在备考时，一定要注意理解的是，计算追诉时效期限时的“法定最高刑”，并非指的是罪名的法定最高刑，这是非常容易犯错的地方，也是命题人爱出的考点。

知识点精讲

一、追诉时效的期限

我国刑法根据罪刑均衡原则，以犯罪的法定最高刑为标准，规定了四个档次的追诉时效。根据《刑法》第87条的规定，犯罪经过下列期限不再追诉：①法定最高刑为不满5年有期徒刑的，经过5年；②法定最高刑为5年以上不满10年的，经过10年；③法定最高刑为10年以上有期徒刑的，经过15年；④法定最高刑为无期徒刑、死刑的，经过20年，如果20年以后认为必须追诉的，需报请最高人民检察院核准。

必须要提醒注意的是，这里的“法定最高刑”，是指行为人所犯罪行具体应当对应条款的最高刑，而不是所犯罪行相应条文中规定的某罪的法定最高刑。只有这样，才能很好地贯彻罪刑相适应的刑法基本原则。因为我国刑法根据犯罪情节轻重或者犯罪数额大小，对同一犯罪规定了不同的量刑幅度，这些量刑幅度具有刑法上的独立意义。犯罪分子所犯罪行较轻，在确定追诉时效时与之对应的法定刑幅度就应当限定在轻刑范围内；反之，法定最高刑就应相应提高。而如果使轻罪对应较长的追诉时效期限，将人为地使某些人受到不公正的司法处遇，因此，应当按照相应犯罪所适用的量刑幅度确立追诉时效的法定最高刑。

例（真题） 1980年初，张某强奸某妇女并将其杀害。1996年末，张某因酒后驾车致人重伤。两案在2007年初被发现。

提示：这道真题很好地将诉讼时效期限的重要知识点全部予以纳入考查，难度较大。张某涉及的罪名有三个：强奸罪、故意杀人罪、交通肇事罪，必须逐个罪名分析其是否已过追诉时效期限。首先，对于强奸罪，有致人死亡、轮奸等特殊情形的，法定最高刑为死刑。但不具有法定刑升格条件的一般强奸行为，法定最高刑为10年。张某强奸妇女的行为不具有其他法定刑升格条件，其应当适用的法定刑档的最高刑为10年有期徒刑。法定最高刑为10年以上有期徒刑的经过15年才过追诉时效，因此，到1995年初，对张某的强奸罪就不能再追诉。其次，张某杀害他人的行为，法定最高刑为死刑，追诉期限为20年。因此到2000年初，对张某故意杀人罪的追诉期限就届满。如果20年以后认为必须追诉的，须报请最高人民检察院核准。再次，1996年末张某交通肇事，此时强奸罪的追诉期限已经超过，但故意杀人罪的追诉期限则尚未超过。而张某的行为对应交通肇事罪中法定刑档中的法定最高刑是3年，则追诉期限是5年，因此对张某的交通肇事罪到2001年末就不能再追诉。最后，由于在追诉期限以内又犯罪的，前罪追诉的期限从犯后罪之日起计算。因此，张某故意杀人罪的追诉期限应该从其犯交通肇事罪之日起计算，所以到2016年末之前，司法机关都可以对张某的故意杀人罪进行追诉，且无须报请最高人民检察院核准。因此，对张某应当以故意杀人罪追究其刑事责任。

我国《刑法分则》对各种犯罪法定最高刑的规定有三种方式，在不同情况下，应当依照以下原则确定追诉时效期限：

首先，在有的条文中，只规定一个量刑幅度，即应以该条的法定最高刑确定追诉时效期限。例如，我国《刑法》第246条规定的侮辱罪和诽谤罪的法定刑是3年以下有期徒刑、拘役、管制或者剥夺政治权利，因此，侮辱罪、诽谤罪的法定最高刑不满5年，其追诉期限应为5年。

其次，有些条文规定有两个以上不同的量刑幅度，即应按照与其罪行相对应的量刑幅度的法定最高刑确定追诉期限。例如，《刑法》第192条规定的集资诈骗罪有三个量刑幅度：数额较大，法定最高刑为5年有期徒刑，其追诉期限为10年；数额巨大或者有其他严重情节的，法定最高刑10年，则其追诉时效期限为15年；数额特别巨大或者有其他特别严重情节的，法定最高刑为无期徒刑，则其追诉时效为20年。

最后，对于规定两种以上主刑的，应以最重的主刑为标准确定追诉时效。例如，《刑法》第121条规定，以暴力、胁迫或者其他方法劫持航空器的，处10年以上有期徒刑或者无期徒刑。该条就涉及两种主刑，此时，即应以最重主刑——无期徒刑为标准将劫持航空器罪的追诉时效确定为20年。

二、追诉时效的计算

（一）追诉期限的一般起算标准

追诉期限的计算标准原则上是“从犯罪之日起计算”。在确定不同种类和不同形态的犯罪的“犯罪之日”时，要采取以下几种方法：

（1）行为犯以及以某种危害结果的发生为既遂构成所必需的犯罪，其犯罪成立之日为犯罪行为实施之日。

（2）危险犯的犯罪成立之日为实施危害行为之日。

（3）预备犯的犯罪成立之日为预备行为发生之日。

（4）中止犯的犯罪之日，应分别情况予以确定：如果是在着手实行犯罪后中止犯罪，以犯罪行为实施之日为犯罪成立之日；如在预备阶段中止犯罪，则预备犯罪行为之日为犯罪之日。

（5）共同犯罪的犯罪成立之日为整体共同犯罪行为得以实施之日。例如，甲、乙二人合谋盗窃，甲负责偷盗、乙负责窝赃与销赃。甲、乙二人共同盗窃，应以甲实施盗窃行为之日起算甲、乙二人的追诉时效，而不应以乙的销赃之日起算二人的追诉时效。

（6）结果犯。通说认为，对于结果犯，原则上应以行犯罪行为实施之日作为犯罪之日，但是在一些特殊情况下，需要有特别的认定标准，例如过失犯，如果行为时与结果发生时存在间隔的，该种情况以结果发生作为犯罪成立前提，如果结果未发生，其行为不能认为是犯罪。换言之，只有结果发生时才是犯罪之日。对此，应当以行为构成犯罪时，也就是结果发生时作为追诉时效的起算时间。对此，2003 年 11 月 13 日《全国法院审理经济犯罪案件工作座谈会纪要》在涉及玩忽职守罪的追诉时效时也持相同的观点："玩忽职守行为造成的重大损失当时没有发生，而是玩忽职守行为之后一段时间发生的，应从危害结果发生之日起计算玩忽职守罪的追诉期限。"

（7）隔隙犯。对于隔隙犯来说，存在行为主义、结果注意和折中说的争论，我国刑法理论采行为主义，因此，应该以行为实施之日、而非以结果发生之时作为追诉期限的起算时间。

（二）连续犯、继续犯追诉期限的计算

行为有连续或继续状态的，从犯罪行为终了之日起计算追诉期限，这是针对连续犯和继续犯的犯罪特点而确定的。

连续犯是基于同一犯罪故意，连续实施数个同种犯罪行为的一种犯罪形态。连续犯就其实施的数次行为分开来看，每个行为都可以单独构成犯罪，并且其每个行为之间在时间上也有间断，即行为人并不是自第一次行为开始实施到最后一次行为实施终了这一段时间内都处于犯罪状态。但由于连续犯是出于同一的犯罪故意，所犯的是同种罪行，所以自其最后一次实施犯罪行为终了之日起计算起追诉期限是合理的。

继续犯是指犯罪行为在一定时间内处于继续状态，对继续犯的追诉期限应从持续状态结束之日开始计算。法律之所以规定对继续犯的追诉期限应从犯罪行为终了之日起计算，是因为继续犯是出于一个犯罪故意，实施一个犯罪行为，触犯一个罪名，是一罪而非数罪，并且在一定时间内犯罪行为一直处于持续不断的状态。

（三）追诉时效的中断

追诉时效中断是指在追诉时效进行期间，因发生法律规定的事由，使已经经过的时效期间归于失效，追诉期限从法律规定事由发生之日起重新开始计算的制度。追诉时效中断制度是为了防止犯罪人利用时效制度逃避罪责、继续犯罪而设立的。

我国《刑法》第 89 条第 2 款规定，在追诉期限以内又犯罪的，前罪追诉的期限从犯后罪之日起计算。由此表明，我国追诉时效中断是以犯罪人在追诉期限内又犯罪为条件的，但不论新罪的性质和刑罚轻重如何。根据刑法的这一规定，追诉时效中断后时效起算的时间为"犯后罪之日"。所谓"犯后罪之日"，即后罪成立之日。刑法规定时效中断的法定事由是"又犯罪"，即重新犯罪，至于新罪是重罪还是轻罪、是故意犯罪还是过失犯罪，应受何种处罚等，均在所不问。即便犯罪人的新旧两罪被发现时，新罪已过追诉时效，前罪追

诉的期限也应从犯后罪之日起计算。

在共同犯罪的场合，由共同犯罪的特殊性即二人以上共同故意实施犯罪所决定，对共同犯罪的各行为人的追诉期限应自共同实施的犯罪成立之日起计算，无论是对实行犯还是对非实行犯，均以此为原则，计算追诉期限。但是，如果共同实施的犯罪行为，有连续或者继续状态的，从犯罪行为终了之日起计算。二人以上共同故意犯罪后，共犯中的某些人在追诉时效期限内又单独实施犯罪的，对其以前的共同犯罪行为的追诉期限，从犯后罪之日起重新计算，但对其他共同犯罪人的追诉期限则不产生影响。

（四）追诉时效延长

追诉时效的延长是指追诉时效进行期间，因发生法定事由，导致追诉时效永久性延长，允许超过时效期限进行追诉的制度。《刑法》第 88 条规定，在人民检察院、公安机关、国家安全机关立案侦查或者在人民法院受理案件以后，逃避侦查或者审判的，不受追诉期限的限制。被害人在追诉期限内提出控告，人民法院、人民检察院、公安机关应当立案而不予立案的，不受追诉期限的限制。根据上述规定，追诉时效延长的理由大体包括两类：逃避侦查或者审判，司法机关应予立案而不予立案。

第一，逃避侦查或者审判。在人民检察院、公安机关、国家安全机关立案侦查或者在人民法院受理案件以后，逃避侦查或者审判的，不受追诉期限的限制。这一规定同时强调两点：一方面，司法机关要通过法定程序对犯罪行为有所反应，即采取立案侦查措施或受理案件（并不要求采取强制错措施）。在共同犯罪的场合，犯罪行为被发现，公安机关对全案进行立案侦查，共犯者之一被抓获并定罪处刑的，其他共犯人逃避侦查或者审判的，不受追诉期限的限制。另一方面，犯罪人要有逃避侦查或审判的行为。至于犯罪分子是否被发现或被追捕、被采取强制措施，犯罪分子逃避司法追究的状态持续多久，都不影响追诉时效的延长。逃避侦查或审判，主要是指司法机关立案侦查或受理案件以后，犯罪嫌疑人、被告人逃脱司法机关控制的情况。在实践中具体表现为：在司法机关立案侦查或受理案件以后，犯罪人畏罪潜逃或者隐藏的；在司法机关对其采取强制措施后逃跑或者隐匿的；在自诉案件中，人民法院通知其应诉之后逃跑或者隐匿的。犯罪分子犯罪之后，正常外出经商、务工，并不隐姓埋名，也未隐瞒居住地址的，不应以逃避侦查、审判论处。犯罪分子犯罪之后，没有逃跑、隐匿，而仍然在原居住地生活，而司法机关由于自身能力的限制或工作方法问题，在立案之后长时间难以破案，直到追诉时效经过之后才侦破案件的，也不能按逃避侦查、审判论处，不能追究行为人的刑事责任。此外，司法机关虽已立案侦查，但未对犯罪人进行过任何调查询问，最终时效期限届满的，因犯罪人只是未主动向司法机关自首，没有采取积极的逃避行为，也不能按逃避侦查或审判论处。

第二，司法机关应立案而不予立案。被害人在追诉期限内提出控告，人民法院、人民检察院、公安机关应当立案而不予立案的，不受追诉期限的限制。要准确适用这一规定，应当把握：

（1）不管是法律规定必须由公诉机关公诉的案件，还是应当由自诉人自诉的案件，适用追诉时效无限延长制度的前提，必须有被害人的控告在先，并且控告必须在追诉期限内提出。

（2）如何理解司法机关“应立案而不立案”？立案是有一定根据和标准的，控告必须经过司法审查，由司法人员确信有犯罪事实需要追究刑事责任，才能立案。应当立案而不予立案，是指有证据证明有犯罪事实并且需要追究犯罪人的刑事责任，才能立案。如果在追诉期限内，被害人控告后司法机关先未立案，而后又立案的，由于犯罪仍在追诉期限内，司法机关仍可追诉犯罪人的犯罪行为，因而与追诉时效延长的规定无关。如果在追诉期限内，司法机关在被害人控告后不予立案，而在追诉期限后又立案的，则说明在追诉期内不立案是错误的，该案在追诉期限内应立案而不立案，则必须延长追诉时效，司法机关仍然可以对犯罪人进行追诉。换言之，被害人在追诉期限内提出控告，人民法院、人民检察院、公安机关应当立案而不予立案的，不管犯罪人是否有逃跑的情形，也不管过了多长期限，都不影响追诉机关对犯罪进行追诉。

第十五章　危害公共安全罪

第一节　交通肇事罪

重要法条及司法解释

《刑法》第 130 条。

《最高人民法院关于关于审理交通肇事刑事案件具体应用法律若干问题的解释》（2000 年 11 月 10 日）。

命题分析

近十年来，危害公共安全罪章中考查频次较高的重点罪名其实仅有交通肇事罪。交通肇事罪是司法实务中出现非常频繁的罪名，最高人民法院、最高人民检察院针对交通肇事罪出台了数个司法解释。其中，个别的规定可能存在严重违反刑法学理的问题。因此，此一罪名成为命题人比较偏爱的考点。考生在备考时需要认真厘清交通肇事罪的构成要件，尤其是对有关“逃逸”及本罪共犯问题的理解。

知识点精讲

交通肇事罪是指违反交通管理法规，发生重大交通事故，致人重伤、死亡或者使公私财产遭受重大损失的行为。

一、客观要件

本罪在客观方面表现为违反交通管理法规，发生重大交通事故。违反交通管理法规，是指违反公路、水上运输中的劳动纪律、交通规则、操作规程等。虽然有交通事故发生，但没有违反交通规则的，不构成犯罪。例如，公交车司机将爆炸物放在自己驾驶的车辆上的，未违反交通管理法规，不属于交通肇事行为，而成立携带危险物品危害公共安全罪。需要注意的是，违反交通运输管理法规导致交通事故，致人重伤、死亡或者公司财产重大损失的，才构成本罪。具体的入罪标准参见前述最高人民法院 2000 年的司法解释。

例 1（真题）　甲驾车在公路转弯处高速行驶，撞翻相向行驶车辆，致 2 人死亡。

提示：本例中的甲成立交通肇事罪。在公路转弯处高速行驶，明显违反了交通管理法规的相关规定，发生了致 2 人死亡的严重后果，符合交通肇事罪的犯罪构成，成立本罪。

例2（真题） 丙醉酒后驾车，刚开出10米就撞死2人。

提示：醉酒驾车，显然也严重违反了交通管理法规的相关规定，导致2人死亡，成立交通肇事罪。同时，按照《刑法》第133条之一的规定，丙的行为符合危险驾驶罪的犯罪构成，对丙应当以危险驾驶罪和交通肇事罪择一重罪处罚。

交通肇事罪考查的重点之一是交通肇事后逃逸以及逃逸致人死亡。交通肇事后逃逸或逃逸致人死亡的，法定刑升格。前述司法解释将“交通肇事后逃逸”规定为：“交通肇事后为逃避法律追究而逃跑”，由此，因逃逸致人死亡自然就应当解释为：在交通肇事后为逃避法律追究而逃跑，致使被害人因得不到救助而死亡。从法理上看，司法解释的这一规定是否合理值得研究。因为犯罪后基于自我保护的本能，为了逃避法律追究而逃跑，是人之常情，在法律上是不具有期待可能性的行为，在其他任何犯罪中，法律都没有规定犯罪后逃逸要提高法定刑。理论上，规定逃逸或逃逸致人死亡的规范目的应当定位于保护被害人，即防止由于行为人肇事后逃逸导致被害人没有及时得到救助而死亡。司法解释将逃逸限定为“为了逃避法律追究而逃跑”，在行为人不是为了逃避法律追究，而是为了实现其他目的（如为了完成单位交给的其他紧急任务；为了完成公益性事业；为了将突然发病的亲友送医；为了满足其他欲望；等等）而从肇事现场逃跑的场合，该解释的不妥当性表现得十分明显。例如，甲无证驾驶，开车追杀乙，途中发生交通事故致使无关的第三人丙受重伤。甲想待其将乙杀死后，再回头救助丙。乙见状不妙，逃入一小胡同，甲无法再行追赶。乙遂逃脱一死。等甲回头再去救助丙时，丙已死亡。经医学鉴定，只要伤者在负伤后半小时内及时送医，就能得救。而甲也知道案发地点距离最近的医院只有很短的路程。上例中，甲尽管逃离了现场，但其并非“为了逃避法律追究”，而是“为了追杀乙”，因此根据现行有效的司法解释，甲不成立交通肇事罪中的“因逃逸致人死亡”。由此也显示了该司法解释的不合理性。

理论上看，只要在客观上行为人能够实施救助行为，但是其没有履行该救助义务而逃跑，或者因逃跑导致被害人死亡的，就应当成立交通肇事罪中的逃逸或因逃逸致人死亡，而没有必要考察行为人是否处于“为了逃避法律追究”的动机或目的，否则会不当限制此规定的适用。此外，由于“逃逸”一词，无论是将“逃”与“逸”分开还是组合在一起理解，都意味着行为人必须和肇事现场之间存在一定的空间距离，该行为才能被解释为逃逸。因此，行为人在肇事后留在现场但不救助被害人，尽管从规范目的上应当解释为“逃逸”，但如此已经超出了“逃逸”用语的一般用法和词语的最远含义边界，有违反罪刑法定之嫌。换句话说，交通肇事后还留在现场但不救助被害人的，并非交通肇事后逃逸。理论上，只有原本能够救助被害人而不予救助，并且离开肇事现场逃跑的行为，才应该在规范上被评价为逃逸。例如，行为人乙无照驾驶，交通肇事撞伤一行人，下车后发现行人伤势很重，就留在现场，不实施任何救助措施，看着伤者死去，然后打电话报警。后经医学鉴定，只要伤者在负伤后2小时内及时送医，就能得救。上例中，由于乙留在现场，主动报警且接受刑罚处罚，按照司法解释的规定，不属于“为逃避法律追究而逃跑”，因此不能认定为逃逸。

适用交通肇事后逃逸的规定，必须注意：①行为人已经构成交通肇事罪，这是前提。

②行为人明知发生了交通事故，否则也不能认定为有逃逸行为。③行为人主观上具有对被害人不予救助的逃逸意思和行为。交通肇事后，为躲避客观上已经发生的被害人家属等人的追赶、殴打而逃跑的，不是这里的逃逸。因逃逸致人死亡的，构成本罪的结果加重犯。如果按照法理，因逃逸致人死亡，是指行为人在交通肇事后对被害人不予救助，致其死亡的情形。逃逸行为与被害人死亡结果之间存在因果关系的，才能将死亡结果归属于被害人。如果有足够证据可以证明，事后逃逸的行为人交通肇事撞伤被害人后，即使立即实施救助也无法挽回被害人生命的，则不能适用因逃逸致人死亡的规定。

本罪的主体是一般主体，但主要是从事交通运输的人员。非机动交通工具运输人员、行人，都可能因自己违反交通运输管理法规的行为而造成重大事故，因而可以成为本罪主体。例如，行人违章在高速公路上突然横穿，致使过往汽车紧急刹车而相撞造成重大伤亡事故的，完全符合本罪的犯罪构成。

按照司法解释的规定，单位主管人员、机动车辆所有人或者机动车辆承包人指使、强令他人违章驾驶造成重大交通事故的，以交通肇事罪定罪处罚。单位主管人员明知其雇用的汽车司机无驾驶资格或明知其用于运营的客车经常严重超载，仍任凭司机违章驾驶，因而发生重大交通事故的，可以按监督过失理论对主管人员以交通肇事罪定罪处罚。

对于客观上不可能危害不特定或者多数人生命、健康或造成公私财产遭受重大损失的行为，不应以交通肇事罪处理。例如，行为人在通常没有机动车辆往来的公路上违章骑自行车致人重伤或死亡的，只可能危害特定少数人的生命、健康安全，因而只能分别认定为过失致人重伤、过失致人死亡罪。

二、主观要件

本罪在主观方面是过失，过失是指行为人对所发生的后果出于过失心态，而对于违反交通管理法规，行为人则可能是明知故犯。换句话说，行为人有意识地违反了相关交通管理法规，或许普通人认为这是“故意”，但这并非刑法上的故意，如果发生了肇事结果，行为人对于结果是过失心态，成立交通肇事罪。

故意利用交通工具杀害特定个人的，成立故意杀人罪。为报复泄愤，故意驾驶汽车在公共场所冲撞，致使多人伤亡的，构成以危险方法危害公共安全罪。

三、认定

（一）本罪与其他犯罪的关系

司法解释规定，在交通肇事后为逃避法律追究，将被害人带离事故现场后隐藏或者遗弃，致使被害人无法得到救助而死亡或者严重残疾的，应以故意杀人罪、故意伤害罪定罪处罚，并与先前的交通肇事罪数罪并罚。理论上看，对这里的隐藏、遗弃应当作广义解释，隐藏不一定要使被害人实现位置的移动，在肇事地点，移动被撞汽车用以遮挡被害人面目，使之难以为其他人发现的，或者用树叶、杂物遮住被害人身体，或者将生命特征微弱的被害人掩埋到泥土中，都是隐藏。遗弃，主要是指将被害人带到较为隐蔽的场所抛弃，使之彻底丧失得到他人救助的可能。完全没有及时抢救被害人的意思，将被害人置于肇事汽车中，故意带着被害人在相当广泛的区域长时间行使的，也是遗弃。

此外，由于《刑法》第131条和第132条分别规定了重大飞行事故罪和铁路运营安全事故罪，因此，行为人的行为如果属于飞行事故和铁路运营事故，则应当认定为重大飞行事故罪和铁路运营安全事故罪，而非交通肇事罪。同时，《刑法》第119条第2款也规定了过失损坏交通工具罪和过失损坏交通设施罪，如果行为人过失损坏了交通工具和交通设施，因而造成交通事故的，便不成立交通肇事罪，而是以过失损害交通工具罪和过失损害交通设施罪定罪处罚。

（二）指使肇事者逃逸

按照司法解释的规定，交通肇事后，单位主管人员、机动车辆所有人、承包人或者乘车人指使肇事人逃逸，致使被害人因得不到救助而死亡的，以交通肇事罪的共犯论处。此处，需要提醒注意的是，无论肇事者本人是否达到责任年龄、是否具有责任能力，只要肇事者客观上实施了交通肇事行为，单位主管人员、车辆所有人、承包人或者乘车人指使肇事者逃跑的，都应当按照司法解释的规定处理，即单位主管人员等成立交通肇事罪。这也是共犯从属性原理运用的当然逻辑结果，因为无论正犯（肇事者）是否具有责任，只要其实施了客观不法行为，就不影响共犯（指使逃逸者）的可罚性。

第二节　放火罪

重要法条及司法解释

《刑法》第114~115条。

命题分析

近十余年来的真题对于放火罪考查的并不多，有限的几次考查也是命题人在考查其他重点知识点时附带考查放火罪，如在考查罪数论时附带考查放火罪的犯罪构成。考生在复习时需要注意的是，放火罪的犯罪构成以及和其他罪名如以危险方法危害公共安全、故意杀人罪的关系问题。

知识点精讲

放火罪是指故意放火焚烧他人财物，危害公共安全的行为。

一、保护法益

本罪侵害的法益是不特定或者多数人的生命、健康和重大公私财产。公私财产的具体对象包括生产设施、公共建筑物以及其他公私财产。这些财产必须具备密集、量大，与其他建筑设施连成一片等特点。实施放火行为，而将火势有效地控制在较小的特定范围内，没有造成危害，也不可能危害不特定多数人的生命、健康和重大公私财产的安全的，不构成放火罪，可分别定故意毁坏财物罪、故意杀人罪或故意伤害罪。

放火的对象一般为属于他人所有、占有的财产。放火烧毁自己所有的财产，原则上不构成犯罪，因为个人对自己的财产法益有（被害人）处分权限，但如果放火烧毁自己的财产时危及公共安全的，仍应以放火罪论处。自焚行为如果具有公共危险，也可以成立放火罪。

二、客观要件

本罪在客观方面表现为放火行为。

放火是指利用火力引起对象物燃烧进而造成公共危险的行为，即对目的物放火，威胁不特定或者多数人的生命、身体、财产安全。

放火概念包括两方面的内容：一是有放火行为，即对公私财物进行引燃。二是危害公共安全，包括已经严重危害公共安全和尚未造成严重后果两种情况。在放火尚未造成严重后果的场合，属于具体危险犯，即燃烧的事态发生，同时因为火力而使公共危险具体地存在，或者是火力有向其他财物转移、附带引起燃烧的危险性。有学者认为，从科学法则上看，附带引起燃烧的可能性即使完全没有，但从一般人的感觉看，只要能够现实地感到有危险的场合也认为是有具体危险。这一观点可能值得商榷。因为具体危险是司法认定的危险，而非一般人的危险感觉。所以，事实上没有发生危险状态的可能，而一般人认为有危险的，并不具有具体危险，不能成立本罪，而可以成立故意毁坏财物罪。

例（真题） 甲对拆迁不满，在高速公路中间车道用树枝点燃一个焰高约20厘米的火堆，将其分成两堆后离开。火堆很快就被通行车辆轧灭。甲的行为成立放火罪

提示：认为甲的行为成立放火罪是错误的。成立放火罪，要求危害公共安全，按照题干的交代，甲在高速公路中间车道用树枝点燃一个焰高约20厘米的火堆，将其分成两堆后离开，并且火堆很快就被通行车辆轧灭，结合甲放火的地点以及对象物燃烧的实际情况来看，高速公路车道上除了往来通行车辆，基本不会有其他物质会被点燃，而火堆本身的燃烧规模与程度也不足以威胁到往来车辆的安全，20厘米高的火苗对于高速行驶的汽车来说基本不具有引燃的可能性，火堆很快就被通行车辆轧灭本身也说明了这一点。所以，尽管甲有放火行为，但未危害到公共安全，不成立放火罪。

对放火的具体方法，法律未作限制，直接点燃目的物、通过媒介物（例如，火把、报纸）点燃目的物的，都是放火；在发生自然灾害（地震、火山爆发）时，在已经燃烧和未燃烧的物体之间搭放木板等引火物的，也是放火行为。没有点火行为，但散布引火性极高的物质（例如，汽油、煤气）的场合，即使未开始点火，也认为是放火行为的着手。放火行为一般表现为用各种引火物直接点燃财物的作为形式，有的也可能表现为不作为的形式，如发电厂值班电工明知线路有故障，不加修理可能酿成火灾，但为了发泄不满，故意不予维修，结果造成火灾，构成不作为形式的放火罪。

对本罪既遂的认定，取决于如何理解《刑法》第114条和第115条的关系。两个法条同时规定一个罪名，说明本罪在立法上比较特殊。但两个条文之间并非对立关系。一方面，可以认为《刑法》第114条的成立不要求发生危害后果，该条为危险犯、（实质的）未遂犯的规定，只是因为该条所要保护的法益过于重大，类型化的放火等行为未造成结果的情形较多，因而在立法上将其未遂情形在分则中例外地加以规定；第115要求致人重伤、死亡或者使公私财产遭受重大损失，该条是关于实害犯、既遂犯的规定。另一方面，也可以

认为《刑法》第 115 条既包括故意放火，且对火灾后果持希望或者放任心态的情形，也包括故意放火但对结果仅有过失的情形，因此，该条同时是关于结果犯（实害犯）、结果加重犯的规定。

根据上述主张，对本罪特殊犯罪形态的理解，就可能存在以下不同思路：

（1）仅认为《刑法》第 115 条才有既遂的可能。如果认为《刑法》第 115 条是既遂犯，第 114 条是未遂犯，那么只有在放火行为造成狭义的实害结果时，才存在既遂问题；第 114 条本身就是关于未遂犯的规定，放火行为未造成后果的，直接适用该条，不存在再引用《刑法》第 23 条未遂犯的规定的问题（禁止重复评价的原理）。那么，本罪的既遂应以发生《刑法》第 115 条所规定的死伤后果或财产损害即对象物烧毁后果作为标准。对烧毁的含义，应当侧重于保护财产法益的观点，将财产毁损作为既遂与未遂的分水岭。换言之，对象物的主要部分被烧毁，主要效用丧失的，就是本罪既遂（主要部分毁弃、主要效用丧失说）。根据这一主张，在放火行为没有导致对象物烧毁的场合，无论是直接引用《刑法》第 114 条进行处理，还是同时引用《刑法》第 115 条和第 23 条进行处理，都没有问题，只要不违背罪刑相适应原则即可。

（2）认为《刑法》第 114 条、第 115 条各有其既遂标准。如果认为《刑法》第 115 条是结果犯或结果加重犯，第 114 条是基本犯，且重视放火罪的公共危险性质，就可以认为两个条文所规定的放火罪各自都有既遂与未遂问题，那么，《刑法》第 115 条的既遂标准是烧毁，第 114 条的既遂标准是独立燃烧，即在放火对象着火后，将火种或引燃物撤离或扑灭，对象物能够继续处于独立燃烧状态，达到足以危害公共安全的程度，火势有某种程度的延续可能性，即使尚未造成严重后果，没有达到行为人使财物丧失效用或者毁弃的预期目的，也应当认定为《刑法》第 114 条的既遂。肯定这一点，是因为目的物达到独立燃烧的可能，就会发生危害公共安全的危险；放火罪中目的物一般都是易燃物，容易释放有毒气体，起周围公众的不安感，放火行为达到了使目的物独立燃烧的状态，公共危险的发生就可以认定。我国普通的建筑物在城市是砌体结构或者现浇铸结构，在农村多为土墙、砖瓦构造，要能使建筑物效用的主要部分或者整体丧失并不容易，要使其达到毁弃状态更为困难，所以，如果一定要坚持第 115 条的毁弃说，就可能导致放火罪大多没有既遂，而只有未遂。这里的独立燃烧必须理解为目的物被媒介物引燃且在媒介物离开后火力还能够继续维持燃烧的状态。虽然点燃目的物，但在媒介物离开之后，目的物自身不能将独立燃烧状态维持下去时，只成立本罪未遂。此外，行为人已经着手实施放火行为，但由于意志以外的原因（如刚划燃火柴即被抓获刚点燃引火物即被大雨浇熄等）而未引起公私财物燃烧的，也应认定为放火罪的未遂。根据上述观点，在放火行为没有导致对象物烧毁的场合，可以按照《刑法》第 115 条的未遂犯处理（同时引用《刑法》第 115 条和第 23 条），也可以按照《刑法》第 114 条的规定认定为既遂犯，两种处理方式在最终量刑结论上不应该存在太大偏差。

（3）关于中止犯。认为《刑法》第 114 条有独立既遂标准的主张，可能压缩中止犯的成立空间，因为从着手放火到独立燃烧之间的时间距离很短，一旦既遂不可能再有中止，采用该主张则成立中止犯的可能性很小，不利于鼓励犯罪者自动放弃犯罪或者防止危害后果的发生。因此，对着手放火之后的中止犯行为（实行中止），宜认定为《刑法》第 115

条的中止，从而将实害犯的既遂结果发生之前（即便是在独立燃烧之后），行为人基于自己的意思停止犯罪的情形，都尽可能地认定为中止犯。以放火为手段实施杀害行为，并未危害公共安全的，以故意杀人罪论处。放火行为不仅导致特定个人死亡，而且危害公共安全的，构成放火罪和杀人罪的想象竞合犯，应从一重罪处断。不过，这里的重罪是放火罪还是故意杀人罪，不可一概而论。

在故意杀人或实施其他犯罪之后，为湮灭罪迹而故意放火的，应数罪并罚。以放火为手段杀害他人，并试图骗取保险金的，应以本罪和保险诈骗罪并罚。以放火的意思进入他人住宅并放火的，构成本罪和非法侵入住宅罪的想象竞合犯。

放火行为致人重伤、死亡或者使公私财物遭受重大损失的，属于本罪的实害犯。这里的致人重伤、死亡，包括故意重伤和故意杀人在内。在行为人放火后，被害人完全有条件逃离或者在已经离开火灾现场的情况下，为抢救财物或者救人又闯入火灾现场导致重伤、死亡的，属于第 115 条规定的放火致人重伤、死亡，应以本罪实害犯处理。

本罪的主体是一般主体，由于放火属于用危险方法严重危害公共安全的犯罪，其危险性易被一般人所认识，因而，已满 14 周岁不满 16 周岁的人，可以构成本罪。

三、主观要件

本罪在主观方面是故意，即行为人明知放火行为会危害公共安全，而追求或者放任这种结果的发生，放火的动机只影响量刑。

对于放火罪的具体危险犯，要求行为人对具体公共危险的发生有认识，即不仅要认识到放火行为是违法行为，而且要认识到一旦实施放火行为就具有公共危险性，这也是在放火毁坏财物的场合，应以放火罪而不以轻罪故意毁坏财物罪处罚的原因。

第三节　以危险方法危害公共安全罪

重要法条及司法解释

《刑法》第 114～115 条。

命题分析

近年来，以危险方法危害公共安全罪在我国的刑事司法实务中有逐渐扩张适用的趋势，但是，到底什么是危险方法，其实很难定义。因此，本罪事实上却是像是危害公共安全类犯罪的兜底罪名，构成要件明确性存疑。近两年，社会上经常出现乘客在公交车行驶过程中和司机打斗、抢夺方向盘等恶性行为，能否认定以危险方法危害公共安全罪，存在一定的争议。因此，本罪是近几年的热门考点，需要多加注意。从往年的考查情况来看，考生必须把握对本罪构成要件的解释方向：所谓的“危险方法”，必须是和放火、决水、爆炸等行为具有等质性地对公共安全造成威胁的行为。

知识点精讲

以危险方法危害公共安全罪是指故意使用放火决水、爆炸、投放危险物质以外的其他危险方法危害公共安全的行为。

一、客观要件

本罪在客观方面表现为使用放火、决水、爆炸、投放危险物质以外的其他危险方法危害公共安全。

放火、决水、爆炸、投放危险物质罪是以危险方法危害公共安全罪的基本犯，而以（其他）危险方法危害公共安全罪则属于这类犯罪的补充犯。凡是构成基本犯的，都以基本犯定罪，只有超出基本犯的范围，才能以补充犯定罪。对于“其他危险方法”的范围，不能过度扩大解释。因为以危险方法危害公共安全仅仅是《刑法》第 114 条、第 115 条的“兜底”条款或堵截性规定，而不是整个危害公共安全罪或者整个刑法典中惩治公共危险行为的兜底条款，否则就与罪刑法定原则相悖。因此，对“其他危险方法”就必须理解为与放火、决水、爆炸、投放危险物质的社会危害性相当，且《刑法》第 114 条和第 115 条没有明确列举的危险方法。有的犯罪行为，例如故意销售不符合卫生标准的食品行为，与投放危险物质罪的危险方法相当，但是刑法已经将其作专门规定，就不再属于本罪中的危险方法。在销售不符合卫生标准的食品行为致人死亡或者导致人体健康严重受损时，单纯为了对罪犯判处更重的刑罚，按照以危险方法危害公共安全罪定罪处罚，就是错误的做法。

以危险方法危害公共安全的犯罪，在实践中常见的情形有：在繁华地段故意驾车任意冲撞；私设电网；破坏矿井通风设备；行为人醉酒后驾车，在发生第一次肇事后果后继续驾车冲撞，造成重大伤亡；等等。此外，在火灾发生之际，明知隐藏、抛弃、破坏消防器材或妨害消防活动的行为可能使火势蔓延，危及不特定或者多数人的生命、身体、财产，而将消防用的器材包括消防车、灭火器等破坏、隐匿的，方法的危险性与不作为的放火基本相当，可以考虑成立以危险方法危害公共安全罪。当然，以其他方法妨害消防车出动或者消防人员开展活动的，一般应成立妨害公务等罪。

二、主观要件

本罪在主观方面是故意。行为人没有危害公共安全的故意，行为客观上只导致特定个人死亡的，不能认定为有本罪故意。例如，因驾驶违章而被拦截，为逃避追究而驾驶汽车往非机动车道高速行驶，撞死一人的，行为人不具有以驾车撞人的方式危害公共安全的故意，只应成立故意杀人罪。

第四节　投放危险物质罪

重要法条及司法解释

《刑法》第 114~115 条。

命题分析

投放危险物质罪在近十余年的真题中出现过多次，命题人主要想考查的还是考生对于投放危险物质罪犯罪构成的把握程度。考生在理解本罪时，必须要记住本罪侵犯的是公共危险，因此，如果投放有毒物质仅仅危害的是特定人的生命安全，便不成立本罪。这也是往年命题人命题时的主要考查点。

知识点精讲

投放危险物质罪是指故意投放毒害性、放射性、传染病病原体等物质，危害公共安全的行为。

一、客观要件

本罪在客观方面表现为投放毒害性、放射性、传染病病原体等物质，危害公共安全毒害性物质、放射性物质、传染病病原体等物质都是危险物质。毒害性物质，即通常所说的毒物，是指如氯化钾等各种对人体或牲畜能够造成严重毒害的物品，其范围极其广泛，包括化学性有毒物质、生物性有毒物质和微生物类有毒物质。其中，化学性有毒物质，也称人工合成有毒物质，如砒霜、鼠药、氰化物等；生物性有毒物质，又可分为植物性有毒物质，如野蘑菇，以及动物性有毒物质，如河豚等；微生物类有毒物质，如肉毒杆菌等。放射性物质，是指铀、镭、钴以及其他各种能够发出放射性辐射并对人体造成严重损害直至死亡的物质，包括可以发生裂变反应或聚合反应的核材料。传染病病原体不属于毒性物质，而是通过在人体或者动物体内适当的环境中繁殖从而给身体造成危害的传染病菌种、毒种，如霍乱弧菌、天花病毒、艾滋病毒、炭疽菌、肝炎病毒、结核杆菌等。对于传染病病原体的范围，应当结合《传染病防治法》所规定的甲、乙、丙类传染病病原体进行认定。

投放的表现形式是作为，消极行为不能构成本罪，具体方式有：将危险物质投放于供不特定或者多数人饮食的食品或饮料中；将毒物投放于供人、畜使用的河流、池塘、水井中；释放剧烈毒物、放射性物质等。本罪是具体危险犯，即投放危险物质的行为足以造成不特定或者多数人重伤、死亡以及财产重大损失的，就构成本罪。

针对不特定或者多数人投放危险物质的，但以剥夺特定人的生命为目的，并且最终只导致特定人死亡的，构成故意杀人罪。

二、主观要件

本罪在主观方面是故意，多数情况下是直接故意，少数由间接故意构成。

第十六章　破坏社会主义市场经济秩序罪

第一节　生产、销售伪劣产品罪

重要法条及司法解释

《刑法》第 140 条。

《最高人民法院、最高人民检察院关于办理生产、销售伪劣商品刑事案件具体应用法律若干问题的解释》（2001 年 4 月 9 日）。

命题分析

在日常生活中，无论是在网络平台还是线下商店，消费者都经常会购买到假冒伪劣商品，让消费者深恶痛绝。造假者不仅会涉及侵犯知识产权的相关犯罪，事实上也经常会触及生产、销售伪劣产品罪。随着国家对知识产权保护越来越严格，本罪的适用在实践中呈现出数量增加的趋势。未来命题的可能性是比较大的。命题人可能命制的点在于两处：一是本罪的犯罪构成；二是本罪和其他生产、销售伪劣商品犯罪的竞合关系问题，考生需要多加注意。

知识点精讲

生产、销售伪劣产品罪是指生产者、销售者在产品中掺杂、掺假，以假充真，以次充好或者以不合格产品冒充合格产品，销售金额达 5 万元以上的行为。

一、客观要件

本罪在客观方面表现为违反国家产品质量管理法规，生产、销售伪劣产品的行为。

违反国家产品质量管理法规，是构成本罪的前提。目前，我国的产品质量法规体系已经比较健全，包括产品质量法、标准化法、计量法、工业产品质量责任条例等。在这些法律法规中，对伪劣产品的范围进行了界定。

本罪的实行行为包括生产、销售。一般来说，生产、销售伪劣产品是两种行为，生产是制造伪劣产品并提供给他人；销售则是明知是伪劣产品而出售。生产者和销售者的界限也相对比较清楚，但是自产自销、明知是合格产品而掺杂掺假予以销售的，兼有生产、销售伪劣产品的行为。

生产、销售伪劣产品的行为，刑法规定为在产品中掺杂、掺假，以假充真，以次充好或者以不合格产品冒充合格产品四种行为。掺杂、掺假，是指在生产、销售的产品中掺入杂质或者异物，借以增加产品重量、体积、数量等，致使产品质量不符合国家法律、法规或者产品明示质量标准规定的质量要求，降低、失去应有使用效能的行为。例如，在油菜籽中掺进黑沙子，在面粉中掺入滑石粉等。以假充真，是指以不具有某种性能的产品冒充具有该种性能产品的行为，如用人造革冒充皮革。此外，虽然严格按照法律确定的国家标准生产产品，但是假冒他人知名商标的产品，也属于以假充真行为，例如，合格的香烟生产企业在自己生产的香烟上使用其他知名商标的，也是生产伪劣产品。以次充好，是指以低等级、低档次产品冒充高等级、高档次产品，或者以残次、废旧零配件组合、拼装后冒充正品或者新产品的行为，例如，以人养殖的珍珠冒充天然珍珠等。以不合格产品冒充合格产品，是指以不符合产品质量标准的产品冒充符合质量要求的产品的行为。

在以次充好或者以不合格产品冒充合格产品的情形下，不作为是否可以构成本罪？一般认为，产品质量法规定，根据产品的特点和使用要求，需要标明产品规格、等级、所含成分的名称和含量的，应在其产品或包装上标明，行为人不标明的，就属于不作为的犯罪形式。但是生产伪劣产品需要多个环节，“不标明”只是手段之一，其他行为是作为；“不标明”但销售的，销售行为是以作为形式实施的，从总体上看，犯罪还是通过积极的行动完成的，所以，很难说不作为方式也可以构成本罪。

本罪的行为对象是伪劣产品，即质量低劣，没有达到国家产品质量标准的产品，以及失效、变质的产品，包括变质、失效，可能危及安全和人体健康的产品；所标明的指标与实际不符的产品；国家有关法律、法规、命令禁止生产、销售的产品等。

此外，下列商品也可以视为伪劣产品：无检验合格证或无有关单位许可证照的；未使用中文标明商标名称、生产者和产地（重要工业品未标明厂址）的；限时使用而未标明失效时间的；实施生产许可证管理而未标明许可证编号和有效期的；按有关规定应用中文标明规格、等级、主要技术指标或成分、含量而未标明的；高档耐用消费品无中文使用说明的；属处理品（含次品、等外品）而未在商品或包装的显著部位标明“处理品”字样的；对剧毒、易燃易爆等危险品未标明有关标识和说明的，但建筑工程不是这里的伪劣产品。

构成本罪，要求销售金额在5万元以上。根据有关司法解释，伪劣产品尚未销售，货值金额达到《刑法》第140条规定的销售金额3倍以上的，以生产、销售伪劣产品罪（未遂）定罪处罚。

关于销售金额的确定，有以下问题值得注意：

第一，行为人生产或购进了伪劣商品后，与他人签订销售伪劣产品的合同时，合同上所载明的货款就是销售金额，而不管其是否实际收回该款项，这是由市场交易的迅速性和获得货款的可能性所决定的。

第二，销售合格产品的金额与销售伪劣产品的金额无法区分时，将不可分割的全部金额认定为销售伪劣产品的金额。因为行为人为达到其欺骗他人的目的，往往使用将合格产品与伪劣产品混杂在一起的犯罪手段。类似的处理方法，在处罚财产犯罪时也时有使用，例如，在正当取得的财物和窃取的财物无法区分时，将其整体认定为盗窃罪。

第三，销售金额是否在5万元以上，反映了生产、销售伪劣产品的规模、行为持续时间、危害范围、消费者的受害程度以及行为人的主观恶性。所以，销售金额的大小对成立犯罪有根本性影响。因此、销售金额不满5万元的，不构成犯罪。在这里，比较重要的是：

刑法以销售金额限制处罚范围，销售金额不满 5 万元的，对市场竞争秩序的侵害没有达到需要刑法出面加以规制的程度。

第四，多次实施生产、销售伪劣产品行为，未经处理的，伪劣产品的销售金额或者货值金额累计计算。

在生产、销售伪劣产品过程中，使用欺骗方法掩饰掺杂掺假、产品质量低劣等事实骗取财物的，欺骗行为包含于生产、销售行为之中，只应构成本罪，不构成诈骗罪；无商品交易或以虚拟的交易骗取他人财物的，不构成销售伪劣产品罪，而构成诈骗罪。

知道或者可能知道他人实施生产、销售伪劣商品犯罪，而为其提供贷款、资金、账号、发票、证明、许可证件，或者提供生产、经营场所或者运输、仓储、保管、邮寄等便利条件，或者提供制假生产技术的，以生产、销售伪劣商品罪的共犯论处。

实施生产、销售伪劣商品犯罪，同时构成侵犯知识产权、非法经营等其他犯罪的，成立想象竞合犯，依照处罚较重的规定定罪处罚。

二、主观要件

本罪在主观方面是故意，即明知生产、销售的商品是伪劣产品。生产者对他人提供的原材料有假、对国家标准有变更不能认识，销售者对所销售的产品是伪劣产品无法认知的，都不具有本罪故意，不构成本罪。

三、法条竞合

《刑法》第 140 条所规定的是生产、销售普通伪劣产品的犯罪，第 141 条至第 148 条所规定的是生产、销售特殊伪劣产品（药品、食品、医用器材、电器以及压力容器等涉及人身安全的产品、农药、兽药、化肥、种子、化妆品等）的犯罪，它们之间存在法条竞合关系。

法条竞合的基本处理原则是特殊法条优于普通法条。例如，在合同诈骗的场合，行为人同时触犯诈骗罪的规定，但是，由于刑法对利用经济合同实施诈骗的行为作了特别规定，就排斥了诈骗罪的适用。

不过，在法律有特别规定时，处理法条竞合问题可以适用重法优于轻法的原则，即特殊法条与一般法条竞合，而前者的法定刑轻于后者在法律有特别规定的情况下，应适用重法。具体就生产、销售普通伪劣产品罪和生产、销售特殊伪劣产品罪的关系及其处理而言，应当注意：

第一，《刑法》第 149 条第 1 款规定，生产、销售第 141 条至第 148 条所列产品，不构成各该条规定的犯罪，但是销售金额在 5 万元以上的，依照第 140 条的规定定罪处罚。生产、销售伪劣产品罪必须具备的一个条件，就是生产、销售的伪劣产品销售金额必须达到 5 万元以上的，才构成该种犯罪。如果所犯之罪是第 141 条至第 148 条规定的关于具体产品的犯罪（即生产、销售假药罪、生产、销售劣药罪、生产、销售不符合卫生标准的食品罪、生产、销售有毒、有害食品罪、生产、销售不符合标准的医用器材罪、生产、销售不符合安全标准的产品罪、生产、销售伪劣农药、兽药、化肥、种子罪以及生产、销售不符合卫生标准的化妆品罪），按照各该条的规定，大部分都要求把足以造成危害结果或者已经造成危害结果作为构成要件。但是，如果生产、销售的是第 141 条至第 148 条所列的产品不具有各该条构成犯罪所要求的可能后果或者已然后果，而销售金额达到了5万元以上的，应按照第140条的规定以生产、销售伪劣产品罪定罪处罚。

第二，《刑法》第149条第2款规定，生产、销售本节第141条至第148条所列产品，构成各该条规定的犯罪，同时又构成本节第140条规定之罪的，依照处罚较重的规定定罪处罚。如果行为人生产、销售第141条至第148条所列的产品，导致各该条要求的后果的，当然构成各该条所规定的犯罪；但是，如果生产、销售第141条至第148条所列的产品同时销售金额又达到5万元以上的，应按照法条竞合的处理原则即重法优于轻法处理，以避免罪刑不均衡。

例（真题） 甲销售的假药无批准文号，但颇有疗效，销售金额达500万元，如按销售假药罪处理会导致处罚较轻，法院以销售伪劣产品罪定罪处罚。

提示：上述表述是正确的。甲销售的假药无批准文号，尽管有疗效，但仍然构成销售假药罪。毫无疑问，假药同样属于伪劣产品，所以甲在销售假药罪的同时构成销售伪劣产品罪。而根据《刑法》第149条第2款的规定，打破了法条竞合时特别法优先于普通法的适用原则，而是选择了重法优于轻法适用。由于题干已经清楚交代"如按销售假药罪处理会导致处罚较轻，法院以销售伪劣产品罪定罪处罚"，所以直接按照149条第2款的规定以重罪定罪处罚，甲构成销售伪劣产品罪。

四、单位犯罪的处罚

根据《刑法》第150条的规定，单位犯本罪的，对单位判处罚金，并对其直接负责的主管人和其他直接责任人员，依照自然人犯罪的规定处罚。

第二节　生产、销售假药罪

重要法条及司法解释

《刑法》第141条。

《最高人民法院、最高人民检察院关于办理危害药品安全刑事案件适用法律若干问题的解释》(2014年11月3日)。

最高人民检察院、公安部《关于公安机关管辖的刑事案件立案追诉标注的规定（一）的补充规定》第2条。

命题分析

最近几年，新闻媒体不时报道生产、销售假药造成人身伤害的案件，2017年的"假疫苗"案震惊国人，前几年的"格列卫"事件也引发了国人对生产、销售假药罪的深思。《刑法修正案（八）》将本罪从具体危险犯修改为抽象危险犯，将刑事处罚的界限前移，一定程度上也表明了立法者对于国民用药安全的重视。考生在复习时要注意把握本罪的构成要件，尤其是假药的认定标准。

知识点精讲

生产、销售假药罪是指违反国家药品管理法规，生产、销售假药的行为。

一、客观要件

本罪客观方面表现为生产、销售假药的行为。行为违反药品管理法规，才有可能构成本罪。生产、销售假药，就是违反国家相关规定，生产销售与药品本性不相符合的产品的行为。

生产是指一切提炼、加工、采集、收集假药的行为。以生产、销售假药为目的，实施下列行为的，应当认定为本罪的“生产”：①合成、精制、提取、储存、加工炮制药品原料的行为；②将药品原料、辅料、包装材料制成成品过程中，进行配料、混合、制剂、储存、包装的行为；③印制包装材料、标签、说明书的行为。

销售是指一切以出卖牟利为目的的提供假药行为。医疗机构、医疗机构工作人员明知是假药而有偿提供给他人使用，或者为出售而购买、储存的行为，应当认定为销售。销售少量根据民间传统配方私自加工的药品，或者销售少量未经批准进口的国外、境外药品，没有造成他人伤害后果或者延误诊治，情节显著轻微危害不大的，不认为是犯罪。生产、销售假药的行为，从本质上看是以假充真的行为，但如果行为人已经明确标示出其药品所含成分与国家药品标准不相符合，购买人愿意以此药品做再加工的原料的，并无成立本罪的可能。

本罪的行为对象是假药，《药品管理法》第 48 条规定，禁止生产、销售假药。有下列情形之一的为假药：一是药品所含成分与国家药品标准规定的成分不符的；二是以非药品冒充药品或者以他种药品冒充此种药品的。此外，有下列情形之一的药品，按假药论处：①国务院药品监督管理部门规定禁止使用的；②依照本法必须批准而未经批准生产、进口，或者依照本法必须检验而未经检验即销售的；③变质的；④被污染的；⑤使用依照本法必须取得批准文号而未取得批准文号的原料药生产的；⑥所标明的适应症或者功能主治超出规定范围的。有些药品本不能用于人体，但行为人将其假冒为药品用于满足人体治疗目的的，就是本罪中的药品。是否属于假药难以确定的，司法机关可以根据地市级以上药品监督管理部门出具的认定意见等相关材料进行认定。必要时，可委托省级以上药品监督管理部门设置或者确定的药品检验机构进行检验。生产、销售假农药、假兽药的，构成他罪。

必须注意的是，《刑法修正案（八）》将本罪的构成要件修改为抽象危险犯，成立本罪不再要求“足以严重危害人体健康”。即生产、销售假药的，即构成本罪，不要求有致人死伤的实害后果发生，也不要求产生足以严重危害人体健康的危险。生产的假药是否实际卖出、消费者是否实际购买并使用，在所不问。生产、销售假药，同时又构成以危险方法危害公共安全、侵犯知识产权、非法经营、非法行医等犯罪的，依照处罚较重的规定定罪处罚。

二、主观要件

本罪在主观方面是故意，对生产、销售的药品属于药品管理法规定的假药有所认识。

成立本罪不要求有销售金额，所以生产者、销售者是否有营利目的，是否实际获得利益，不影响本罪的成立。

在判断本罪的故意时，被告人的供述是重要的、但并非唯一的依据，必须结合涉案药品交易的销售渠道是否正规、销售价格是否合理、药品包装是否完整、药品本身是否存在明显瑕疵，以及行为人的职业特点、药品知识、文化程度等进行综合判断分析，行为人是否知道其生产、销售的是假药。

例（真题） 杨某生产假冒避孕药品，其成分为面粉和白糖的混合物，货值金额达15万多元，尚未销售即被查获。

提示： 本例中的杨某对自己生产的假冒避孕药品显然是“明知故犯”，由于修改后的生产、销售假药罪属于抽象危险犯的构成要件，因此只要其生产的是假药，无论是否卖出，便足以认定成立本罪。

第三节 生产、销售有毒、有害食品罪

重要法条及司法解释

《刑法》第144条。

最高人民法院、最高人民检察院、公安部：《关于依法严惩“地沟油”犯罪活动的通知》（2000年11月10日）。

命题分析

近些年食品、药品安全问题日益严重，也引发了全社会的关注。《刑法修正案（八）》对本罪做了一定的修改，司法部门也对此加大了打击力度。最高人民法院和最高人民检察院出台了多个有关生产、销售有毒、有害食品罪的刑事指导案例以及相关的司法解释，考生在复习时一定要翻阅相关的指导案例。

知识点精讲

生产、销售有毒、有害食品罪是指违反国家食品安全管理法规，在生产、销售的食品中掺入有毒、有害的非食品原料，或者销售明知掺有有毒、有害的非食品原料食品的行为。

一、客观要件

本罪在客观方面表现为生产、销售有毒、有害食品，或者销售明知掺有有毒、有害的非食品原料食品的行为。本罪的行为对象是有毒、有害食品，即掺有有毒、有害物质或非食品原料的食品。生产、销售的食品中必须掺有不能用于食用用途的原料，且该原料必然产生毒素的，才构成本罪，只是由于被污染、变质或者过量而产生了部分毒性的，不构成本罪，而可能成立生产、销售不符合安全标准的食品罪。

在食用农产品种植、养殖、销售、运输、储存等过程中，使用禁用农药、兽药等禁用

物质或者其他有毒、有害物质的，或者在保健食品或者其他食品中非法添加国家禁用药物等有毒、有害物质的，均以本罪定罪处罚。

本罪是抽象危险犯，其构成不要求发生实害结果，也不要求有发生结果的具体危险。对人体健康造成严重危害或者有其他严重情节的，以及致人死亡或者其他特别严重情节的，法定刑升格。

二、主观要件

本罪在主观方面是故意，行为人对生产、销售的产品是有毒、有害食品有明知。这里的明知，是指行为人认识到自己生产、销售的是不符合食品安全标准的伪劣商品，并不要求其确实知道。认识到可能性的，即符合明知的要求。销售者确实不知道是掺入有毒有害的非食品原料的食品而购进并予以销售的，欠缺本罪故意，不成立本罪。

在生产、销售有毒、有害食品造成严重食物中毒事故或者其他严重食源性疾患，以及致人死亡或者对人体健康造成其他特别严重危害的结果加重犯或者特别结果加重犯的场合，不要求生产、销售者对加重结果有故意，但要求其有过失。

销售者为杀害特定个人而故意向其出售有毒、有害食品的，具有侵犯人身权利的故意而不具有扰乱市场经济秩序的故意，只构成故意杀人罪；在对导致不特定或者多数人重伤、死亡的结果有故意（希望或放任）的场合，生产、销售有毒有害食品的，可能成立投放危险物质罪。例如，公共食堂或者宾馆工作人员为泄愤报复或处于其他动机，利用为单位或特定会议、婚丧仪式提供饮食的机会，在生产、销售的食品中掺入有毒、有害的非食品原料，足以导致不特定或者多数人身体、生命受到损害的，行为人主要有危害公共生活安全的故意，成立投放危险物质罪。

例（真题） 甲将邻居交售粮站的稻米淋洒农药，取出部分作饵料，毒死麻雀后售予饭馆，非法获利5000元。

提示：本例中的甲将交售粮站的稻米喷洒农药，肯定成立投放危险物质罪，此一节事实定性应该没有疑义。问题在于，甲后一节利用有毒稻米毒死麻雀后售予饭馆的行为事实的定性。应当认为，甲明知麻雀是被毒死的，食客食用后发生中毒致人死亡的概率非常的高，而且麻雀显然也是食品的一种，否则甲也不会将其售予饭店，同时，由于本罪是抽象危险犯，不需要实际产生实害结果，因而应当成立销售有毒、有害食品罪。此外，应当认为，甲对于麻雀被餐馆售予客人会导致不特定或者多数人重伤、死亡的结果存在放任的心态，因为任何一个理智正常人都会认识到一旦吃了中毒的麻雀，很可能产生死伤后果，因此，认定甲的后行为成立投放危险物质罪可能也没有疑问。

第四节 走私普通货物、物品罪

重要法条及司法解释

《刑法》第153~157条。

《最高人民法院关于审理走私犯罪案件适用法律有关问题的通知》（2011年4月26日）。

《最高人民法院、最高人民检察院关于办理走私刑事案件适用法律若干问题的解释》（2014年8月12日）。

命题分析

走私普通货物、物品罪是走私罪中的重点罪名，考生需要认真把握的是走私普通货物、物品罪和走私其他特定禁制品犯罪之间的竞合关系问题。

知识点精讲

走私普通货物、物品罪是指违反海关法规、逃避海关监管，非法运输、携带或者邮寄国家禁止进出口的武器、弹药、核材料、伪造的货币、文物、珍贵动物及其制品、贵重金属、国家禁止进出口的其他货物、物品以及淫秽物品以外的货物、物品进出境，偷逃应缴税额数额较大或者1年内曾因走私被给予2次行政处罚后又走私的行为。

一、客观要件

本罪在客观上表现为逃避海关监管，走私国家普通货物、物品进出境，偷逃应缴税额数额较大或者1年内曾因走私被给予2次行政处罚后又走私的行为。

走私的具体行为包括三种：

1. 非法运输、携带或邮寄武器、弹药等违禁品以外的其他货物、物品进出境。只有非法运输、携带、邮寄武器、弹药、核材料、伪造的货币、珍贵动物及其制品、贵重金属、国家禁止进出口的其他货物、物品及淫秽物品等违禁品之外的其他货物、物品的，才可能构成走私普通货物、物品罪。

本罪的行为对象包括两大类：①国家限制进出口的货物、物品，即国家对其进口或出口实行配额或者许可证管理的货物、物品。限制进出口的货物一般来说包括烟、酒、汽车、电视机、电冰箱、计算器、摩托车等。②应缴纳税款的货物、物品对于这类物品，国家并不禁止或限制某些产品的进出口，但会根据国民经济发展和社会发展的需要，通过征收关税对其需求进行适当的调节，对这类物品偷逃应缴税额的，构成本罪。

在《刑法》第151条第3款规定走私禁止进出口的货物、物品罪之后，本罪的普通货物、物品一般不再包括国家禁止进出口的其他货物、物品。例如走私下列物品的，应当构成走私禁止进出口的货物、物品罪：对我国政治、经济、文化、道德有害的和内容涉及国家秘密的印刷品、胶卷、图片、音像制品、软件等物品；内容涉及国家秘密的手稿；烈性毒药；有碍人畜健康的、来自疫区的或其他能传播疾病的食品、药品等物品；带有危险性的病菌、害虫及其他能传播疾病的食品、药品等物品；侵犯知识产权的货物、物品；国家禁止进出口的动植物及其产品等。经许可进口国家限制进口的可用作原料的废物时，偷逃应缴税额，构成犯罪的，应以本罪定罪处罚；既未经许可，又偷逃应缴税额，同时构成走私废物罪和本罪的，应当按照处罚较重的规定定罪处罚。取得许可，但超过许可数量进出口国家限制进出口的货物、物品，构成犯罪的，以本罪定罪处罚。

例1（真题） 将白银从境外走私进入中国境内，应以走私普通货物、物品罪论处。

提示：上述论述是正确的。根据《刑法》第 151 条第 2 款的规定，走私贵重金罪属只处罚走私出口国家禁止出口的黄金、白银和其他贵重金属，但是，这并不意味着将贵重金属从境外走私进入国内不构成其他犯罪，此类行为依然违反了国家的海关监管秩序，由于可以将白银等贵重金属评价为普通货物，因此应以走私普通货物、物品罪论处。

例 2（真题）　走私无法组装并使用（不属于废物）的弹头、弹壳，应以走私普通货物、物品罪论处。

提示：上述论述也是正确的。2014 年 8 月 12 日《最高人民法院、最高人民检察院关于办理走私刑事案件适用法律若干问题的解释》第 4 条规定："走私报废或者无法组装并使用的各种弹药的弹头、弹壳，构成犯罪的，依照刑法第一百五十三条的规定，以走私普通货物、物品罪定罪处罚；属于废物的，依照刑法第一百五十二条条第二款的规定，以走私废物罪定罪处罚。"走私无法组装并使用（不属于废物）的弹头、弹壳，由于已经不具备武器弹药的本质属性，应以走私普通货物、物品罪论处。

2. 擅自出售保税货物、特定减免税货物，捐赠进出口货物和物品，以及假借捐赠名义进出口货物、物品。①未经海关许可并且未补缴关税，擅自将批准进出口的来料加工、来件装配，补偿贸易的原料、零件，制成品，设备等保税货物在境内销售车利。保税货物，是指经海关批准，办理纳税手续进境，在境内储存、加工、装配后应予复运出境的货物保税货物包括通过加工贸易、补偿贸易等方式进口的货物（如经海关批准进口的进料加工的货物），以及在保税仓库、保税工厂、保税区或者免税商店内等储存、加工、寄售的货物保税货物境时未缴纳关税，因此不能像其他国内商品一样可以在市场上自由流通，如果因客观情况发生变化，保税货物不能复运出境而需转入国内市场的，必须事先经过海关批准并补缴关税，如果行为人不经允许擅自采取隐瞒，欺骗手段在境内出售的，属于走私行为。②未经海关许可且未补缴关税，擅自将捐赠进出口货物、物品或者其他特定减免税货物、物品在境内销售车利。经济特区等特定地区进出口的货物、中外合资经营企业，中外合作经营企业外资企业等特定企业进出口的货物，有特定用途的进出口货物，用于公益事业的捐赠物资，可以减收或免征关税。特定减免税的范围和办法由国务院规定，目前有关行政法规分别对经济特区进口的减免税货物、物品和中外合资经营企业进口的免税货物，物品作了具体规定。此外，属于特定减税、免税货物的还包括企业为进行技术改造而必须引进的仪器、设备；学校、科研机构专为教学科研而使用的某些设备、器材等。根据海关法规的规定，特定减免税货物，物品只能用于特定地区、特定企业或按特定用途使用。

3. 间接走私普通货物、物品的行为。直接向走私人非法收购走私进口的国家非禁止进口货物、物品，数额较大的，或者在内海、领海运输收购、贩卖国家限制进出口货物、物品数额较大，没有合法证明的，都可能成立走私普通货物、物品罪。之所以将上述间接走私行为确认为犯罪行为，主要是考虑到这些行为为走私入境的货物提供了销售和进入国内市场的道，为走私出口的货物提供了货源，成为走私犯罪的一个重要环节。直接向走私人非法收购是指明知对方是走私分子，并且直接向其收购走私货物、物品。没有合法证明，是指不符合我国的进出口许可证。根据我国法律规定，进出口商品一般必须从国家指定机关领取进出口许可证，但经国家批准有权经营进出口业务的单位，在其批准的经营范围内，可以凭进出口单证进出境，既无许可证又无有关单证的，即属没有合法证明，行为人的行为构成走私。走私普通货物、物品行为，偷逃应缴税额数额较大的，才构成本罪。根据《最高人民法院、最高人民检察院关于办理走私刑事案件适用法律若干问题的解释》（2014年8月12日）第16条的规定，偷逃应缴税额在10万元以上不满50万元的，应当认定为偷逃应缴税额数额较大。这里的“应缴税额”，包括进出口货物、物品应当缴纳的进出口关税和进口环节海关代征税的税额。应缴税质以走私行为实施时的税则、税率、汇率和完税价格计算。此外，1年内曾因走私被给予2次行政处罚后又走私的，也可以构成本罪。1年内曾因走私被给予2次行政处罚后又走私中的“1年内”，以因走私第一次受到行政处罚的生效之日与“又走私”行为实施之日的时间计算确定；“被给予2次行政处罚”的走私行为，包括走私普通货物、物品以及其他货物、物品“又走私”行为仅指走私普通货物、物品。多次走私的，应缴税额以每次走私行为实施时的税则、税率、汇率和完税价格逐票计算；走私行为实施时间不能确定的，以案发时的税则、税率、汇率和完税价格计算。

走私非淫秽的影片、影碟、录像带、录音带、音碟、图片、书刊、电子出版物等物品，走私管制刀具、仿真枪支构成犯罪的，依照本罪定罪处罚。

武装掩护走私普通货物、物品的，仍然构成本罪，但应从重处罚。武装掩护走私，只限于所携带武器进行走私活动，而不要求行为人现实地使用了武器。已经使用武器杀害、伤害绿和人员的，应以走私罪和故意杀人、故意伤害罪并罚。走私普通货物、物品，以暴力、威胁方法抗拒缉私的，以本和妨害公务罪数罪并罚。

与走私普通货物，物品的罪犯通谋、为其提供贷款资金、账号、发票，证明，或者为其提供运输、保管、邮寄或者其他方便的，以本罪共犯论处。

多次走私未经处理的，按照累计走私货物、物品的偷逃应缴税额计算。多次走私未经处理，是指多次走私未经行政处罚处理。

二、主观要件

本罪在主观方面是故意，对走私普通货物、物品偷逃关税的行为违反国家对外贸易管理制度有明确认识。由于不熟悉海关法规或者因为疏忽大意等过失而未申报、漏报或错报关税等，均不具有本罪故意。此外，成立本罪并不要求具有牟利目的。

第五节　非国家工作人员受贿罪

重要法条及司法解释

《刑法》第163条。

《最高人民法院、最高人民检察院关于办理商业贿赂刑事案件适用法律若干问题的意见》（2008年11月20日）。

命题分析

随着国家反腐败的深入开展以及国际社会对于打击商业贿赂的通力协作，商业贿赂行为的危害性越来越引起普遍的重视。考生在备考时，需要清楚掌握本罪和受贿罪的界限以及本罪的构成要件。

知识点精讲

非国家工作人员受贿罪是指公司、企业或者其他单位的工作人员利用职务上的便利，索取他人财物或者非法收受他人财物，为他人谋取利益，数额较大的行为。

一、客观要件

本罪在客观方面表现为利用职务上的便利，索取他人财物或者非法收受他人财物，为他人谋取利益的行为。

利用职务上的便利是指直接利用本人组织、监督、管理（主管、负责）某项工作的便利条件，即利用本人担任公司、企业中某种职务所享有的主管、分管、决定、处理以至经办某种事务的人、财、物决定权。必须要注意的是，不是直接利用本人职权，而是利用由本人职权或地位所形成的便利条件，通过第三者为请托人谋取利益，收受请托人财物的（斡旋受贿）行为，不成立本罪。因为根据罪刑法定原则的要求，斡旋受贿行为要成立受贿犯罪必须以法律有明确规定为限。国家工作人员斡旋受贿的，成立受贿罪，就是以此为前提的。但对于非国家工作人员利用由本人职权或地位所形成的便利条件斡旋受贿的行为，刑法并未作出特别规定，所以，不能将本罪中的“利用职务上的便利”扩大解释为间接利用职权或职务上的便利条件。

索取是指利用职务上的便利，在请托人要求其通过执行或不执行公司、企业职务而为他人谋取利益之机，主动向他人索要、要求提供财物的行为。利用职务上的便利，强行向他人提出“借贷”要求，但完全无归还意思的，也是索取财物。收受，是指被动地接受他人给付的财物。至于财物交付是在谋取利益之前，还是在谋取利益之后，是直接由行贿人交付还是第三者转交，都不影响收受的成立。

无论是利用职务上的便利主动索取他人财物，还是被动收受他人财物，都要求有为他人谋取利益的行为，才能构成本罪。许诺一般是明示的承诺，但也不排除暗示的允诺。许诺为他人谋取利益的内容是否通过实际的行动部分兑现，或者已经全部实现，都不影响成立为他人谋取利益。为他人谋取的是正当利益，还是不正当利益，对成立犯罪无关紧要。

本罪中的财物，既包括金钱和实物，也包括可以用金钱计算数额的财产性利益，如提供房屋装修、含有金额的会员卡、代币卡（券）、旅游费用等。具体数额以实际支付的资费为准。收受银行卡的，不论受贿人是否实际取出或者消费，卡内的存款数额一般应全额认定为受贿数额。使用银行卡透支的，如果由给予银行卡的一方承担还款责任，透支数额也应当认定为受贿数额。

公司、企业或者其他单位的工作人员在经济往来中，违反国家规定，收受各种名义的回手续费，归个人所有的，也按照本罪定罪处罚。

根据《立案追诉标准（二）》第 10 条的规定，非国家工作人员受贿，数额在 5000 元以上的，应予立案追诉。

公司、企业或者其他单位的工作人员以恐吓方式（例如，不给付一定数量的财物就揭发隐私）索取财物，财物取得和职务行为无紧密关联的，只成立敲诈勒索罪，反之，可能成立本罪。

公司、企业或者其他单位的工作人员为他人谋取利益，约定离职、辞职后收受财物的，收受财物行为仍然构成本罪。公司、企业或者其他单位的工作人员受贿，同时实施其他足以损害本单位利益的犯罪行为的，可以数罪并罚。

本罪的主体是特殊主体，即公司、企业或者其他单位的工作人员。这里的公司、企业的工作人员，包括公司、企业的董事、监事、经理、会计等行政人员和业务人员。国有公司、企业以及其他国有单位中的非国家工作人员，也是这里的公司、企业人员。这里的其他单位工作人员，既包括社会团体、村民委员会、居民委员会、村民小组等常设性组织的工作人员，也包括为组织体育赛事、文艺演出或者其他正当活动而成立的组委会、裁判机构筹委会、工程承包队等非常设性组织的工作人员。

例1（真题） 丙是村委会主任，在村集体企业招投标过程中，利用职务收受他人财物10万元，为其谋利。丙成立非国家工作人员受贿罪。

提示：上述表述是正确的。根据2000年4月29日全国人大常委会《关于〈中华人民共和国刑法〉第九十三条第二款的解释》这一立法解释的规定，只有在村委会等村基层组织人员协助人民政府从事救灾、抢险以及国有土地的经营管理等行政管理工作事项时，才属于国家工作人员。作为村委会主任的丙是在村集体企业招标过程中收受他人财物，不属于协助人民政府从事行政管理工作，不应认定为受贿罪，而应是非国家工作人员受贿罪。

医疗机构中的非国家工作人员，在药品、医疗器械、医用卫生材料等医药产品采购活动中，利用职务上的便利，索取销售方财物，或者非法收受销售方财物，为销售方谋取利益，构成犯罪的，以本罪定罪处罚。医疗机构中的医务人员，利用开处方的职务便利，以各种名义非法收受药品、医疗器械、医用卫生材料等医药产品销售方财物，为医药产品销售方谋取利益，数额较大的，亦构成本罪。

例2（真题） 乙是国有医院副院长，收受医药代表10万元，承诺为病人开处方时多开相关药品。乙成立非国家工作人员受贿罪。

提示：上述表述是正确的。2008年11月20日《最高人民法院、最高人民检察院关于办理商业贿赂刑事案件适用法律若干问题的意见》第4条明确规定："医疗机构中的国家工作人员，在药品、医疗器械、医用卫生材料等医药产品采购活动中，利用职务上的便利，索取销售方财物，或者非法收受销售方财物，为销售方谋取利益，构成犯罪的，依照刑法第385条的规定，以受贿罪定罪处罚。医疗机构中的医务人员，利用开处方的职务便利，以各种名义非法收受药品、医疗器械、医用卫生材料等医药产品销售方财物，为医药产品销售方谋取利益，数额较大的，依照刑法第163条的规定，以非国家工作人员受贿罪定罪处罚。"乙尽管是国有医院副院长，但其由于是利用开处方的职务便利非法收受药品商的财物，按照司法解释的规定，应当认定为非国家工作人员受贿罪。

依法组建的评标委员会、竞争性谈判采购中谈判小组、询价采购中询价小组的组成人员，在招标、政府采购等事项的评标或者采购活动中，索取他人财物或者非法收受他人财物，为他人谋取利益，数额较大的，依照本罪定罪处罚。

非国家工作人员与国家工作人员通谋，共同收受他人财物，构成共同犯罪的，根据双方利用职务便利的具体情形分别定罪追究刑事责任：①利用国家工作人员的职务便利为他人谋取利益的，以受贿罪追究刑事责任。②利用非国家工作人员的职务便利为他人谋取利益的，以非国家工作人员受贿罪追究刑事责任。③分别利用各自的职务便利为他人谋取利益的，按照主犯的犯罪性质追究刑事责任，不能分清主从犯的可以受贿罪追究刑事责任。

二、主观要件

本罪在主观方面是故意，明知利用职务上的便利为他人谋取利益而索取或收受贿赂的行为是损害其职务行为的不可收买性的行为，而执意实施。

第六节　非法经营同类营业罪

重要法条及司法解释

《刑法》第165条。

命题分析

非法经营同类营业罪在往年真题中出现不多，需要注意掌握本罪的构成要件以及罪数问题。

知识点精讲

非法经营同类营业罪是指国有公司、企业的董事、经理利用职务便利，自己经营或者为他经营与其所任职公司、企业同类的营业，获取非法利益，数额巨大的行为。

一、客观要件

本罪在客观方面表现为利用职务便利，自己经营或者为他人经营与其所任职公司、企业同类营业，获取非法利益。

利用职务上的便利是指利用本人职务范围内的权力，即职务上主管、领导、经手国有公司、企业业务的便利条件。

本罪的实行行为是自己经营或者为他人经营与其所任职公司、企业同类的营业，这种行为在公司法理论上称为竞业经营，即违反竞业禁止义务的行为。自己经营是指亲自出面另设机构进行经营；为他人经营是指受聘于其他机构，利用自己掌握销售渠道等职务便利参与经营管理活动。同类的营业是指自己经营或者为他人经营的企业与国有公司、企业营业执照中确定的经营范围的具体种类全部或者部分相同。根据《立案追诉标准（二）》第12条的规定，非法经营同类营业，获取非法利益，数额在10万元以上的，应予立案追诉。

非法收受财物后为他人经营与其所任职公司、企业同类的营业的，应以受贿罪和本罪并罚；为他人经营与其所任职公司、企业同类的营业，并参与分配利润的，分配所得数额属于获取非法利益的数额，而不属于国家工作人员在经济往来中接受回扣或者手续费，只构成本罪而不构成受贿罪。

本罪的主体是特殊主体，即国有公司、企业的董事、经理。国有公司的董事、经理为非法开展同类营业活动而以侵吞、骗取、窃取或者以其他手段非法占有公共财物，并利用该财物实施经营行为的，应以贪污罪和本罪数罪并罚。例如，国有公司、企业董事、经理在违反公司章程规定或未经股东会同意的情况下，与自己经营或自己参与的同类公司、企业签订经济合同，故意损公肥私，将应当归其所在公司、企业所有或收入的财物让利于自己经营或者参与的同类公司、企业，最终据为己有的，即属此类。

二、主观要件

本罪在主观方面是故意，对自己经营或者为他人经营的营业与其所任职的国有公司、企业的营业相同有明确认识，至于其是否有营利目的，以及是否实际获得非法利益，都不影响本罪的成立。

第七节　为亲友非法牟利罪

重要法条及司法解释

《刑法》第166条。

命题分析

为亲友非法牟利罪在实务中也较为常见，复习本罪时需要掌握相关的构成要件。

知识点精讲

为亲友非法牟利罪是指国有公司、企业、事业单位的工作人员利用职务便利，为亲友获取非法利益，致使国家利益遭受重大损失的行为。

一、客观要件

本罪在客观方面表现为利用职务便利，为亲友非法牟利，致使国家利益遭受重大损失。

本罪是典型的背任罪，即为他人处理事务的人，为谋求自己或者第三者的利益，或以损害委托人的利益为目的，而违背其任务，致使委托人的财产受到损失。本罪的实行行为包括以下情形：

（1）将本单位的盈利业务交由自己的亲友进行经营。盈利业务是指国有公司、企业、事业单位在较长时间以来所一直开展的、一般而言能够获取较大利润的业务。国有公司、企业、事业单位工作人员将本单位经营的盈利业务交给其亲友经营，因其亲友经营管理方法有缺陷而立即亏损的，也应当视为这里的盈利业务。

（2）以明显高于市场的价格向自己的亲友经营管理的单位采购商品或者以明显低于市场价格向自己的亲友经营管理的单位销售商品。市场价格应当是指相当长时期内某种商品在价值规律的作用下正常反映商品价值的价格，向自己亲友经营管理的单位采购商品或者销售商品其价格与市场价格大致相当的，不构成本罪。“亲友经营管理的单位”，有观点认为只能是属于行为人的亲友个人所有或者有股份、参与分红的私有性质的公司、企业。这一观点人为地限定了本罪的成立范围，是否合理还值得研究。事实上，行为人的亲友担任领导、经营、管理职务的国家机关、国有公司、人民团体，也应当属于其“亲友经营管理的单位”，行为人利用职务便利以明显低于市场的价格向这些单位销售商品，为亲友非法谋取利益的，也构成本罪。

（3）向自己的亲友经营管理的单位采购不合格商品。采购不合格商品，不仅仅是指以高价购买质量低劣的商品，也包括折价、低价购进不合格商品。国有公司、企业、事业单位工作人员与生产、销售伪劣商品的亲友事前通谋，采购其销售的伪劣商品的，构成本罪和生产销售伪劣商品犯罪（共犯）的想象竞合犯。

国有公司、企业、事业单位工作人员因受贿而将本单位盈利业务交由自己的亲友经营，或者向自己亲友管理的单位采购或者销售与市场价格严重不相称的商品，或者向亲友经营管理的单位采购不合格商品的，应以受贿罪和本罪并罚。

本罪的主体是特殊主体，即国有公司、企业、事业单位的工作人员。

二、主观要件

本罪在主观方面是故意，并且对其行为可能导致其亲友获取非法利益有明知和希望。过失不成立本罪。

为亲友非法牟利的行为一般表现为直接与亲友发生业务上的联系；为逃避法律追究而故意通过第三人为亲友非法牟利的，明显具有本罪故意。但是，将本单位的盈利业务交由亲友以外的第三人进行经营，以明显高于市场的价格向第三人经营管理的单位采购商品，或者以明显低于市场的价格向第三人经营管理的单位销售商品的，或者向第三人经营管理的单位采购不合格商品，第三人与国有公司、企业、事业单位工作人员的亲友发生业务上往来，使其亲友客观上获取非法利益，国有公司、企业、事业单位工作人员对此没有认识的，不成立本罪故意。

第八节 出售、购买、运输假币罪

重要法条及司法解释

《刑法》第 171 条。

《最高人民法院关于审理伪造货币等案件具体应用法律若干问题的解释》（2000 年 9 月 8 日）。

命题分析

假币犯罪严重危害社会主义市场经济秩序的安全、健康发展，随着技术的发展和经济全球化的加强，假币越来越难以防范，近年来有关出售、购买、运输假币罪的判决有逐渐增多的趋势。考生在复习本罪时，要着重理解出售、购买假币的形式，以及本罪和相关假币犯罪如使用假币罪等罪名之间的关系。

知识点精讲

出售、购买、运输假币罪是指出售、购买伪造的货币，或者明知是伪造的货币而进行运输，数额较大的行为。

一、客观要件

本罪在客观方面表现为出售、购买伪造的货币或者明知是伪造的货币而运输的行为。

出售是指将本人持有的假币有偿地转让给他人的行为，即告知对方是假币，或者在对方对货币的性质已知情的情况下，实现假币有偿转移的行为。出售假币既可以是假币与真币之间的交易，也可是假币与实物间的交易。不论是行为人将自己伪造的假币予以出售，还是购买别人的假币予以出售，都构成出售行为。外汇黑市用假币冒充真币与他人兑换货币的，相对方对货币性质并不知情，行为人不成立出售假币，而是使用假币。要成立出售假币罪，还要求必须有对应的真币正在流通，出售无对应的正在流通的真币的假银圆的行为，不成立本罪。

购买是指以行使为目的，明知是假币而有偿买受的行为。购买不限于用真币有偿取得假币，利用一定价值的财物兑换假币的，实质上也是购买假币。无偿接受假币的，不构成购买假币罪，但事后持有或者使用该假币的，可能成立持有、使用假币罪。

运输是指明知是假币而利用交通工具或其他方式实现其空间移动的行为。受欺骗或因自身能力无法认识到所运输的是假币的，不构成本罪。不知道是假币，但明知是他人犯罪所得赃物加以运输的，构成转移赃物罪。运输必须限于在国境内实施，将国外假币输入、将国内假币输出的运输行为，构成走私假币罪，而非本罪。

在出售假币时当场被抓获的，现场被查获的假币均应认定为出售假币的犯罪数额。现场之外另查获的假币，应根据具体情况分别处理，有证据证明另外被查获的假币是用于出售的，全案成立出售假币罪。如没有证据证明另外被查获的假币是用于出售的，也没有证据证明是购买或伪造的，则分别定出售假币罪和持有假币罪，数罪并罚。

对于出售、购买、运输假币罪的行为，不能认为行为人一着手实施出售、购买或者运输伪造货币行为就构成既遂，出售、购买或者运输行为，也存在因行为人意志以外的原因而未把行为实施完毕的可能。由于本罪属于选择性罪名，行为人只要将其中任何一种行为而不是三种行为实施完毕即构成既遂。运输假币的只要实施了运输假币的行为，即构成运输假币罪的既遂。购买假币的，只要实施了交易行为，即构成购买假币罪的既遂。至于出售方是否取得钱财，购买方是否实际占有和控制假币，均不影响既遂的成立。

在出售假币时被抓获的，除现场查获的假币应认定为出售假币的数额外，现场之外在行为人住所或者其他藏匿地查获的假币，也应认定为出售假币的数额。

直接向走私人非法收购假币或者在内海、领海运输、收购、贩卖假币的，构成走私假币罪，而不构成本罪。

例（真题） 运输假币并使用假币的，按运输假币罪从重处罚。

提示： 上述真题的选项表述是错误的。根据2000年9月8日《最高人民法院关于审理伪造货币等案件具体应用法律若干问题的解释》第2条的规定："行为人购买假币后使用，构成犯罪的，依照《刑法》第171条的规定，以购买假币罪定罪，从重处罚。行为人出售、运输假币构成犯罪，同时有使用假币行为的，依照《刑法》第171条、第172条的规定，实行数罪并罚。"因此运输假币并使用假币的，应按照运输假币罪和使用假币罪数罪并罚。

二、主观方面

本罪在主观方面是故意。无论对于运输的、还是出售与购买的，行为人都应当对伪造的货币持有明知。至于行为人是否具有、是否实现盈利目的，不影响本罪成立。

第九节　持有、使用假币罪

重要法条及司法解释

《刑法》第172条。

命题分析

持有、使用假币罪是破坏金融管理秩序罪一节中的重点罪名，尤其是使用假币罪在司法实务中的实际表现形式多样，需要透过现象看本质，结合使用假币罪的保护法益进行解释。考生在把握本罪时，最重要的便是要理解这一点。

知识点精讲

持有、使用假币罪是指违反货币管理法规，明知是伪造的货币而持有、使用，数额较大的行为。

一、客观要件

本罪在客观方面表现为持有、使用伪造的货币。持有，是指保存、控制、携带假币的状态。明知是假币而运输的，不是持有假币。伪造货币、出售、购买假币后持有假币的，持有行为都不再单独定罪。使用，是指将假币作为真币置于流通状态，通常表现为依照假币的面值予以流通。假币是否以行使为目的伪造，由谁伪造在所不问。作为教学、演出刀具设计、制作的假币，置于流通状态时，也是使用假币。利用假币支付购买货物的对价、利用假币偿还债务、将假币作为保证金提供给他人、以假币作注册资本验资、交换或者赠予假币，都是将假币置于流通的行为，利用自动贩卖机的场合，也是使用假币。所使用的假币基于何种原因取得，与犯罪成立无关，使用捡拾、窃取、诈骗所得的假币，都可以成立本罪。使用的方法是否适法，也在所不问，将假币作为赌资、支付嫖宿费用、购买毒品、走私支付款、聚众斗殴后的赔偿金等，都是使用行为。但是，在签订经济合同等场合，将假币作为证明自己信用能力和履约能力的担保财物仅仅出示的，或者委托他人保管假币或者贩卖假币标本的，都不是以行使为目的，将货币置于流通的使用行为，不成立使用假币罪，必要时，可以持有假币等罪处理。

例1（真题） 将伪造的货币赠与他人的，属于使用假币。

提示： 上述真题中的选项表述是正确的。使用假币不需要存在对价性的买卖物交换，只要使得假币处于公开的流通领域，便侵犯了货币的公共信用，成立使用假币罪。

例2（真题） 甲发现某银行的ATM机能够存入编号以“HD”开头的假币，于是窃取了三张借记卡，先后两次采取存入假币取出真币的方法，共从ATM机内获取6000元人民币。

提示： 上例中，仅就甲将假币存入ATM机中的事实来看，显然是将假币置于公共流通领域的行为，当然成立使用假币罪。

使用的相对人应当不知道其所接受的是假币，否则使用者可能成立出售假币罪。对方一开始就知道是假币，交付方以为对方不知情而使用假币的，构成使用假币罪未遂；将假币交与不知情的第三人，托其购买货物的，交付者构成使用假币罪。

伪造、变造假币后使用的，伪造、变造行为与本罪之间有牵连关系；购买假币后使用的，以购买假币罪定罪从重处罚；将盗窃、诈骗等财产犯罪所获取的假币加以使用的，应以相应财产犯罪和本罪数罪并罚。出售、运输假币构成犯罪，同时有使用假币行为的，数罪并罚。

在使用货币买卖过程中误收假币，后明知是假币而故意使用的，实质上仍是一种行使、使用伪造货币的行为，原则上应以使用假币罪论处。但是，必须考虑使用人多是为贪图便宜或挽回自己所遭受的财产损失，期待可能性较低，不论从主观还是从客观危害来看，都比蓄意使用假币的行为轻微，所以这种使用假币的行为，数额不大的，不以犯罪论处。即便达到一定数额要求，要论以使用假币罪，也要在量刑上酌定从轻处罚。

二、主观要件

本罪在主观方面是故意，即明知是伪造的货币而仍然持有或者使用。虽然持有、使用的是伪造的货币，但是确实不知道所持有、使用的是伪造的货币的，则主观上没有持有、使用假币罪的故意，不成立本罪。

第十节　非法吸收公众存款罪

重要法条及司法解释

《刑法》第176条。

《最高人民法院关于审理非法集资刑事案件具体应用法律若干问题的解释》（2010年12月13日）。

最高人民法院、最高人民检察院、公安部《关于办理非法集资刑事案件适用法律若干问题的意见》（2014 年 3 月 15 日）。

最高人民检察院公诉厅《关于办理涉互联网金融犯罪案件有关问题座谈会纪要》（2017 年 6 月 1 日）。

命题分析

由于非法吸收公众存款罪一般以公司的形式实施，被告人众多，被害人涉及面广，加上互联网的隐蔽性、取证困难等特性，造成了打击非法吸收公众存款罪较难，很多地方政府甚至专门成立办公室处理集资犯罪问题。为此，最高人民法院、最高人民检察院等先后出台了多部司法解释。在过去十余年的真题中，非法吸收公众存款罪出现了多次。考生在掌握本罪时，要注意本罪的构成要件和相关司法解释的规定，以及本罪和集资诈骗罪的界限。

知识点精讲

非法吸收公众存款罪是指非法吸收公众存款或者变相吸收公众存款，扰乱金融秩序的行为。

一、客观要件

本罪在客观方面表现为非法吸收公众存款或者变相吸收公众存款的行为。根据《最高人民法院关于审理非法集资刑事案件具体应用法律若干问题的解释》（2010 年 12 月 13 日）第 1 条的规定，从性质上看，非法吸收公众存款或者变相吸收公众存款必须同时符合以下条件：①未经有关部门依法批准或者借用合法经营的形式吸收资金（非法性）。②通过媒体、推介会、传单、手机短信等途径向社会公开宣传（公开性），包括以各种途径向社会公众传播吸收资金的信息，以及明知是吸收资金的信息而向社会公众扩散，予以放任等情形。③承诺在一定期限内以货币、实物、股权等方式还本付息或者给付回报（利诱性）。④向社会公众即社会不特定对象吸收资金（社会性）。未向社会公开宣传，只是在亲友或者单位内部针对特定对象吸收资金的，不属于非法吸收或者变相吸收公众存款。但是，在向亲友或者单位内部人员吸收资金的过程中，明知亲友或者单位内部人员向不特定对象吸收资金而予以放任的，以及以吸收资金为目的，将社会人员吸收为单位内部人员，并向其吸收资金的，应当认定为向社会公众吸收资金。

例 1（真题）　为项目筹集资金，向亲戚宣称有高息理财产品，以委托理财方式吸收 10 名亲戚 300 万元资金的，构成非法吸收公众存款罪。

提示：上述论述是错误的。构成非法吸收公众存款罪，必须是针对不特定的社会公众吸收，行为人是跟自己的亲戚变相借款，因此不构成非法吸收公众存款罪。对此，司法解释也有明确规定。

非法吸收公众存款在客观方面通常表现为以下情形：①不具有房产销售的真实内容或者不以房产销售为主要目的，以返本销售、售后包租、约定回购、销售房产份额等方式非法吸收资金；②以转让林权并代为管护等方式非法吸收资金；③以代种植（养殖）、租种植

（养殖）、联合种植（养殖）等方式非法吸收资金；④不具有销售商品、提供服务的真实内容或者不以销售商品、提供服务为主要目的，以商品回购、寄存代售等方式非法吸收资金；⑤不具有发行股票、债券的真实内容，以虚假转让股权、发售虚构债券等方式非法吸收资金；⑥不具有募集基金的真实内容，以假借境外基金、发售虚构基金等方式非法吸收资金；⑦不具有销售保险的真实内容，以假冒保险公司、伪造保险单据等方式非法吸收资金；⑧以投资入股的方式非法吸收资金；⑨以委托理财的方式非法吸收资金；⑩利用民间“会”“社”等组织非法吸收资金。

例2（真题） 甲以银行定期存款4倍的高息放贷，很快赚了钱。随后，四处散发宣传单，声称为加盟店筹资，承诺3个月后还款并支付银行定期存款2倍的利息。甲从社会上筹得资金1000万元，高利贷出，赚取息差。

提示：本例中甲的行为完全符合司法解释规定的非法性、公开性、利诱性以及社会性四个特征，成立非法吸收公众存款罪。

近年来，互联网与金融的深度融合促进了金融创新，提高了金融资源配置效率，但也存在一些问题和风险隐患。在互联网金融活动中，有的行为可能触犯刑法，这突出体现在个体网络借贷（即P2P网络借贷）中。个体网络借贷是指个体和个体之间通过互联网平台实现的直接借贷。在个体网络借贷平台上发生的直接借贷行为属于民间借贷范畴，受合同法、民法通则等法律法规以及最高人民法院相关司法解释规范。合法的个体网络借贷必须符合以下条件：一方面，中介性质。P2P平台仅仅为投资方和融资方提供信息交互、撮合、资信评估等中介服务，具有信息中介性质，主要为借贷双方的直接借贷提供信息服务，不得提供增信服务，不得非法集资。另一方面，坚持客户资金第三方存管制度。P2P平台应当选择符合条件的银行业金融机构作为资金存管机构，对客户资金进行管理和监督，实现客户资金与从业机构自身资金的分账管理。现实经济生活中正在运作的P2P平台分为两种：一种是该平台严格依法运营，仅提供民间借贷的信息中介服务，并不形成“资金池”，不直接操纵客户资金，而是采取资金托管的方式，将客户资金交给第三方托管。这种运作模式因为不介入资金吸纳和投资的交易过程，行为性质是居间服务，不可能构成非法吸收客户资金。另外一种是设立投资平台，向社会公众推广其P2P信贷模式，通过互联网、电话和投资人团伙诱惑投资人进行投资，吸收资金后形成“资金池”，再以投资名义向借款人出借贷款，将吸收的客户资金投向房产、信用贷款、企业经营借款等。在这种情形下，行为人未采取客户资金第三方托管的形式，违反国家融资管理的法律、法规的规定，未取得金融机构许可证即吸收截留客户资金，并直接运用通过一对一的借款吸收来的客户资金，打包或者拆包后进行投资、信贷活动，其行为扰乱了金融市场，具有违法性，可能构成本罪。

在实践中，以发行私募基金的形式融资的是否构成本罪，有时难以判断。根据法秩序统一性原理的要求，金融犯罪一定要以违反金融管理法规为前提。就融资行为而言，只要基金管理人没有违反《证券投资基金法》《私募投资基金监督管理暂行办法》的相关规定，其募集基金的行为就是合法的，成立犯罪的前提就不存在将符合金融法规的行为认定为犯罪，势必阻碍金融创新，且容易导致错案。在实务中，发行私募基金如果同时符合下列四个条件的，通常不构成本罪：①私募基金管理人向基金业协会申请登记，具备从事私募基金管理的资格，其融资行为不属于未经有关部门批准或者借用合法经营的形式吸收资金。②私募基金管理人、私募基金销售机构未向合格投资者之外的单位和个人募集资金，未通过报刊、电台、电视、互联网等公众传播媒体或者讲座、报告会、分析会和布告、传单、手机短信、微信、博客和电子邮件等方式，向不特定对象宣传推介的。如果私募基金管理人、私募基金销售机构不是向特定的合格投资者推介产品，未评估对方的购买力以及风险承担能力，未充分告知对方相关风险的，其行为就具有不法性。③根据《私募投资基金监督管理暂行办法》第15条规定，私募基金管理人、私募基金销售机构未向投资者承诺投资本金不受损失或者承诺最低收益的。④私募基金未向社会公众即社会不特定对象吸收资金，而只是向具备相应风险识别能力和风险承担能力的合格投资者推销产品，且其投资于单只私募基金的金额不低于100万元的。融资行为不是针对特定的合格投资者，而是向社会公众即社会不特定对象吸收资金的，该私募基金销售行为可能触犯本罪。

擅自设立金融机构后非法吸收公众存款的应从一重罪处断。非法吸收公众存款过程中，偶尔编造事实、骗取存款的，骗取行为作为非法吸收公众存款的一种实行手段看待，不再单独定罪，因为骗取贷款者只有以非法吸收的贷款牟利的目的，事后要付给利息、返还本金，与普通诈骗罪并不相同。

非法吸收或者变相吸收公众存款，主要用于正常的生产经营活动，能够及时清退所吸收资金，可以免予刑事处罚；情节显著轻微的，不作为犯罪处理。

本罪的主体是一般主体，包括自然人和单位。

二、主观要件

本罪在主观方面是故意，行为人明知非法吸收公众存款的行为违反国家规定，可能会造成扰乱金融秩序的后果，而积极追求或者放任危害结果的发生。行为人具有将吸收的存款用于信贷的目的。以非法占有为目的吸收公众存款的，构成集资诈骗罪而不构成本罪。

三、认定

由于本罪是破坏金融秩序犯罪，行为人非法吸收的是公众的“存款”，而不是非法吸收公众的“资金”，所以，按照法益保护的原理，行为人必须是将吸收的存款用于信贷目的，即吸收存款后再发放贷款（用于货币、资本的经营）的，才有可能构成本罪。唯其如此，行为才会对合法的金融机构即银行正常发放贷款这一业务的开展有冲击、有影响，才能危及金融秩序，因而，才应以犯罪论处。如果行为人将非法吸收来的资金不是用于从事金融业务，而是用于正常的生产、经营活动的，即便资金用途有所改变，也不应当构成本罪。所以，吸收资金的用途是否改变，并不足以影响定罪，司法上不能以此为由将合法的募集资金行为认定为非法吸收公众存款罪。而《最高人民法院关于审理非法集资刑事案件具体应用法律若干问题的解释》第3条第3款的相关规定（非法吸收或者变相吸收公众存款，主要用于正常的生产经营活动，能够及时清退所吸收资金，可以免予刑事处罚；情节显著轻微的，不作为犯罪处理），其实也是为了表明审判机关的下述立场：即便是非法吸收公众存款，改变其用途的，通常也不定罪。如果是依法募集的资金（例如，依法发行私募基金等），其用途被改变的，应该在民事违约的范围内解决，实务中不应当仅以资金用途被改变这一孤立事实去反推犯罪的成立。

第十一节　集资诈骗罪

重要法条及司法解释

《刑法》第192条。

《最高人民法院关于审理非法集资刑事案件具体应用法律若干问题的解释》（2010年12月13日）。

命题分析

与非法吸收公众存款罪紧密相关，集资诈骗罪也是这几年实务中常发性的罪名，因此，集资诈骗罪也是金融诈骗罪的重点罪名。考生需要注意的是集资诈骗罪与非法吸收公众存款罪的界限，以及非法占有目的要素的认定。

知识点精讲

集资诈骗罪是指以非法占有为目的，以诈骗方法非法向社会公开募集资金，数额较大的行为。

一、客观要件

本罪在客观方面表现为使用诈骗方法非法集资。

使用诈骗方法是指以非法占有为目的，采用编造谎言、捏造或者隐瞒事实真相等欺骗方法，骗取他人资金的行为，如采取虚构资金用途，以共同投资等名义非法集资；以参加投资的人可以获取数倍于同期存款利率的收益等诈骗手段为诱饵吸收公众投资，将筹集的资金据为己有。

非法集资是指公司、企业或其他组织、个人未经批准，违反法律、法规，通过不正当的渠道向社会公众或者集体募集资金的行为。资金是企业生产经营正常运作的必要要素，企业获得资金的合法途径是向银行申请贷款，或者依照法定条件和程序向社会发行股票、公司债券或者以合资、合营、联营、企业内部集资等方法筹措资金。此外，获得资金的方法原则上都可能成立非法集资。

根据《最高人民法院关于审理非法集资刑事案件具体应用法律若干问题的解释》第4条的规定，以非法占有为目的，使用诈骗方法实施下列行为之一，应当以本罪定罪处罚：①不具有房产销售的真实内容或者不以房产销售为主要目的，以返本销售、售后包租、约定回购、销售房产份额等方式非法吸收资金的；②以转让林权并代为管护等方式非法吸收资金的；③以代种植（养殖）、租种植（养殖）、联合种植（养殖）等方式非法吸收资金的；④不具有销售商品、提供服务的真实内容或者不以销售商品、提供服务为主要目的，以商品回购、寄存代售等方式非法吸收资金的；⑤不具有发行股票、债券的真实内容，以虚假转让股权、发售虚构债券等方式非法吸收资金的；⑥不具有募集基金的真实内容，以假借境外基金、发售虚构基金等方式非法吸收资金的；⑦不具有销售保险的真实内容，以假冒保险公司、伪造保险单据等方式非法吸收资金的；⑧以投资入股的方式非法吸收资金的；⑨以委托理财的方式非法吸收资金的；⑩利用民间“会”“社”等组织非法吸收资金的；⑪其他非法吸收资金的行为。

非法集资数额较大的，才构成本罪。如何计算集资诈骗的数额，有三种观点：一是按集资款全额认定；二是按最终损失额认定；三是按案发时未归还的数额认定。第一种观点不符合集资诈骗罪的主观要件。集资诈骗罪必须以非法占有为目的。行为人为了持续不断地扩大资金来源渠道，往往会返还部分本息，兑现承诺。因此，对已返还的本金其主观上并无占有目的。第二种观点忽略了案发前的归还款与案发后的追缴款在性质上的不同，实际上案发后追缴的赃款已经被非法占有，理应计算为犯罪数额。而且，这种做法使定罪量刑受制于执法部门的执法能力和水平，司法实践中不易操作。第三种观点是可行的，它克服了前两种观点的偏颇之处，既严格把握以非法占有为目的这一主观构成要件，又将已追缴的部分作为量刑情节来考虑，符合实际。此外，行为人在集资诈骗活动中支付的非法中介费、手续费、回扣，或者用于行贿、赠与等的费用，均应计入集资诈骗的犯罪数额。

根据《最高人民法院关于审理非法集资刑事案件具体应用法律若干问题的解释》第5条的规定，个人集资诈骗，数额在10万元以上的，应当认定为数额较大；数额在30万元以上的，应当认定为数额巨大；数额在100万元以上的，应当认定为数额特别巨大。单位集资诈骗，数额在50万元以上的，应当认定为数额较大；数额在150万元以上的，应当认定为数额巨大；数额在500万元以上的，应当认定为数额特别巨大。集资诈骗的数额以行为人实际骗取的数额计算，案发前已归还的数额应予扣除。行为人为实施集资诈骗活动而支付的广告费、中介费、手续费、回扣，或者用于行贿、赠与等费用，不予扣除。行为人为实施集资诈骗活动而支付的利息，除本金未归还可予折抵本金以外，应当计入诈骗数额。

二、主观要件

本罪在主观方面是故意，而且具有非法占有目的。根据司法实践，对于行为人通过集资的方法非法获取资金，造成数额较大资金不能归还，并具有下列情形之一的，可以认定为具有非法占有目的：①集资后不用于生产经营活动或者用于生产经营活动的资金与筹集资金规模明显不成比例，致使集资款不能返还的；②肆意挥霍集资款，致使集资款不能返还的；③携带集资款逃匿的；④将集资款用于违法犯罪活动的；⑤抽逃、转移资金、隐匿财产，逃避返还资金的；⑥隐匿、销毁账目，或者搞假破产、假倒闭，逃避返还资金的；⑦拒不交代资金去向，逃避返还资金的；⑧其他可以认定非法占有目的的情形。

当然，在集资时虽然在某些方面夸大了集资回报的条件，但主观上并无非法占有他人财物的目的，只是由于客观原因无力及时按约定条件偿还集资款及利息的，不构成本罪，原则上应当以民事上的集资借贷纠纷处理。

违反法律、法规规定，未向有关部门申请，未经批准发行股票、公司、企业债券，将非法募集的资金用于公司、企业的生产经营，无非法占有他人资金的目的，只构成擅自发行股票、公司、企业债券罪，而不构成本罪。

没有使用诈骗方法，而是以营利为目的，以可信的给付利息方式非法或变相吸收公众存款，由于经营管理不善造成公众存款无法返还，在不能证明其具有非法占有吸收的公众存款的目的时，只应成立非法吸收公众存款罪。

第十二节　贷款诈骗罪

重要法条及司法解释

《刑法》第193条。

命题分析

贷款诈骗罪在我国刑事司法实务中也属于较为常发的罪名之一，在掌握本罪时需要注意本罪的行为表现形式以及非法占有目的的认定。

知识点精讲

贷款诈骗罪是指以非法占有为目的，以诈骗方法，非法取得银行或者其他金融机构的贷款，数额较大的行为。

一、客观要件

本罪在客观方面表现为诈骗银行或者其他金融机构贷款。

贷款诈骗的实行方法包括以下情形：①编造引进资金、项目等虚假理由。②使用虚假的经济合同，以及采取欺诈、胁迫等手段签订无效经济合同骗取贷款。③使用虚假的证明文件。使用虚假的证明文件主要是指，使用伪造或者无效的存款证明、公司或者金融机构的担保函、划款证明等向银行或者其他金融机构申请贷款所需的证明文件骗取贷款。④使用虚假产权证明作担保或者超出抵押物价值重复担保。使用虚假的产权证明作担保是指行为人对房屋、土地等不动产或者汽车、货币、可即时兑付的票据等动产并不享有所有权，但是却向金融机构提供其有所有权的证明文件；超出抵押物价值重复担保是指抵押物本身已经担保，又超出其价值再次担保，以骗取金融机构贷款。⑤以其他方法诈骗贷款。其他方法，是指伪造印章、制作虚假的法人营业执照等具有欺骗性的方法。

根据《立案追诉标准（二）》第50条的规定，以非法占有为目的，诈骗银行或者其他金融机构的贷款，数额在2万元以上的，应予立案追诉。

银行或者其他金融机构的工作人员，利用职务之便，虚拟人名贷款、冒用他人之名贷款的，构成挪用公款或挪用资金罪，而不构成本罪，如果具有非法占有目的，则成立贪污罪或职务侵占罪。但是，不是利用职务之便，而只是利用熟悉银行内部情况或人员的方便条件，冒用他人名义骗取银行贷款的，构成贷款诈骗罪。

套取银行或者其他金融机构贷款，高利转贷非法牟利的，不是以诈骗方法取得贷款，只构成高利转贷罪，而不构成本罪。

本罪的主体只能是个人，单位不能构成本罪。对单位实施贷款诈骗的，根据最高人民法《全国法院审理金融犯罪案件工作座谈会纪要》（2001年1月21日），不能以贷款诈骗罪定罪处罚，也不能以贷款诈骗罪追究直接负责的主管人员和其他直接责任人员的刑事责任，可以按照合同诈骗罪追究刑事责任。但是，这一做法是否合理，还值得研究。这一规定也与2014年4月24日第十二届全国人大常委会《关于〈中华人民共和国刑法〉第三十条的解释》相矛盾，该立法解释规定："公司、企业、事业单位、机关、团体等单位实施刑法规定的危害社会的行为，《刑法分则》和其他法律未规定追究单位的刑事责任的，对组织、策划、实施该危害社会行为的人依法追究刑事责任。"因此，对单位实施贷款诈骗的，直接以责任人犯贷款诈骗罪追究刑事责任，更有利于保护法益。

二、主观要件

本罪在主观方面是故意，并且具有非法占有的目的。具有以下情形之一的，可以认定行为人存在非法占有目的：①以支付中间人高额回扣、介绍费、提成的方式非法获取贷款，并由此造成大部分资金不能返还的；②将贷款大部分用于弥补亏空、归还债务的；③没有经营、归还能力而大量骗取贷款的；④将贷款大量用于挥霍、行贿、赠与的；⑤将贷款用于高风险营利活动造成亏损的；⑥将贷款用于违法犯罪活动的；⑦携资潜逃的；⑧抽逃、转移、隐匿资金，有条件归还而拒不归还贷款的；⑨隐匿、销毁财务账目或搞假破产、假倒闭逃避返还贷款的；⑩为继续骗取贷款，将资金用于亏损或不营利的生产经营项目的。

合法取得贷款，但后来因情况变化而产生非法占有目的，转移、隐匿贷款，拒不还本付息的，不成立本罪，也不成立侵占罪与诈骗罪，只宜按照民事案件处理。但是，如果采用欺骗方法使贷款人免除其还本付息的义务的，则成立骗取财产性利益的普通诈骗罪。

第十三节　信用卡诈骗罪

重要法条及司法解释

《刑法》第196条。

《最高人民法院、最高人民检察院关于修改〈关于办理妨害信用卡管理刑事案件具体应用法律若干问题的解释〉的决定》(2018年12月1日施行)。

《最高人民法院、最高人民检察院关于办理妨害信用卡管理刑事案件具体应用法律若干问题的解释》(2009年12月16日施行)。

《最高人民检察院关于拾得他人信用卡并在并在自动柜员机（ATM机）上使用的行为应如何定性问题的批复》(2008年4月18日)。

命题分析

目前，信用卡诈骗罪是实务中较为常发的金融诈骗案件类型，造成信用卡诈骗罪多发的部分原因其实也在于银行自身的滥发信用卡等因素。命题人在考查本罪时，大多数时候是看考生对于信用卡诈骗罪犯罪构成以及相关司法解释的掌握程度。2018年年底，针对恶意透支型信用卡诈骗罪在实务中被滥用的实际情形，最高人民法院、最高人民检察院针对恶意透支型的信用卡诈骗罪作了最新的限制解释，考生务必认真把握。

知识点精讲

信用卡诈骗罪是指以非法占有为目的，使用信用卡进行诈骗活动，数额较大的行为。

一、客观要件

本罪在客观方面表现为信用卡进行诈骗活动。

这里的“信用卡”，根据2004年12月29日全国人大常委会通过的《关于〈中华人民共和国刑法〉有关信用卡规定的解释》，是指由商业银行或者其他金融机构发行的具有消费支付、信用贷款、转账结算、存取现金等全部功能或者部分功能的电子支付卡。信用卡诈骗罪的实行行为具体包括下属情形：

（1）使用伪造的信用卡，或者使用以虚假的身份证明骗领的信用卡。使用，包括用信用卡购物和用信用卡接受有偿服务。对这里的“伪造的信用卡”应做广义理解，包括变造的信用卡在内，其是由使用者本人还是由他人伪造，不影响本罪的成立。将自己伪造的信用卡交给他人委托其代为取款，但向其隐瞒信用卡系伪造的事实的，构成信用卡诈骗罪的间接正犯。

例1（真题） 陈某因没有收入来源，以虚假身份证明骗领了一张信用卡，使用该卡从商场购物10余次，金额达3万余元，从未还款。

提示：根据《刑法》第177条之一规定，使用虚假的身份证明骗领信用卡的，成立妨害信用卡管理罪。而信用卡诈骗罪的行为类型则包括了使用以虚假的身份证明骗领的信用卡。由于信用卡诈骗罪也是诈骗，因此，这里的使用应当是指对银行职员、商场收银员等人使用，不包括对机器使用。陈某用虚假的身份证明骗领的信用卡在商场购物，因而构成信用卡诈骗罪。陈某骗领信用卡的目的就是使用，因此前后两个行为具有手段行为与目的行为的牵连关系，属于牵连犯，择一重罪论处。信用卡诈骗罪的法定最高刑（无期徒刑）比妨害信用卡管理罪要高，所以对陈某最终应以信用卡诈骗罪论处。

（2）使用作废的信用卡。作废的信用卡，是指因法定理由失去效用的信用卡，包括因超过有效使用期限而自动失效的信用卡、持卡人在信用卡有效期限内中途停止使用并将其交回发卡银行的信用卡、因挂失而失效的信用卡等。

（3）冒用他人信用卡。信用卡必须由持卡人本人使用，不得转借或转让。冒用他人信用卡是指冒充合法持卡人，并通过银行职员或者商场（特约商户）收银员使用信用卡，使持卡人资金受到损失的行为。至于冒用的信用卡是他人委托保管，还是以欺骗、捡拾等方式取得，在所不问。窃取、收买、骗取或者以其他非法方式获取他人信用卡信息资料，并通过互联网、通讯终端等使用的，也是冒用他人信用卡。在信用卡被有效挂失后冒充合法持有人使用信用卡，给特约商店或发卡银行带来经济损失的行为，属于使用作废的信用卡而非冒用他人信用卡。

本罪和诈骗罪之间有法条竞合关系，本罪属于特别法条，其犯罪成立的逻辑线索是欺骗他人，使他人陷入错误然后处分财物，犯罪人由此取得财物，使被害人遭受财产损失。由于机器不能陷入错误，不能成为被诈骗的对象，所以，在ATM机上使用伪造的信用卡，或者使用以虚假的身份证明骗领的信用卡，使用作废的信用卡，或者冒用他人信用卡的，都应当成立盗窃罪。换言之，信用卡诈骗罪中的使用行为，仅限于针对银行柜台、特约商户的工作人员实施。如此解释“使用”一词，维持了诈骗概念的同一性，也符合诈骗犯罪实行行为的内在要求。对此，《最高人民检察院关于拾得他人信用卡并在并在自动柜员机（ATM 机）上使用的行为应如何定性问题的批复》（2008 年 4 月 18 日）规定，拾得他人信用卡并在自动柜员机（ATM 机）上使用的行为，属于《刑法》第 196 条第 1 款第（三）项规定的“冒用他人信用卡”的情形，构成犯罪的，以信用卡诈骗罪追究刑事责任。这一司法解释认为机器可以被骗，但是，这与法理不一致，也与最高人民检察院以前作出的其他司法解释有冲突。例如，《最高人民检察院关于非法制作、出售、适用 IC 电话卡行为如何适用法律问题的答复》（2003 年 4 月 2 日）规定，明知是非法制作的 IC 电话而使用的，构成盗窃罪而非诈骗罪。对拾得他人信用卡并在 ATM 机上使用的行为，以盗窃罪定罪更为合适。

例 2（真题） 张某窃得同事一张银行借记卡及身份证，向丈夫何某谎称路上所拾。张某与何某根据身份证号码试出了借记卡密码，持卡消费 5000 元。

提示：本例中，首先，借记卡也是信用卡的一种。其次，张某的行为属于盗窃信用卡并使用，按照《刑法》第 196 条第 3 款的规定，无论其对人使用、还是在机器上使用盗窃所得的信用卡，都应当直接认定为盗窃罪。而“盗窃信用卡并使用”中的使用行为，既包括盗窃者自己亲自使用，也包括利用他人来使用，所以张某显然成立盗窃罪。但是，何某并不知道自己使用的是盗窃所得的信用卡，但其明知是他人的信用卡并对人使用，属于“冒用他人信用卡”，触犯了信用卡诈骗罪。所以，张某构成盗窃罪，而何某则构成信用卡诈骗罪。

（4）恶意透支。透支是客户在银行账户上无资金或者资金不足的情况下经银行批准，使用超过其账上资金额度的行为。持卡人透支后，必须在限期内偿还资金，并按规定支付利息。持卡人在透支限额内或经批准限额内使用信用卡后及时补足资金、偿还透支款项本息的，是善意透支。而恶意透支，是指持卡人以非法占有为目的，超过规定限额或者规定期限透支，并且经发卡行催收后仍不归还的行为。

具有以下情形，可以认定行为人具有非法占有目的，但有证据证明持卡人确实不具有非法占有目的的除外：①明知没有还款能力而大量透支，无法归还的；②使用虚假资信证明申领信用卡后透支，无法归还的；③透支后通过逃匿、改变联系方式等手段，逃避银行催收的；④抽逃、转移资金，隐匿财产，逃避还款的；⑤使用透支的资金进行犯罪活动的；⑥其他非法占有资金，拒不归还的情形。

根据 2018 年最高人民法院、最高人民检察院的最新司法解释，满足以下条件的，才属于发卡行对透支行为人的“有效催收”：①在透支超过规定限额或者规定期限后进行；②催收应当采用能够确认持卡人收悉的方式，但持卡人故意逃避催收的除外；③两次催收至少间隔 30 日；④符合催收的有关规定或者约定。对于是否属于有效催收，应当根据发卡银行提供的电话录音、信息送达记录、信函送达回执、电子邮件送达记录、持卡人或者其家属签字以及其他催收原始证据材料作出判断。

恶意透支的数额是指公安机关刑事立案时尚未归还的实际透支的本金数额，不应当包括利息、复利、滞纳金和手续费等发卡行收取的费用。归还或者支付的数额，应当认定为归还实际透支的本金。

由于刑法将信用卡诈骗罪的实行行为限定为使用伪造的信用卡，或者使用以虚假身份证明伪造的信用卡，使用作废的信用卡，冒用他人的信用卡以及利用信用卡恶意透支四种情形，按照罪刑法定原则，对以其他方式实施的信用卡诈骗行为就不能再以本罪处理。例如，非法在自动取款机上留下“机械故障，请按下列步骤操作……”字样，使合法持有人意欲领取的款项在持卡人按该步骤操作后进入犯罪人先前合法申请的信用卡账户中，被犯罪人非法占有的，就只构成诈骗罪而不构成信用卡诈骗罪。此外，行为人持信用卡到自动取款机上取款时，由于银行电脑交换系统处于调试期间，自动取款机吐出的金额超过行为人申请领取数额，行为人为取得大量现金，继续任意进行操作，非法获取大量财物的，应构成盗窃罪，也不构成信用卡诈骗罪。

伪造信用卡并使用伪造的信用卡进行诈骗的，属于牵连犯，应从一重罪处断。在两罪法定刑完全相同的情况下，应当以目的行为即信用卡诈骗罪定罪处罚。

根据《刑法》第196条第3款的规定，盗窃信用卡并使用的，构成盗窃罪。使用信用卡的途径有两种：一是对自然人使用，如银行职员与特约商户等；二是对机器使用，如ATM机等。盗窃信用卡后对人使用，理论上本应属于“冒用他人信用卡”的情形，定信用卡诈骗罪，但第196条第3款将其拟制为盗窃罪，就此来看，本款规定具有法律拟制的性质。而盗窃信用卡后对机器使用，由于机器没有意识无法被骗，自然不可能成为诈骗罪的对象，所以对机器使用本就应定盗窃罪。就此而言，第196条第3款又是一种注意规定。因此，第196条第3款既有法律拟制的性质，也有注意规定的性质。实际上，虽然使用窃取的信用卡明显具有利用他人信用卡实施诈骗的性质，但是，刑法认为窃取信用卡后使用乃是通常现象，使用信用卡实施诈骗是将盗窃得来的信用卡本身所含有的不确定价值转化为具体财物的过程，是窃取行为的自然延伸，窃取信用卡本身才是评价的重点。在盗窃信用卡并使用的场合，应以使用信用卡后实际骗取的财物数额作为定罪处罚的标准。盗窃信用卡并使用，因骗局被识破而未得逞的，成立盗窃罪未遂。

二、主观要件

本罪在主观方面是故意，对伪造、作废的信用卡性质有明知，对信用卡原属他人不得冒用、不得恶意透支有明知；同时要求具有非法占有财物的目的。

根据《最高人民法院、最高人民检察院关于办理妨害信用卡管理刑事案件具体应用法律若干问题的解释》第6条的规定，持卡人超过规定限额或者规定期限透支，并且经发卡银行两次催收后仍不归还的，必须具有非法占有目的，才能认定为恶意透支。有以下情形之一的，应当认定为恶意透支中的“以非法占有为目的”：①明知没有还款能力而大量透支，无法归还的；②肆意挥霍透支的资金，无法归还的；③透支后逃匿、改变联系方式，逃避银行催收的；④抽逃、转移资金，隐匿财产，逃避还款的；⑤使用透支的资金进行违法犯罪活动的；⑥其他非法占有资金，拒不归还的行为。

第十四节　保险诈骗罪

重要法条及司法解释

《刑法》第198条。

命题分析

保险诈骗罪是“破坏社会主义市场经济秩序罪”一章中的重量级知识点。由于保险诈骗的手段行为往往涉及其他人身与财产犯罪，因此，命题人既有可能在客观题中考查保险诈骗罪，也有可能在主观题中予以考查。考生在复习本罪时，一方面要掌握本罪的构成要件，清楚理解本罪的预备与着手的界限等问题，另一方面要理解本罪和其他关联犯罪的竞合关系。

知识点精讲

保险诈骗罪是指以非法占有为目的，虚构保险标的、制造保险事故或者对发生的保险事故编造虚假的原因、夸大损失程度，或者编造未曾发生的保险事故，骗取保险金，数额较大的行为。

一、客观要件

本罪客观方面表现为骗取保险金。保险诈骗的实行行为具体包括下述情形：

（1）投保人故意虚构保险标的，骗取保险金的。虚构保险标的，一般是指投保人为骗取保险金而无中生有，虚构根本不存在的保险对象与保险人订立保险合同。此外，对保险标的的价值、属性等作虚假描述或隐瞒保险标的缺陷足以使保险机构陷入误解的，也是虚构保险标的。采用隐瞒保险标的瑕疵的方法虚构保险标的的行为是以不作为的方式实施保险诈骗的情形。

（2）投保人、被保险人或者受益人对发生的保险事故编造虚假的原因或者夸大损失的程度，骗取保险金的。即投保人、被保险人、受益人明知发生的事故属于保险合同条款中规定的不予赔偿范围，为达到索赔、转嫁损失的目的而隐瞒事实真相，编造理由，使事故成为保险责任范围内应当理赔的事实；或者在保险事故发生后，按规定其虽属赔偿范围，但投保人、被保险人、受益人为骗取不应得到的保险金而以伪造、变造受损清单、损失鉴定证明等方法，把保险事故的损失夸大。

（3）投保人、被保险人或者受益人编造未曾发生的保险事故，骗取保险金的。编造，是指保险人、被保险人或者受益人在没有发生保险事故的情况下，虚构事实，谎称发生保险事故骗取保险金的行为

（4）投保人、被保险人故意造成财产损失的保险事故，骗取保险金的。造成保险财产损失的方法，法律未作限制，包括放火、决水等危险方法，也包括抛弃、毁损等故意损坏财物的方法。

(5) 投保人、受益人故意造成被保险人死亡、伤残或者疾病，骗取保险金的。与投保人、被保险人故意造成财产损失的保险事故相类似，投保人、受益人故意造成被保险人死亡、伤残或者疾病，骗取保险金的行为，也是投保人、受益人人为地促成赔偿条件实现、制造保险事故的行为，包括杀害、伤害、虐待、遗弃、非法拘禁、传染疾病等一切方法，至于方法本身是否达到成立犯罪的程度，在所不问。

为骗取保险金而实施杀人、伤害行为或者其他制造保险事故的行为，不是本罪的着手，向保险机构提出索赔要求才是着手。已经向保险机构提出要求，但未能使保险机构陷于认识错误而对被保险人或受益人进行理赔的，应成立犯罪未遂。

本罪是针对特殊对象实施的诈骗行为，和普通诈骗罪一样，犯罪数额应当是骗取财物的总价值，而不是财物总价值和对价之间的差额。换言之，保险公司实际支付或者应当支付的保险金全额是犯罪数额，而不应当将保险金全额减去投保时缴纳费用的差额部分作为犯罪数额。

为骗取保险金而放火焚烧或以其他方式处分自己所有的财物，没有危害公共安全的，或者自残、自伤的，都只构成本罪。投保人、被保险人故意造成财产损失或者被保险人死亡、伤残的行为同时构成放火、爆炸、故意杀人、故意伤害等其他犯罪的，应当与本罪并罚。

例（真题） 购买意外伤害保险，制造自己意外受重伤假象，骗取保险公司巨额保险金的，仅构成保险诈骗罪，不构成合同诈骗罪。

提示：上述结论是错误的。购买意外伤害保险，制造自己意外受重伤假象，骗取保险公司巨额保险金的，当然构成保险诈骗罪。但是由此并不能想当然地推导出不构成合同诈骗罪。合同诈骗罪是指以非法占有为目的，在签订、履行合同过程中，使用欺骗手段骗取对方当事人财物的行为。购买意外保险当然属于订立保险合同的行为，既然是在履行合同过程产生非法占有为目的骗取他人财物，符合合同诈骗罪的犯罪构成，同时成立合同诈骗罪。考生务必要注意的是，但一定要破除《刑法分则》罪名之间处于非此即彼的互斥关系这种错误思维，要有竞合论的观念。

本罪的主体是特殊主体，即投保人、被保险人或者受益人（身份犯）。投保人，是指与保险机构订立保险合同，并根据保险合同规定承担支付保险费义务的人。被保险人，是指在保险事故发生或约定保险期间届满时，依据保险合同，有权向保险机构请求补偿损失或领取保险金，受保险合同保障的人。受益人，是指保险合同明确指定或者依照继承法等民事法律规定有权取得保险金的人，投保人、被保险人也可以是受益人。投保人、被保险人、受益人可能是同一个人，也可能是多个人，其或是保险当事人，或是保险关系人，在保险活动中具有相对特殊的身份，其可能实施的保险诈骗的实行行为也不相同。单位也可以成为本罪主体。

保险事故鉴定人、证明人、财产评估人故意提供虚假的证明文件，为他人诈骗提供条件的，以保险诈骗罪共犯论处。保险公司工作人员利用职务上的便利，故意编造未曾发生的保险事故进行虚假理赔，骗取保险金归自己所有的，依照职务侵占罪的规定定罪处罚。国有保险公司工作人员和国有保险公司委派到非国有保险公司从事公务的人员利用职务上的便利，故意编造未曾发生的保险事故进行虚假理赔，骗取保险金归自己所有的，依照贪污罪的规定定罪处罚。

二、主观要件

本罪在主观方面是故意，并且具有非法占有保险金的目的。至于该目的产生于投保以前，还是产生于投保之后，都不影响本罪故意的成立。

三、除斥期间与本罪认定的特殊问题

就本罪的认定而言，特别值得研究的问题是：实务中，大量出现投保人甲隐瞒其父母的自身疾病“带病投保”的；或者投保人乙隐瞒被保险人的真实年龄，欺骗保险公司等情形。如果自合同成立之日起2年后，被保险人或者受益人才向保险公司索赔的，类似于甲、乙这样的主体是否还构成保险诈骗罪？对此，有观点主张行为人无罪，因为保险法（2009年）第16条规定：“投保人故意或者因重大过失未履行前款规定的如实告知义务，足以影响保险人决定是否同意承保或者提高保险费率的，保险人有权解除合同。前款规定的合同解除权，自保险人知道有解除事由之日起，超过三十日不行使而消灭。自合同成立之日起超过二年的，保险人不得解除合同；发生保险事故的，保险人应当承担赔偿或者给付保险金的责任。”根据这一规定，即便投保人有虚构保险标的等欺骗行为，但保险人自合同成立之日起超过2年，就不得解除合同，从而投保人、受益人有权获得保险理赔，当然不能成立诈骗罪。

但是，上述无罪主张没有准确把握刑法和民法的关系。刑法是民商法等法律的保障法，根据法秩序统一性原理，在民商法等法律上完全合法的行为，不可能构成刑法上的犯罪。但是，由于刑法与民商法等法律的性质与目的不同，民商法中的某些明显带有拟制性质的“不可抗辩条款”并不是表明行为合法，而只是表明对于合同相对方的权利行使进行限制，行为人不能以此主张违法性被阻却。

《保险法》第16条关于“自合同成立之日起超过二年的，保险人不得解除合同”的内容，涉及除斥期间的规定。所谓除斥期间，是指法律规定或当事人依法确定的某种权利预定的存续期间，该期间届满，则权利当然消灭，故又称为权利预定存续期间。除斥期间规定的是权利人行使某项权利的期限，以权利人不行使该项民事实体权利作为适用依据；除斥期间消灭的是权利人享有的民事实体权利本身，如追认权、撤销权、解除权等形成权。投保人故意未履行如实告知义务，足以影响保险人决定是否同意承保的保险人有权解除合同，但自合同成立之日起超过二年的，保险人不得解除合同的例外规定，只是说明一旦除斥期间届满，保险人的合同解除权就消灭。关于除斥期间的这一规定，丝毫不能否定投保人、被保险人、受益人行为的欺骗性质；除斥期间届满的效力，不可能回溯性地否定投保当时投保人故意未履行如实告知义务的欺骗性。换言之，自合同成立之日起逾2年后保险人才发现甲、乙申报的隐瞒重大疾病或被保险人的年龄不真实的事实，因而不能解除保险合同的规定，也只是表明该保险合同继续生效，而不能否认甲、乙的行为具备保险诈骗罪的构成要件。如此解释，充分考虑了保险法的规定和刑法设立本罪的规范保护目的：保险合同是最大诚信合同，要求投保人如实告知被保险标的的真实情况，如果投保人违背其告知义务的，保险人有权以此为由主张解除保险合同。但是，为了防止处于相对强势地位的保险人为规避承担理赔义务而随意解除合同的情形，保险法设置了除斥期间的规定，将保险人对投保人是否履行如实告知义务提出异议的期间限制在2年内，超过这段时间，保险合同则成为不可争议合同。因此，《保险法》第16条的规定纯粹是为了均衡保护投保人与保险人的利益，防止保险人滥用主张保险合同无效的权利，其并不意味着投保人虚构事实、隐瞒真相的行为合法，更不可能鼓励投保人虚构事实、隐瞒真相。刑法设立本罪是为了保护保险人的利益，防止投保人骗取保险人财产；当投保人故意虚构保险标的骗取保险金时，即使保险合同依然有效，也不影响其行为构成保险诈骗罪。当然，考虑到根据《保险法》第16条的规定，投保人或受益人可以得到赔偿的事实，可以认定被告人的行为构成保险诈骗罪，但以犯罪未遂处理。如此处理，是将保险法上原本也属于违法（仅基于特别抗辩条款认可当事人部分权利），且符合保险诈骗罪构成要件的行为作为犯罪予以认定，并不违反刑法谦抑性。

第十五节　逃税罪

重要法条及司法解释

《刑法》第201条。

命题分析

2018年发生了让全体国人震惊的娱乐明星范××逃税案，尽管范××最后补缴了让常人咋舌的巨额应纳税款，避免了刑事处罚，但从一个侧面也显示了个别行业偷税、逃税的严重性。逃税罪也是考试的重点罪名，命题人比较偏爱的考点在于逃税罪的处罚阻却事由，考生在复习时要认真把握逃税罪的构成要件和处罚阻却事由。

知识点精讲

一、客观要件

本罪在客观方面表现为纳税人采取欺骗、隐瞒手段进行虚假纳税申报或者不申报，逃避缴纳税款数额较大并且占应纳税额10%以上的行为，或者扣缴义务人不缴或者少缴已扣、已收税款，数额较大。

“虚假纳税申报”是指纳税人制造虚假材料进行申报。例如，不如实填写或者提供纳税申报表、财务会计报表及其他纳税资料等。行为人为了达到虚假申报的目的，通常采用的欺骗和隐瞒手段主要包括：设立虚假的账簿、记账凭证，或者对账簿、记账凭证进行挖补、涂改、变造甚至隐匿，或者未经税务主管机关批准而擅自将正在使用中或尚未过期的账簿、记账凭证销毁等；在账簿上大量填写超出实际支出的数额以冲抵或减少实际收入的数额或者不列、少列收入数额。“不申报”，是指因依法办理纳税申报的纳税人，采取欺骗和隐瞒手段，不履行法律、行政法规规定的义务办理纳税申报的行为（不作为）。

不是采用伪造、变造账簿或凭证，隐瞒收入、涂改发票等手段逃税，而是利用税法上的漏洞、模糊之处或税法所允许的手段（如资金转移、费用转移、成本转移、利润转移等）躲避纳税义务，以少缴或者不缴税款的避税行为，不构成本罪。

有逃税行为的，对纳税人而言，只有逃税数额和比例同时达到数额较大（根据相关司法解释，数额较大为5万元以上）并且占应纳税额10%以上的程度，才构成本罪。**对扣缴义务人而言，只有不缴或者少缴已扣、已收税款，数额较大的，才构成本罪。**

特别需要注意的是，《刑法》第201条第4款规定，纳税人有逃税行为，经税务机关依法下达追缴通知后，补缴应纳税款，缴纳滞纳金，已受行政处罚的，不予追究刑事责任。这是对逃税罪客观处罚条件的规定，也是关于“事实的处罚阻却事由”的规定，即因为补缴税款等事实的不存在，才能进行处罚。但根据相关司法解释的规定，纳税人在公安机关立案后再补缴应纳税款、缴纳滞纳金或者接受行政处罚的，不影响刑事责任的追究。**此外，五年内因逃避缴纳税款受过刑事处罚或者被税务机关给予二次以上行政处罚的，不适用前述“事实的处罚阻却事由”。**

例（真题） 甲系外贸公司总经理，在公司会议上拍板：为物尽其用，将公司以来料加工方式申报进口的原材料剩料在境内销售。该行为未经海关许可，应缴税款90万元，公司亦未补缴。外贸公司采取隐瞒手段不进行纳税申报，逃避缴纳税款数额较大且占应纳税额的10%以上，构成逃税罪。

提示：上述表述是正确的。外贸公司将以来料加工方式申报进口的原材料剩料在境内销售，本应经海关许可并且补缴应缴税额，但却采取隐瞒手段不进行纳税申报，逃避缴纳税款数额较大且占应纳税额的10%以上，因此构成逃税罪。

二、主观要件

主观方面为故意。行为人由于过失而漏缴税款的，主观上欠缺逃税故意，不构成本罪。

第十六节　非法经营罪

重要法条及司法解释

《刑法》第225条。

命题分析

当前刑事司法实务中的非法经营案件的相对数量是比较高的。非法经营罪存在兜底规定，即“其他严重扰乱市场秩序的非法经营行为”，这一规定存在严重的模糊性，危及了罪刑法定的明确性原则，因此，2011年4月8日《最高人民法院关于准确理解和适用刑法中“国家规定”的有关问题的通知》指出：“各级人民法院审理非法经营犯罪案件，要依法严格把握刑法第二百二十五条第（四）的适用范围。对被告人的行为是否属于刑法第二百二十五条第（四）规定的‘其他严重扰乱市场秩序的非法经营行为’，有关司法解释未作明确规定的，应当作为法律适用问题，逐级向最高人民法院请示。”而命题人关于非法经营罪的考点基本也是围绕着已有的司法解释关于哪些行为可以定性为非法经营罪来命题的，因此，考生需要认真记忆相关司法解释的内容。

知识点精讲

非法经营罪是指违反国家规定，进行非法经营活动，扰乱市场秩序，情节严重的行为。

一、客观要件

本罪在客观方面表现为违反国家规定，进行非法经营活动，扰乱市场秩序的行为。

违反国家规定，是指违反法律、行政法规中对部分物品实行专卖、专营，对部分经营活动实施许可证制度、审批制度等管理措施的规定。存在与经营行为相对应的法律、行政法规，是成立本罪的前提。某一特殊行业的特殊经营行为理应属于国家专卖、专营范围，但国家尚无相应法律、法规加以调整的，不能将经营者的行为确定为非法经营，否则与罪刑法定原则相冲突。

本罪的实行行为是违反国家规定的经营行为，具体包括四种情形：

（1）未经许可经营法律、行政法规规定的专营、专卖物品或者其他限制买卖的物品。我国实施专营、专卖的物品主要有军工产品、火药产品、天然金刚石、麻醉药品、卷烟、食盐等。刑法对专营、专卖的物品规定为特定犯罪对象的，其不再是本罪中的专营、专卖物品，如非法买卖军工产品的，构成非法买卖枪支、弹药、爆炸物罪，不再构成本罪。

（2）买卖进出口许可证、进出口原产地证明以及其他法律、行政法规规定的经营许可证或者批准文件。其他法律、法规规定的经营许可证或者批准文件，是指依法有效的特种行业经营许可证或者批准文件，如药品经营企业许可证、种子经营许可证、烟草专卖零售许可证、野生动物特许捕猎证、采矿许可证等。如果刑法对买卖许可证或批准文件的行为有特别规定的，不再构成本罪。例如，非法买卖金融机构经营许可证，构成转让金融机构经营许可证罪。非法买卖允许进出口证明书等经营许可证明，同时构成买卖国家机关公文、证件罪和非法经营罪，构成想象竞合，依照处罚较重的规定定罪处罚。

（3）未经国家有关主管部门批准，非法经营证券、期货或者保险业务的，或者非法从事资金结算业务。主要表现为有的单位或个人虽未正式设立期货交易所、期货经纪公司，也没有挂牌，但却暗中从事期货交易所、期货经纪公司的经纪业务。有的行为人只在宾馆、饭店租用一些房间，设几个终端，就以期货信息公司或者期货咨询公司的名义到处招揽客户，使不少单位和个人信以为真。

（4）其他严重扰乱市场秩序的非法经营行为。这种行为必须发生在生产经营中，主要是生产流通领域，行为必须违反法律、行政法规定的规定，同时具有严重扰乱市场秩序的社会危害性。司法实务以及相关司法解释规定的常见非法经营行为有：恶意哄抬物价、压价倾销，牟取暴利的；倒卖国家禁止或限制进出口的废弃物的；未经国家批准擅自发行、销售彩票；倒卖汽油品、特定许可证、执照、有伤风化的物品的；非法买卖珍稀植物及其制品、国家统一征收的矿产品；在外汇指定银行和中国外汇交易中心及其分中心以外买卖外汇，数额巨大或者违法所得数额较大的，都属于其他严重扰乱市场秩序的非法经营行为；

违反国家规定，采用租用国际专线、私设转接设备或者其他方法，擅自经营国际电信业务或者涉港澳台业务进行营利活动，扰乱电信市场管理秩序，情节严重的，应以非法经营罪定罪处罚。

此外，违反国家规定，出版、印刷、复制、发行危害国家安全、侮辱诽谤他人、煽动民族歧视、侵犯著作权、淫秽物品以外的其他严重扰乱市场秩序的非法出版物的，以非法经营罪定罪处罚。违反国家规定，使用销售点终端机具（POS机）等方法，以虚构交易、虚开价格、现金退货等方式向信用卡持卡人直接支付现金，情节严重的，应以本罪追究刑事责任。违反国家规定，以营利为目的，通过信息网络有偿提供删除信息服务，或者明知是虚假信息，通过信息网络有偿提供发布信息等服务，扰乱市场秩序的，以本罪处罚。

例1（真题） 赵某多次临摹某著名国画大师的一幅名画，然后署上该国画大师姓名并加盖伪造印鉴，谎称真迹售得收入六万元。

提示：《刑法》第217条第4项规定，制作、出售假冒他人署名的美术作品的，构成侵犯著作权罪。上例中的赵某显然构成侵犯著作权罪。只有违反国家规定，出版、印刷、复制、发行危害国家安全、侮辱诽谤他人、煽动民族歧视、侵犯著作权、淫秽物品以外的其他严重扰乱市场秩序的非法出版物的，才以非法经营罪定罪处罚。

例2（真题） 下列哪些行为构成非法经营罪？

A. 甲违反国家规定，擅自经营国际电信业务，扰乱电信市场秩序，情节严重

B. 乙非法组织传销活动，扰乱市场秩序，情节严重

C. 丙买卖国家机关颁发的野生动物进出口许可证

D. 丁复制、发行盗版的《国家计算机考试大纲》

提示：选项A、C正确。根据《最高人民法院关于审理扰乱电信市场管理秩序案件具体应用法律若干问题的解释》第1条明确规定：违反国家规定，采取租用国际专线、私设转接设备或者其他方法，擅自经营国际电信业务或者涉港澳台电信业务进行营利活动，扰乱电信市场管理秩序，情节严重的，以非法经营罪定罪处罚。非法组织传销活动的构成组织、领导传销活动罪，不成立非法经营罪。买卖国家机关颁发的野生动物进出口许可证的行为，典型的属于非法经营罪的第二种行为模式，构成非法经营罪。复制、发行盗版的《国家计算机考试大纲》的行为，属于未经著作权人许可，复制发行其文字作品的行为，构成侵犯著作权罪，不构成非法经营罪。

二、主观要件

本罪在主观方面是故意，对行为违反国家规定、属于非法经营行为、会扰乱市场秩序有认识而希望及放任。行为人是否明知自己的行为违反国家规定，应结合其所经营的物品、非法提供的证明文件等的性质以及行为人的知识水平、经营经验、是否受过行政处罚等进行判断。

第十七章　侵犯公民人身权利、民主权利罪

第一节　故意杀人罪

重要法条及司法解释

《刑法》第 232 条。

命题分析

从近十年的真题来看，“侵犯公民人身权利、民主权利罪”一章中考查频次较高的重点罪名有四个：故意杀人罪；非法拘禁罪；绑架罪；遗弃罪。相对而言，故意杀人罪尽管考查次数多，但考查的难度基本不高，命题人基本会结合其他罪名，如绑架罪、抢劫罪等严重人身、财产类犯罪进行考查。考生容易犯错的地方在于《刑法分则》中有些特别的拟制型故意杀人条款，对这些拟制条款要熟记于心。

知识点精讲

一、客观要件

本罪客观方面表现为剥夺他人生命，即杀害。杀害是指在他人（故意杀自己——自杀，当然不成立本罪）自然死亡以前非法断绝其生命的行为。杀害的具体手段、方法与工具等，没有限制。需要注意的是，利用工具、动物或者无责任能力者或者无过错者行为的杀人。例如，故意指导精神异常又时常陷入兴奋状态之人练习射击，并将自制火药枪借给其使用，致该病人开枪自杀的，即成立本罪。

另外，杀人行为除使用有形的方法实施以外，还可以使用无形的、心理的方法，例如，施加精神折磨，给予被害人强度极大的精神刺激，使其休克而死的，也不否认有成立杀人行为的可能性。

杀人行为既可以作为形式实施，也可以不作为形式实施。以不作为方式杀人，常见的情形是：母亲基于杀害的故意，在婴儿从摇篮中翻出落入水坑时，不予救助，致其死亡；在幼儿饥饿难忍时，有扶养义务者基于杀害的意图不供给食物或拒绝为其哺乳。

例 1（真题）　甲、乙夫妇因 8 岁的儿子严重残疾，生活完全不能自理而非常痛苦。一天，甲往儿子要喝的牛奶里放入“毒鼠强”时被乙看到，乙说：“这是毒药吧，你给他喝呀?”见甲不说话，乙叹了口气后就走开了。毒死儿子后，甲、乙二人一起掩埋尸体并对

外人说儿子因病而死。

提示：本例中的甲以投毒这一积极的身体举止杀死儿子，显然成立作为的故意杀人罪。比较有疑问，也是本题中考生容易犯错的地方的在于如何认定乙的行为性质。由于乙没有积极的身体举止造成儿子的死亡，因此，只可能认定为不作为的故意杀人。父母对于子女有保护监督的保证人义务，在夫妻另一方要杀害自己的儿子时，一方有阻止的义务，如果不予阻止，便成立不作为犯罪，上例中乙看到甲欲通过投毒的方式杀死儿子时，不但没有阻止，而且形成了默示的合意，二人理当成立故意杀人罪的共同犯罪。换句话说，作为与不作为结合的形式同样可以成立共同犯罪。

开始实施有导致构成要件结果出现的现实危险行为，就是故意杀人罪的着手。例如，基于杀人的意思持枪瞄准被害人，在被害人面前举起菜刀，投放毒物，安装完定时炸弹，都是着手。实行行为已经着手实施，但是，被害人死亡的结果没有实际发生（例如，枪法不准；被害人从现场脱离；被害人在行为人开枪以前已经死亡；投毒剂量不够；往他人静脉中注射的空气未达到致死量等），就是本罪的未遂。此外，故意杀人罪既遂要求杀人行为和被害人的死亡结果之间存在刑法上的因故（归责）关系，欠缺因果（归责）关联的，仅成立故意杀人未遂。对于这一点，尤其要注意。例如，行为人将被害人打成重伤，但被害人自己在送医途中自杀身亡的，由于杀人行为和死亡结果之间欠缺客观归责（或相当因果关系），行为人仅成立故意杀人未遂罪。

例2（真题）　丁对仇人胡某连开数枪均未打中，胡某受惊心脏病突发死亡。丁成立故意杀人罪既遂。

提示：本例中的胡某尽管并非直接死于丁开枪射出的子弹，但仍然不能否定丁开枪杀人行为与胡某死亡结果之间的因果关系（归责）。丁虽然连开数枪都未打中胡某，但开枪朝他人射击本来就属于致人死亡的风险特别高的行为，被害人由此受到惊吓导致心脏病发作死亡，应当说是在一般的生活经验上可以预料的后果，而非特别异常，因此胡某的死亡结果和丁开枪杀害行为之间，存在相当因果关系。因此，丁成立故意杀人罪既遂。

二、主观要件

本罪在主观方面是故意。行为人首先要对被害对象是人有所认识，对自己的行为一定或可能断绝他人的生命有所预见，并追求或者放任这种结果的发生。

被害人有自杀的意思，行为人对此并不知情，而仅仅因为日常生活的原因与之打赌，被害人利用这一机会自杀的，一般属于意外事件，不能轻易认定为行为人具有杀人故意，从而成立本罪。

三、教唆、帮助自杀行为

对于与自杀相关联的行为，尤其是教唆、帮助自杀，在刑法上如何处理，争议较大。我国实务对于此类问题在不同地方与不同时期，处理结论也不尽相同，不过以故意杀人罪定性的例子比较多。大体上，对于教唆、帮助自杀，存在基于自杀违法说的定罪论与基于自杀合法说的无罪论之间的对立。

第一，认为自杀是具有违法性的行为，基于共犯从属性的要求，由于正犯（自杀者）的行为是违法的，那么，教唆与帮助自杀者当然也是违法的，从而，教唆或帮助自杀也应认定为故意杀人罪。

第二，认为自杀的合法性的行为，基于共犯从属性的要求，由于正犯（自杀者）的行为是合法的，那么，教唆与帮助犯便没有违法的正犯可以从属，从而，教唆或帮助自杀便应是合法的行为。

第三，近年来，理论界也有人主张，自杀行为是介于合法与违法以外的第三种情形，即“法外空间”，但不能被评价为违法行为。所以，按照共犯从属性原理，教唆或帮助自杀便也不能成立故意杀人罪。

此外，《刑法分则》条文中将一些行为直接拟制为故意杀人的情形包括：

条文	内容
第 238 条　非法拘禁罪	非法拘禁过程中使用暴力致人死亡。
第 247 条　刑讯逼供罪、暴力取证罪	司法工作人员刑讯逼供或者暴力取证致人死亡。
第 248 条　虐待被监管人罪	监狱、看守所等的监管人员虐待被监管人致人死亡。
第 289 条	聚众“打砸抢”致人死亡。
第 292 条　聚众斗殴罪	聚众斗殴致人死亡。

第二节　强奸罪

重要法条及司法解释

《刑法》第 236 条。

命题分析

相较于故意杀人罪、非法拘禁罪与绑架罪，强奸罪的重要性要低。掌握本罪时，要注意理解本罪的犯罪构成。

知识点精讲

强奸罪是指违背妇女意志，使用暴力、胁迫或者其他手段，强行对妇女进行奸淫，或者与不满 14 周岁的幼女发生性关系的行为。

一、保护法益

本罪侵害的法益因对象不同而有差异。在被害人是妇女的场合，犯罪侵犯的法益是妇女的性的不可侵犯的自由和权利，即妇女拒绝与合法配偶以外的其他男子发生性行为的权利。在被害人是幼女的场合，奸淫行为侵犯了幼女的身心健康。由于不满 14 周岁的幼女对性行为缺乏辨别和认识能力，所以，不论行为人采用什么手段（暴力、胁迫、诱骗或其他方法)，也不论幼女是否同意，只要行为人有与其发生性关系的行为就构成犯罪。

二、客观要件

本罪在客观方面表现为违背妇女意志，使用暴力、胁迫或者其他手段，强行与妇女性交，或者奸淫幼女的行为。

(一) 强奸妇女

行为人必须违反被害人意愿而与其性交，才能构成本罪，所以，违背妇女意志是本罪的本质特征。违背妇女意志应以暴力、胁迫为前提。行为是否违反妇女意愿，要结合客观事实进行判断，行为人在与被害人实施性交以前必须展现其暴力、胁迫、其他方法，迫使被害人就范，才能认定行为人违反妇女的意志实施奸淫。如不以暴力、胁迫为前提，即使违背妇女意志也不构成本罪。当然，行为人只要首先实施强制行为，违反被害人的意志而进行性交，即可构成本罪。至于性交过程中行为人有无实施强制行为或被害人的意愿是否被违反，都不影响本罪的成立。行为必须事实上违背妇女意志，行为人实施暴力、胁迫或者强行奸淫，自以为违背妇女意志，但该妇女对性行为并不反对的，由于不存在法益侵害的后果，所以，行为只构成强奸罪未遂。

强奸行为以暴力、胁迫或者其他手段实施。暴力，通常是指对妇女直接采取殴打身体、捆绑手脚、捂嘴巴、卡脖子等。胁迫是指对妇女采取的精神威慑，使妇女不敢抗拒的强制手段，常见的有以对妇女及其亲属实施杀害、揭发隐私、损坏财产相威胁；利用封建迷信或编造谎言的方式对妇女进行威胁；利用地理、时间等形成的特殊条件实施胁迫等。

刑法将“其他方法”也作为强奸罪中的手段行为，主要是为了解决特殊情况下奸淫行为的定性问题：一方面，利用他人处于心神丧失、抗拒不能的现存状态实施奸淫的，构成强奸罪。因为强奸罪中的违背妇女意志应是指违背正常妇女的意志，如果妇女是不能辨认和控制自己行为的精神病人，由于其不能正确表达自己的意志，只要有与该妇女发生性交的行为，就应当认定为强奸罪。这里的心神丧失是指由于精神障碍而丧失正常的判断能力的状态，熟睡、烂醉如泥、重度精神病、精神脆弱等状态都包括在内。他人实施暴力、胁迫使被害人陷入不能反抗的程度之后，行为人利用这一情势对被害人实施奸淫的，也应当成立强奸罪。抗拒不能是指心神丧失以外的心理的、物理的抵抗的不可能或者困难。另一方面，故意以灌醉酒、投催眠剂等方式使他人陷入心神丧失、抗拒不能的处境而奸淫的，或者深夜冒充情夫、医生以治疗需要为名欺骗妇女然后实施奸淫的，也属于强奸罪中的其他方法。

暴力、胁迫行为，只要达到使被害者的反抗显著困难的程度即为已足，而不需要达到完全压制被害人反抗的程度。至于何为被害人反抗显著困难，应结合一般的社会观念、被害者的年龄、精神状态、健康状态、行为的场所、时间以及其他的事项综合判断。

基于强奸故意，开始实施暴力、胁迫行为时就是本罪的着手。已经着手实施暴力、胁迫行为，例如，已掩住被害人之口，或者解下其衣服，即使尚未开始实施性交行为，也应当成立本罪的未遂。性器官的一部分插入妇女阴道时，妇女的性自由权利受到现实侵害，乃是犯罪既遂（插入说)，至于性交行为是否终了、性欲是否满足在所不问。进入被害妇女家中藏于床下等待强奸时机的行为，属于本罪预备。

为排除第三人对妇女的保护，使用暴力杀害、伤害第三人，然后强奸妇女的，应以本罪和故意杀人罪、故意伤害罪并罚；强奸行为实施完毕后，出于杀人灭口等动机杀害、重伤被害人的，应当数罪并罚；非法进入他人住宅实施强奸的，成立非法侵入住宅罪和强奸罪的牵连犯；非法拘禁他人之后起意强奸的，以非法拘禁罪和强奸罪数罪并罚；强奸妇女后产生夺取财物的故意，利用被害者处于昏迷状态取得财物的，应以强奸罪和盗窃罪数罪并罚。

（二）奸淫幼女

奸淫幼女的行为，属于准强奸行为，其在客观方面表现为与不满 14 周岁的幼女发生性关系的行为。奸淫幼女行为是否以暴力、威胁方式实施，则非所问。

由于幼女生理发育的特点，行为人只要主观上具有奸淫幼女的故意，客观上实施了对幼女的奸淫行为，双方性器官有接触，就应当认定为本罪的既遂而不是未遂。

（三）结果加重犯

强奸致人重伤、死亡的，属于本罪的结果加重犯，强奸行为和加重结果之间应当有相当因果关系，而且为行为人所能预见，而强奸行为本身处于既遂还是未遂状态均非所问。至于加重结果是由于暴力、胁迫等强制行为所造成，还是因性交行为所造成，都不影响结果加重犯的成立。例如，着手实施暴力、胁迫，被害者为逃避而跌入山崖中死亡或者跌倒负伤的，加重结果都属于由强奸行为所引起，成立强奸致人重伤、死亡。强奸得逞以后，为防止被害人呼救或者追赶，在逃离现场之前对被害人使用暴力导致其死伤的，应以强奸罪和故意杀人罪、故意伤害罪并罚。

由于本罪的被害人被限定为女性，所以，在直接正犯中，只有已满 14 周岁的男子，才能成为本罪主体，这是由本罪的性质所决定的。妇女不能成为本罪的直接、单独正犯，但可能与男子共同实施强奸行为，可以成为强奸罪的共犯（教唆犯、帮助犯）；也可以构成强奸罪的共同正犯。此外，妇女利用男性精神病患者强奸他人的，属于以他人为道具实施强奸的行为，该妇女可以构成强奸罪的间接正犯。

三、主观要件

本罪在主观方面是故意。在强奸妇女的场合，行为人对其暴力、胁迫行为使妇女反抗显著困难有所认识，对行为违背妇女的意志有所认识，进而违背被害人意愿而与其性交，希望或者放任侵害妇女性的不可侵犯权结果的发生。在奸淫幼女的场合，通说认为行为人应对被害人是幼女有认识。在本罪的主观要件方面，有以下两个方面的争议。

通说认为，在奸淫幼女的场合，行为人明知对方是不满 14 周岁的幼女而加以奸淫的，才具有奸淫故意。这里的明知包括应当知道、明确知道或者可能知道对方是幼女的情形。根据这种观点，未满 14 周岁的幼女对性行为有承诺，且行为人误认为对方已满 14 周岁时，属于事实认识错误，阻却本罪故意，不构成强奸罪。得到已满 14 周岁者承诺，但将已满 14 周岁的女性误认为是不满 14 周岁的幼女，对其进行奸淫的，由于有 14 周岁以上者的承诺，行为对被害人的性自由没有侵害，即使有奸淫故意也由于欠缺法益侵害性，不构成犯罪。

关于行为人对于幼女年龄是否需要明知，最高人民法院发布了《关于行为人不明知是不满十四周岁的幼女，双方自愿发生性关系是否构成强奸罪问题的批复》（2003 年 1 月 17 日），其中规定：行为人明知是不满 14 周岁的幼女而与其发生性关系，不论幼女是否自愿，均应依《刑法》第 236 条第 2 款的规定，以强奸罪定罪处罚；行为人确实不知对方是不满 14 周岁的幼女，双方自愿发生性关系，未造成严重后果，情节显著轻微的，不认为是犯罪。

奸淫幼女的场合，行为人具有故意，是指对于对方是不满 14 周岁的幼女有认识，并对与其发生性行为有希望或者放任。司法解释的规定，仅仅是在直接故意的前提下思考问题。如果认为间接故意也可以构成本罪，就应该认为：行为人即便确实不知道被害人的具体年龄，仅能够大致认识到其属于 14 周岁上下的未成年人，但竟然甘冒该当本罪构成要件行为的风险，而与被害人发生性行为的，即为了满足自身性欲，对于与可能未满 14 周岁的幼女发生性行为可能受到追诉亦在所不惜的，就具有本罪的认识和意欲，成立本罪的间接故意。

四、认定

二人以上者在同一场所，在前后间隔很短的时间内，轮流对被害人实施性侵犯行为的，构成轮奸，成为加重处罚的理由，对被告人应当在 10 年以上有期徒刑的幅度内量刑。二人以上轮奸的场合，一人既遂，其他人未遂或者中止的，是否一律都成立强奸既遂，是有争议的问题。肯定说主张，对参与轮奸的共犯，只要其中有人强奸得逞，其余共犯无论强奸是否得逞，一律以强奸既遂论处，成立轮奸，不能对奸淫未能得逞的共犯再引用犯罪未遂的规定。否定说认为，对参与轮奸的共犯，应以强奸得逞与否来划分强奸既遂与未遂，不应把在轮奸中没有得逞的共犯与在轮奸中已得逞的共犯相提并论。否定说的主要理由是：①轮奸共犯的既遂与一般犯罪共犯的既遂有区别。强奸罪既遂必须是行为人与妇女发生性行为，如果行为人没有与妇女发生性行为，就不构成强奸既遂。而一般犯罪既遂的犯罪构成只强调主观故意。如故意杀人罪的共同正犯，只要有共同杀人的故意，在共犯中，尽管不是每一个共犯均实施杀人的行为，但只要有人导致死亡结果，那么所有共犯均成立杀人既遂。②强奸既遂具有不可替代性。强奸既遂要求行为人必须实施与妇女性交的行为，这种性交行为是针对单个人的行为，并非包括其他共犯。共犯中有的人在轮奸中已得逞，但不能替代在轮奸中未得逞的共犯。司法实践的立场是认为强奸罪是亲手犯，按照各行为人的行为状态确定其责任，可以成立强奸罪中轮奸行为的中止犯或者未遂犯。

应当认为，肯定说是有道理的。一方面，对轮奸提高其法定刑，是因为有二人以上轮流对被害人进行性侵害，其重点是惩罚行为的轮流实施，因此，二人以上在前后间隔极短的时间内对被害人实施性侵害行为，就应适用轮奸的规定，至于行为人是否达到既遂，是否满足其性欲，均不应对轮奸行为的认定产生影响。另一方面，如果认为轮奸行为在同一场所、几乎同一时间发生，就应该肯定行为人的共同故意和共同行为，确定其成立共同正犯，那么，对共同正犯的处罚就必须坚持部分行为全部责任原则。换言之，强奸既遂者所造成的危害后果，也需要强奸未得逞者承担，共同正犯人之一的行为及其后果也是其他共犯人的行为和后果，由于行为人之间相互配合，其没有必要不对他人的轮奸行为及其所造成的后果负责。因此，在轮奸的场合，一人既遂，其他现场参与者不仅其轮奸行为成立，而且也是犯罪既遂。强制猥亵、侮辱罪，是指以暴力、胁迫或者其他方法强制猥亵他人或者强制侮辱妇女的行为。

第三节 强制猥亵、侮辱罪

重要法条及司法解释

《刑法》第237条。

命题分析

掌握本罪时需要注意强制猥亵与强奸之间的界限与竞合关系。

知识点精讲

一、保护法益

本罪侵害的法益在我国刑法学中一般被认为是被害人（尤其是妇女）的人格尊严、人身安全和名誉权利。但是这种观点过于宽泛。事实上，本罪的保护法益是他人的性羞耻心、性自主决定权。由于刑法只规定了强制猥亵他人、强制侮辱妇女罪而没有规定公然猥亵罪，所以，本罪的保护法益就不包括社会中善良的性道德观念、性风俗等公共秩序，而是单纯的侵犯人身权利的犯罪。当然，是否应当在规定侵犯人身权利的强制猥亵他人、强制侮辱妇女罪之外再设立侵犯社会法益的公然猥亵罪，是立法上值得考虑的问题。

本罪的行为对象需要区别情况考虑。在强制猥亵他人的情况下，被害人包括男性和妇女在强制侮辱妇女时，被害人只能是妇女。由于刑法另外规定了猥亵儿童罪，强制猥亵他人、强制侮辱妇女罪的妇女就只能是已满14周岁的女性。至于行为人是男性还是女性，均在所不问，只要其实施了强制猥亵他人、强制侮辱妇女的行为，就可以构成本罪。

二、客观要件

本罪在客观方面表现为以暴力、胁迫或者其他方法强制猥亵妇女或已满14周岁的男性，或者强制侮辱妇女，侵害其性羞耻感的行为。

猥亵、侮辱行为均要利用暴力、胁迫或者其他强制方法实施，其特点突出表现为强制性。如果行为人使用的是非强制方法，如在电话中对妇女进行调戏、侮辱，不构成强制侮辱妇女。暴力，是指用不法的有形力强制、左右被害人的意愿使之就范；胁迫，是指以恐吓、威胁的手段使被害人心有顾忌，这些手段都不以直接对被害人实施为限。

暴力、胁迫程度相对较低，例如，在公共场所暗中用生殖器顶擦妇女臀部的，也是使用暴力强制猥亵妇女，可以构成本罪。因此，本罪的暴力、胁迫的程度，不需要像抢劫罪中的相应行为一样达到足以压制被害人反抗的程度，只要达到使被害人反抗存在一定困难即为已足。不过，在强制猥亵妇女、侮辱妇女的场合，由于本罪是比强奸罪危害小的犯罪，所以暴力、胁迫的程度可能稍微低于强奸罪中的暴力、胁迫。而在强制猥亵男性的情形下，因为这里的猥亵是一个广义的概念，包括类似于强奸妇女场合的奸淫行为，所以，其暴力、胁迫程度可以与强奸罪中的暴力、胁迫程度相当。

暴力、胁迫具有强威慑力，其他方法也可能具有使被害人反抗显得比较困难的特性，例如，以灌醉酒、投催眠剂等方式故意使他人陷入心神丧失、抗拒不能的境地然后实施猥亵、侮辱行为的情形，以及使用欺骗手段实施猥亵的行为（以对模特的身材必须进行检查为由，欺骗他人并对其进行猥亵的），都属于强制猥亵他人罪中的手段行为。

强制猥亵、侮辱行为一般是在使用暴力、胁迫或者其他手段使被害人陷入反抗困难的境地之后再行实施，如果行为人只有猥亵行为，而未实施违反被害人意愿的强制行为，就不应当构成本罪，例如，公然在女性面前显露其性器官的行为，虽有猥亵行为，但不构成本罪。暴力行为自身就是猥亵、侮辱行为，而且被害人对这一暴力本身无法即时反应并作出反抗举动时（例如，乘妇女不注意时将手伸进其上衣抚摸其乳房），自然也构成本罪。

广义上的猥亵行为包括强奸行为，即社会对强奸和一般的猥亵的实害评价是相同的。由于刑法对强奸妇女这一猥亵的特殊情形作了特别规定（限定为以性交方式侵犯妇女性自由、性羞耻心的行为），因而，强制猥亵妇女、强制侮辱妇女罪和强奸罪之间有法条竞合关系，前罪是普通法条，后罪是特别法条。强制猥亵和强制侮辱妇女行为没有本质上的区别，猥亵是指为寻求性刺激而对他人实行的淫秽性的行为，具体表现为抚摸他人的性器官（乳房或者阴部）、对男性实施“鸡奸”或其他变态性行为、强制男性与自己发生性行为、强行为妇女拍摄裸体照、将异物强行插入妇女的肛门、女性强行与其他女性发生变态性行为等。猥亵行为的特点是行为人的身体与被害人的身体直接发生接触，通过这种接触来满足奸淫以外的性欲或者性刺激。强制侮辱，是指以各种淫秽下流、伤风败俗的动作、语言损害妇女人格尊严，侵害他人性羞耻心的行为。例如，使他人身体部分或全部裸露；逼迫他人做淫秽动作；用淫秽举动侮辱妇女等。侮辱妇女侵害其性羞耻感的行为，并不以与妇女发生身体接触为前提。当然，有时强制猥亵和强制侮辱行为之间并没有明确界限。以暴力、威胁方法公然侮辱妇女，对其名誉有侵害，而不是侵害其性羞耻感的，构成侮辱罪而非本罪。强制侮辱男性，并侵害其性羞耻感的，构成强制猥亵罪。

强制猥亵或侮辱妇女时，行为必须是在违背他人意愿的情况下实施的，例如，违反对方的意思、使用暴力多次强行接吻的行为，如果从一般人的观念出发，行为对妇女的性羞耻心有损害的，就可以构成本罪。由于本罪是侵犯个人法益而不是社会法益的犯罪，所以，强调的是猥亵行为的强制性，至于是否公然实施，在所不问。

并非出于刺激或满足性欲需要，也并未损害他人性羞耻心的行为，不应认定构成本罪。例如，单纯出于报复偷剪他人的发辫、单纯出于侮辱他人人格而在他人身上涂抹污物而一般人并不认为侵害性羞耻心的行为、追逐堵截等流氓行为。对上述行为认定构成侮辱罪、寻衅滋事罪更为得当。

在强奸未遂的情况下，行为人对被害妇女也可能有猥亵、侮辱的行为，但其猥亵、侮辱行为属于强奸行为的内容，不应当认定为成立强制猥亵、侮辱罪，而应当认定为强奸罪的未遂。

三、主观要件

本罪在主观方面是故意。故意的内容依被害人的不同而有所区别。在强制猥亵男性的场合，行为人对包括强制性交在内的猥亵有认识；在强制猥亵、侮辱妇女的情形下，行为人对实施性交之外的行为可能侵害妇女的性羞耻心有追求。

有的学者认为，本罪属于倾向犯，行为人有刺激性欲使之兴奋并得到满足的意图。例如，不具有猥亵倾向而只是基于报复、虐待的目的对女性拍摄裸体照的，不构成本罪。医生对女性病人实施治疗行为，属于正当业务行为，不具有猥亵倾向的，也不构成本罪。但是，多数说认为，从法益保护的角度看，行为人的内心倾向、动机、目的不同不能改变被害人的性羞耻心这一法益受到侵害的事实，所以只要行为人有强制猥亵的故意即为已足，不需要有刺激、满足性欲的内心倾向。

四、认定

强奸罪和本罪的界限，一般来说是比较清楚的。但在某些情况下，行为人刚对被害妇女身体的敏感部位、性器官强行进行抚摸、侵害时就被抓捕，或者因为其他原因不得不停止的场合，其行为当然具有猥亵、侮辱性质，但行为人究竟是成立强制猥亵、侮辱罪，还是属于强奸罪未遂，就值得研究。如果肯定两罪之间存在法条竞合的特别关系，就应该按照特别法条优先适用的法理，排斥本罪的适用。强奸罪作为特别法条，其行为方式表现为违背妇女意志，强行实施奸淫的行为，因此，基于强奸故意，实施强制猥亵行为，由于意志以外的原因未得逞的，是强奸罪未遂，而非强制猥亵他人、强制侮辱罪。此外，强迫妇女与他人发生性行为的，行为似乎带有强制猥亵的性质，但是，由于妇女性自由的决定权受到侵害，行为也只能构成强奸罪，而不构成本罪。

第四节　非法拘禁罪

重要法条及司法解释

《刑法》第 238 条。

《最高人民法院关于对为索取法律不予保护的债务非法拘禁他人行为如何定罪问题的解释》（2008 年 7 月 13 日）。

命题分析

非法拘禁罪是司法实务中经常适用的罪名。在近年的刑法真题中，非法拘禁罪出现的频率是较高的。

考生在复习非法拘禁罪时，要准确掌握本罪的犯罪构成，理解什么样的行为具备拘禁的性质，另外，非法拘禁罪的法条规定了特别的拟制条款，这是命题人偏爱的命题点，一定要注意。

知识点精讲

非法拘禁罪是指以拘禁或者其他方法非法剥夺他人人身自由的行为。

一、保护法益

本罪侵害的法益是他人的身体活动自由，即行动自由。

本罪的行为对象必须是有场所移动自由的自然人。由于人的行动是受意识支配的，所以身体活动自由就是意思活动的自由，这种自由是事实状态的，而不以行动者在法律上具有责任能力和法律行为能力为限。至于婴儿、重度精神病人等，由于欠缺变更其所停留处所的意思决定能力，完全没有行动自由，不能成为本罪的行为对象。借助于拐杖可以移动的人、能独自移动的幼儿等，则能够成为本罪的侵害对象。

这里的身体活动自由，是现实的自由还是可能的自由，一直有争议。多数说（通说）认为，身体活动自由是可能的、潜在的自由，因一时的原因而丧失行动自由者或者昏迷无意识者，例如，处于睡眠状态中的人，烂醉如泥者，都可以成为非法拘禁罪的侵害对象，因为这些人被拘禁后一旦醒来，无法自由移动身体离开所停留的处所。少数说认为，身体移动自由应该是现实的自由，熟睡者、醉酒者在被拘束的当时不具有这种自由，因此不能成为非法拘禁的对象。因为熟睡者、烂醉如泥者在被拘禁的当时欠缺自由意识能力，对于被拘禁的事实完全不知情，谈不上有现实的行动自由的问题，在这一点上其与婴儿、重度精神病人并无二致，如果将行为人的行为认定为非法拘禁，将会产生不合理的现象，也显得过于绝对。

如果考虑到本罪是非法剥夺人身自由的犯罪，人身自由权与被害人是处于熟睡还是清醒状态没有直接关联这一实际情况，那么，将身体活动自由视作可能的自由就是合理的，所以，应当坚持多数说的立场。另外，熟睡者、醉酒者醒来后，即使对被关押的处境仍然不知情，或者已经知晓自己目前的处境，但并不急于外出离开的，其也都属于有现实行动能力、行动自由的人，拘禁行为实施者自然可以构成犯罪主体。

是否要求被害人对被拘禁事实有较为清楚的认识（被害意识），才能成立本罪，对此也有争议。一般的观点是，由于存在客观的非法拘禁事实，被害人的身体活动自由事实上被剥夺，其本身有自由意识的能力，即使被害人当时实际上没有认识，行为人也应成立非法拘禁罪。至于拘禁场所是否广阔、豪华，被害人是否可以有娱乐、游玩活动，身体、行动的自由是否残存等，都只能说明非法拘禁的程度有所不同而已，无法改变行为的犯罪性质。

例 1（真题） 孙某为戒掉网瘾，让其妻子丙将其反锁在没有电脑的房间一星期。孙某对放弃自己人身自由的承诺是无效的，丙的行为依然成立非法拘禁罪。

提示：孙某处于自己的真意而让其妻子将自己反锁在房间一星期，由于非法拘禁罪的保护法益时个人的人身自由，孙某对于自己的自由被剥夺本身持意欲心态，因此由于被害人同意（承诺），丙的行为不再成立非法拘禁罪。

二、客观要件

客观方面表现为以拘押、禁闭或者其他强制方法，非法剥夺他人人身自由权利的行为。

（一）非法

这里的“非法”即非法拘禁他人时不具有法律上的依据。在正当防卫、紧急避险或者有其他法律上的依据，尤其是在以刑事诉讼法、治安管理处罚法为依据而剥夺他人人身自由的场合，就谈不上是非法。此外，社会生活中能够容忍的轻度自由拘束也不属于非法（例如，教师将学生反锁在教室，以强迫其打扫卫生；父母对未成年子女采取强制教育措施），所以“非法”一词属于开放构成要件。没有这些法律依据而非法剥夺他人自由的，例如，超期羁押、没有合理理由的长时间扣押，都是非法，有成立非法拘禁罪的余地。

（二）拘禁

拘禁的具体方法、手段，法律并未限制，并不以使用强力或直接的限制为限。在司法实践中，使用有形的方法拘禁他人的较为常见，如将他人所在房间内并派人看守、将他人捆绑于木柱上等。但是，利用无形力，如利用人的羞耻、恐惧感、错误认识等，也可以成立非法拘禁。这方面的例子有：将入浴妇女的衣物拖走，使其因害怕裸露而无法离开；驾驶汽车高速行驶，使被害人不敢跳车；以日后报复为名将他人软禁在一定场所；用手枪对准他人，使之不敢离开一定场所；用麻醉药或催眠术使他人失去行动能力；取走双腿残缺者的拐杖、轮椅；在他人到达一定高度后取走其楼梯；将他人长时间置于必须冒着生命危险才能脱离的场所；使用诡计使他人陷入错误而长期停留于某一场所；违背迷路儿童的意志对之实行拘禁等。

此外，拘禁行为还可能利用不知情的第三人实施，如欺骗不知情的警察从而达到扣押他人的目的，这是非法拘禁罪的间接正犯。

非法拘禁罪的本质在于行为人所使用的方法足以侵害或限制被害人的身体活动自由，因此，行为人与被害人同居一室，无空间之隔离的，仍可能成立非法拘禁。被害人业已知晓被拘禁的事实，但根本没有从拘禁现场逃离的意思的，也不妨碍本罪的成立。

拘禁行为一般是作为，如使用暴力或者胁迫的方法将被害人强行押走，或者使用强力防止他人离去。但是，也有以不作为方式非法拘禁他人的情形。例如，小学教师因过失行为而将已放学但尚未回家的学生锁在教室，但在他人提醒后仍置之不理，扬长而去，致使该学生被长时间关押的，即属以不作为方式非法拘禁他人。

拘禁行为必须达到一定的程度，才能具备实质的违法性，从而构成犯罪。一般来说，被害人逃脱显著困难时，行为人的行为就可以确定为具有犯罪性。乘被害人熟睡之际将门反扣，待其醒来时，用力一推房门就能自由离去的，自无成立本罪的可能。

以与他人结婚为目的，强行将妇女带离其长期以来的生活环境并加以扣留的，可以定非法拘禁罪。以出卖为目的，拐卖成年男子的，由于没有适当的拐卖型罪名可以适用，但其行为有侵害被害人身体活动自由的可能，所以也可以认定为非法拘禁行为。

为索取债务（包括高利贷、赌债等法律不予保护的债务），非法扣押、拘禁他人的，以非法拘禁罪定罪处罚，而不构成抢劫罪或绑架罪。在行为人非法扣押、拘禁被害人，而向其近亲属等第三人提出索取债务要求的场合，就涉及以索取债务为目的的非法拘禁罪和以勒索财物为目的的绑架罪之间的界限。从表面上看，类似行为是符合索财型绑架罪构成要件的，但立法者考虑到毕竟双方之间客观上存在债权债务关系，事出有因，行为人提出索取债务的要求存在合理性，是债权人为了追还债务而采用了法律所不允许的办法，而且一般并不侵犯受害方的财产权利，属于侵犯人身自由的单一法益，行为的违法性比绑架罪低，与典型的、无缘无故地扣押、绑架他人勒索财物的行为不可同日而语。因而刑法作出了专门规定，对此种行为不宜以绑架罪论处。根据相关司法解释，行为人为索取高利贷、赌债等法律不予保护的债务，非法扣押、拘禁他人的，依照非法拘禁罪定罪处罚。按照该司法解释，区分绑架罪与非法拘禁罪的重要标志就是行为人是否为索取债务而非法扣押、绑架他人：债务关系真实、现实存在的，不论债务是否合法，均以非法拘禁罪定罪处罚。即使行为人为逼人还债，而非法关押债务人以外的第三人的，也只成立非法拘禁罪。此外，行为人因某种非经济上的纠纷（如索要“青春损失费”），非法控制他人，向其亲属提出经济补偿要求的，原则上也应当定非法拘禁罪。

刑事诉讼法授权公民可以将现行犯扭送至司法机关，所以，普通公民抓捕并扭送现行犯的，不能构成非法拘禁罪。但抓捕现行犯后不将其立即扭送至司法机关，而私自加以处理的，如将抓住的小偷用绳索绑在树上加以羞辱的，仍可能构成本罪。

三、主观要件

本罪主观方面是故意。行为人主观上必须有剥夺他人身体活动自由的意思，包括直接故意与间接故意。这种故意中的事实性认识包括两方面的内容：其一，认识到自己的行为足以剥夺他人的活动自由；其二，认识到他人逃离现场的意思决定随时可能产生。就第二点而言，被害人同意行为人剥夺其行动自由，行为人对这种同意有所认识的，则不具有本罪故意。行为人并无故意，而是因为过失将他人锁在特定场所的，不构成本罪，但可能构成其他犯罪。例如，因疏忽将他人反锁在车内，48 小时后再打开车门时，被害人已冻死，行为人可能构成过失致人死亡罪，但不能认定成立非法拘禁罪。

四、认定

1. 非法拘禁罪和故意杀人罪的界限。前者只有限制人身自由的故意；后者则有剥夺他人生命的故意。但是二者之间的界限有时较为模糊，例如，中巴车司机在客人要求中途下车时完全不予理会，仍然高速行驶，导致客人跳车死亡的，很难认定司机有希望或者放任他人死亡的故意，原则上不能认定为故意杀人罪，应认定为非法拘禁罪，属于非法拘禁致人死亡的情形。

2. 非法拘禁过程中，过失致人重伤、死亡的，仍然定非法拘禁罪。因为非法拘禁本身决定了行为人往往采取捆绑等强制手段并且掺杂实施殴打、侮辱等行为，就可能产生重伤、死亡的严重后果，这属于非法拘禁罪的结果加重犯，行为人对此结果应当有过失。如果行为人在拘禁过程中故意实施杀害、伤害行为，则这种行为已经不能被非法拘禁罪的实行行为所包容，应独立成立故意杀人、故意伤害罪。

例 2（真题）　丙（15 岁）在帮助李某扣押被害人王某索取债务时致王某死亡，丙不应当负刑事责任。

提示：为索取债务而扣押拘禁他人，按照司法解释的规定，仍应认定为非法拘禁罪。丙是在拘禁过程中致王某死亡，而非故意杀害或伤害导致王某死亡，因此，属于非法拘禁的结果加重犯。由于已满 14 周岁不满 16 周岁者不需要对非法拘禁行为负责，因而，丙不应当对其行为负刑事责任的论述是正确的。

例 3（真题）　《刑法》第 238 条第 1 款与第 2 款分别规定：“非法拘禁他人或者以其他方法非法剥夺他人人身自由的，处三年以下有期徒刑、拘役、管制或者剥夺政治权利。具有殴打、侮辱情节的，从重处罚。”“犯前款罪，致人重伤的，处三年以上十年以下有期徒刑；致人死亡的，处十年以上有期徒刑。使用暴力致人伤残、死亡的，依照本法第二百三十四条、第二百三十二条的规定定罪处罚。”关于该条款的理解，下列哪些选项是正确的？

A. 第1款所称“殴打、侮辱”属于法定量刑情节

B. 第2款所称“犯前款罪，致人重伤”属于结果加重犯

C. 非法拘禁致人重伤并具有侮辱情节的，适用第2款的规定，侮辱情节不再是法定的从重处罚情节

D. 第2款规定的“使用暴力致人伤残、死亡”，是指非法拘禁行为之外的暴力致人伤残、死亡

提示：选项A、B、D正确。“殴打、侮辱”显然是法定量刑情节，而且是加重的量刑情节，即情节加重犯，选项A正确。而“犯前款罪，致人重伤”，是指非法拘禁行为本身过失导致他人重伤，因而，属于典型的结果加重犯，选项B正确。在非法拘禁致人重伤时，当然首先必须适用第2款的规定，由于伴有侮辱情节，而侮辱情节是规定在非法拘禁罪的第1款，即本罪的基本条款中，当然适用于第2款、第3款，因此，在非法拘禁致人重伤且伴有侮辱情节时，当然应当同时适用第2款的规定和第1款中“具有殴打、侮辱情节的，从重处罚的规定”，选项C错误。最后一项的“使用暴力致人伤残、死亡”，意味着使用暴力的过程中过失致人伤残、死亡，也应论以故意伤害罪与故意杀人罪，就此来看，这一规定具有法律拟制的性质。由于在此一规定之前还有结果加重犯的规定，因此，对于“使用暴力致人伤残、死亡”只能理解为拘禁行为以外的暴力行为致人伤残、死亡，所以，选项D是正确的。

第五节 绑架罪

重要法条及司法解释

《刑法》第239条。

《最高人民法院关于对在绑架过程中以暴力、胁迫等手段当场劫取被害人财物的行为如何适用法律问题的答复》（2001年11月8日）。

命题分析

绑架罪是侵害公民人身权利罪章中的重量级罪名，在司法实务中也是常发性罪名，在最近十余年的真题中出现多次。2017年更是在选择题和案例分析大题中同时出现，足见该罪的重要性。

考生在复习本罪时，一定要认真掌握本罪构成要件的结构，哪些要素是客观要素，哪些要素是主观要素，尤其是要准确掌握主观要素，因为这一点会直接影响既遂、未遂的认定。

知识点精讲

绑架罪是指以勒索财物为目的，采取暴力、胁迫或者其他方法绑架他人，或者绑架他

人作为人质的行为。

一、保护法益

我国刑法与外国的多数立法不同，没有将绑架罪列入侵犯财产罪当中，而将其列入侵犯人身权利的犯罪中，所以本罪就实质而言不是以恐吓方法取得财物的犯罪，而是侵犯被绑架者人身权利的犯罪，就法定刑来看，本罪被认为是性质极其严重的犯罪。换句话说，绑架罪侵犯的法益是被绑者的人身自由与安全，但并不包含财产法益，尽管多数绑架行为的目的就是勒索财物。

本罪的行为对象是人而不是财物。这里的人既包括被绑架者，也包括被勒索、被要挟的人，这两种人不能是同一个人，被勒索、被要挟的人只能是被绑架者以外的第三人，如被绑架者的亲属、相关的政府机构及其成员。如果直接以被绑架者为勒索对象，勒令其交出财物的，则不成立本罪，而构成抢劫罪。

被绑架者有无身体移动能力、能否认识被拘束的事实，对于犯罪的成立没有影响。出生数日后的婴儿、处于麻醉或者昏睡状态者都可以成为绑架对象。被绑架者对于被绑架的事实虽然没有认识，但是由于本罪的被害人还包括被勒索财物者或者其他相关人员，所以即使被绑架者不存在被害人意识，犯罪人仍可以实施不法控制他人并向第三人提出要求的犯罪行为。

二、客观要件

本罪在客观方面表现为利用被绑架者的亲属或者其他人对被绑者安危的忧虑，而劫持或者控制他人的行为。以勒索财物为目的偷盗婴幼儿的，视为绑架的一种特殊形式，以绑架论。

绑架、扣押人质的行为是将他人劫持或者控制在行为人能够支配的范围内，在此过程中可能要使用暴力、胁迫、麻醉等方法，也可能使用其他平和的方法来实施，在这一点上，其和非法拘禁罪的实行行为有很多相似、重合之处。绑架罪中扣押人质的行为并不都比非法拘禁罪中的实行行为强度大，使人丧失自由的一切方法都包含在绑架手段之中。扣押人质一般来说要将其带离原来的生活场所，但是特殊情况下，被害人仍然在其原来的生活场所的，也可以成立绑架罪，例如，将未成年人的父母从其家中骗走，然后进入该住宅对被害人实施实力控制的，也是扣押人质。实务中，扣押人质以后提出要求的行为，通常包括提出勒索财物的要求，也包括提出其他的要求，如政治要求、释放被关押的罪犯的要求、改变司法裁判的要求等。绑架罪中犯罪人向被害人亲属或其他关系人勒索钱财，既可以由犯罪人直接与被害人亲属或其他关系人联系财物交付，也可以由犯罪人逼迫被害人向其亲友联系，还可以由犯罪人通过其他熟人与被害人亲友联系勒索财物，这些都不影响绑架罪的成立。

绑架、扣押人质和利用第三人的担忧提出要求之间有时间上的先后顺序性，即扣押人质是方法行为，利用第三人的担忧进而提出不法要求是该行为向前发展的当然结果。先勒索财物再扣押他人的，扣押不是取得财物的先决条件，勒索也与扣押人质无关，行为人只能就勒索与扣押人质两个环节分别构成敲诈勒索和非法拘禁罪，而不构成本罪。如果先敲诈勒索财物，未得逞又绑架他人继续勒索的，则后来的绑架行为构成本罪。

控制人质使之逃脱显著困难的，就应当成立本罪既遂。行为人是否提出勒索财物或者其他要求的，对既遂的成立没有影响。着手实施扣押人质的暴力行为，但由于被害人反抗而未得逞的，成立本罪未遂。当然，这并不意味着绑架行为实施后不存在犯罪中止形态的出现。例如，行为人着手实施暴力绑架他人，但在未以其实力实际控制他人之前，由于害怕法律惩罚或被害人亲属的报复、怜悯被绑架人或懊悔而自动放弃犯罪，将被绑架人放走的，有成立犯罪中止的可能。

绑架必须要将被绑架者置于自己的实力控制之下，这种控制应当以违背被绑架者的意愿为前提。行为人与“被绑架人”通谋，得到其承诺而将其移植在自己的控制之下，再向相关人员提出勒索的要求，使他人基于对被害人的担忧而被迫交付财物的，行为不具有本罪构成要件的定型性，只构成敲诈勒索罪，视情形可能成立与诈骗罪的想象竞合。

在绑架过程中直接从被绑架人身上取得财物的，应当区别情况进行处理：

发现被绑架人身上有钱财后而使用区别于绑架行为自身的暴力、胁迫取得财物的，构成抢劫罪，《最高人民法院关于对在绑架过程中以暴力、胁迫等手段当场劫取被害人财物的行为如何适用法律问题的答复》规定：行为人在绑架过程中，又以暴力、胁迫等手段当场劫取被害人财物，构成犯罪的，择一重罪处罚。①

在扣押人质并将其控制在自己实力之下时，窃取被绑架人财物的，构成盗窃罪。此时应以绑架罪与盗窃罪数罪并罚。

扣押人质过程中，杀害、伤害被绑架人的，只构成本罪；强奸被绑架人的，应当以本罪和强奸罪并罚。

三、主体

本罪的主体是一般主体，即已满16周岁、具有刑事责任能力的人，都可以构成本罪。对已满14周岁不满16周岁的人在绑架过程中杀害被绑架人的，是否应当追究刑事责任，如果要定罪，罪名是什么，一直是有争议的问题。

全国人大常委会法工委2002年作出《关于已满14周岁不满16周岁的人承担刑事责任范围问题的答复意见》明确指出：《刑法》第17条第2款规定的8种犯罪，是指具体犯罪行为而不是具体罪名。对于《刑法》第17条中规定的“犯故意杀人、故意杀害致人重伤或者死亡”，是指只要故意实施了杀人、伤害行为并且造成了致人重伤、死亡的后果的，都应负刑事责任。对司法实践中出现的已满14周岁不满16周岁的人绑架人质后杀害被绑架人，拐卖妇女、儿童而故意造成被拐卖妇女、儿童重伤或死亡的行为，依据刑法是应当追究其刑事责任的。显然，该答复意见会减少理论界和实务界对《刑法》第17条第2款规定存在的分歧，但是，该答复意见对于绑架过程中杀人的，是定绑架罪，还是定故意杀人罪，仍没有明确。

应该说，绑架中杀害被绑架人的杀人行为，与典型故意杀人罪场合的杀人行为本质一样，没有理由否认这一年龄阶段的人对绑架过程中杀害被绑架人的行为具有辨认和控制能

---

① 最高法院2005年6月8日《关于审理抢劫、抢夺刑事案件适用法律若干问题的意见》第8条规定：行为人实施伤害、强奸等犯罪行为，在被害人未失去知觉，利用被害人不能反抗、不敢反抗的处境，临时起意劫取他人财物的，应以此前所实施的具体犯罪与抢劫罪实行数罪并罚。此规定与上述最高院关于绑架罪的《答复》的观点似有矛盾。

力。在追究刑事责任时，对已满14周岁不满16周岁的人以故意杀人罪论处是较为妥当的：

（1）按照《刑法》第239条的规定，绑架过程中杀害被绑架人的行为，是绑架罪的结果加重行为。杀害被绑架人的行为不另行定罪，其前提是存在构成犯罪的绑架行为，对于已满16周岁的人绑架并杀害被害人的，以绑架罪论处，适用该罪较重的法定刑，并无不妥。但已满14周岁不满16周岁的人实施绑架、杀人行为的，无须对（基本犯）绑架罪负责，只对被害人死亡这一加重结果承担刑事责任。

（2）已满14周岁不满16周岁的人实施绑架行为，尚不构成犯罪，当然不能适用《刑法》第239条的规定。换言之，“绑架后杀人定绑架罪一罪”只适用于已满16周岁的人而言，已满14周岁不满16周岁的人绑架杀人的，应根据《刑法》第17条第2款、第232条的规定处理，这恰恰是罪刑法定的要求，而不会违反罪刑法定原则。

四、主观要件

本罪在主观方面是故意，即明知是在非法控制、劫持人质而故意为之。此外，还要求行为人具有勒索财物或满足其他不法要求的目的（目的犯）。必须提醒注意的是，既然是目的犯（主观的超过要素），因此，目的便不需要客观上必须实现。行为人没有不法要求，即使非法扣押他人，也不能构成本罪，而只能构成非法拘禁罪。满足其他不法要求的目的，可以包括政治目的、恐怖活动目的、泄愤报复目的，以及逃避、抗拒追捕，或者要挟政府提供某种待遇、在地区撤军或释放同伙罪犯等。

例1（真题） 乙使用暴力绑架被害人后，被害人反复向乙求情，乙释放了被害人。

提示：本例中的乙成立绑架罪既遂，而非绑架罪的中止。原因就在于，绑架罪的勒索财物或满足其他不法要求的目的是主观的超过要素，不需要客观上必须实现，只要行为人以实力控制了被绑者的人身自由，便成立绑架罪既遂。

行为人在扣押他人之前就应当具有勒索财物或者提出不法要求的意图，才能构成本罪。对于以下情况就需要特别处理：

（1）行为人事先没有勒索财物或者提出其他不法要求的目的，只是在非法扣押他人之后，在中间人的调停下获得财物的，不能构成本罪。

（2）出于其他目的、动机将他人控制，尔后才产生勒索财物的不法要求进而实施勒索行为的，如行为人先以出卖为目的将妇女绑架，尔后又产生勒索目的而向亲属勒索财物的，应以本罪和拐卖妇女罪并罚。

（3）收买被拐卖的妇女、儿童后以暴力胁迫等手段对其进行实力控制，而向其亲属实施勒索行为的，也应数罪并罚。

在认定绑架罪的主观方面时，应当注意准确判断勒索型绑架罪中勒索财物的犯罪目的。以勒索财物为目的是绑架的主观超过要素，客观上并不一定有相应行为与之相对应。但是，以勒索财物为目的仍然是成立绑架罪主观方面的必要条件。在司法实践中一定要有相关证据证明该目的存在，才能认定行为人构成绑架罪。一般而言，以下三种方式可以证明行为人具有勒索财物的犯罪目的：①行为人已向被绑架者亲属或其他关系人索要过财物；②行为已向被绑架者亲属或关系人索要钱财并实际取得该财物；③行为人绑架被害人后，警方及时介入，虽未提出勒索财物的要求，但有充足证据证明行为人意图取得财物的，可以认定为以勒索财物为目的绑架他人。

例2（真题） 甲持刀将乙逼入山中，让乙通知其母送钱赎人。乙担心其母心脏病发作，遂谎称开车撞人，需付5万元治疗费，其母信以为真。

提示：本例中的甲，其主观心态便是想利用乙的母亲对于乙人身安危的担忧而勒索钱财，符合绑架罪的主观要件，同时，甲客观上确实已经以实力控制了乙的人身，由于绑架罪的保护法益即是被绑者的生命、身体安全，因此，甲以实力控制乙时便已经是绑架罪既遂。由于利用第三人对于被绑者人身安危的忧虑以及满足不法要求的目的这些主观要素都属于主观的超过要素，只需要行为人主观上具备，客观上不需要相应地实现，因此，甲的行为应当认定为绑架罪，而且是绑架罪既遂。不少考生觉得乙以自己开车撞人为由要钱并没有实际上利用乙母对乙自身人身安全的忧虑，因此，不成立绑架罪，犯这种错误的症结在于没有很好地理解绑架罪的主观要素，这也是命题人经常以此命题的重要原因。

五、认定

（一）本罪与抢劫罪的界限

绑架罪与抢劫罪在大多情况下是比较容易区分的，对于为获取财物，采用暴力等手段绑架控制他人直接向被害人勒索的，应认定为抢劫罪；控制人质，然后向第三人提出勒索要求的，是绑架罪。在司法实务中，抢劫罪表现为行为人劫取财物一般应在同一时间、同一地点，具有“当场性”；绑架罪表现为行为人以杀害、伤害等方式向被绑架人的亲属或其他人或单位发出威胁，勒索赎金或提出其他非法要求，劫取财物一般不具有“当场性”。

要准确区别两罪，需要特别注意绑架罪的犯罪对象。绑架罪的行为对象是人而不是财物，这里的人包括被绑架者，也包括被勒索、被要挟的人，这两种人不能是同一个人，被勒索、被要挟的人只能是被绑架者以外的第三人，如被绑架者的亲属，相关的政府机构及其成员。所以，绑架罪一定存在绑架罪犯、被绑架人、被提出要求的人“三方”之间的关系。绑架罪和其他犯罪（如非法拘禁、故意杀人、抢劫）的区别点，也往往在这里。如果直接以被绑架者为勒索对象，勒令其交出财物的，就不构成本罪，而成立抢劫罪。

此外，在被实施暴力胁迫的人和交付财物的人是不同的人、但空间距离很近的场合，一般认为行为人只有强取财物的意思，没有控制人质，然后勒索财物的意思，从主观方面看，也更符合抢劫罪的故意。从客观上看，在抢劫罪中，被实施暴力胁迫的人和交付财物的人可以是不同的人，例如，在商场持枪恐吓保安，并命令不在跟前的收银员交钱的，应当成立抢劫罪而非绑架罪。这是考虑到被实施暴力胁迫的人和交付财物的人空间距离很近，暴力胁迫和财物的交付之间应当做整体评价，符合抢劫罪实施暴力胁迫然后“当场”强取财物的构成要件规定。

《最高人民法院关于对在绑架过程中以暴力、胁迫等手段当场劫取被害人财物的行为如何适用法律问题的答复》规定：行为人在绑架过程中，又以暴力、胁迫等手段当场劫取被害人财物，构成犯罪的，择一重罪处罚。[①]

（二）本罪与非法拘禁罪的界限

两罪都属于侵犯人身自由罪，绑架罪中包容着非法拘禁行为，非法拘禁罪也可以由控制被害人的方式构成。区别的关键点在于：绑架罪的构成不仅要求有非法剥夺人身自由的行为，而且要求有勒索财物或满足行为人不法要求目的以及与此相应地勒财或提出不法要求的行为。而非法拘禁罪仅要求行为人具有剥夺他人人身自由的目的，使被害人遭受拘禁之苦，并不提出财物或者其他不法利益的要求。

在实践中，涉及绑架罪与非法拘禁罪界限区分的问题主要是为索取债务而绑架、扣押人质的案件。《刑法》第238条第3款规定：为索取债务而非法扣押、拘禁他人的，以非法拘禁罪论处。不过，符合下列条件的，仍然可以考虑成立绑架罪：

（1）行为人明知不存在或不可能存在债权债务关系，以索债为借口，捏造债权债务事实，扣押、拘禁他人的。

（2）在债权债务关系已经清结的情况下，以索债为名，控制人质强行勒索财物的。需注意，由于经济生活十分复杂，债务关系是否存在，在什么情况下债权债务已经清结，有时难以查清。行为人主张债务并未清结，但被害人认为早已清结，但被害人所提供的证据并不充分的，属于案件事实有疑问的情形，根据存疑时有利于被告的原则，对行为人以非法拘禁罪论处比较妥当。

（3）出于索取债务的目的扣押他人后，向其近亲属索要与真实债务“过于悬殊”的财物，且没有合理根据，同时暴力程度又比较高（例如，以杀害、伤害相威胁）的。行为人为索取超过合法债权数额的“债务”而实施绑架、拘禁他人的，应具体分析行为人索取的数额与债权数额之间的差额，再分不同情况以绑架罪或非法拘禁罪定罪量刑。如债务原本只有10万元，但罪犯控制人质后，要第三人支付40万元，才能将人质赎回的，由于犯罪人使用绑架、拘禁手段索取财物的数额远远超过其实际债权，应以绑架罪定罪量刑。这是因为，由于行为人索取财物的数额远远超过其实际债权，这就足以证明行为人的主观目的实质上是非法占有他人财物，索取合法债务显然已成形式上的东西。但如果超过合法债权的数额不大，其绑架罪不能成立，仍应以非法拘禁罪定罪量刑。

（4）客观上存在债权债务关系，行为人将债务人绑架后对债务人的近亲属提出无法用财产数额衡量的某种利益上的要求，或者提出其他与债务无关的不法要求，或者以杀害、伤害被害人为要挟等，客观上足以造成被害人亲属或有关人对被害人的安危感到担忧的，也应当认定为绑架罪。比如，被害人欠行为人赌债，行为人在扣押被害人后向被害人之妻发出要挟，要求与被害人之妻发生性关系，否则就杀害扣押人，这种情况下对行为人应以绑架罪定罪处罚。

六、关于处罚规定的理解

根据《刑法》第239条的规定，犯本罪情节较轻的，处5年以上10年以下有期徒刑，

① 最高法院2005年6月8日《关于审理抢劫、抢夺刑事案件适用法律若干问题的意见》第8条规定：行为人实施伤害、强奸等犯罪行为，在被害人未失去知觉，利用被害人不能反抗、不敢反抗的处境，临时起意劫取他人财物的，应以此前所实施的具体犯罪与抢劫罪实行数罪并罚。此规定与上述最高院关于绑架罪的《答复》的观点似有矛盾。

并处罚金。犯本罪，杀害被绑架人的，或者故意伤害被绑架人，致人重伤、死亡的，处无期徒刑或者死刑。

行为人在绑架过程中，杀害被绑架人，或者故意伤害被绑架人，致人重伤、死亡的，都只定绑架罪一罪，对故意杀害、故意伤害行为不再另行定罪。在绑架过程中，因被绑架人的监护人、保护人或其他在场人反抗等原因，行为人为排除阻碍而故意杀害、伤害上述人员的，应以故意杀人罪、故意伤害罪与绑架罪并罚。

杀害被绑架人是指行为人在遇到被害人激烈反抗、发现勒索财物的目的绝对不可能达到，以及不法目的达到后为了杀人灭口等而将被绑架人故意杀害的行为。这里的“杀害”，是否一定要理解为故意杀人既遂，即我们通常所说的绑架“撕票”行为，换言之，对绑架过程中故意杀害被绑架人但没有导致被害人死亡的，是否属于这里的故意杀害被绑架人，在实践中有争议。由于杀害被绑架人的场合，其法定刑包括无期徒刑和死刑，而杀害被绑架人并未导致死亡结果的，即便适用故意杀人罪也可能最高判到无期徒刑，因而对杀害被绑架人未遂的罪犯适用无期徒刑就没有不妥之处了。同时，故意伤害被绑架人致人重伤，可以适用无期徒刑或者死刑的规定，也从另外一个侧面印证了针对被绑架人实施杀害行为即便未能得逞的也属于这里的“杀害”。因此，根据罪刑法定原则，这里的杀害被绑架人，包括杀人既遂以及未发生死亡后果的场合。

不是故意杀害，而是过失致使被绑架人死亡的（包括在绑架过程中，行为人为控制被害人，使其不得逃跑而对其进行监禁、殴打、捆绑、麻醉、冻饿，过失导致其死亡），不能对行为人适用《刑法》第 239 条第 2 款的规定，对其应按照第 1 款的规定。此外，由于绑架行为过失导致被绑架人死亡的，理论上属于典型的结果加重犯，但现行绑架罪规定中并未规定结果加重犯，因此可以认定为绑架罪和过失致人死亡罪的想象竞合。

故意伤害被绑架人，必须致人重伤、死亡，才有可能适用无期徒刑或者死刑。实务中，行为人绑架他人后，故意砍人手脚威胁被害人家属勒索财物，手段残忍且致被害人重伤的，对行为人处无期徒刑或者死刑，并不违反罪刑相适应原则。

第六节　遗弃罪

重要法条及司法解释

《刑法》第 261 条。

命题分析

相较于故意杀人罪、非法拘禁罪与绑架罪，遗弃罪相对不那么重要。考生在复习本罪时，要注意理解本罪的犯罪构成，以及与故意杀人罪、交通肇事罪等罪的界限与竞合关系，这两点是命题人在命题时经常考查的地方。

知识点精讲

遗弃罪是指负有扶养义务的人，对年老、年幼、患病或者其他没有独立生活能力的人拒绝扶养，情节恶劣的行为。

一、保护法益

对于遗弃罪保护法益的理解，将直接影响到本罪的处罚范围。应当认为，遗弃罪侵害的法益是生命、身体的安全。本罪属于抽象危险犯，而非具体危险犯。换言之，遗弃无独立生活能力、无自救能力者，只要使其限于生存上的困难，在生命、身体健康方面存在危险的，就有构成遗弃罪的可能。遗弃行为开始时，被害人并不都立即遭遇生存上的困难，如果尚未达到抽象危险的程度，就没有必要对其给予刑罚处罚。

在我国1979年刑法中，遗弃罪规定在“妨害婚姻、家庭罪”一章中，理论上因此将本罪法益解释为被害人作为家庭成员享有的受扶养权利，遗弃对象中，年老、年幼、患病或者其他没有独立生活能力的人只能是家庭成员。1997年修订后的刑法取消了1979年刑法中的妨害婚姻、家庭罪的章罪名，将其全部归入侵犯公民人身权利、民主权利罪中。立法的改变为理论上将遗弃罪的法益解释为生命、身体的安全，带来了便利。

在大陆法系刑法中，遗弃罪分为无义务者遗弃罪和保护者遗弃罪两种。无义务者遗弃罪的成立条件较高，单纯消极地从危机状态离去的行为不能构成犯罪，必须是积极地移植被遗弃人的行为才能成立犯罪。我国刑法中的遗弃罪实际上是有保护责任者实施的遗弃行为，对于无义务者实施的遗弃行为，不应以本罪追究。

二、客观要件

本罪在客观方面表现为违背扶养义务，使他人生命、身体产生危险，以及在他人生命、身体处于危险状态时不予救助。

（一）违背扶养义务

这里的“扶养义务”，多数时应从作为义务的形式说的角度加以理解，其可能以婚姻家庭法规或者血缘、亲属关系产生，还可能根据其他法律规定、职务或业务要求以及法律行为、先行行为产生。例如，收养他人子女，即使收养行为并不符合法律规定，也可能产生扶养义务。敬老院、救助站工作人员对被收留的年老、年幼、患病或者其他没有独立生活能力的人具有扶养义务。当然，对这里的义务范围必须有所限制，不然刑罚打击的范围可能过分扩大，例如，交通事故的肇事者、同行者甚至陌生的路人都可能成为依法律、契约有救助、扶养义务的人。所以，本条中义务关系，应该以形成制度化救助义务的必要性以及期待可能性为前提。

（二）遗弃行为

遗弃，有广义和狭义之分。狭义的遗弃是指将需要扶养者转移到危险场所；广义的遗弃则包括转移或将被遗弃者留在危险场所两种情形。我国刑法中的遗弃一词是在广义上使用的。遗弃行为，具体表现为拒绝扶养，其具体方式包括：①移植：将无自救力者移植于无法获得救助、养育或保护处所。②造成场所隔离：不移动被害人所处场所，但切断其与外界沟通的渠道（如剪断电话线，移去呼吸装置），致其生命、身体限于危险状态。③消极离去：因是因为扶养权利人对原来的扶养方式不满，要求改变扶养方式，抚养者负气出走的，乃是民事纠纷，不成立本罪。

本罪的主体是特殊主体，即扶助、供养义务的人（身份犯）。多人同时负有扶养义务，民法依规定了扶养顺序，拒不履行其义务者自然属于违背扶养义务的人。但是，由于事实上存在其他可能履行扶养、保护义务者，对于无自救能力者的生命、身体一般不会发生具体危险，所以，原则上负有扶养义务的必定会成立本罪。

三、主观要件

本罪在主观方面是故意，即明知自己负有扶养义务，不履行该义务会使他人处于危险境地，而拒绝履行其义务。遗弃故意只要求行为人认识到其行为会造成被遗弃者生命、身体上的危险。

四、认定

将遗弃罪作为侵害生命、身体的犯罪，就需要厘清本罪和故意杀人罪的界限。故意杀人罪和遗弃罪的区别取决于两方面：

（1）客观上针对生命的具体危险是否存在。危险的不同决定了作为义务本身的轻重程度上的区别。例如，行为人携双腿严重残疾的人外出时，将其丢弃在冰天雪地里，然后径直离去的，被害人死亡的具体危险存在，行为人有成立不作为故意杀人罪的可能。

（2）主观上杀害的意思是否存在。例如，父母把患有多种先天疾病的婴儿用棉被包好放在马路边的，被害人的生命只有抽象危险，原则上只能肯定行为人的遗弃故意，难以成立故意杀人罪。

第七节　拐卖妇女、儿童罪

重要法条及司法解释

《刑法》第240条。

最高人民法院、最高人民检察院、公安部、司法部《关于依法惩治拐卖妇女儿童犯罪的意见》（2010年3月15日）。

命题分析

相对于非法拘禁罪和绑架罪基本上每年必考而言，拐卖妇女、儿童罪不那么重要，但本罪仍然是侵犯公民人身权利、民主权利一章中比较重要的罪名。命题人比较偏爱的命题点在于本罪和相关罪名的竞合关系或者说罪数问题，如拐卖妇女的过程中伴随有强迫卖淫的如何处理等问题，考生需要多加注意。

知识点精讲

拐卖妇女、儿童罪是指以出卖为目的，拐骗、绑架、收买、贩卖、接送、中转妇女、儿童的行为。

一、客观要件

本罪在客观方面表现为以出卖为目的，拐骗、绑架、收买、贩卖、接送、中转妇女、儿童的行为，行为人只要具有上述行为之一，就构成犯罪。

拐卖是指拐骗、绑架、收买，贩卖、接送、中转等行为。拐骗是指行为人利用欺骗、利诱等手段使妇女、儿童听信其花言巧语，上当受骗然后将妇女、儿童带走。接送、中转，是指在拐卖妇女、儿童的犯罪过程中，分工负责隐匿、移送、中转被拐卖的妇女、儿童，或者将被拐卖的妇女、儿童转手交给其他人贩子的行为，也包括为人贩子介绍买主，为犯罪分子窝藏被骗的妇女、儿童的行为。为被害的妇女、儿童装设电子监视设备或者跟踪被害人的，也属于广义的中转行为。收买是指以出卖为目的收买妇女、儿童的行为。如果收买妇女、儿童时不具有出卖目的，收买后因为种种原因又临时起意出卖的，仍属于拐卖妇女、儿童中的收买行为。贩卖是指将拐骗、收买或者以其他方式实际掌握的妇女，儿童转手出卖的行为。贩卖的具体方式、种类繁多，在司法实务中主要看行为的实质是否属于将妇女、儿童作为买卖的标的物，从而收取价金使被害人处于收买者的实力支配之下，例如，父母为抵债而将子女送给债权人的，实质上是贩卖儿童的行为。绑架，是指将被害人劫持脱离其原来生活地或者家庭、监护人的保护，而置于行为人的控制之下，使其丧失人身自由。

本罪的行为对象是妇女、儿童，对其年龄、国籍没有限定。妇女对自己的行动自由有自我决定权，其基于本人的真实、自愿的意思对被拐卖的事实有承诺的，其承诺有效，阻却拐卖行为的违法性，拐卖者不能成立本罪。在妇女的有效承诺存在时，如果仍然肯定本罪的成立，有肯定刑法家长主义的嫌疑。但是，拐卖儿童行为不仅侵犯被害儿童的人身权利，也同时侵害其家属或父母的婚姻家庭权利、保护监督权利，因此，拐卖行为即使得到儿童明确或暗示的承诺，其承诺在法律上也视为无效，不能阻却违法性。

拐卖行为人可能以暴力、胁迫、欺骗、诱惑的方法使被害的妇女、儿童就范，而且暴力、胁迫、欺骗、诱惑不一定要对被害人直接实施，对被拐卖者的保护监督者实施，然后转手倒卖妇女、儿童的，仍然可按本罪处理。

妇女甲与人贩子乙共谋，将自己“卖给”他人，得款后乘收买者不注意时逃走（“放飞鸽”）的，该妇女甲和人贩子乙共同构成诈骗罪。人贩子丙与妇女丁合谋骗取他人钱财，假装把妇女丁卖给他人，取得财物后又将妇女丁真的“卖出”，然后单独携款逃跑的，因为肯定被拐卖者的承诺，具有拐卖故意的丙也只能构成诈骗罪。以介绍婚姻为名，利用妇女人地生疏、孤立无援等境况，或者采取非法扣押身份证件、限制人身自由等方式，迫使该妇女与他人结婚，索取钱财的，应当以拐卖妇女罪追究刑事责任。

拐卖妇女、儿童罪在行为人基于暴力、胁迫、欺骗、诱惑而开始实施拐骗、绑架、收买、贩卖、接送、中转妇女、儿童的行为之一时，就是着手。但是，拐卖行为何时属于既遂，理论上有争议。既然本罪是侵犯妇女、儿童行动自由、人身权利的犯罪，那么，在被害者处于行为人的实力支配之下时，即应成立本罪既遂。因此，本罪既遂不以被拐卖的妇女、儿童最终被“卖出”作为标准。行为人对妇女、儿童的事实支配关系尚未形成，而只是使被害人从保护监督状态中暂时地脱离的，乃是犯罪的未遂。从开始实施拐骗行为，到最终贩卖出手，均为某一个犯罪人完成的，犯罪既遂的判断相对容易。在犯罪由不同的人分担的场合，例如，有人实施手段行为（拐骗，绑架），有人实施中间行为（收买、中转、接送），有人实施结果行为（贩卖）的，从形式上看，行为方式不同，但既遂标准并无差别，无论实施哪一种手段行为的，只要将被害人置于行为人本人的实力控制之下，即达到既遂。例如，实施中间行为的，行为人将被害人送到指定地点交给其他接收者，即成立本罪既遂。

《刑法》第240条第1款规定了法定刑升格的8种情形。有下列情形需要注意：在拐卖过程中强迫被害人卖淫的，只构成本罪，不再定强迫卖淫罪。偷盗婴幼儿，通常是指乘婴幼儿熟睡将其抱走，此外，行为人趁监护人、看护人不备，以提供玩具或带其外出游玩等哄骗手拐走婴幼儿的，也是偷盗。在拐卖过程中，奸淫被拐卖的妇女，不论行为人是否使用了暴力胁迫手段，也不论被害人是否有反抗行为，均应视为拐卖妇女情节严重，不再单独定强奸罪。在拐卖妇女、儿童过程中，造成被害人重伤、死亡或者其他严重后果的，应区别情况处理：在拐卖过程中行为人因遇被害人反抗而故意将被害人杀害、伤害的，应以故意杀人罪、故意伤害罪与拐卖妇女、儿童罪数罪并罚；在拐卖、绑架过程中，为防止被害人逃跑而对其非法拘禁或实施殴打、捆绑、麻醉等方法时导致被害人重伤、死亡的，应视为拐卖妇女、儿童情节严重，不再单独定非法拘禁罪、过失致人重伤罪、过失致人死亡罪。

二、主观要件

本罪在主观方面是直接故意，并且要以出卖被拐卖的妇女、儿童为目的。一方面，行为人要对被拐卖者是妇女、儿童，对之能够加以出卖有所认识；另一方面，行为人希望出卖妇女、儿童获得相应的财物，至于是否真正取得财物、取得财物数额的多寡，都对认定犯罪目的没有影响。不具有出卖的目的，例如，为了结婚、奴役等，虽具有拐骗等行为也不能构成本罪。当然，一定要注意的是，出卖的目的不等于营利的目的！

例（真题） 丙为报复周某，花5000元路费将周某12岁的孩子带至外地，以2000元的价格卖给他人。丙虽无获利目的，也构成拐卖儿童罪。

提示： 上述表述正确。拐卖儿童罪的成立并不要求行为主观上具有营利为目的，因此，丙即便做了“亏本”买卖，但其是将儿童出卖，构成拐卖儿童罪。

在收买被拐卖的妇女、儿童者已交付价款，但在将被拐卖者实际交付以前，拐卖者隐瞒妇女、儿童已被出卖的事实，将其出卖给其他人的（二重买卖），针对第一重收买关系而言，行为人有拐卖妇女、儿童的故意；就第二重收买关系而言，则有明显的诈骗故意，应以本罪和诈骗罪并罚。

三、认定

以非法获利为目的，出卖亲生子女的，应当以拐卖儿童罪论处。认定本罪时，要严格区分借送养之名出卖亲生子女与民间送养行为的界限。区分的关键在于行为人是否具有非法获利的目的。应当通过审查将子女“送”人的背景和原因、有无收取钱财及收取钱财的多少、对方是否具有抚养目的及有无抚养能力等事实综合判断行为人是否具有非法获利的目的。具有下列情形之一的，可以认定属于出卖亲生子女，应当以拐卖儿童罪论处：①将生育作为非法获利手段，生育后即出卖子女的；②明知对方不具有抚养目的，或者根本不考虑对方是否具有抚养目的，为收取钱财将子女“送”给他人的；③为收取明显不属于“营养费”“感谢费”的巨额钱财将子女“送”给他人的；④其他足以反映行为人具有非法获利目的的“送养”行为的。

不是出于非法获利目的，而是迫于生活困难或者受重男轻女思想影响，私自将没有独立生活能力的子女送给他人抚养，包括收取少量“营养费”“感谢费”的，属于民间送养行为不能以拐卖儿童罪论处。对私自送养导致子女身心健康受到严重损害，或者具有其他恶劣情节，符合遗弃罪特征的，可以遗弃罪论处；情节显著轻微危害不大的，可由公安机关依法予以行政处罚。

第八节　收买被拐卖的妇女、儿童罪

重要法条及司法解释

《刑法》第241条。

最高人民法院、最高人民检察院、公安部、司法部《关于依法惩治拐卖妇女儿童犯罪的意见》(2010年3月15日)。

命题分析

收买被拐卖的妇女、儿童罪同样是“侵犯公民人身权利、民主权利罪”一章中的重点罪名，针对社会上拐卖妇女、儿童行为较为常见的犯罪现象，从需求方治理的刑事政策角度着手，《刑法修正案（九）》对本罪做了修订，针对按照被买妇女的意愿，不阻碍其返回原居住地的行为，删除了原先条文中的“可以不追究刑事责任”的规定，也就变相提高了收买妇女行为的刑事责任。考生需要注意本罪的犯罪构成，以及收买被拐卖的妇女、儿童后伴随有其他犯罪行为时的罪数问题。

知识点精讲

收买被拐卖的妇女、儿童罪是指明知是被拐卖的妇女、儿童而予以收买的行为。

一、客观要件

本罪在客观方面表现为明知是被拐卖的妇女、儿童而予以收买的行为。

收买是指行为人用金钱或其他有经济价值的物品换取被拐卖的妇女、儿童的行为。只要行为人使用实力将被害人加以控制，就成立本罪的既遂，至于价金是否已经实际支付，被害人是否逃跑、被解救、自杀等，都不影响既遂的成立。

收买被拐卖的妇女、儿童的行为，与拐卖妇、儿童罪的实行行为属于必要共犯中的对合犯。换言之，收买行为要构成犯罪，必须以提供妇女、儿童者的行为构成犯罪为前提，人贩子与妇女合谋以“放飞鸽”的方式骗取被害人钱财，提供妇女者不构成拐卖妇女罪，收买者自然不构成本罪。

与拐卖者商讨收买价格，就是本罪的着手；从拐卖者手中接收被拐卖的妇女、儿童，就是本罪的既遂。已交付价款，但在接收被拐卖的妇女、儿童以前，拐卖者隐瞒妇女、儿童已被出卖的事实，将其出卖给其他人的，第一次收买者构成本罪未遂。

例（真题） 甲得知乙一直在拐卖妇女，便对乙说："我的表弟丙没有老婆，你有合适的就告诉我一下。"不久，乙将拐骗的两名妇女带到甲家，甲与丙将其中一名妇女买下给丙做妻。甲既成立拐卖妇女罪的共犯，也成立收买被拐卖的妇女罪。

提示：上述表述是错误的。由于甲是因为得知乙一直在拐卖妇女，因此，甲对乙说的那句话便不能认定为拐卖妇女罪的教唆行为，至多是收买被拐卖的妇女的预备行为。所以甲仅成立收买被拐卖的妇女罪。

由于本罪不是重罪，难以包容收买被拐卖的妇女、儿童以后实施的更为严重的犯罪，所以收买被拐卖的妇女、儿童，同时实施强奸非法拘禁、伤害、侮辱等犯罪行为的，应数罪并罚。

收买被拐卖的儿童，对被买儿童没有虐待行为，不阻碍对其进行解救的，可以从轻处罚，但不能减轻或者免除处罚。在公安司法机关排查来历不明儿童或者进行解救时，将所收买的儿童藏匿、转移或者实施其他掩饰、隐瞒行为的，属于阻碍对其进行解救。收买被拐卖的妇女，按照被买妇女的意愿，不阻碍其返回原居住地的，可以从轻或者减轻处罚，但不能免除处罚。收买被拐卖的妇女，业已形成稳定的婚姻家庭关系，解救时被收买的妇女已成年，且自愿继续留在当地共同生活的，对收买人可以视为按照被买妇女的意愿，不阻碍其返回原居住地。

二、主观要件

本罪在主观方面是故意，行为人明知对方是被拐卖的妇女、儿童而决意加以收买的，就应当成立本罪。收买的动机在不同案件中各不相同，有的是为了结婚，有的是为了收养或者供其淫乐，动机如何对成立犯罪没有影响。

第九节 侵犯公民个人信息罪

重要法条及司法解释

《刑法》第253条之一。

《最高人民法院、最高人民检察院关于办理侵犯公民个人信息刑事案件适用法律若干问题的解释》（2017年5月8日）。

命题分析

当前，我国社会侵犯公民个人信息的情形特别严重，任何有手机的个人对此均有强烈的体会。为加强对侵犯公民个人信息罪的惩治，《刑法修正案（九）》对本罪作了一定的修正。最高人民法院、最高人民检察院也针对侵犯公民个人信息罪发布了司法解释和一些刑事指导案例。未来几年，本罪在法考中出现的可能性还是比较高的。考生在复习本罪时，一要清楚本罪的犯罪构成；二要熟悉以指导性案例为代表的典型的侵犯公民个人信息行为类型。

知识点精讲

侵犯公民个人信息罪是指违反国家有关规定，向他人出售或者提供公民个人信息，情节严重，以及窃取或者以其他方法非法获取公民个人信息的行为。

一、保护法益

本罪的保护法益是公民个人的信息自由、安全和隐私权。公民对个人信息享有隐私、自由使用的权利，未经公民个人许可，任何组织和个人都不得披露或买卖该信息。特别是在现代大数据时代，公民个人的日常生活离不开信息网络或现代通信工具，传统的个人隐私保护方式基本上失效，保存、使用和管理个人隐私的企业侵犯个人信息变得很容易，刑法必须通过对侵犯个人信息的非法获取、出售、提供行为进行惩处，来预防、减少公民个人信息在现代社会所承受的各种被侵害的风险。

二、客观要件

本罪在客观方面表现为，违反国家有关规定，向他人出售或者提供公民个人信息，情节严重，以及窃取或者以其他方法非法获取公民个人信息的行为。

公民个人信息，包括姓名、职业、职务、年龄、婚姻状况、学历、专业资格、工作经历、家庭住址、电话号码、信用卡号码、指纹、网上登录账号和密码等能够识别公民个人身份的信息。实践中大量被出售或非法获取的公民个人信息包括购物网站订单数据信息、通话清单、股民资料、车主名单、移动电话定位信息、户籍资料、宾馆住宿登记信息、航空记录、出入境信息、个人信用报告等。

出售是指将公民信息出卖给他人从中牟利的行为。提供是指虽无牟利事实，但不应将自己掌握的公民信息提供给他人，而予以提供的一切行为。将公民个人信息出售或者提供给他人的行为，必须情节严重的，才构成本罪。

向他人出售或者提供公民个人信息，以行为违反“国家有关规定”为前提。这里的“国家有关规定”的范围要比“国家规定”广，大量规定在法律规范的位阶上要远低于国家规定。根据《刑法》第96条的规定，本法所称违反国家规定，是指违反全国人民代表大会及其常务委员会制定的法律和决定，国务院制定的行政法规、规定的行政措施、发布的决定和命令。本罪之所以使用违反“国家有关规定”的表述，主要是因为在公民个人信息保护方面，目前还没有全国人大或者国务院层面的任何限制性或者列举性法律、法规。那么，行为没有违反全国人民代表大会及其常务委员会制定的法律和决定，国务院制定的行政法规、规定的行政措施、发布的决定和命令，但是，在国家相关互联网信息管理和承担公民信息保护的有关部委或行业协会对禁止出售或者提供公民个人信息有强制性规定时，违反相关规定的，也属于违反“国家有关规定”。

向他人出售或者提供公民个人信息，情节严重的，才构成本罪。这里的“情节严重”，包括出售、提供公民个人信息获利较大；多次出售或非法提供；向多人出售或非法提供；将公民个人信息提供给境外组织；公民个人信息被他人用于违法犯罪目的等情形。

窃取公民个人信息，是指以平和手段不法获取他人信息的行为。其他方法，包括以欺骗、收买等方式非法获取公民个人信息。实施窃取或者以其他方法非法获取公民个人信息的行为，即构成本罪，不要求情节严重（抽象危险犯）。

例（真题） 郑某冒充银行客服发送短信，称张某手机银行即将失效，需重新验证。张某信以为真，按短信提示输入银行卡号、密码等信息后，又将收到的编号为135423的“验证码”输入手机页面。后张某发现，其实是将135423元汇入了郑某账户。郑某成立侵犯公民个人信息罪。

提示：上述结论是错误的。成立非法侵犯公民个人信息罪，要求情节严重。2017年5月8日《最高人民法院、最高人民检察院关于办理侵犯公民个人信息刑事案件适用法律若干问题的解释》第5条规定：非法获取、出售或者提供行踪轨迹信息、通信内容、征信信息、财产信息50条以上的应认定为“情节严重”。本题中的郑某显然未达到情节严重的入罪标准。

本罪的主体是一般主体。享有社会管理职权或者为公众提供公共服务，容易接触到大量公民个人信息的国家机关、金融、电信、交通、教育、医疗等单位的工作人员，违反国家有关规定，将在履行职责或者提供服务过程中获得的公民个人信息，出售或者提供给他人的，从重处罚（不真正身份犯）。

三、主观要件

本罪在主观方面是故意。行为人明知自己的行为违反国家有关规定，仍然将公民个人信息出售或提供给他人，以及窃取或者以其他方法非法获取公民个人信息。过失泄露公民个人信息的，不构成犯罪。

第十八章　侵犯财产权利罪

第一节　抢劫罪

重要法条及司法解释

《刑法》第263条、第269条。

《最高人民法院关于审理抢劫案件具体应用法律若干问题的解释》（2000年11月22日）。

《最高人民法院关于审理抢劫刑事案件适用法律若干问题的指导意见》（2016年1月6日）。

命题分析

近十余年来，“侵犯财产罪”一章中考查频次较高的重点罪名有七个：抢劫罪；盗窃罪；诈骗罪；抢夺罪；侵占罪；职务侵占罪；敲诈勒索罪。从考查情况来看，相对于《刑法分则》中的其他罪章，“财产罪”一章中的重点罪名考查的最为频繁。在这七个重点罪名中，尤以抢劫罪为重点中的重点。可以毫不夸张地说，从近十年余来的真题分析来看，抢劫罪是所有重点知识点中的重点知识点。

实务中出现抢劫犯罪案件较多，一些案件在定性与加重适用上存在严重的分歧，最高人民法院在2016年出台了有关抢劫罪的最新司法解释。考生在复习抢劫罪时，一方面要注意抢劫罪的犯罪构成，另一方面要注意把握抢劫和绑架、抢夺等犯罪的界限。此外，对于最新的司法解释和指导案例，务必要尽量熟悉。

知识点精讲

抢劫罪是指以非法占有为目的，使用暴力、胁迫或者其他方法，强行劫取公私财物的行为。

一、保护法益

本罪侵害的法益具有复杂性：一方面，行为人违反被害人的意思取得了财物，侵犯了他人的财产占有权；另一方面，也侵犯了被害人的生命、身体、自由和生活平稳。行为样态对人身法益具有高度危险性，这是其与其他财产罪相区别的重要标志。

抢劫罪所侵犯的财物只限于他人占有的动产，自己的动产被他人占有时可以成为本罪对象。不动产一般不能成为本罪的对象，但是，使用暴力、胁迫压制不动产所有人、占有人的反抗，转移登记名义，取得不动产处分可能性的，可以认定为抢劫罪。

此外，使用暴力、胁迫取得财产上的非法利益的行为也构成抢劫罪。例如，为免除赌债对债权人实施暴力的，骗取毒品以后为免付价金而使用暴力的，都是在不法原因给付的场合非法占有他人利益的行为。

例 1（真题） 甲欠乙 10 万元久不归还，乙反复催讨。某日，甲持凶器闯入乙家，殴打乙致其重伤，迫乙交出十万元欠条并在已备好的还款收条上签字。

提示：本例中甲欠乙 10 万元，乙对甲享有 10 万元债权，甲采用暴力逼迫乙交出欠条并在还款收条上签字，意味着乙享有的 10 万元债权的财产性利益被剥夺，因此，甲成立抢劫罪。

本罪的被害人一般而言是暴力、胁迫的承受者。但当行为人对他人实施暴力、胁迫是为了排除障碍，以便于其顺利夺取财物，在财物的交付者和暴力、胁迫的承受者不一致但出于同一场所的情况下，本罪的成立也不受影响。例如，对商场的保安实施暴力，然后从营业员手中夺取金银首饰的，也是抢劫罪。

二、客观要件

本罪在客观方面表现为使用暴力、胁迫或者其他方法强取财物的行为。本罪成立的逻辑线索是：使用暴力、胁迫或者其他方法→压制对方反抗→强取财物。

（一）手段行为

暴力，一般是指行为人对被害人的身体实施打击或强制，其在多数场合下表现为危险、凶残的杀伤行为，以使对方完全丧失反抗能力，但有时也不一定要直接针对人体实施，对物使用有形力也是暴力。换言之，暴力要最终指向人，但是可以不直接针对人，即使对物施加有形力，只要其能抑制被害人的意思、行动自由，就是抢劫罪中的暴力。

胁迫是指告知对方将要对其予以加害，以对其进行精神强制。胁迫的方式包括语言、动作、手势、邪恶的眼神等，法律未作限制。胁迫者是否真正具有当场加害意思和加害能力，都不影响胁迫的成立；至于被胁迫者应当是在一定程度上能够理解胁迫内容的、有意识的自然人，法人没有意识能力，其在精神上不可能受到压制。

其他方法是指除暴力与胁迫方法之外，采用使被害人不知反抗或丧失反抗能力的方法，如用酒灌醉，用药物麻醉（昏醉抢劫）等。这些方法的共同特征是都能够导致被害人被灌醉、被麻醉后陷入人事不省、难以自我决定和自我行动的境地，所以，在本质上和暴力、胁迫足以压制被害人反抗相同。行为人实施使被害人陷于意识障碍的方法（例如劝酒）之后，才产生夺取财物的意思，事后也的确取得财物的，也只构成盗窃罪。

抢劫罪的暴力、胁迫足以压制被害人的反抗，并不等于事实上完全压制被害人的反抗，更不要求行为具有危害生命、健康的性质。至于被害者的反抗是否足以被压制，要结合犯罪者和被害人的人数、年龄、性别、犯罪行为的时间、场所以及附随状况、凶器的有无、使用方法等具体的事项对暴力、胁迫的性质进行客观判断（客观说）。实施暴力、胁迫，从一般人认同的社会观念上看到足以压制被害者反抗的程度即可，也就是被害者的反抗已经现实地有困难，这是从客观的基准出发看待问题，而不是从行为人、被害者的主观感受的角度来考虑反抗是否被压制的问题。

例 2（真题） 张某到加盟店欲批发 1 万元调味品，见甲态度不好表示不买了。甲对张某拳打脚踢，并说“涨价2000元，不付款休想走”。张某无奈付款1.2万元买下调味品。

提示：本例中的甲应当成立的是强迫交易罪，而非抢劫罪。强迫交易罪在客观方面也表现为暴力、威胁手段，但是这里的暴力、威胁手段不应当达到足以压制他人反抗的程度，同时，还存在一个对价基本相当的交易行为，否则即应认定为抢劫罪。上例中甲与张某的交易对甲基本可以说相当，还未达到与正常市场价相差严重悬殊的程度，更重要的是，无法认定甲的行为属于达到了压制他人反抗程度的暴力、威胁，因此，甲不应认定为抢劫罪。

就社会中多数人的判断而言，暴力、胁迫没有达到压制反抗的程度，但是被害人特别胆小且行为人对此也知情的场合，实施程度很低的暴力、胁迫，此时应当认为，行为客观上没有达到足以压制被害人反抗的程度，即使行为人对被害人的特殊情况熟知且主观上有抢劫的故意，但由于暴力、胁迫程度较轻，欠缺抢劫手段的定型性，不存在抢劫的实行行为，犯罪人对某些特殊事项的认知不能成为决定抢劫罪中的暴力、胁迫行为是否存在的标准。

（二）结果行为

1. 当场

使用暴力、胁迫或者其他方法，当场取得财物的，才能构成抢劫罪。当场意指暴力、胁迫手段和财物取得之间具有时间上、场所上的紧密连续性，但是对“当场”的理解又不能过于狭隘，使用暴力迫使被害人交付财物，但被害人身无分文，行为人长时期跟随被害人到距离相当远的场所取得财物的，也是“当场”。实施暴力、胁迫当场未取得财物，要求被害人日后交付财物的，构成抢劫罪未遂和敲诈勒索罪。

2. 强取

强取是在实施暴力、胁迫以后使财物转移的行为。被害者的反抗被暴力、胁迫所压制后，自动交付财物的、放置财物逃走的，或者行为人直接夺取财物的，以及实施程度较高的暴力、胁迫，在被害人来不及反应的瞬间就将财物夺走的，行为人都构成强取。

应当认为，暴力、胁迫行为和财产的强取之间应当有因果关系，才能成立抢劫罪既遂。抢劫罪的本质是实施暴力、胁迫手段夺取财物，暴力、胁迫手段必须是基于强取的意思实施，强取的结果是在实施暴力、胁迫以后才得以实现的。所以，为抢劫财物对被害人使用暴力，被害人在逃跑过程中财物丢失，行为人由此捡拾财物的，成立抢劫罪未遂和侵占罪。

抢劫行为人为排除障碍、杀害被害人后取得财物的，构成抢劫罪，不再成立故意杀人罪。但是，以强取的意思杀害被害人后取得财物的，在时间、场所上必须有紧密联系，并且取得财物的计划是在着手杀人以前就形成的。例如，杀人时没有强取的故意，10天以后才想起被害人可能有财产，又进入其住宅取得财物的；杀害被害人并在尸体掩埋数周后又挖掘坟墓取得被害人随葬品的，都无法认定为抢劫罪。

例3（真题）　甲、乙等人伴装乘客登上长途车。甲用枪控制司机，令司机将车开到偏僻路段；乙等人用刀控制乘客，命乘客交出随身财物。一乘客反抗，被乙捅成重伤。财物到手下车时，甲打死司机。

提示：本例中的甲、乙二人通过功能分工的形式采用暴力强取他人财物，成立抢劫罪的共同正犯。乙在乘客反抗时将乙捅成重伤，属于抢劫罪的暴力手段行为，不再另行认定为故意伤害罪，属于抢劫致人重伤的加重情节。但甲在财物到手，即抢劫罪既遂后，将司机杀死的行为，属于抢劫既遂后基于湮灭罪证等动机实施的故意杀人行为，应当以故意杀人罪与抢劫罪数罪并罚。

开始实施作为抢劫手段的暴力、胁迫行为，就是本罪的着手。关于抢劫罪的既遂标准，从理论上看，既然抢劫罪是侵犯财产犯罪，其既遂标准就应该坚持取得（控制）说。取得，包括取得行为和取得意思，行为人在接过他人财物的瞬间又将财物返还的，可以认为其没有取得意思，并未实际取得被害人财物，仍然只能成立本罪未遂。

但是，《最高人民法院关于审理抢劫、抢夺刑事案件适用法律若干问题的意见》（2005年6月8日）指出："抢劫罪侵犯的是复杂客体，既侵犯财产权利又侵犯人身权利，具备劫取财物或者造成他人轻伤以上后果两者之一的，均属抢劫既遂；既未劫取财物，又未造成他人人身伤害后果的，属抢劫未遂。据此，《刑法》第二百六十三条规定的八种处罚情节中除'抢劫致人重伤、死亡的'这一结果加重情节之外，其余七种处罚情节同样存在既遂、未遂问题，其中属抢劫未遂的，应当根据刑法关于加重情节的法定刑规定，结合未遂犯的处理原则量刑。"按照上述司法解释的规定，只要造成取财或者轻伤以上后果二者之一即既遂。理论上，司法解释的这一规定显然没有考虑刑罚分则将抢劫罪规定在侵犯财产罪章的事实，是否合理值得质疑。

三、主观要件

本罪主观方面是故意，行为人必须有强取他人财物的意思，并对财物必须通过暴力、胁迫等违反被害人意志的方法才能取得有所认识。为实现其他犯罪目的而对被害人实施暴力、胁迫行为，在此过程中产生夺取财物的意思并取得财物的，也应当认为有抢劫的意思。例如，绑架他人，在使用暴力捆绑被害人过程中，发现其佩戴有相当价值的金银首饰，将其强行取下的，成立抢劫罪。

比较有争议的问题在于，为实现其他犯罪目的而对被害人实施暴力、胁迫之后，才产生强取财物的意思的，能否认定为具有抢劫的意思？有观点认为成立抢劫罪，有观点认为只能成立盗窃罪。我们认为，盗窃罪的结论更为合理。如果将行为人为犯其他罪而实施的暴力、胁迫行为再作为抢劫罪的手段行为，则属于对一个手段行为作了两次评价，扩大了抢劫罪的成立范围，有违罪刑法定主义。但是，需要提醒考生注意的是，《最高人民法院关于审理抢劫、抢夺刑事案件适用法律若干问题的意见》规定："行为人实施伤害、强奸等犯罪行为，在被害人未失去知觉，利用被害人不能反抗、不敢反抗的处境，临时起意劫取他人财物的，应以此前所实施的具体犯罪与抢劫罪实行数罪并罚；在被害人失去知觉或者没有发觉的情形下，以及实施故意杀人犯罪行为之后，临时起意拿走他人财物的，应以此前所实施的具体犯罪与盗窃罪实行数罪并罚。"

此外，抢劫罪的成立，还要求行为人具有非法占有目的（不法取得意思）这一"主观的超过要素"。

四、认定

《刑法》第269条规定，犯盗窃罪、诈骗罪、抢夺罪，为窝藏赃物、抗拒抓捕或者毁灭罪证当场使用暴力或者以暴力相威胁的，依照抢劫罪的规定定罪处罚。成立准抢劫罪，必须具备三个条件：有盗窃、诈骗、抢夺行为；当场适用暴力或以暴力相威胁；具有特定目的。

（1）有盗窃、诈骗、抢夺行为。在此需要注意，第一，不需要前行为的盗窃、诈骗、抢夺行为必须既遂，如盗窃、诈骗、抢夺虽未达到数额较大标准，为窝藏赃物等当场使用暴力或以暴力相威胁，同样成立准抢劫罪。第二，前行为属于特殊类型的盗窃（盗窃林木罪等）、诈骗（合同诈骗等），只要其具有侵犯财产性质，符合盗窃、诈骗、抢夺罪的构成要件，仍然能够成立准抢劫罪。第三，犯罪人有抢劫意图，以平和手段取得财物以后，为确保占有而使用暴力、胁迫的，直接认定为抢劫罪，不适用准抢劫罪的规定。

（2）当场使用暴力或以暴力相威胁。第一，暴力、胁迫的对象可以是盗窃、诈骗、抢夺受害人以外的第三人，但不能是针对使用暴力、胁迫者自身。第二，暴力、胁迫的程度必须和抢劫罪手段行为的暴力、胁迫程度相当，即要达到足以压制被害人反抗的程度。第三，当场，除了实施盗窃等行为的现场外，还包括从现场延伸的场所，即行为人刚离开现场，就被他人追捕、跟踪而被迫停留下来的场所。

（3）目的是为了窝藏赃物、抗拒抓捕或者毁灭罪证。抗拒抓捕包括实施财产犯罪的当时被发现而实施暴力抗拒被害人、其他目击者或者警察的缉拿、围攻，也包括在被抓捕后的押解途中使用暴力逃脱；但是，盗窃后逃跑，在离现场200米处，偶然遇到警察质问而对警察使用暴力的，不成立事后抢劫罪，因为此时的暴力与先前的盗窃事实没有关联性。

事后抢劫罪的既遂标准，应当以实施暴力、胁迫之后是否取得财物为判断标准，而不能以先前的盗窃、诈骗、抢夺罪是否既遂为标准。

盗窃、诈骗、抢夺既遂，为窝藏赃物等当场使用暴力或以暴力威胁，但财物最终被他人夺回的，是事后抢劫罪未遂。

盗窃、诈骗、抢夺已取得财物，为防止被害人夺回该财物而着手实施暴力或者威胁之后占有该财物的，是抢劫罪既遂。

实施盗窃、诈骗、抢夺未取得财物，但为抗拒抓捕等而着手实施暴力、威胁并达到目的的，由于未取得财物，只能构成抢劫罪未遂。

特别需要指出的是，根据《最高人民法院关于审理未成年人刑事案件具体应用法律若干问题的解释》，“已满十四周岁不满十六周岁的人盗窃、诈骗、抢夺他人财物，为窝藏赃物、抗拒抓捕或者毁灭罪证，当场使用暴力，故意伤害致人重伤或者死亡，或者故意杀人的，应当分别以故意伤害罪或者故意杀人罪定罪处罚。已满十六周岁不满十八周岁的人犯盗窃、诈骗、抢夺罪，为窝藏赃物、抗拒抓捕或者毁灭罪证而当场使用暴力或者以暴力相威胁的，应当依照《刑法》第二百六十九条的规定定罪处罚；情节轻微的，可不以抢劫罪定罪处罚”。根据该解释，已满14周岁未满16周岁者实施事后抢劫行为的，只有在暴力致人重伤或者死亡时，才以故意杀人罪或故意伤害罪追究刑事责任，如果没有致人死伤，则不以犯罪论处，即不能论以抢劫罪。

关于加重型抢劫罪，需要认真掌握最高人民法院印发《关于审理抢劫、抢夺刑事案件适用法律若干问题的意见》中关于“入户抢劫”“在公共交通工具上抢劫”“多次抢劫”加重情节的认定。此外，还需注意以下几点：

（1）关于“抢劫致人重伤、死亡”。第一，致人重伤，包括了过失致人重伤，也包括故意致人重伤。第二，致人死亡，包括故意杀人。但是，以抢劫罪从重论处的杀人取财行为，仅限于为了当场取得财物而当场将他人杀死的情形。在抢得财物后，出于灭口、报复或者其他动机将被害人杀死的，应以抢劫罪和故意杀人罪数罪并罚。第三，致人死伤的对象不限于财物的占有者、所有者，只要是直接或者间接地对抢劫及其关联行为有所妨碍的人便可。第四，抢劫行为人对死伤结果至少有过失，否则不应当对死伤结果负责。如抢劫引起被害人自杀的。第五，既遂的判断仍然应以是否取得财物为标准。

（2）关于“冒充军警人员抢劫”。第一，既包括根本不具军人或警察身份者冒充军人或警察抢劫，也包括具有军人身份冒充警察、具有警察身份者冒充军人，或者具有此种军警人员身份冒充彼种军警人员身份。第二，不以行为人非法身着军警人员制式服装、配备军警械具或持有、向被害人出示伪造或冒用的身份证件为限。第三，冒充军警人员以查禁违法犯罪行为未名，向他人攫取财物，应以实际实施的客观行为是否具有暴力、胁迫为标准，如果有则是抢劫，否则应论以招摇撞骗罪。

第二节　抢夺罪

重要法条及司法解释

《刑法》第 267 条。

《最高人民法院关于审理抢劫、抢夺刑事案件适用法律若干问题的解释》（2005 年 6 月 8 日）。

命题分析

抢劫罪与抢夺罪，俗称“两抢”，在实务中出现非常的频繁。由于这两种犯罪行为不仅侵害财产权，同时有造成人身伤亡的危险，因而相对来说，在整个财产罪章中也属于重罪。而抢夺罪与抢劫罪犯罪的界限在一些边界案例，并非泾渭分明。所以，命题人也比较偏好以抢夺罪命题。考生在复习本罪时，要认真准确理解本罪的行为特征，此外，对于最高人民法院 2005 年的《关于审理抢劫、抢夺刑事案件适用法律若干问题的解释》中的重要规定，要在理解的基础上熟记。

知识点精讲

抢夺罪是指对物实施有形力，夺取被害人紧密占有的财物，尚未达到抑制占有人自由意思程度的行为。

一、客观要件

本罪在客观方面表现为抢夺他人占有的财物的行为。

例 1（真题）　甲明知行人乙的提包中装有毒品而抢夺，毒品虽然是违禁品，但也是财物。甲的行为成立抢夺罪。

提示：上述表述是正确的。一般认为，财产犯罪的保护法益既包括财产所有权，也包括对财物的占有，而这里的占有既包括合法占有，也包括非法占有。对于违禁品，尽管国家禁止个人持有，但是任何第三人都不得随意变更他人对违禁品的占有状态，否则更会造成违禁品的恣意流转，危害社会。因此，对违禁品的占有在刑法上也应予以保护。甲明知他人提包中装有毒品仍然抢夺，由于毒品仍然具有价值，成立抢夺罪。

抢夺是指公开或者被害人当场可以得知财物被抢走的情况下，骤然实施夺取行为，其具体表现为对财物在一瞬间实施腕力、有形力（对物暴力），但该力量并不直接对人实施，即不是用暴力行为直接压制被害人的反抗，而是通过作用于财物的腕力和有形力夺取财物。抢夺行为在实践中多数表现为乘财物占有人毫无防备之际，出其不意，使其无法及时作出反应，来不及反抗而对财物强加夺取。

通说将抢夺行为界定为乘人不备，公然实施，可能值得研究。就乘人不备而言，盗窃罪中的窃取行为，也是乘人不备。所以，将乘人不备作为抢夺罪的客观要素，不能区别盗窃与抢夺行为。就公然实施而言，应该承认：多数抢夺罪是公然实施的，即抢夺行为发生在公共场所，在不特定多数人在场的情况下实施。但是，抢夺罪的成立又不以此为限，在一间密室里，只有行为者和财物占有者在场，行为人明知被害人当场可以发现财物被夺取而突然把财物夺走的，行为不是公然实施，但也必须认定为是抢夺行为。

抢夺的具体方式大致有两种：一是乘人不备的抢夺。例如，利用被害人注意力不集中的瞬间直接从财物所有人或保管人手中、身上或者足以被评价为紧密占有的身边用力夺走财物，如用力夺走被害人手中的提包；拿起被害人放在身边的财物（如柜台上、座椅旁的财物）逃跑。二是创造他人不注意的机会然后夺取财物。例如，欺骗他人使之转移注意力，然后将财物从被害人手上或形成紧密占有关系的身边夺走；以自行车、摩托车撞击他人，乘机取得被害人财物的；等等。

例 2（真题）　甲与乙女因琐事相互厮打时，乙的耳环（价值 8000 元）掉在地上。甲假装摔倒在地迅速将耳环握在手中，乙见甲摔倒便离开了现场。甲的行为成立抢夺罪。

提示：本例真题中的选项表述错误。甲并未采用对物暴力的手段夺取乙的耳环，同时甲也并未创造乘他人不注意的机会夺取财物，甲只是单纯利用他人对于财物的占有松弛的状态，采取平和的手段变他人占有为自己占有，因此只能成立盗窃罪。

明知他人可能密切关注某一事项或财物，但仍然在他人的注目下将财物突然取走，在不具有伤害人身可能性时，不是抢夺。例如，选购金银首饰时，结果售货员递过的财物即转身逃走的，应定性为盗窃。再如，出租车司机见乘客下车，且后者还没有作出拿取东西的动作时，即迅速驾车逃离的，行为人构成盗窃罪。因为乘客没有作出任何从车内取东西的动作，而财物放置在汽车上，乘客对该财物只是通常的占有而非紧密占有。但是，如果行为人在乘客准备取车上的财物之时，驾车逃离的，此时，由于乘客拿取财物的行为表明了其与财物之间的紧密占有关系，且驾车逃离行为有对被害人的人身造成侵害的危险，因而应当成立抢夺罪。又如，甲在室外遛狗，乙抢夺甲牵狗的绳子拔腿就跑，是抢夺；乙只是乘甲不防备之际，将在甲身后 2 米但并未系遛狗绳的狗抱起来逃走，是盗窃。

作为夺取型犯罪，抢夺罪是介于抢劫罪和盗窃罪之间的一种违反财物占有人意思而转移财物占有的犯罪类型，所以抢夺罪和盗窃罪、抢劫罪之间的界限有时难以判断。

就本罪和抢劫罪的区分而言，本罪中的"抢"决定了本罪的不法有形力可能就是达到一定程度的暴力（通俗地说，就是行为人一定要"动粗"）。但是，这种暴力只是对物实施，暴力手段的采用不是为了压制被害人的反抗。换言之，暴力行为是否直接针对人身，是否属于为了直接排除取得财物的障碍，使财物占有者心生恐惧而不敢抗拒、来不及抗拒或者不知抗拒，是区分抢劫罪和抢夺罪的关键。例如，犯罪人利用汽车、摩托车等交通工具乘被害人不注意之际从其背后将财物夺走的，就不能一律认定为抢夺罪或者抢劫罪。

就本罪和盗窃罪的界限而言，本罪中的"抢"和"夺"都决定了行为存在"骤然的"对物的暴力（对财物"动粗"），其侵害的一定是他人对财物的紧密占有，相对松弛的占有不需要使用暴力，采用相对和平的窃取手段就可以取得，这样说来，本罪和盗窃罪通常侵害松弛占有并不相同。例如，行为人在商场试戴手表，骗服务员"那边的顾客也要试表"，待服务员转身离开之际，戴着手表夺门而去的，只成立盗窃罪。

再如，A 得知 B 要转让一辆旧车（价值 4 万元），就试图不法占有其财物。某日，A 与 B 联系，提出试车然后购买的要求。次日，当二人驾车到某单位大楼时，A 对 B 说："你帮我到五楼财务室叫我妻子将银行卡拿下来，我们一起去银行取款，将你的车款付清。"B 遂上楼找人，但工作人员说并无此人。B 大惊失色，连忙下楼，走到二楼时，眼睁睁看着 A 将车开走。

本例中，A 的行为并没有使用任何的暴力手段，不是对物暴力的夺取，其采取平和的手段破坏他人对财物的占有，建立自己的占有，只能构成盗窃罪。此外，需要提醒注意的是，A 也不能构成诈骗罪，尽管 A 欺骗 B 上楼找人，但 B 并没有将自己的旧车处分给 A 的意思，因此不成立诈骗罪。

实施抢夺行为，附带造成被害人重伤、死亡等后果的，同时构成抢夺罪与过失致人重伤、过失致人死亡等罪的，从一重罪处断。例如，抢夺被害人佩戴的金银首饰，偶然导致被害人摔伤、死亡的，属于一行为触犯数罪名的情况，构成想象竞合犯，应从一重罪处断。当然，在以一罪处理实质上不合理时，也可以考虑数罪并罚。

抢夺罪的既遂应以取得说作为标准，即以行为人是否已实际取得财物的占有权、控制该财物作为区分既遂与未遂的基本标准。行为人在公然夺取财物的当场又被财物占有人将财物取回，没有实际取得占有，是抢夺未遂；行为人由于当场被追捕而抛弃抢夺财物的，属于取得财物之后处分赃物的行为，应成立犯罪既遂。

二、主观要件

本罪在主观方面是具有故意，并具有不法取得的意思。行为人对他人与其占有财物之间较为紧密的支配关系有所认识。确实是将他人占有财物误认为是任意放置财物的，阻却本罪故意，可能构成侵占罪而不构成本罪；行为人要对自己不法有形力的骤然性有认识。由于行为人对被害人是否能够当场、立即发现往往并不在乎，所以为强取他人财物，行为人对使用不法有形力而发生侵害人身的结果可能存在放任态度。

除具有抢夺故意外，成立本罪还要求有为自己或他人而非法占有财物的目的。为督促债务人履行债务而夺取财物，声言一旦债权债务关系消灭即行归还原物的，不具有非法占有目的，不构成本罪。

抢夺动产时毁坏财物，如甲明知乙对某一名贵字画握得很紧仍然予以抢夺，但只拿到撕破的半张画的，行为人具有非法占有目的，同时对损害财物效用有放任，成立本罪和故意毁坏财物罪的想象竞合犯。

三、认定

（一）携带凶器抢夺

《刑法》第267条第2款规定，携带凶器抢夺的，以抢劫罪定罪处罚。

按照有关司法解释，携带凶器抢夺，是指行为人随身携带枪支、爆炸物、管制刀具等国家禁止个人携带器械进行抢夺或者为了实施犯罪而携带其他器械进行抢夺的行为。

如果《刑法》第267条第2款属于注意规定，就意味着携带凶器抢夺的行为，只有同时符合《刑法》第263条关于抢劫罪的规定，即行为人必须要使用携带的凶器，实施暴力、胁迫或者其他方法，才能以抢夺罪定罪处罚；如果说《刑法》第267条第2款属于法律拟制，则意味着只要携带凶器抢夺，即使没有使用凶器的行为，不符合《刑法》第263条关于抢劫罪的规定，也必须以抢劫罪论处。

将本款作为法律拟制是有道理的，即只要行为人携带凶器抢夺的，就以抢劫罪论处，而不要求行为人使用暴力、胁迫或者其他方法。如果没有《刑法》第267条第2款的法律拟制，司法机关对携带凶器抢夺的行为，只能认定抢夺罪，而不会认定为抢劫罪。在这种情况下，刑法仍然规定对携带凶器抢夺的行为以抢劫罪论处，就说明本款属于法律拟制，而非注意规定。

1. 凶器的含义与认定

凶器是指外观上足以使人产生危险感、不安感，客观上足以对他人的生命、身体、安全构成威胁，具有杀伤危险性的器物，其种类并无限制。凶器必须是用于杀伤他人的器具，因此仅具有毁坏物品的特性而不具有杀伤他人功能的器具，不属于凶器。一般而言，凶器可以分为性质上的凶器和用法上的凶器。性质上的凶器，如枪炮、刀剑等有直接杀伤力、任何人在任何时候都能感受到其威胁性的器械；用法上的凶器，即该器具本身不是为了满足杀伤他人的目的而制造或者存在的，例如，木棒、切菜用的道具、砖块、电工用品等，但是这些东西被利用于杀伤目的时，根据一般的、通行的社会观念，就可以认定这些东西就是凶器。如劈柴用的斧头，用于劈柴时不是凶器，但用于杀伤他人时则是凶器。

某一器具是否可以评价为凶器，必须考虑：其一，根据一般社会观念，一般人在面对该器具时，是否会产生危险感觉，如果某种器具在外观上不会使人产生危险感，就难以被认定为凶器。其二，该器具本身杀伤力的高低，杀伤机能低的器具，不可能是凶器，所以，行为人使用各种仿制品，如塑料制成的仿真手枪、自动步枪、匕首等，虽然外观上与真实的凶器一样，但由于其杀伤他人的物理性能较低，不能认定为凶器。其三，在司法认定上，该器具用于杀伤目的的可能性程度。其四，器具被携带的必要性、合理性大小，即携带凶器抢夺的行为是否异常、是否易于被他人模仿，例如，一般人外出时，不会随时携带斧头，携带该器具抢夺的，理应认定携带凶器抢夺。

行为人随身携带国家禁止个人携带的器械以外的其他器械抢夺，但有证据证明该器械确实不是为了实施犯罪而携带的，不以抢劫罪定罪。

2. 携带的认定

携带是指在公共场所或者其他个别人行动的场所，将某种物品带在身上或者置于身边，将其置于现实支配之下的行为。携带和持有在这里没有本质区分。手持凶器、怀中藏着凶器、将凶器置于衣服口袋、将凶器置于随身的手提包等容器中的行为都属于携带凶器。

例3（真题） 甲驾驶汽车抢夺乙的提包，汽车能致人死亡属于凶器。甲的行为应认定为携带凶器抢夺罪。

提示：上述表述是错误的。携带凶器抢夺，首先应当考虑凶器被携带的可能性，一般语义理解的携带，应是指随身带着，因此，凶器必须具有随身带着的可能性才能被“携带”，而汽车显然不可能具有随身携带的可能性。因此，驾驶汽车抢夺财物的，不能被评价为携带凶器抢夺。

携带凶器应具有随时可能使用或当场能够及时使用的特点。[①] 反过来也可以说，只要行为人一旦遇到反抗，就可以迅速使用凶器，在客观上就符合了携带凶器的条件。因此，不要求行为人显示凶器（将凶器暴露在身体外部），也不要求行为人向被害人暗示自己携带着凶器。携带凶器更不要求行为人使用所携带的凶器，如果行为人使用所携带凶器强取他人财物，则完全符合抢劫罪的构成要件，应直接适用《刑法》第263条的规定；只有当行为人在携带凶器而又没有使用凶器的情况下抢夺他人财物的，才适用第267条第2款的规定。

行为人必须以实施抢夺或者其他犯罪之目的而携带凶器（携带凶器意识），才能构成抢劫罪。换言之，对凶器的携带必须是行为人有意为之，否则不成立携带凶器抢夺。要求行为人具有携带意识，其应当包括两种情况：一是行为人在抢夺前为了使用而携带该器具。二是行为人出于其他目的携带可能用于杀伤他人的器具，在现场意识到自己所携带的凶器进而实施抢夺行为的，也应当认定为携带凶器抢夺。反之，如果行为人并非为了犯罪而携带某种器具，实施抢夺时也没有准备使用的意识，则不能适用刑法267条第2款。

携带凶器实施盗窃行为，仍然只构成盗窃罪；虽携带凶器，但只有杀人故意，杀人之后临时起意取得被害人财产的，构成故意杀人罪和盗窃罪，不存在携带凶器抢夺的问题。

行为人只要抢夺时携带凶器即可，并不以携带之初有使用、行凶的意图（行凶意识）。因为携带凶器的客观危险性在于一旦被害人实施反抗，行为人在现场就随时可能对之加以使用，从而侵害被害人的生命与身体，事前有无使用凶器的谋划并不影响凶器本身对被害人形成威胁感。至于携带的凶器在抢夺过程中是否实际投入使用，对抢劫罪的成立更是无关紧要。所以，构成转化型抢劫罪只需要行为人有“携带意识”，而不要求具有“行凶意识”，有意携带和有意行凶是不同的概念。行为人将随身携带的凶器有意加以显示、能为被害人直接察觉到的，直接适用《刑法》第263条抢劫罪的规定。

携带凶器实施抢夺行为，为窝藏赃物、抗拒抓捕或者毁灭证据而当场使用凶器的，直接适用《刑法》第267条第2款，无须使用第269条准抢劫罪的规定。在此过程中，杀伤被害人的，属于使用携带的凶器的情形，不再单独定故意杀人罪、故意伤害罪。

---

① 张明楷：《刑法分则的解释原理（下）》（第2版），中国人民大学出版社2011年版，第657页。

携带性质上的凶器准备抢夺，犯罪在预备阶段就被停止下来或者抢夺未遂的，分别构成抢劫罪的预备、未遂而不是抢夺罪的预备和未遂。

（二）飞车抢夺

飞车抢夺的对象是被害人的财物，而不是被害人的人身，行为人不是故意对被害人人身使用暴力，因此对飞车抢夺不能认定为抢劫罪，而只能以抢夺罪定罪处罚。

不过，在飞车抢夺过程中，具有下列情形之一的，应当以抢劫罪定罪处罚：

（1）驾驶车辆逼挤、撞击或强行逼倒他人以排除他人反抗，乘机夺取财物的。

（2）驾驶车辆强抢财物时，被害人不放手而采取强拉硬拽方法劫取财物的。

（3）明知其驾驶车辆强行夺取他人财物的手段会造成他人伤亡的后果，仍然强行夺取并放任造成财物持有人轻伤以上后果的。

例 4（真题） 甲骑着摩托车抢夺乙的背包，乙使劲抓住背包带，甲见状便加速行驶，乙被拖行十多米后松手。甲的行为属于情节特别严重的抢夺罪。

提示：本例表述是错误的，甲应成立抢劫罪。在乙抓住财物不放手时，甲仍然驾驶车辆加速行驶，此时甲的行为已经属于对人暴力，并且达到了压制被害人反抗的程度，应当直接认定为抢劫罪。

第三节 盗窃罪

重要法条及司法解释

《刑法》第 264、265 条。

《最高人民法院、最高人民检察院关于办理盗窃刑事案件适用法律若干问题的解释》(2013 年 4 月 2 日)。

命题分析

在整个中国的刑事司法实务中，盗窃罪应该是适用最为频繁的财产罪名，盗窃犯罪的案发率一直居高不下。而盗窃罪和其他的非夺取型犯罪的界限存在诸多的理论难题，这些难题不仅容易难倒学生，也常常会给实务人员造成非常大的困惑。从统计来看，盗窃罪是整个刑法学科中所有重点知识点中仅次于抢劫罪的知识点。随着互联网和通信技术的不断发展，利用互联网实施的新类型盗窃样态层出不穷，盗窃罪会一直是今后的命题热点。考生在复习时务必全面、认真、完全掌握盗窃罪的构成要件，以及盗窃罪与侵占罪、诈骗罪等财产犯罪的关系。

知识点精讲

盗窃罪是指以非法占有为目的，采用平和的手段，窃取公私财物数额较大，或者多次盗窃、入户盗窃、携带凶器盗窃、扒窃的行为。

一、客观要件

客观方面表现为违背财物占有人的意思，以平和手段将财物转移给自己或者第三人占有的行为。本罪的成立逻辑为：利用窃取方法→破坏原来的占有关系→建立新的占有关系。

（一）窃取方法

窃取是指违反占有者的意思，以平和手段排除其占有，由自己或第三人建立对财物的占有。窃取不能以暴力、胁迫方法实施，具体方法在所不问。传统理论要求窃取必须以秘密的方式进行，合理性值得推敲。

以欺骗手段造成占有者的财物支配状态松弛，违反其意思取得财物，而非由占有者自行交付的，不是诈骗而是窃取行为。例如，装扮成顾客到服装店试衣服并将其穿走；到首饰店试戴首饰过程中，用假首饰偷换真首饰；等等。为窃取财物而暗中对被害人实施暴力，待被害人外出寻求医疗过程中，拿走被害人经管的财物的，由于不是暴力行为并非是为了压制被害人反抗进而转移占有的手段，只能成立盗窃罪，而非抢劫罪。

本罪的行为手段包括：

（1）盗窃公私财物，数额较大。盗窃行为如果没有入户盗窃等特殊情形，必须达到数额较大，才构成犯罪。根据《最高人民法院、最高人民检察院关于办理盗窃刑事案件适用法律若干问题的解释》（2013 年 3 月 8 日）的规定，盗窃价值 1000 元至 3000 元以上、3 万元至 10 万元以上、30 万元至 50 万元以上的，应当分别认定为《刑法》第 264 条规定的数额较大、数额巨大、数额特别巨大，但曾因盗窃受过刑事处罚等八种情形除外。

（2）多次盗窃。根据司法解释，2 年内盗窃 3 次以上，应当认定为多次盗窃。据此，1 年内盗窃 3 次以上，成立盗窃罪；2 年内仅盗窃 2 次，以及在 3 年内盗窃 2 次的，都不构成本罪。

（3）入户盗窃。这里的“户”仅指私人住所（包括渔民的渔船、牧民的帐篷等），其具有供他人家庭生活（功能特征）和与外界相对隔离（场所特征）的特征。入户实施盗窃被发现，行为人为窝藏赃物等当场使用暴力或以暴力相威胁的，如果暴力或者暴力胁迫行为发生在户内，可以认定为入户抢劫。

（4）携带凶器盗窃。这里的“携带凶器”可与携带凶器抢夺中“携带凶器”作相似理解。但是，由于携带凶器抢夺直接被拟制为罪质非常严重的抢劫罪，因此，对携带凶器抢夺中的凶器，应当给予严格的限制，相对于携带凶器盗窃中的“凶器”，范围应更小。对携带凶器盗窃的具体认定，需要考虑三点：第一，凶器要有一定的杀伤力，且通常不是盗窃所用的工具。例如，盗窃用的万能钥匙、起子、扳手、绳索等工具本身，无论如何不能被评价为凶器。但是，在特殊个别情形，尤其是盗窃工具本身具有很强的杀伤力（如铁锤、钢棍），并且行为人也有想当作凶器予以利用的，可以认定为凶器。第二，凶器要有随时可供使用的可能性。携带不等于随身带着，但行为人对凶器一定要有紧密控制关系，这种控制关系一定要高于法律上或者观念上的占有、持有或控制，在行为人想使用该器械时就能够随时取用。第三，通常不要求行为人有使用意思，只要有携带意思即可，即便不想使用的，也是携带。但是在少数案件中，尤其是在携带具有杀伤力的工具实施盗窃时，是否具有使用意思是认定携带凶器盗窃的不可或缺的要素。

（5）扒窃。扒窃是指在公共场所或者公共交通工具上盗窃他人随身携带的财物。对

"随身携带"的财物不能仅理解为贴身财物，被害人置于身边且稍做努力就随手可得范围内的财物，实质上被害人可依其意思进行物理支配的财物，都属于随身携带。例如，窃取他人放置在火车行李架上的行李、椅背上的衣服、自行车框内的财物等，都是窃取他人随身携带的财物。

（二）破坏原来的占有关系

这一点是盗窃与侵占的关键区别。盗窃是破坏别人的占有，进而建立自己的占有，侵占（委托物侵占）则是将自己已经占有的财物，变为自己"所有"。即将自己占有的财物变为自己不法所有，是侵占罪的本质特征；而将他人占有的财物变为自己占有，则是盗窃罪的基本特征。所以，对于自己已经占有的财物，无论如何不能成立盗窃。

例（真题） 甲系私营速递公司卸货员，主要任务是将公司收取的货物从汽车上卸下，再按送达地重新装车。某晚，乘公司监督人员上厕所之机，甲将客户托运的一台价值一万元的摄像机夹带出公司大院，藏在门外沟渠里，并伪造被盗现场。

提示：本例中的甲成立盗窃罪，而非侵占罪。判断的关键在于甲取得的财物到底由谁占有？占有是指对财物的事实上的支配状态，它包括物理范围内的事实性支配，也包括根据社会一般观念可以推知财物由某人支配的状态，题干明确交代甲是私营速递公司卸货员，他乘公司监督人员上厕所之机将财物取走，成立变他人占有财物为自己占有的盗窃罪。

（三）确立新的占有关系

新的占有关系一旦确立，就意味着行为人的不法占有目的已经实现。旧的占有关系被打破，但新的占有关系还未建立时，行为人成立盗窃罪未遂。

从破坏旧占有关系到建立新的占有关系之间，从理论上看是一个过程。着手实施窃取行为是其中的基本环节，对于着手时点，一般认为，侵害他人占有的行为开始或者行为有侵害他人占有的现实危险性时就是着手。窃取行为的着手应当根据具体案件结合侵害占有的显示危险的有无、财产的性质、形状以及行为的样态综合判断。具体来说，通常实施物色目的物行为就是着手。基于盗窃目的实施撬他人房门锁的行为，只构成非法侵入住宅罪的着手和盗窃罪的预备，而不是盗窃的着手，因为此时尚没有对内部财物产生侵害的具体危险；发现他人停放在路边的汽车内有皮包而撬车门的行为，就是盗窃的着手；扒窃他人财物，手接触他人口袋外侧即为窃取的着手。

新的占有建立便意味着盗窃罪的既遂。认定盗窃罪既遂时应主要考虑行为人是否实际取得财物的控制权，即排除他人的占有而将财物置于自己的事实支配之下便是盗窃既遂。在具体判断盗窃既遂时，要把握：①对容量体积大的财物，搬出较为困难的，以搬出时为既遂；②对形状较小、容易搬动的财物，将财物置于自己的实际支配状态下即既遂。

伤害他人，从现场将被害人身上的财物取走的，以故意伤害罪与盗窃罪数罪并罚。教唆他人盗窃，事后从盗窃者手中折价购买赃物的，仅成立盗窃罪；教唆他人盗窃后又骗取他人盗窃所得赃物的，以盗窃罪和诈骗罪并罚。

二、主观要件

本罪只能由故意构成。盗窃罪的故意，首先是行为人对被窃取之物为他人占有有所认识，因疏忽误将他人占有财物作为无主物、抛弃物或者自己的财物拿走的，阻却故意的成立。但在发现错拿后，不履行归还义务而继续非法据为己有的，有可能成立侵占罪。误将枪支、弹药等当作普通财物予以盗窃的，没有盗窃特殊物品的故意，仅成立普通盗窃罪。此外，成立盗窃罪还要有非法占有为目的，至于是为自己还是为第三人非法占有，无关紧要。

第四节　侵占罪

重要法条及司法解释

《刑法》第270条。

《最高人民法院关于在国有资本控股、参股的股份有限公司中从事管理工作的人员利用职务便利非法占有本公司财物如何定罪问题的批复》（2001年5月23日）。

命题分析

侵占罪是财产犯罪一章中的重量级罪名，几乎是每年必考。对于占有关系的判断有时非常困难，而财物由谁占有将直接影响侵占罪和盗窃罪的界分，这是命题人在考查侵占罪时最重要的命题点。在历年真题中，命题人常常会在选项中同时设置盗窃罪与侵占罪，原因就在于此。考生在复习时一定要彻底理解清楚占有关系的判断，否则，将会眼睁睁看着有关侵占罪的分数从自己手上溜走！

知识点精讲

侵占罪是指将代为保管的他人财物非法占为己有，数额较大，拒不退还，或者将他人的遗忘物、埋藏物非法占为己有，数额较大，拒不交出的行为。

一、客观要件

客观方面表现为将代为保管物、遗忘物、埋藏物非法占为己有、拒不退还或者拒不交出。大体可从侵占行为与侵占对象两大方面理解：

（一）侵占行为

1. 非法占为己有

“非法占为己有”，即不法所有，就是行为人主观上意图排除权利人而使自己以所有人自居，对财物依经济上的用途而予以使用、收益或处分。非法占为己有，在客观上必须有足以表明行为人的不法取得意思的行为，典型的行为有赠予、转让、消费、出卖、出借、交换、抵偿、加工等。将代为保管的他人财物予以毁弃的，没有遵从财物的经济用途将自己作为财物的所有人进行处分从而“享受物的效用”，欠缺不法取得的意思，不是非法占为己有，不成立侵占罪。

2. 拒不退还

应当认为，“拒不退还”是对非法占为己有的强调和进一步说明，其并非一个独立的构成要件要素。当行为人将自己暂时占有的他人财物不法转变为自己所有时（如直接出卖给他人时），拒不退还的意思即已表现得很清楚，没有必要再在司法上证明“拒不退还”的存在与否，更不能认为只有当财物的合法权利人在要求行为人归还，行为人“拒不退还”的，才成立侵占罪。

（二）侵占对象

侵占对象包括代为保管的他人财物、遗忘物和埋藏物三种。

1. 代为保管的他人财物

代为保管必须给予委托关系产生。委托关系是一种事实关系，不要求有成文的民事合同约束委托双方，在委托契约无效或可撤销的场合，基于委托取得的财产占有仍然属于受他人委托保管财物。这里的委托保管，不限于当事人之间“一对一”的直接委托，还可能由于借用关系、租赁关系、担保关系、加工承揽合同、寄托等原因产生。代为保管事实的存在，表明原财物所有人对该财物的占有权被排除。行为人是否基于委托关系占有财物，是侵占罪和盗窃罪区分的关键因素。

例 1（真题） 丁是宾馆前台服务员，客人将礼品存于前台让朋友自取。丁见久无人取，私吞礼品。

提示：本例中的丁成立盗窃罪，而非侵占罪。并非他人一句简单的类似“帮我看一下”，就成立事实上的委托保管关系，客人将礼品存在前台让朋友自取，此时，从社会一般观念来看，礼品仍然由客人占有，丁至多只是占有辅助者，而非占有他人财物，不属于“代为保管”，因而丁属于变他人占有为自己占有的盗窃。

例 2（真题） 甲是个体干洗店老板，洗衣时发现衣袋内有钱，将钱藏匿。

提示：甲成立侵占罪。作为干洗店老板，当顾客将衣物送给其洗涤时，应当认为此时已经由顾客委托老板保管自己的衣物，老板此时属于受委托保管他人财物，其变占有为所有，成立侵占罪。

2. 遗忘物

侵占罪中的遗忘物，包括了遗失物，两者之间不应作规范上的区别，否则，是否成立侵占罪，将取决于被害人的记忆力大小。遗忘物，就是指非基于占有人抛弃的意思偶然丧失占有，现又无人占有之物。它具有以下特征：他人之物；须为动产；所有权人占有的丧失须处于偶然原因，并非出于本意；非隐藏之物。

例 3（真题） 丙下飞机时发现乘客钱包掉在座位底下，捡起钱包离去。

提示：本例中的丙成立盗窃罪，而非侵占罪。判断的关键在于乘客丢失的钱包到底是有主占有物还是侵占罪中的“遗忘物”。应当认为，无论如何，钱包都并非无主占有的遗忘物：如果乘客未下飞机，此时钱包显然应当由乘客占有，即便其不知钱包在何处；如果乘客已经下飞机，则钱包应当由航空公司的空乘占有。因此，丙属于将他人占有之物变为自己占有之物，成立盗窃罪，而非侵占罪。

二、故意

本罪在主观方面是故意，行为人对于侵占的是代为保管的他人财物、遗忘物、埋藏物有认识，并具有非法占有目的。这里的非法占有目的，是指替代所有权人对财物进行利用、处分的意思。因此，不是为了利用、处分该财物，而是将代为保管的他人财物、遗忘物、埋藏物加以隐匿、毁坏的，否定非法占有目的；为了委托人利益的越权行为（例如，将委托人用于购买珠宝的钱，擅自做主买成黄金的），不具有非法占有目的；对于金钱等能够替代的代为保管物，基于补偿意思暂时挪用的，也没有非法占有目的。

三、认定

（一）不法委托与侵占

将不法委托物据为己有的场合，是否成立侵占罪，存在争论。例如，A 委托 B 向 C 行贿，而向 B 提供金钱，但 B 并未转交该金钱且拒不退还的。

否定说认为，对于不法给付，法律没有保护的必要，因为一方面委托人已经对委托之物失去了所有权；另一方面，受托人对委托人而言不负返还义务，其即便不退还赃物，也不属于《刑法》第 270 条中的“拒不退还”。强制其成为侵占罪的行为主体，破坏了法秩序的统一性；此外，侵占罪还有破坏委托信任关系的一面，而不法委托人的委托与受托人的收受之间，并不存在一种法律上的委托信任关系。

肯定说认为，委托人虽有不法行为，在民法上对其给付之物即便不能依法请求返还，但取得持有之受托人并不因此而取得所有权，受托人变占有为所有，自然可以成为本罪的行为主体。所以，对刑法上有无犯罪性的讨论，与民法是否保护无关。

（二）占有包装物与侵占罪

在受委托保管、运输包装物（箱子、邮件、打包的财物、用集装箱或其他密封容器委托运输的财物）的场合下，应当认为，整个包装物归受托人占有，但包装物内的物体，则归委托人占有。由此，受托人将整个包装物据为己有，成立侵占罪；但其将包装物打开，将包装物内的财物据为己有，则成立盗窃罪。

第五节　职务侵占罪

重要法条及司法解释

《刑法》第 271 条。

《最高人民法院关于在国有资本控股、参股的股份有限公司中从事管理工作的人员利用职务便利非法占有本公司财物如何定罪问题的批复》（2001 年 5 月 23 日）。

命题分析

在掌握职务侵占罪时，重点在于掌握对于“利用职务上的便利”的理解，以及本罪的主体范围问题。

知识点精讲

职务侵占罪是指公司、企业或者其他单位的人员，以非法占有为目的，利用职务上的便利，侵吞、骗取、窃取或者以其他手段占有本单位财物，数额较大的行为。

一、客观要件

客观方面表现为行为人利用职务上的便利，侵占本单位财物，数额较大的行为。侵占的具体方法是侵吞、骗取、窃取或者其他手段。侵吞是典型的变占有为不法所有的行为，多表现为在执行职务经手财物时加以截留。骗取是虚构事实、隐瞒真相而取得单位财物，例如，公司会计涂改账目、伪造单据，夸大公司支出并将多余部分财物据为己有。窃取是以违反单位意思的方法改变占有的行为（即监守自盗）。其他方法是指利用职务上的便利，取得单位财物并采取与侵吞等方式相当的方法，例如，将自己掌管的单位现金以个人名义存入银行，而长期非法领取利息的行为，就可以认为是职务侵占罪中的其他方法。

职务侵占罪中的职务，是基于从事一定业务而形成的身份。公司、企业人员利用职务上的便利是指行为人在公司、企业或者其他单位担任的职权，或者因为执行职务而产生的主管、经手、管理单位财务的便利条件。虽然是单位成员，但窃取、骗取财物没有利用职务上便利的，或者虽然从事特定业务者，但随着业务的开展，财产已经脱离特定业务者本人占有，此时再非法取得该财物的，不构成职务侵占罪，而可能构成盗窃、诈骗、抢夺等罪。

例 1（真题） 乙受公司委托外出收取货款，隐匿收取的部分货款。

提示： 本例中的乙成立职务侵占罪。其受公司委托外出收取货款，货款应当为单位的财物，但其基于职务上的便利，将单位的货款据为己有，构成职务侵占罪。

本单位管理、使用或者运输中的私人财物，应以单位财物论，行为人利用职务上的便利将这些财物据为己有的，也构成本罪。

本罪的主体是特殊主体，即必须是公司、企业或其他单位的人员。其他单位是指公司、企业以外的其他组织，如村民委员会、居民委员会、医院、文艺演出团体等。单纯从事个人经营或者家庭经营的个体工商户，不属于这里的公司、企业或者其他单位，其从业人员不具备本罪主体资格。此外，并非公司、企业或其他单位中任何人均是本罪的适格主体，只有担任一定管理性职务或因工作需要而主管、经手、管理财务，且不具有国家工作人员身份的人员才能构成本罪。

例 2（真题） 甲系某村民小组的组长，利用职务上的便利，将村民小组集体财产非法据为己有，数额达到 5 万元。

提示： 甲成立职务侵占罪。1999 年 6 月 25 日《最高人民法院关于村民小组组长利用职务便利非法占有公共财物行为如何定性问题的批复》指出："对村民小组组长利用职务上的便利，将村民小组集体财产非法占为己有，数额较大的行为，应当依照《刑法》第二百七十一条第一款的规定，以职务侵占罪定罪处罚。"据此，甲将村民小组的集体财产非法占为己有，成立职务侵占罪。

例 3（真题） 乙为村委会主任，利用协助乡政府管理和发放救灾款物之机，将 5 万元救灾款非法据为己有。

提示：与上例不同，乙属于协助人民政府从事救灾款物的管理，按照 2000 年 4 月 29 日全国人大常委会的立法解释，此时的乙属于《刑法》第 93 条第 2 款规定的"其他依照法律从事公务的人员"，其利用职务上的便利将公款据为己有，应当成立贪污罪。

另外需要注意的是，本罪是真正身份犯，因此，基于业务占有单位财物者和不具有特定身份者（无业务且未占有财物者）共同侵占单位财物的，不占有财物的非身份者由于欠缺本罪身份要件，仅能成立职务侵占罪的教唆犯或者帮助犯。

二、主观要件

主观方面为故意，此外，还要求行为人具有变自己占有为自己不法所有的目的，这是本罪和挪用资金罪区分的关键。

第六节 诈骗罪

重要法条及司法解释

《刑法》第 266 条。

《最高人民法院、最高人民检察院关于办理诈骗刑事案件具体应用法律若干问题的解释》（2011 年 3 月 1 日）。

最高人民法院、最高人民检察院、公安部《关于办理电信网络诈骗等刑事案件适用法律若干问题的意见》（2016 年 12 月 19 日）。

命题分析

诈骗罪在近些年的真题中考查的次数和侵占罪差不多，但是总分值却远比侵占罪高。这是因为，诈骗罪不仅出现在客观题中，而且在主观题中也时常会现身。

考生在复习诈骗罪时，一定要彻底理解诈骗罪的规范构造，如果真的做到这一点，其实在面对所有的诈骗案例时，想要做错都难。

知识点精讲

诈骗罪是指以非法占有为目的，通过虚构事实或者隐瞒真相的方式使他人产生认识错误，并基于认识错误处分财物，进而造成被害人财产损失的行为。

一、客观要件

诈骗罪既遂的基本构造为：**实施欺诈行为→使他人产生或者继续维持认识错误→他人由**

此实施处分（或交付）财产行为→行为人获得或者使第三人获得财产→被害人遭受财产损失。上述各个环节之间必须存在前后贯穿的因果关联，由此，实施欺诈行为，但尚未使对方陷入错误，对方只是基于怜悯、不堪其扰等原因交付的，或者为抓住诈骗者的把柄在警方安排下交付财物的，由于欺诈行为和处分财物之间欠缺因果关系，都仅能成立诈骗罪未遂。

（一）欺诈行为

欺诈行为是指虚构事实、隐瞒真相，使他人陷入错误的行为。虚构事实是指捏造客观上并不存在或者根本不可能发生的事实。隐瞒真相是指行为人明知对方已经陷入错误，有义务告知对方事实真相，而故意不告知，致使对方在受蒙蔽的状态下自愿交付财物。例如，隐瞒他人已履行债务的事实，再次接受他人履行债务的行为，或者隐瞒财产抵押的事实而将其出卖的，都可能成立诈骗罪。欺骗的内容可以针对事实作出虚假描述，也可以是对事物作出虚假的价值判断。

例1（真题） 将白纸冒充假币卖给他人的，构成诈骗罪，不成立出售假币罪。

提示：出售假币罪，要求买卖双方均认识到买卖的对象是假币，行为人将白纸冒充假币卖给他人，不成立出售假币罪。但是，甲仍然属于以虚构事实的方式骗取他人财物，对方交易意图的不法性不影响甲诈骗罪的行为定性。

一般认为，欺诈行为原则上必须使一般人产生认识错误，从而作出有关处分财产或者财产性利益的行为。例如，以使用为目的，伪造停止流通的货币，或者使用伪造的停止流通的货币的，属于本罪中的欺诈行为。再如，列车上兜售小商品的售货员称，“袜子冬暖夏凉，自带空调的”，这种夸张性的介绍与宣传基本不会使一般人信以为真，不成立诈骗罪。当然，在一般商业惯例许可或者社会容认范围内对商品作夸张性介绍，而交易本身还有讨价还价余地的，不是诈骗罪中的欺诈，有成立虚假广告罪的可能性。

例2（真题） 以使用为目的，大量印制停止流通的第三版人民币的，不成立伪造货币罪。

提示：上述真题中的选项表述是正确的。货币尽管停止流通，但仍然足以使得一般公众产生认识错误进而处分财物。根据最高人民法院2010年11月3日《关于审理伪造货币等案件具体应用法律若干问题的解释（二）》，以使用为目的，伪造停止流通的货币，或者使用伪造的停止流通的货币的，以诈骗罪论处。

本罪从开始实施欺诈行为时为着手。被欺骗者基于处分行为而交付财物，行为人领得财物的，构成本罪既遂。在不动产的场合，现实的转移登记终了时为既遂。

例3（真题） 甲将一只壶的壶底落款“民國叁年”磨去，放在自己的古玩店里出卖。某日，钱某看到这只壶，误以为是明代文物。甲见钱某询问，谎称此壶确为明代古董，钱某信以为真，按明代文物交款买走。又一日，顾客李某看上一幅标价很高的赝品，以为名家亲笔，但又心存怀疑。甲遂拿出虚假证据，证明该画为名家亲笔。李某以高价买走赝品。甲对钱某、李某是否成立诈骗罪？

提示：甲对两人都成立诈骗罪，不管是虚构事实还是隐瞒真相，在欺骗的本质上并没有不同。只不过前者是在他人没有错误的情况下，使用欺骗手段使他人陷入认识错误。后者是在他人有错误（也包括半信半疑时）的情况下，以欺骗手段继续维持或者强化他人的认识错误，进而处分财物。

（二）对方的错误

这里的“对方”，通常是财物的被害人，但并非限于被害人，包括财产占有人或者所有人，以及其他法律或者事实上具有处分财产权限或者处于可以处分财产地位的人。也就是说，诈术的受骗人和真正的财产受害人未必同一：当二者同一时，为常见的两者间的诈骗，如甲欺骗乙，乙基于受骗处分自己的财物给甲；当二者不同一时，即为三角诈骗，如甲欺骗乙，乙基于受骗处分的是乙有权处分的丙的财物给甲，乙是受骗人，受害人却是丙。另外，机器由于没有自主意识，不可能产生认识错误，进而不可能是诈骗罪的适格行为对象。

（三）处分行为

处分行为是区分盗窃罪和诈骗罪的关键要素。处分行为是指被害人基于认识错误自愿地交付财物或者处分财产性利益。

被害人对于所要转移的财物或财产性利益，必须要有认识，即需要有处分意识。如果被骗者对处分行为的标的物的转移占有缺乏认识，很难想象其内心具有“处分意思”，继而也就无法肯定处分财物的自愿性。

处分意思，必须具有明确性、具体性，处分者不仅要认识到自己在处分一定的财物，还必须对自己正在处分对象的特殊性、具体性有较为清楚的意识。

与处分行为相对应的是行为人获得财产。获得财产包括积极财产的增加以及消极财产的减少（如通过欺骗他人使得他人免除自己的债务）。

例 4（真题） 欣欣在高某的金店选购了一条项链，高某趁欣欣接电话之际，将为其进行礼品包装的项链调换成款式相同的劣等品（两条项链差价约 3000 元）。欣欣回家后很快发现项链被“调包”，即返回该店要求退还，高某以发票与实物不符为由拒不退换。

提示：本例中的高某成立盗窃罪，而非诈骗罪。很清楚的是，欣欣在选购好项链让高某包装时，其并没有将自己购买的项链处分给高某的意思，因此，肯定不能认定高某成立诈骗罪。事实上，欣欣已经选购了项链，由高某进行礼品包装，应当认为此时项链仍然属于欣欣占有，而非高某占有，此时高某的行为便属于违背他人意志，变他人占有为自己占有的窃取行为，因而其成立盗窃罪。

（四）财产损害

成立诈骗罪既遂，要求必须有被害人遭受财产损失。例如，甲长期定居国外，其委托乙照看自己的别墅，乙却对外谎称自己是房屋所有权人，在伪造相关证件后将房屋租给丙一年，丙租住一年后离开时才发现乙并非真正的屋主。本例中，对丙来说，其并没有遭受财产损失，实际居住了房屋一年，也支付了相应的房租，乙针对丙的行为当然不成立诈骗罪。

二、主观要件

本罪主观方面为故意。此外，还要求行为人有明确的非法占有目的，即希望将他人财物转移给自己（积极利益的增加）或者使他人免除或减少自己的债务（消极利益的减少）。

三、认定

（一）骗取社会保障待遇成立诈骗罪

根据2014年4月24日《全国人民代表大会常务委员会关于〈中华人民共和国刑法〉第二百六十六条的解释》："以欺诈、伪造证明材料或者其他手段骗取养老、医疗、工伤、失业、生育等社会保险金或者其他社会保障待遇的，属于《刑法》第二百六十六条规定的诈骗公私财物的行为。"

（二）诈骗罪与其他特殊诈骗犯罪的关系

诈骗罪与其他各种具体的诈骗犯罪（如合同诈骗罪、各种金融诈骗罪等）之间属于法条竞合关系，行为同时触犯普通诈骗罪和其他特别诈骗犯罪，应按特别法条优于普通法条的原则处理。

（三）诈骗罪与盗窃罪的界限

二者区分的关键在于：前者是被害人基于认识错误自愿地将财物处分给行为人，而后者则是违反被害人的意愿取得财物，即被害人是否基于有瑕疵的同意交付财物是诈骗罪与盗窃罪区分的根本标志。一定要注意的是，并非行为人取得财物的手段有骗的成分，就成立诈骗罪，关键还在于处分者是否基于认识错误处分了财物。此外，如果行为人通过诈术使得受骗者产生了认识错误，但受骗者没有处分财产的权限或地位时，其仅是行为人盗窃罪的工具而已，此时应当认为成立盗窃罪的间接正犯，而非三角诈骗。

比较特殊的一种三角诈骗的类型就是诉讼诈骗，特殊之处在于基于错误认识处分财产的是国家司法裁判这种"高权行为"。应当认为，诉讼诈骗是一种典型的三角诈骗。就此来看，最高人民检察院2002年10月24日《关于通过伪造证据骗取法院民事裁判占有他人财物的行为如何适用法律问题的答复》就是错误的，该答复指出："以非法占有为目的，通过伪造证据骗取法院民事裁判占有他人财物的行为所侵害的主要是人民法院正常的审判活动，可以由人民法院依照民事诉讼法的有关规定作出处理，不宜以诈骗罪追究行为人的刑事责任。如果行为人伪造证据时，实施了伪造公司、企业、事业单位、人民团体印章的行为，构成犯罪的，应当依照《刑法》第二百八十条第二款的规定，以伪造公司、企业、事业单位、人民团体印章罪追究刑事责任；如果行为人有指使他人作伪证行为，构成犯罪的应当依照《刑法》第三百零七条第一款的规定，以妨害作证罪追究刑事责任。"

第七节　敲诈勒索罪

重要法条及司法解释

《刑法》第274条。

命题分析

相较于抢劫罪、盗窃罪、侵占罪、诈骗罪而言，敲诈勒索罪显得不那么重要，但是，敲诈勒索罪在最近十余年的真题中仍然出现过多次。在整个刑法学科的重点知识点中，敲诈勒索罪的重要性就凸显了出来。考生在复习敲诈勒索罪时，务必要把握本罪的规范构造，以及敲诈勒索罪和诈骗罪以及抢劫罪的关系。

知识点精讲

敲诈勒索罪是指以非法占有为目的，对财物所有人、占有人使用恐吓或要挟的方法，索取数额较大的公私财物，或者多次敲诈勒索的行为。

一、客观要件

本罪客观构造为：恐吓行为→对方产生畏惧感→处分行为→财物转移。

（一）恐吓行为

恐吓即以恶害相告知，以此胁迫他人。胁迫不能达到压制或抑制他人反抗的程度，否则便成立抢劫罪，而非敲诈勒索罪。告知的恶害只要足以使被害人产生畏惧感，从而侵害其意思决定的自由即为已足，至于恶害的内容是名誉、身体、财产等，恶害的内容是否（立即）实现，都在所不问。

需要注意的是，告知恶害的内容本身不违法，但只要使用了敲诈的方法，原则上有成立本罪的可能性。例如，以知道对方有犯罪事实，自己将向司法机关检举为名，向对方索要大量金钱的，也是恐吓，成立敲诈勒索罪。

例1（真题） 甲为某国有企业出纳，为竞争公司财务部主任职位欲向公司副总经理乙行贿。甲通过涂改账目等手段从公司提走20万元，委托总经理办公室秘书丙将15万元交给乙，并要丙在转交该款时一定为自己提升一事向乙“美言几句”。乙收下该款。八天后，乙将收受钱款一事报告了公司总经理，并将15万元交到公司纪检部门。一个月后，甲得知公司委任其他人担任财务部主任，恼羞成怒找到乙说：“还我15万元，我去把公司钱款补上。你还必须付我10万元精神损害赔偿，否则我就将你告到检察院。”

提示： 本例中，就甲以向检察院告发乙为由索要10万元精神损害赔偿的行为，即便其告发的内容属实，告发也是其合法权利，但是其通过恐吓的手段取得乙财物的行为，符合敲诈勒索罪的通过恐吓行为使他人产生畏惧感后处分财物的本质特征，成立敲诈勒索罪。

（二）对方恐惧

被害人事实上产生了威胁、要挟效果，精神上受到了强制，心理上陷入了恐惧。如果被害人并非是基于恐惧，而是基于怜悯等动机交付财物的，行为人不成立敲诈勒索既遂，而是未遂。

（三）交付财物

财产交付是指有财产转移的最终事实，应当将其与先前的恐吓行为综合起来考虑，至于交付细节、交付过程的重要性不应当给予过分强调。例如，恐吓造成被害人的恐怖心理，在被害人应其要求掏出钱包准备取钱给行为人的间隙，行为人上前将钱包夺走的，不成立敲诈勒索罪的未遂和抢夺罪既遂的竞合犯，而只成立敲诈勒索既遂。交付行为不要求在恐吓的当场实现，交付时间与恐吓行为之间有较长时间间隔的，也不影响本罪的成立。

（四）财产损害

被害人交付财物，就意味着行为人对财物建立了事实上的占有支配关系，被害人也遭受了财产损失。

实施恐吓行为的时点即为本罪的着手。被害人尚未交付财物的，仅成立未遂。

例 2（真题） 甲预谋拍摄乙与卖淫女的裸照，迫使乙交付财物。一日，甲请乙吃饭，叫卖淫女丙相陪。饭后，甲将乙、丙送上车。乙、丙刚到乙宅，乙便被老板电话叫走，丙亦离开。半小时后，甲持相机闯入乙宅发现无人，遂拿走了乙的 3 万元现金。

提示：就甲预谋的事实来看，其欲通过拍摄落照的方式索取他人财物，属于以恶害相通告使他人产生恐惧心理的敲诈勒索行为，由于其尚未实施恐吓行为，因而成立敲诈勒索罪的预备与盗窃既遂。

二、主观要件

本罪主观方面是故意，并且以非法占有公私财物或财产性利益为目的。国家工作人员假借执行职务的名义利用恐吓方式索取财物的，具有本罪故意，构成本罪和受贿罪的想象竞合犯，一般以重罪即受贿罪处理。

三、认定

（一）权利行使与敲诈勒索

首先，对于利用恐吓手段取回自己所有但被他人通过盗窃或抢夺等手段取得的财物的，不成立敲诈勒索。

其次，对于行为人自认为自己“吃亏”后行使（行为人自认为存在的）权利，而提出较高民事赔偿要求，使用恐吓手段，实务中通常以无罪处理。例如，在发现自己购买的冰棍中有异物，而要求厂家赔偿 50 万元的，法院终审判决被告人无罪。

最后，对于使用恐吓方式使对方履行债务的，如果债权合法，且行为人主张的债权并未严重超过限额，即使使用了一定程度的恐吓手段，也不构成本罪。但是，如果债权的合法性本身存疑，主张权利的方式违反社会通常观念的，可能被认定为本罪。

（二）抢劫罪与敲诈勒索罪

无论是抢劫罪还是敲诈勒索罪，手段行为都可以是暴力和威胁，区别的关键在于暴力和威胁的程度是否达到了足以压制对方反抗的程度。敲诈勒索罪的威胁内容可以是暴力，也可以是暴力以外的毁损名誉、毁坏财物等，但抢劫罪的威胁内容只限于暴力。从非法取得财物的时间上看，敲诈勒索可以是当场取得，也可以是间隔时日后取得，而抢劫罪只能是当场当时取得。

第八节　故意毁坏财物罪

重要法条及司法解释

《刑法》第 275 条。

命题分析

相对于其他财产犯罪的罪名来说，故意毁坏财物罪在历年真题中出现的频率不高，但在整个《刑法分则》的罪名体系中相对来说还是比较重要的。复习时要把握本罪的保护法益，清楚掌握本罪和盗窃罪、抢劫罪等财产犯罪的竞合关系问题。

知识点精讲

故意毁坏财物罪，是指故意毁坏公私财物，数额较大或者有其他严重情节的行为。

一、保护法益

本罪侵害的法益是他人财物的效用而不是财产所有权，因为毁坏财物罪是不具有不法领得的意思，单纯地侵害他人财物的行为。至于财物的种类、性质等在所不问，只要是他人能够行使财产权的对象物都是这里的财物，他人饲养的有相当价值的动物也是这里的财物，可以成为本罪的对象。

毁坏财物罪是使财物本身不可回复、价值永久消失的行为，其危害比领得罪要大，因为领得罪的被害人可以通过合法的司法程序取回自己的财物，而毁坏罪则没有这种可能。但是，领得罪的法定刑要远远高于毁坏罪的法定刑，这是因为领得罪是利欲犯，犯罪动机、目的值得责任非难的可能性要大，同时从司法统计看，领得罪的发案率要远远高于毁坏罪，所以有严惩的必要。

二、客观要件

本罪在客观方面表现为毁坏行为。

对于故意毁坏财物，我国通说认为，本罪保护的是公私财产的所有权，损毁财物的方法自然包括砸毁、撕毁、压毁等。① 通说重视对实物、实体的损坏，坚持的是“实体破坏说”。但是，不改变财产所有权关系，没有侵害公私财产的所有权，也可能构成故意毁坏财物。不对财物的实体进行砸毁、撕毁、压毁，也可能构成毁坏。将故意毁坏财物罪解释为针对所有权的暴力毁坏行为，明显属于形式化、机械地看待问题，会缩小处罚范围。为此，有必要接受“功能妨害说”，也就是说，即便没有破坏实物，但对于财物的正常功能发挥有影响的，也是毁坏。因此，放走他人的笼中鸟，对汽车轮胎放气，对汽车喷漆，在他人的

① 高铭暄、马克昌主编：《刑法学》（第 6 版），北京大学出版社、高等教育出版社 2014 年版，第 518 页。

字画上题字，都是故意毁坏财物。[①] 因此，有必要实现从“实体破坏说”到“功能妨害说”的转变。

在特殊情况下，不具有不法领得的意图，但是又剥夺所有人的财物占有权的抛弃、隐匿、在原财物中掺入其他成分的行为，也可以视为财产毁坏行为，例如，将尿液投入食器中，是公认的毁坏行为。不具有不法领得目的，将他人豢养的动物开栏放走的，也是故意毁坏财物的行为。

从盗窃犯处盗取原属自己的财物，并立即加以毁弃的，由于取得行为并未侵犯他人的平稳占有，所以不构成盗窃罪，毁坏行为自然就不能以本罪处理。

三、主观要件

本罪在主观方面只能是故意，包括直接故意和间接故意。排除他人对财物的占有，取得财物以后自己也不再继续占有该财物本身，但其毁坏、抛弃行为是为了实现一定的经济目的，且原物是被改头换面后被继续使用的，行为人构成盗窃而不是故意毁坏财物。例如，盗窃他人的棉被，将其剪开、撕破后缝成棉衣，貌似毁坏实为盗窃。

毁坏、抛弃行为虽是为了实现经济利益，但使得原物不再存在的，也只能成立故意毁坏财物罪。例如，某一种文物，世间现存两件。甲为使自己手中的文物成为举世无双的珍品，以提高其交易价格，而盗取乙的文物并将其毁坏的，甲成立故意毁坏财物罪。甲的行为虽是为了实现其经济利益，但毁坏行为使得原物不再存在，赚取更多钱财的目的仍然必须依靠自己手中的文物而不是被毁坏的财物实现，经济利益不能再负载于被毁坏的财物身上，行为本身不具有不法取得意图，而只有毁坏故意。

① 林东茂：《一个知识论上的刑法学思考》，台湾五南图书出版公司2007年版，第52页。

第十九章　妨害社会管理秩序罪

第一节　破坏计算机信息系统罪

重要法条及司法解释

《刑法》第 286 条。

《最高人民法院、最高人民检察院关于办理危害计算机信息系统刑事案件应用法律若干问题的解释》（2011 年 8 月 1 日）。

命题分析

近些年来，破坏计算机信息系统案件呈现逐年增多的态势。在掌握本罪时要认真理解破坏计算机信息系统的三种行为表现，同时要注意最高人民法院、最高人民检察院颁布并于 2017 年 1 月 1 日起施行的《关于办理环境污染刑事案件适用法律若干问题的解释》第 10 条的规定。

知识点精讲

破坏计算机信息系统罪是指违反国家规定，对计算机信息系统功能进行删除、修改、增加、干扰，造成计算机信息系统不能正常运行，对计算机信息系统中存储、处理或者传输的数据和应用程序进行删除、修改、增加的操作，以及故意制作、传播计算机病毒等破坏性程序，影响计算机系统正常运行，后果严重的行为。

破坏计算机信息系统功能的行为是指违反计算机信息系统安全保护、计算机软件保护法规等国家规定，对计算机中按照一定的应用目标和规则进行采集、加工、储存、传输、检索信息的功用和能力予以删除、修改、增加、干扰，使计算机信息系统失去正常功能，不能运行或不能按照原来设计的要求运行。

破坏计算机信息系统数据和应用程序是指违反国家规定，对计算机信息系统中实际处理的一切有意义的文字、符号、声音、图像等内容的组合以及用户按计算机数据库授予的子模式的逻辑结构、书写方式进行数据操作运算的程序予以全部或部分删除、修改、增加。故意制作传播计算机病毒等破坏性程序，是指通过计算机编制、设计针对计算机信息系统、隐藏在执行程序中或数据文件中、在计算机内部运行的一种破坏计算机功能或毁坏数据、影响计算并能自我复制的计算机指令或程序代码等破坏计算机信息系统；或者通过计算机信息系统直接输入、输出破坏性程序，以及将已经输入破坏性程序的软件加以发送、散布，影响计算机信息系统正常运行的行为。

根据《最高人民法院、最高人民检察院关于办理危害计算机信息系统刑事案件应用法律若干问题的解释》（2011 年 8 月 1 日）第 5 条的规定，具有下列情形之一的程序，应当认定为计算机病毒等破坏性程序：①能够通过网络、存储介质、文件等媒介将自身的部分、全部或者变种进行复制、传播，并破坏计算机系统功能、数据或者应用程序；②能够在预先设定条件下自动触发，并破坏计算机系统功能、数据或者应用程序的；③其他专门设计用于破坏计算机系统功能、数据或者应用程序的程序。

上述三种破坏计算机信息系统的行为必须后果严重的才构成犯罪。根据前述司法解释第 4 条的规定，具有下列情形之一的，应当认定为《刑法》第 286 条第 1 款、第 2 款所规定的后果严重：①造成 10 台以上计算机信息系统的主要软件或者硬件不能正常运行的；②对20 台以上计算机信息系统中存储、处理或者传输的数据进行删除、修改、增加操作的；③违法所得 5000 元以上或者造成经济损失 1 万元以上的；④造成为 100 台以上计算机信息系统提供域名解析、身份认证、计费等基础服务或者为 1 万以上用户提供服务的计算机信息系统不能正常运行累计 1 小时以上的；⑤造成其他严重后果的。根据前述司法解释第 6 条的规定，故意制作、传播计算机病毒等破坏性程序，影响计算机系统正常运行，具有下列情形之一的，应当认定为《刑法》第 286 条第 3 款所规定的后果严重：①制作、提供、传输能够通过网络、存储介质、文件等媒介，将自身的部分、全部或者变种进行复制、传播，并破坏计算机系统功能、数据或者应用程序的程序，导致该程序通过网络、存储介质、文件等媒介传播的；②造成 20 台以上计算机系统被植入能够在预先设定条件下自动触发，并破坏计算机系统功能、数据或者应用程序，或者其他专门设计用于破坏计算机系统功能、数据或者应用程序的程序；③提供计算机病毒等破坏性程序 10 人次以上的；④违法所得 5000 元以上或者造成经济损失 1 万元以上的；⑤造成其他严重后果的。

非法侵入国家事务、国防建设、尖端科学技术领域的计算机信息系统，并破坏该信息系功能或信息系统数据和应用程序，或者故意制作、传播计算机病毒等破坏性程序的，同时构成非法侵入计算机信息系统罪和破坏计算机信息系统罪，两罪之间有竞合关系，应从一重罪处断。

需要注意的是，最高人民法院、最高人民检察院颁布并于 2017 年 1 月 1 日起施行的《关于办理环境污染刑事案件适用法律若干问题的解释》第 10 条规定："违反国家规定，针对环境质量监测系统实施下列行为，或者强令、指使、授意他人实施下列行为的，应当依照刑法第二百八十六条的规定，以破坏计算机信息系统罪论处：（一）修改参数或者监测数据的；（二）干扰采样，致使监测数据严重失真的；（三）其他破坏环境质量监测系统的行为。"按此司法解释的规定，修改环境监测设备内的参数或监测数据，以及干扰环境监测设备采样致使环境监测数据严重失真的，成立破坏计算机信息系统罪。

第二节 赌博罪

重要法条及司法解释

《刑法》第303条。

命题分析

近十余年来，“侵犯社会管理秩序罪”一章中考查频次较高的重点罪名有四个：赌博罪；掩饰、隐瞒犯罪所得、犯罪所得收益罪；窝藏、包庇罪；走私、贩卖、运输、制造毒品罪。

从考查情况来看，相对于《刑法分则》中的“侵犯人身权利、民主权利和侵犯财产罪”一章，“妨害社会管理秩序罪”一章尽管条文与罪名数量众多，但重点考查罪名相对较少。考生在复习时，只要准确理解赌博罪的构成要件便可。但是，需要注意相关司法解释的规定，以及理论上利用以赌局为名、行诈骗之实行为的定性。

知识点精讲

赌博罪是指以营利为目的，聚众赌博或者以赌博为业的行为。

一、客观要件

本罪在客观方面表现为聚众赌博或者以赌博为业的行为。

赌博是指以财物进行博采的行为，其实质是二人以上根据偶然的因素决定胜败和财产得失。赌博包括赌事和博戏两种情形。赌事，是指结果的产生与行为者的动作无关、胜败完全取决于偶然因素的场合，例如，足球赌博、赛马赌博等；博戏，是指偶然因素、行为者自身的动作和能力同时对胜负有影响的情形，例如，使用麻将、棋牌赌博。在我国，对赌事和博戏都要给予处罚。

聚众赌博是指以公开或秘密的方式为赌博活动提供场所、赌具，组织、招引他人参加赌博。聚众者自己不参赌，但从中渔利的，也成立本罪；参赌人员利用赌具就财物或财产上利益的得失展开争夺，就是本罪行为的着手。

以赌博为业是指嗜赌成性，反复实施赌博行为，以赌博所得作为生活或挥霍的重要来源的行为（常业犯）。

例（真题） 甲长期以赌博所得为主要生活来源。某日，甲在抢劫赌徒乙的赌资得逞后，为防止乙日后报案，将其杀死。

提示：本例中的甲，典型的属于以赌博为业的人员，成立赌博罪。当然，其抢劫他人赌资以及抢劫后杀人的行为，属于数行为侵犯了数法益，应当数罪并罚。

成立本罪要求赌博者以偶然因素决定胜负，即参与者主观上对结果不能作确实的预测。

当然，在参与者依靠自己的技能可以对胜败发生一定影响的场合（例如，围棋、麻将、扑克牌等），对行为的偶然性也不能否认，可以成立赌博罪。但是，行为人以赌博之名，行诈骗之实，利用欺骗方法支配胜负结果，例如，在赌具中弄虚作假，或者采用黑话、暗语为号，诱骗他人与之赌博，参赌者对此并不知情而参赌的场合（片面赌博），参赌者不成立赌博罪的共犯，行为人成立诈骗罪。

最高人民法院研究室《关于设置圈套诱骗他人参赌获取钱财的案件应如何定罪问题的电话答复》（1991 年 3 月 12 日）规定："对于行为人以营利为目的，设置圈套，诱骗他人参赌的行为，需要追究刑事责任的，应以赌博罪论处。"对于该答复意见，应该作如下理解：①对于以营利为目的，设置圈套，诱骗他人参赌的"诱赌行为"，应以赌博罪论处。但是，这并不排除对在赌博过程中，采取欺诈手段赢取他人财物的"赌博骗局"行为，以诈骗罪论处。所以，对诱骗他人参赌并赢取钱财的行为，以诈骗罪论处是合适的。②上述答复意见的适用条件有限定：行为人设置圈套的地点一般是在人流较多的公共场合（如车站、码头、闹市区、居民小区出入口等）；诱骗的对象并不特定，主要针对游人、行人等陌生人；单人单次的赌资较少，行为人试图积少成多，谋取非法利益。对于设置圈套诱骗特定对象参赌，并在输赢过程中弄虚作假，完全掌控结局，被害人误以为运气不佳交付财物，行为人由此骗取他人财物的，应当以诈骗罪论处。因此，对设置圈套，诱骗他人参赌并取得财物的行为，如一律成立赌博罪，似有不妥。这样一来，对设置圈套诱骗他人参赌，又对索还钱财的受骗者施加暴力或以暴力威胁的，理应构成（转化）抢劫罪。但《最高人民法院关于对设置圈套诱骗他人参赌又向索还钱财的受骗者施以暴力或暴力威胁的行为应如何定罪问题的批复》（1995 年 11 月 6 日）认为，行为人设置圈套诱骗他人参赌获取钱财，构成赌博罪。参赌者识破骗局要求退还钱财，设赌者又使用暴力或者以暴力相威胁，拒绝退还的，应以赌博罪从重处罚；致参赌者伤害或者死亡的，应以赌博罪和故意伤害罪或者故意杀人罪，依法实行数罪并罚。这一解释是否妥当，还值得讨论。即便肯定"诱赌行为"有成立赌博罪的可能，也要压缩前述司法解释的适用空间，即对在公共场所针对不特定人实施的、赌资较小"诱赌行为"成立赌博罪；设赌者在参赌者识破骗局要求退还钱财时，使用暴力或者以暴力相威胁，拒绝退还的，以赌博罪从重处罚。

二、主观要件

本罪在主观方面是故意，并且要求行为人具有营利的目的，至于其是否实际取得利益，在所不问。

以营利为目的，是指实施聚众赌博、以赌博为业的行为，是为了获取数额较大的金钱或者其他财物，而不是为了消遣、娱乐。不以营利为目的，进行带有少量财物输赢的娱乐活动的，欠缺本罪故意。为一时的娱乐、消遣等进行赌博的，不构成本罪。虽本着营利目的参加赌博，但只是一般的参赌人员，而不属于赌博活动的聚众者或者不是以赌博为业的，也不符合本罪的主观要件。

第三节 伪证罪

重要法条及司法解释

《刑法》第305条。

命题分析

伪证罪是妨害司法罪一节中的重要罪名。考生在复习本罪时，一方面，要掌握本罪中的关键构成要件要素的理解，如虚假陈述等。另一方面，也要准确掌握本罪和辩护人、诉讼代理人毁灭证据、伪造证据、妨害作证罪、包庇罪等犯罪之间的关系问题。

知识点精讲

伪证罪是指在刑事诉讼中，证人、鉴定人记录人、翻译人对与案件有重要关系的情节，故意作虚假的证明、鉴定、记录、翻译，意图陷害他人或者隐匿罪证的行为。

一、客观要件

本罪在客观方面表现为在刑事诉讼中作虚假陈述，即证人、鉴定人、记录人、翻译人对与案件有重要关系的情节，故意作虚假的证明、鉴定、记录、翻译。

行为人必须有积极提供虚假证明、鉴定、记录、翻译的行为，才能构成本罪。证人始终保持沉默，拒绝作证；或者只提供部分证言，但在司法人员故意提出不利于被告人的问题时，表示默认的，都属于并未作出陈述，不构成本罪。

（一）虚假陈述的本质

何为虚假陈述，有主观说和客观说的争议。主观说（通说）认为，虚假陈述应当以证人的主观记忆为标准，证人根据自己的记忆作出诚实的陈述，即使该陈述与客观事实相反也不构成伪证罪。反过来，陈述与客观事实相一致，但违反证人记忆的，也构成伪证罪。客观说认为，所谓“虚假”，是指违反客观事实。即陈述的内容与客观事实相反的场合，才是虚假陈述。证言的内容即使违反证人记忆，但是只要最终与客观事实相一致，也不构成伪证。伪证罪的保护法益是国家公正审判权利的行使，与客观事实相符合的证言，对公正审判作用的发挥没有危害。

由于我国刑法将本罪作为目的犯看待，行为人主观上要有诬告陷害或者隐匿罪证的目的，否则不构成本罪。这样，主观说的合理性就更多一些。本罪中的虚假陈述包括两种情况：一是无中生有，捏造或者夸大事实以陷人入罪；二是化有为无，掩盖或者缩小事实以开脱罪责。

（二）虚假陈述与案件关联性

虚假的证明、鉴定、记录、翻译的内容，必须是与案件有重要关系的情节，即对案件是否构成犯罪、犯罪的性质或罪行的轻重具有重要关系的情节。无论是主观说还是客观说都主张限定本罪的成立范围，即虚假陈述必须对正确的司法裁决的求得存在抽象危险性时，才成立伪证罪，即使证人作出了虚假陈述，但是该陈述既不涉及罪犯的确定也不涉及刑罚的裁量，只与案件的枝节问题有关，不足以影响案件结论的，不构成本罪。

（三）虚假陈述的时间

伪证行为必须发生在刑事诉讼中，即必须是在从公安机关立案侦查、检察机关审查起诉、人民法院一、二审判决的过程中作伪证。不是在刑事诉讼中与案件有重要关系的个别情节上提供虚假陈述，而是在立案侦查之前捏造整个犯罪事实，导致刑事程序错误启动的，构成诬告陷害罪而不是伪证罪；不是在刑事诉讼中作伪证，而是在他人为骗取财物伪造证据起诉（诉讼诈骗）之后的民事诉讼中作伪证的，要么构成诈骗罪与虚假诉讼罪的共犯，要么构成帮助毁灭、伪造证据罪，但不构成本罪。

本罪的主体是特殊主体，只能是证人、鉴定人、记录人、翻译人。证人是指与刑事案件无直接利害关系的、向司法机关提供自己知道的案件情况的诉讼参与人。鉴定人是指受司法机关的指派、聘请，对案件中某些专门性的问题进行鉴定并作出书面结论的具有专门知识的诉讼参与人。记录人是指司法机关在案件的侦查、起诉和审判过程中，为调查、搜查、询问证人、被害人或审讯被告人担任文字记录的人。翻译人是在诉讼中受司法机关的指派或聘请担任外国语、民族语或哑语翻译的诉讼参与人。

二、主观要件

本罪在主观方面是故意，即行为人对于证明、鉴定、记录或翻译的虚假性是明知的。按照主观说，行为人对于陈述的内容与自己体验的事实相反有认识；按照客观说，行为人对于陈述的内容与客观的真实不一致有认识。行为人除有故意外，还要求有特定的犯罪目的（目的犯），即陷害他人，或者隐匿罪证、包庇罪犯。

第四节 窝藏、包庇罪

重要法条及司法解释

《刑法》第310条。

命题分析

掩饰、隐瞒犯罪所得、犯罪所得收益罪与窝藏、包庇同属于“妨害社会管理秩序罪”一章中“妨害司法罪”一节的重点罪名。其中，窝藏、包庇罪考查在近十余年的真题中考查的次数较多，相对来说比较重要。考生在复习时，要注意把握本罪的犯罪构成，准确理解窝藏、包庇罪中对每一个构成要件要素的解释。

知识点精讲

窝藏、包庇罪是指明知是犯罪的人而为其提供隐藏处所、财物，帮助其逃匿或者作假证的行为。

一、保护法益

本罪的保护法益是国家的刑事司法作用，即行为因对犯罪者提供庇护，对发挥司法作用有实际的阻碍。窝藏、包庇行为如果事前与原来的犯罪者有共谋，构成本犯的共犯。没有共谋不属于事后从犯。毁灭证据的行为和隐匿、庇护本犯的行为不相同，只是毁灭与被告人、被怀疑者相关的证据，不属于窝藏、包庇行为。

二、客观要件

本罪在客观方面表现为明知是犯罪的人而为其提供隐藏处所、财物，帮助其逃匿或者故意作假证明包庇的行为。本罪是抽象危险犯。

提供隐藏处所、财物，帮助其逃匿，是指为了避免被司法机关发现、逮捕而提供藏匿的场所、资金，协助其逃走的行为。提供隐藏处所、财物，与帮助其逃匿之间，不是列举与概括的关系，更不是手段行为与目的行为的关系，而是并列关系，是指为了避免被司法机关发现、逮捕而提供藏匿的场所、资金，协助其逃走的一切方法。换言之，帮助犯罪的人逃匿的方法行为，不限于为犯罪的人提供隐藏处所或者财物。

本罪属于抽象危险犯，只要存在藏匿行为，即使司法人员知道窝藏者所处场所，窝藏罪仍然成立。窝藏行为的特点是增加司法机关开展有效活动的难度，妨害有关司法机关发现犯罪者，窝藏的方式包括两种：①有形的方式，为被告人化妆、换衣服，提供逃走的资金、伪造的身份证、逃匿必需的工具（如地图、伪造的身份证、指南针等)，假扮本犯站在司法机关追捕罪犯所必经的场所等。②无形的方式。向犯罪的人通报侦查或者追捕的动向、劝犯罪人逃避、将搜查措施告知逃避中的犯罪者、对欲告发犯罪的第三人施加压力、为犯罪的人指明逃跑路线等。发现现行犯的警察故意放走现行犯，属于不作为的窝藏行为。因此，在理论上，有必要将窝藏扩大解释为一切帮助罪犯逃匿的方法。

包庇，是指作假证明包庇犯罪者的行为，包庇者作假证明可以针对与案件有重要关系的情节，也可能是与案件有次要关系的情节以及与案件本身关系不大但足以对司法机关裁量刑罚发生影响的事实，例如，捏造事实证明受贿罪的被告人曾经试图在案发前退赃。

例 1（真题） 甲路过偏僻路段，看到其友乙强奸丙的犯罪事实。甲的下列哪一行为构成包庇罪？

A. 用手机向乙通报公安机关抓捕乙的消息

B. 对侦查人员的询问沉默不语

C. 对侦查人员声称乙、丙系恋人，因乙另有新欢遭丙报案诬陷

D. 经法院通知，无正当理由，拒绝出庭作证

提示：本例中，甲用手机向乙通报公安机关的侦查或抓捕动向，属于典型的窝藏行为而非包庇行为。对侦查人员的讯问保持沉默不属于作假证明包庇犯罪的人。对侦查人员声称乙、丙系恋人，因乙有新欢遭丙报案诬陷，则属于作假证明包庇犯罪人，同时由于其具有证人的身份，同时构成伪证罪，二者成立竞合关系，定包庇罪。无正当理由拒不出庭作证同样不属于作假证明包庇。

被窝藏、包庇者是“犯罪的人”，包括真正的犯罪人，以及因为有高度的犯罪嫌疑而被搜查、追诉者。犯罪没有被司法机关发现，但其是真正实施犯罪的人，也属于犯罪者。告诉权消灭、时效完成导致追诉、处罚的可能性丧失，刑事司法作用不能发挥的，本犯不属于这里的犯罪者。但是，亲属尚未提出告诉、或实际只能承受不起诉处分者，有被追诉、处罚的可能性的，是这里的犯罪者；被判处罚金、管制的人，也是这里的犯罪的人。被判处有期徒刑宣告缓刑、被假释的人，如果在缓刑、假释考验期内再犯新罪，也可以成为窝藏、包庇的对象。如果包庇的对象属于走私、贩卖、运输、制造毒品犯罪分子的，应以包庇毒品犯罪分子罪论处，不再构成本罪。此外，根据《刑法》第294条第4款规定，国家机关工作人员包庇黑社会性质的组织，或者纵容黑社会性质的组织进行违法犯罪活动的构成包庇、纵容黑社会性质组织罪。

例2（真题） 丙明知实施杀人、放火犯罪行为是恐怖组织所为，而作假证明予以包庇。

提示：本例中的丙，明知是恐怖组织实施的杀人、放火犯罪行为，故意作假证明予以包庇的，构成包庇罪。需要注意的是，刑法对于包庇、纵容恐怖组织的，并未作类似第294条第4款的规定，因此，丙成立包庇罪。

本犯教唆第三人藏匿自己的，是否构成窝藏罪的教唆犯？其实，窝藏“他人”以及帮助毁灭证据罪中使“他人”的犯罪证据被毁灭、隐匿，都是构成要件结果。在本犯请求他人包庇、窝藏自己，或者毁灭自己的犯罪证据时，构成要件结果都不存在，违法性也不存在，因此，不能将该本犯作为窝藏、包庇罪、帮助毁灭证据罪的教唆犯加以处罚。本犯只是在间接地毁灭关于自己的犯罪证据，而不是他人的犯罪证据，其行为没有产生构成要件结果，因此不是不法。

在真正的罪犯被抓捕以后，行为人以自己是真正的犯罪者的名义，将真凶保取出来，自己甘愿承受刑罚的，行为对司法程序的正常进行有妨害，侵害了刑事司法作用，所以成立包庇罪。

一般认为，刑事诉讼重的证人等作虚假陈述，意图隐匿罪证的，成立伪证罪，而在刑事诉讼外作假证明包庇犯罪人的，成立包庇罪。所以具有证人身份，对与案件有重要关系的情节作虚假的有利于犯罪嫌疑人、被告人、罪犯的陈述，构成伪证罪，而不构成包庇罪。

不具有证人身份，假冒证人对与案件有重要关系的情节作虚伪陈述的，构成包庇罪而不构成伪证罪。

具有证人身份，但只对与案件无重要关系的情节作有利于本犯的虚假陈述的，不构成伪证罪，有追究必要的，可以以包庇罪处理。

明知对方是真正罪犯，而加以隐匿、包庇的，即使司法机关尚未掌握本犯的犯罪情况，没有展开侦查、搜查行为，隐匿、包庇者开始实施提供隐藏处所、财物，帮助其逃匿或者作假证明包庇就是本罪的着手；对方只是有一定程度的犯罪嫌疑，必须是司法机关开始搜查、侦查才是本罪的着手。

此外，《刑法》第362条规定，旅馆业、饮食服务业、文化娱乐业、出租汽车业等单位的人员，在公安机关查处卖淫、嫖娼活动时，为违法犯罪分子通风报信，情节严重的，应以窝藏罪定罪处罚。

例3（真题） 丁系歌舞厅老板，在公安机关查处卖淫嫖娼违法行为时为违法者通风报信，情节严重。

提示： 根据《刑法》第362条的规定，丁应当成立窝藏罪。

三、主观要件

本罪在主观方面是故意，具体表现为行为人明知他人是犯罪的人而加以窝藏、包庇。提供隐藏处所或者协助其藏匿的，当时并不知道对方是犯罪者，但在窝藏过程中认识到对方身份，仍然进行窝藏的，具有本罪故意。

不知对方身份而容留、帮助的，缺乏窝藏、包庇故意，不构成本罪，所以对于对方是“犯罪的人”有明知这一要素在司法实践中必须加以证明。被隐匿者是否属于真正的罪犯要从行为时对方犯罪嫌疑程度的高低的角度加以判断（行为时基准说），如果程度很高，就不能否定窝藏、包庇行为的法益侵害性。但是，明知对方不是真正的罪犯，只是由于司法机关的重大过失而被怀疑、被指控者，加以隐匿、包庇的，不能成立本罪。

被包庇的人会受到多重的刑罚处罚，不需要行为人具体认识。对窝藏者所犯罪行的种类有错误认识的，不影响犯罪故意，例如，故意杀人犯编造事实，告知窝藏者自己只有伤害行为，窝藏者信以为真予以收留的，仍然成立窝藏罪。误以为犯罪者为无辜者而隐藏的，不具有犯罪故意。

为劝说本犯自首，而在一定时期内为其提供居住的场所和生活用品，客观上虽然使得司法机关追捕活动延迟，但行为人本身不具有窝藏、包庇故意，对刑事司法作用的妨害并不存在，而是协助司法机关的行为。本犯最终脱逃，或者本犯早有自首的意图，行为人容留本犯行为，都不构成本罪。

第五节　掩饰、隐瞒犯罪所得、犯罪所得收益罪

重要法条及司法解释

《刑法》第312条。

《最高人民法院关于审理掩饰、隐瞒犯罪所得、犯罪所得收益刑事案件适用法律若干问题的解释》（2015年5月29日）。

命题分析

掩饰、隐瞒犯罪所得、犯罪所得收益罪是司法实务中比较重要和常见的罪名，本罪在刑事政策与犯罪学上的意义比较突出。从近些年的真题来看，本罪出现的频率并不低，每个选项大体都是以小案例的形式让考生分析是否构成本罪。复习时需要准确理解本罪的构成要件。

知识点精讲

掩饰、隐瞒犯罪所得、犯罪所得收益罪是指明知是犯罪所得及其产生的收益而予以窝藏、转移、收购、代为销售或者以其他方法掩饰、隐瞒的行为。

一、保护法益

本罪侵害的法益是国家对犯罪所得、犯罪所得收益的司法追查权。通过这种保护，一方面消除赃物持有、转移、收买、销售者对犯罪所得、犯罪所得收益的违法持有状态的维持，从而从源头上杜绝财产犯罪、经济犯罪以及贪污贿赂、赌博等犯罪的发生。另一方面有利于被害人对因本犯的犯罪行为而丧失财产的索取，以实现其返还请求权。

由于本罪最终保护的是司法秩序，而并不单纯地保护被害人的追索权，在赃物为禁制品、不法原因给付物的场合，被害人没有民法上的返还请求权，但本犯成立侵犯财产罪或贪污贿赂罪的，窝藏、转移、收购、代为销售或者以其他方法掩饰、隐瞒赃物的行为对司法追查权仍然有侵害，仍应成立本罪。

本罪的行为对象是他人的犯罪所得、犯罪所得收益。对“他人的犯罪”的理解要注意：

（1）这里的他人，即本犯，并不限于实行犯，还包括获取赃物的上游犯罪的教唆犯、帮助犯。

（2）存在“他人的犯罪”，并不意味着本犯的行为完全符合犯罪成立条件，在本犯是无刑事责任能力的精神病人或者年幼者，而不具有可谴责性的场合，对其利用盗窃、抢劫、抢夺等方法所获得的财物仍然应当认为是赃物，可以成为本罪对象。

（3）他人的犯罪应当是既遂犯罪。在未遂的场合，本犯通常未取得财物。如果本犯已经取得财物，但行为并没有既遂，而行为人参与处理财物的，原则上可以成立共同犯罪（相续的共同犯罪）。

（4）他人的犯罪尚未依法裁判，但查证属实的，不影响掩饰、隐瞒犯罪所得、犯罪所得收益罪的认定。

他人的犯罪所得、犯罪所得收益的表现形式多种多样，既可以是有体物（包括动产和不动产），也可以是财物的替代品，如金钱、债券、支票等，还可以是商业秘密等无形财产。犯罪所得和用于犯罪的物品应当加以区别，对本犯为实施犯罪而使用的工具或其他财物应予追缴、没收，但其并非本罪对象。只有本犯通过犯罪行为所实际获得的财物才是本罪中的赃物。由犯罪所得现实产生的收益，也属于赃物的范畴，是本罪的行为对象。

二、客观要件

本罪在客观方面表现为对犯罪所得及其产生的收益予以窝藏、转移、收购、代为销售或者以其他方法掩饰、隐瞒。

窝藏是指提供藏匿赃物的场所，加工、改造赃物的外观，接受犯罪分子的赠与而无偿领得等藏匿赃物的行为。

例1（真题） 甲抢劫出租车，将被害司机尸体藏入后备厢后打电话给堂兄乙，请其帮忙。乙帮助甲把尸体埋掉，并把被害司机的证件、衣物等烧掉。两天后，甲把抢来的出租车送给乙。

提示：本例中就乙接受甲抢劫所得的出租车这一节事实来看，无偿取得犯罪分子的赃物也属于窝藏，因而成立掩饰、隐瞒犯罪所得罪。根据最高人民法院、最高人民检察院2007年5月9日《关于办理与盗窃、抢劫、诈骗、抢夺机动车相关刑事案件具体应用法律若干问题的解释》，明知是盗窃、抢劫、诈骗等犯罪所得的机动车而予以窝藏、转移、买卖、典当、拍卖，或者拆解、拼装的，或者更改车身颜色或者车辆外形的，或者提供或出售机动车来历凭证、整车合格证、号牌的，或者提供或出售伪造、变造的机动车来历凭证、整车合格证、号牌的，应以掩饰、隐瞒犯罪所得罪论处。

转移是指使赃物发生位置移动，以对抗司法追查的行为。例如，将本犯盗窃来的摩托车从甲地骑往乙地就是转移赃物。在犯罪地附近就近搬动、藏匿赃物的，属于窝藏而非转移赃物。行为人着手转移、搬运，已使赃物离开原来的场所时，即为既遂。是否转移至预定地点，对于成立本罪并无影响。

收购是指明知是犯罪所得的赃物而加以收买的行为。买赃自用情节严重的，亦构成本罪。根据有关立法解释，知道或者应当知道是《刑法》第341条第2款规定的非法狩猎的野生动物而购买的，属于这里的明知是犯罪所得而收购的行为。

代为销售是指接受本犯的委托，为本犯销售赃物的行为，既包括直接把赃物卖给他人，也包括低价买进、高价卖出的行为。在本犯与收赃人之间进行联络，充当赃物买卖的介绍人；以公开的名义，为本犯销售赃物的，都是代为销售赃物。销售赃物的可以是原物，也可以是拆卸改装、化整为零的财物，销售赃物的价格、方式、时间、地点等，对犯罪成立没有影响。

以其他方法掩饰、隐瞒犯罪所得、犯罪所得收益，是指除上述方法之外，足以阻碍司法机关对犯罪所得、犯罪所得收益进行追查的一切手段，如居间介绍买卖，收受，持有，使用，加工，童工资金账户，协助将财物转换为现金、金融票据、有价证券，协助将资金转移、汇往境外等。

本罪属于选择性罪名，只要行为人实施窝藏、转移、收购、代为销售或者以其他方法掩饰、隐瞒行为之一的，即可构成犯罪。如果行为人同时实施多个行为的，如先窝藏而后销售的，也不实行数罪并罚。

犯罪分子将自己犯罪所得赃物予以隐藏或者销售的，不属于窝藏、代为销售他人犯罪所得的赃物，而是不可罚的事后行为，不能构成本罪。

明知是毒品犯罪、黑社会性质的组织犯罪、恐怖活动犯罪、走私犯罪、贪污贿赂犯罪、破坏金融管理秩序犯罪、金融诈骗犯罪的犯罪所得及其产生的收益，而实施协助将财产转化为现金或者金融票据，通过转账或者其他结算方式协助资金转移，协助将资金汇往境外等掩饰、隐瞒赃物的行为的，构成洗钱罪，而不构成本罪。由此看来，本罪和洗钱罪之间具有法条竞合关系，洗钱罪是特别法条，行为符合洗钱罪规定，不再适用本罪。此外，运输毒品罪、窝藏、转移、隐瞒毒品、毒赃罪，非法买卖毒品原植物种子、幼苗罪与本罪之间也有法条竞合关系，本罪是普通法条。

实施本罪行为，可能同时触犯其他罪名，例如，窝藏他人用犯罪手段得到的枪支，构成非法私藏枪支罪；倒卖他人犯罪所得的珍贵文物，构成走私文物罪，这些犯罪和本罪之间有想象竞合关系，应从一重罪处断。通过窝藏、转移、收购、代为销售赃物等方式来窝藏犯罪分子的，应成立窝藏罪。

例2（真题） 下列哪一选项的行为应以掩饰、隐瞒犯罪所得罪论处？

A. 甲用受贿所得1000万元购买了一处别墅

B. 乙明知是他人用于抢劫的汽车而更改车身颜色

C. 丙与抢劫犯事前通谋后代为销售抢劫财物

D. 丁明知是他人盗窃的汽车而为其提供伪造的机动车来历凭证

提示：甲将受贿所得的1000万元购买别墅的行为属于处置自己犯罪所得赃物的行为，理论上是不可罚的事后行为。本犯不可能成为掩饰、隐瞒犯罪所得罪的主体，否则所有与财产相关的犯罪人除了构成相应财产犯罪外，还构成掩饰、隐瞒犯罪所得罪。他人作为抢劫工具的汽车并非犯罪所得和犯罪所得收益，更改作为犯罪工具的汽车颜色的行为便当然不成立本罪。事前与犯罪分子有同谋，事后对赃物予以窝藏、转移、收购、代为销售或者以其他方法掩饰、隐瞒的，应当以相应犯罪的共同犯罪论处，因此丙不构成本罪。丁明知是他人盗窃所得，而为其提供伪造的机动车来历凭证，成立本罪。所以选项D正确。

三、主观要件

本罪在主观方面是故意。同时，成立本罪要求行为人明知是赃物。明知是赃物，包括明知肯定是赃物与明知可能是赃物。明知肯定是赃物，是指行为人根据有关事项，判断出自己掩饰、隐瞒的肯定是犯罪所得的赃物，不会是其他性质的赃物。在这种情况下，只能是直接故意犯罪。明知可能是赃物，是指行为人根据有关事项，判断出自己掩饰、隐瞒的可能是犯罪的赃物，但又不能充分肯定是赃物。如行为人根据财物的数量、种类、价值等，认识到财物的来源可能不正常，就属于一种可能是赃物的判断。在这种情况下，如果行为人对危害结果持希望态度，就是直接故意；如果对危害结果持放任态度，则是间接故意。由此可见，行为人对赃物的认识不要求是确定的，只要认识到或许是赃物即可。换言之，本罪的故意，既可以是确定的故意，也可以是不确定的故意。不能为了将窝赃、销赃罪限定在直接故意之内，便将明知限定为明确知道是赃物。

明知是赃物只意味着行为人明知掩饰、隐瞒的对象是他人犯罪所得之物。至于本犯是谁、被害人是谁，本犯触犯何种罪名，本犯的犯罪时间与地点，赃物的品名、性能、价值等，都不要求行为人明知。因为在明知是犯罪所得赃物的前提下，即使不明知上述内容，也能明知行为的危害性质与危害结果，也能说明行为人的主观恶性。

行为人在掩饰、隐瞒前就明知是赃物的，具有本罪故意。一开始对赃物的性质并不知情，但在掩饰、隐瞒过程中发现是赃物，此后继续窝藏、代为销售的，也属于明知是赃物，具有本罪故意。与犯罪分子事前有同谋，事后对赃物予以窝藏、转移、收购、代为销售或者以其他方法掩饰、隐瞒的，应当以共同犯罪论处，而不构成本罪。

对是否明知的判断，既要考虑行为人自身的认识能力，又要考察案件的具体情况，从财财物的来源、数量与价值，本犯提供财物的时间、地点、方法，行为人与本犯之间的关系等方面来综合判断行为人是否明知。此外，对明知的分析，在有的案件中，还可以采取推定的方法，即可以根据行为人接受物品的时间、地点、品种、数量、价格、行为人与本犯之间的关系、对本犯的了解程度等推定行为人是否明知是犯罪所得的赃物。例如，在下列情况下，就可以推定行为人明知是赃物：行为人接受财物的时间、地点、方式都极其异常的；行为人以明显低于市场的价格接受物品，然后窝藏、代为销售的；行为人接受的是个人不可能持有的公用设施器材或机械零部件，提供方又没有相应证明的；行为人接受国家禁止个人经营的物品，然后掩饰、隐瞒的；行为人明知对方是财产犯罪、经济犯罪的惯犯，而接受其物品并予以掩饰、隐瞒的；行为人接受的财物数量极大，或发现接受物品的疑点很多，但故意不查明来源的。

第六节　帮助毁灭、伪造证据罪

重要法条及司法解释

《刑法》第307条。

命题分析

在近十余年的真题中，帮助毁灭、伪造证据罪出现过多次。命题人主要是针对本罪的构成要件要素如“他人的”“证据”等进行命题，考生在复习本罪时，要清楚掌握每一个构成要件要素的意义及其常见的行为方式。

知识点精讲

帮助毁灭、伪造证据罪是指以各种方法帮助当事人毁灭、伪造证据，情节严重的行为。

一、客观要件

本罪在客观方面表现为帮助他人毁灭、伪造证据的行为，如毁坏物证、书证，篡改证言，编造证词，伪造书证，串供等。

（一）帮助毁灭、伪造

帮助的形式多种多样，如出谋划策、提供工具等。毁灭是指使证据的效力消失或减少的一切行为，包括对物证、书证进行物理上的毁损，还包括隐匿证据、隐匿证人的行为。伪造是指制作并不存在的证据，将现存的证据进行加工导致其证据效力变更的变造行为，与伪造行为在本质上没有区别，也是本罪的实行行为。将与犯罪无关的物品作为与犯罪事实有关的证据加以提供的，也是伪造行为。毁灭、伪造行为可以发生在诉讼进程展开以前的时段内，也可以发生在诉讼活动开始之后。

例（真题） 甲杀人后将凶器忘在现场，打电话告诉乙真相，请乙帮助扔掉凶器。乙随即把凶器藏在自家地窖里。数月后，甲生活无着落准备投案自首时，乙向甲汇款2万元，使其继续在外生活。乙藏匿凶器的行为不属毁灭证据，不成立帮助毁灭证据。

提示：上述表述错误。帮助当事人毁灭、伪造证据中毁灭证据，是指妨碍证据显现、使得证据的证明价值减少或消失的行为，但不限于从物理上使得证据灭失。之所以不限于物理上使得证据灭失，在于只要妨碍证据显现，就足以妨害刑事诉讼活动的顺利进行，而这一点正是本罪的保护法益。所以，藏匿凶器的行为当然属于毁灭证据，乙成立帮助毁灭证据罪。

（二）他人的

因为难以期待本犯不毁灭、伪造与自己有关的证据，所以，本罪的行为对象仅限于“他人的”证据，至于该证据对于当事人是有利还是有弊，在所不问。

共犯者毁灭、伪造自己与其他共犯者有关的共同证据的，是否构成本罪，值得研究。例如，甲在与乙共同实施故意杀人行为，且乙被捕之后，将乙使用的凶器扔到河中的行为，是否构成本罪？在共犯的场合，共犯者毁灭证据的行为往往具有同时兼顾共犯者双方利益的可能性，证据具有共同性，涉及其他共犯者的证据实际上也是自己的证据，毁灭、伪造类似证据的行为在类型上缺乏期待可能性，不应当成立本罪。

（三）证据

刑法并未规定行为人必须是出于使他人逃避刑事追究之目的帮助毁灭、伪造证据，所以，这里的证据不能限于刑事案件中的证据，帮助毁灭民事诉讼、行政诉讼案件证据的，也构成本罪。《民事诉讼法》（2012 年）第 111 条第 1 款第（一）项规定，在民事诉讼中，诉讼参与人或者其他人，伪造、毁灭重要证据，妨碍人民法院审理案件而构成犯罪的，依法追究刑事责任。《行政诉讼法》（2014 年）第 59 条第 1 款第（二）项规定在行政诉讼中，诉讼参与人或者其他人伪造、隐藏、毁灭证据构成犯罪的，依法追究刑事责任。

在刑事案件中帮助毁灭、伪造的证据既包括人证，也包括物证。它们可能与犯罪的成立有关，也可能与刑罚的裁量有关。刑事案件涉及已经起诉的案件。仅有犯罪嫌疑，搜查开始的事件也属于刑事案件。他人最终被证明无罪的，或者只受不起诉处分的，毁坏、伪造证据者的行为对司法秩序仍然存在侵害性，也可以构成本罪。

（四）情节严重

构成本罪，要求情节严重。犯罪动机卑鄙，手段特别恶劣，且嫁祸于人，使刑事罪犯逃脱刑事处罚，使侦查、审判工作遭受严重破坏的，都可认为属于情节严重的情形。

证人对侦查人员作虚假的陈述，意图使他人免受刑事追究的，构成伪证罪，而不构成本罪。因为本罪与伪证之间有法条竞合关系，证人的行为应按照特别法即伪证罪处理。对辩护人、诉讼代理人妨害作证罪与本罪的关系也应当作此理解。

在他人实施杀人行为之后，为使他人逃避刑事追究而帮助其毁灭尸体的，行为侵害的法益是司法秩序而非一般的社会管理秩序，所以不构成侮辱尸体罪，但同时符合包庇罪和本罪的构成要件。在法条竞合的情况下，因为帮助当事人毁灭、伪造证据行为属于广义上的作假证明的范畴，本罪是特别法，应以本罪处理。为帮助他人毁灭证据而实施窃取、杀害证人、非法拘禁等行为的，构成本罪与盗窃罪、故意杀人罪非法拘禁罪之间的想象竞合犯，应从一重罪处断。

本罪的主体为一般主体，即本犯以外的人。本犯教唆他人毁灭、伪造证据的，也不构成本罪的教唆犯。因为本罪中毁灭、伪造的是“他人（当事人）的证据”。他人的证据，在这里是构成要件结果。在本犯教唆、请求他人毁灭、伪造“自己”的犯罪证据时，不能将该本犯作为本罪的共犯加以处罚。对不以本罪处罚本犯的理由，一般按照欠缺期待可能性进行解释，即不可能期待本犯不参与他人的毁灭证据行为。但是，从不法的角度进行解释可能更为合理。一方面，虽然期待可能性的考虑在立法上确实存在，但是，应该认为，只要在条文中明确规定了成立犯罪的某个客观性要素，其就应该属于构成要件要素，“他人的犯罪证据”这一规定完全可以解读为不处罚本犯的客观不法要素。另一方面，按照共犯处罚根据的混合惹起说，处罚共犯是因为其惹起了构成要件结果，其不仅具有自身的不法（违法地惹起了构成要件结果），而且这种惹起还要以正犯实施了符合构成要件的违法行为为前提。但是，在本犯教唆、请求他人毁灭“自己”的证据的场合，其只是在间接地毁灭关于“自己”的犯罪证据，而不是“他人”的犯罪证据，行为并没有产生构成要件结果，因此不是不法，对其进行处罚缺乏根据。

二、主观要件

本罪在主观方面是直接故意，并且具有意图使他人逃避罪责，免受刑事追究的目的。意图使他人受到刑事追究而捏造证据的，可能构成诬告陷害等罪，但不构成本罪。在帮助他人伪造证据的场合，还必须具有伪造证据并将其视作真实的证据提供给司法人员的主观认识。

行为人由于不知情或受骗上当而过失帮助当事人毁灭、伪造证据的，不构成本罪。

第七节　盗伐林木罪

重要法条及司法解释

《刑法》第345条。

命题分析

盗伐林木罪尽管并非司法实务中适用非常频繁的罪名，但是在历年真题中却出现过不少次，个别年份甚至单独以一道选择题单独考查本罪。一方面，本罪和盗窃罪、滥伐林木罪的关系比较特殊，另一方面，本罪的构成要件要素如林木的含义等并非一看字面含义就能理解得出结论，因此，本罪也获得了命题人的偏爱。在复习本罪时，要准确理解前述两点。

知识点精讲

盗伐林木罪是指盗伐森林或者其他林木，数量较大的行为。

一、客观要件

本罪在客观方面表现为盗伐森林或者其他林木，数量较大的行为。

盗伐是指未经国家林业行政管理部门或者法律规定的其他主管部门批准，未取得采伐许可证，擅自砍伐林木。需要注意的是，盗伐林木不要求秘密进行，在人所共知的情况下，擅自砍伐林木，仍然可能成立盗伐。

盗伐行为主要表现为：①擅自砍伐国家、集体、他人所有或者他人承包经营管理的森林或者其他林木的；②擅自砍伐本单位或者本人承包经营管理的森林或者其他林木的；③在林木采伐许可证规定的地点以外采伐国家、集体、他人所有或者他人承包经营管理的森林或者其他林木的。

本罪的行为对象是森林和其他林木。森林，是指具有一定面积的林木的总体，包括竹林。其他林木包括防护林、用材林、经济林、薪炭林、特种用途林等树木。

例 1（真题） 丁在林区偷扒数量不多的具有药用价值的树皮，致使数量较大的林木枯死的，构成盗伐林木罪。

提示：上述表述正确。按照一般的生活常识，将树皮扒下很容易导致林木死亡。丁在林区偷扒数量不多的具有药用价值的树皮致使数量较大的林木枯死，丁看似没有直接砍伐林木，但其在扒树皮时显然会认识到自己的行为会导致林木死亡，并且丁对于树木的组成部分树皮具有不法所有目的，因此，成立盗伐林木罪。

盗伐林木，必须数量较大的，才构成本罪。盗伐林木数量较大，以 2~5 立方米或者幼树 100~200 株为起点。对于一年内多次盗伐林木的，应累计未经处理的盗伐数量。

本罪既遂的认定，应当以行为人取得对财物的占有，从而排除他人占有为原则（取得说）。将所欲盗伐的林木砍倒，就是本罪既遂，而不以将林木运出林区，脱离护林人员的监控作为既遂成立的条件。

行为人将国家、集体或者他人所有的，并且已经伐倒的树木秘密非法据为己有的，以及偷砍他人房前屋后、自留地种植的零星树木数额较大或者多次偷砍的，可能构成盗窃罪而不构成本罪。毁坏苗木或生长中的树木的，如果故意毁坏的是珍贵树木，应按非法毁坏珍贵树木罪论处。

例 2（真题） 甲盗伐本村村民张某院落外面的零星树木，如果盗伐数量较大，构成盗伐林木罪。

提示：上述表述错误。盗伐林木罪中的林木不包括居民房前屋后个人所有的零星树木。对此，最高人民法院的相关司法解释也做了明确规定。2000 年 11 月 22 日《最高人民法院关于审理破坏森林资源刑事案件具体应用法律若干问题的解释》第 9 条指出：偷砍他人房前屋后、自留地种植的零星树木，数额较大的，依照盗窃罪定罪处罚。

二、主观要件

本罪在主观方面是直接故意，而且具有非法占有林木或者谋取不正当利益的目的。这里的非法占有应作广义的理解，既包括自用、出售谋利，也包括转送他人或单位占有。虽然行为人主观上出于故意，但不具有上述目的，不能构成本罪，例如，以毁坏为目的砍伐林木的，应按故意毁坏财物罪处理。

第八节　走私、贩卖、运输、制造毒品罪

重要法条及司法解释

《刑法》第 347 条。

命题分析

在近十余年的真题中，走私、贩卖、运输、制造毒品罪考查了多次。尽管我国刑事立法对于毒品犯罪采取严格的惩罚政策，但是毒品犯罪的发案率依然高发不下。走私、贩卖、运输、制造毒品罪的行为类型众多，在复习时要准确把握本罪的犯罪构成和罪数。

知识点精讲

走私、贩卖、运输、制造毒品犯罪，是指明知是毒品而故意实施走私、贩卖、运输、制造的行为。

一、客观要件

本罪在客观方面表现为走私、贩卖、运输、制造毒品。

（一）走私毒品

走私毒品是指违反毒品管理法规和海关法规逃避海关监管，非法运输、携带、邮寄毒品进出国（边）境的行为。携带毒品但没有采取措施逃避海关监管，只构成运输毒品或非法持有毒品罪；只违反了海关法规而没有违反毒品管理法规的，只构成普通走私罪而不构成走私毒品罪。在领海、内海、界河、界湖运输、收购、贩卖毒品的，成立走私毒品。走私普通货物、物品的同时，又走私毒品的，应数罪并罚。

例 1（真题） 乙随身携带藏有毒品的行李入关，被现场查获，构成走私毒品罪既遂。

提示：一旦将毒品携带进入我国国境，便已经构成既遂。题干指出乙随身携带藏有毒品的行李入关被现场查获，很明显已经进入我国国境内，因此成立走私毒品罪既遂。因此，上述表述正确。

（二）贩卖毒品

贩卖毒品是指明知是毒品而非法销售，或者以销售为目的而购买毒品的行为。贩卖次数多少、数量大小以及是否有营利目的，都不影响本罪成立。

贩卖人员被抓获后，对于从其住所、车辆等处查获的毒品，一般均应认定为贩卖的毒品。行为人为他人代购仅用于吸食的毒品，在交通、食宿等必要开销之外收取介绍费、劳务费，或者以贩卖为目的的收取部分毒品作为酬劳的，应视为从中牟利，属于变相加价贩卖毒品，以贩卖毒品罪定罪处罚。

（三）运输毒品

运输毒品是指明知是毒品而非法运载毒品的行为。运输的方式多种多样，凡是使毒品所在地发生变化的一切行为都是运输，包括自身携带，伪装后交付托运和邮政部门邮寄，利用、教唆未成年人、怀孕的妇女以及其他合法身份的人运输，武装押运的，都是运输。运输距离的长短、数量多少、运输者是否实际获得利益，都对成立犯罪没有影响。行为人先将毒品从 A 地运到 B 地，后来又将其从 B 地运回 A 地的，虽然从结局上看毒品还在 A 地，但仍然属于运输毒品。吸毒者在运输毒品过程中被查获，没有证据证明其是为了实施贩卖毒品等其他犯罪，毒品数量达到较大以上的，以运输毒品罪定罪处罚。行为人为吸毒者代购毒品，在运输过程中被查获，没有证据证明托购者、代购者是为了实施贩卖毒品等其他犯罪，毒品数量达到较大以上的，对托购者、代购者以运输毒品罪的共犯论处。

例 2（真题） 丙乘广州至北京的火车运输毒品，快到武汉时被查获，构成运输毒品罪既遂。

提示：上述表述正确。对于运输毒品来说，只要运输毒品行为使得毒品离开了原地，即已既遂。

（四）制造毒品

制造毒品是指非法利用毒品原植物直接提炼或者用化学方法加工、配制毒品，或者以改变毒品成分和效用为目的，用混合等物理方法加工、配置毒品的行为。为了便于隐蔽运输、销售、使用、欺骗购买者，或者为了增重，对毒品掺杂使假，添加或者去除其他非毒品物质，不属于制造毒品的行为。为了制造毒品而采用生产、加工、提炼等方法非法制造易制毒化学品的，成立制造毒品罪预备；购进制造毒品的设备或原材料，开始着手制造毒品、尚未制造出毒品或者半成品的，成立制造毒品未遂。明知他人制造毒品而为其生产、加工、提炼、提供醋酸酐、乙醚、三氯甲烷等制毒物品的，系制造毒品罪共犯。利用民间方法制造的物品中完全不含有毒品成分，对其按毒品加以贩卖的，构成诈骗罪。

本罪属于选择性罪名，对同一宗毒品实施了两种以上犯罪行为，并有相应确凿证据的，应当按照所实施的犯罪行为的性质并列适用罪名，毒品数量不重复计算。对同一宗毒品可能实施了两种以上犯罪行为，但相应证据只能认定其中一种或者几种行为，认定其他行为的证据不够确实充分的，只按照依法能够认定的行为的性质适用罪名。对不同宗毒品分别实施了不同犯罪行为的，应对不同行为并列适用罪名，累计计算毒品数量。

本罪既遂的标准因具体行为方式不同而有所差别：走私毒品的，应以将毒品运输、携带、邮寄出境或入境为标准；贩卖毒品的，应以毒品实际上已经转移给买方为标准，因此，已将毒品出售，或者为出卖而购买并实际过手的，都是贩卖毒品罪既遂；运输毒品的，应以毒品到达目的地为标准；制造毒品，则以毒品实际制成为标准，已经制造出粗制毒品或者半成品的，亦应以制造毒品罪的既遂论处。

二、主观要件

本罪在主观方面是故意，行为人必须明知是毒品而走私、贩卖、运输、制造的，才成立本罪。

第九节 非法持有毒品罪

重要法条及司法解释

《刑法》第348条。

《最高人民法院关于审理毒品犯罪案件适用法律若干问题的解释》(2016年4月6日)。

命题分析

由于毒品犯罪形势较为严峻，而走私、贩卖、运输、制造毒品的构成要件相对较为明确与严格，因此，非法持有毒品罪一定意义上似乎承担了毒品犯罪堵截构成要件的功能，在实务中应用较为频繁。考生在复习本罪时，要清楚掌握本罪的构成要件，以及相关的毒品犯罪司法解释。

知识点精讲

非法持有毒品罪是指明知是毒品而非法持有，数量较大的行为。

一、客观要件

本罪在客观方面表现为违反毒品管理法规，非法持有毒品数量较大的行为。

非法是指违反国家毒品管理法规，未经主管部门批准或许可而持有毒品。持有，是指行为人拥有、保存、控制毒品。持有的形式不限于随身携带，也包括保存在可以控制的地方，还可以是委托其他人代为保管。至于持有的毒品是自己所有还是赠与、继承，都对成立本罪没有影响。

实务中，贩毒人员被抓获后，对于从其住所、车辆等处查获的毒品，确有证据证明查获的毒品并非用于贩卖的，其行为应构成非法持有毒品罪；不以牟利为目的，为他人代购仅用于吸食、注射的毒品，毒品数量达到规定的数量标准的，对托购者和代购者以非法持有毒品罪定罪处罚；吸毒者在购买、存储毒品过程中被查获，没有证据证明其是为了实施贩卖毒品等其他犯罪，毒品数量达到非法持有毒品罪的数量标准的，以本罪定罪处罚。购毒者接收贩毒者通过物流寄递方式交付的毒品，没有证据证明其是为了实施贩卖毒品等其他犯罪的，也成立本罪；代收者明知物流寄递的是毒品而代购毒者接收，没有证据证明其与购毒者有实施贩卖、运输毒品等犯罪的共同故意的，应以本罪定罪处罚。

例（真题） 甲无牟利目的，为江某代购仅用于吸食的毒品，达到非法持有毒品罪的数量标准。对甲应以非法持有毒品罪定罪。

提示： 对于以吸食为目的而购买少量毒品的行为，理论上向来认为不应认定为贩卖毒品罪。但是，如果毒品数量较大的话，可能会构成非法持有毒品罪。对此，2008年12月1日《最高人民法院全国部分法院审理毒品犯罪案件工作座谈会纪要》规定：“有证据证明行为人不以牟利为目的，为他人代购仅用于吸食的毒品，毒品数量超过刑法第348条规定的最低数量标准的，对托购者、代购者应以非法持有毒品罪定罪。”因此对甲定非法持有毒品罪是正确的。

非法持有毒品，数量较大的，才构成本罪。非法持有鸦片200克以上，海洛因或者甲基苯丙胺10克以上，或者其他毒品数量较大的，以非法持有毒品罪论处。

盗窃、抢劫、抢夺毒品后又持有的，一般认为持有行为是不可罚的事后行为，只构成相应的财产犯罪，而不应与本罪并罚。但是，也有人认为持有行为导致了新的法益侵害，应与财产罪并罚。

二、主观要件

本罪在主观方面是故意，即明知是毒品而非法持有的，才能构成本罪。对于明知的判断，应当和前述走私、贩卖、运输毒品罪的标准相同。持有的动机在所不问。为满足自己吸食、注射毒品的需要而购买、运输、存储毒品，如果被查获的毒品数量大的，可以构成本罪。对持有物品的特殊性无法认识的，不能作为犯罪处理。盗窃普通财物后发现有毒品而继续持有的，以盗窃罪和本罪并罚。

第二十章　贪污渎职罪

第一节　贪污罪

重要法条及司法解释

《刑法》第382~383、394条。

全国人民代表大会常务委员会《关于〈中华人民共和国刑法〉第九十三条第二款的解释》（2000年4月29日）。

《最高人民法院、最高人民检察院关于办理贪污贿赂刑事案件适用法律若干问题的解释》（2016年4月18日）。

命题分析

近十余年来，“贪污罪”与“渎职罪”两个罪章中比较偏向于考查贪污罪。而“贪污罪”一章中频次出现较高的重点罪名有行贿罪、挪用公款罪、受贿罪、贪污罪、利用影响力受贿罪。

其中，对于贪污罪考查最为频繁。《刑法修正案（九）》对贪污罪作了修订，再加上随着国家反腐败力度的不断加大，因此，可以预见，在以后的法考中仍会频繁考查。考生需要认真复习贪污罪的犯罪构成，以及最高人民法院、最高人民检察院相关司法解释中有关贪污罪的规定。

知识点精讲

贪污罪是指国家工作人员利用职务上的便利，侵吞、窃取、骗取或者以其他手段不法取得公共财物的行为。

一、客观方面

客观方面表现为国家工作人员利用职务上的便利，不法取得公共财物的行为。

（一）利用职务上的便利

要提醒注意的是，如果没有利用职权范围内主管、管理、直接经手公共财物的职权和便利条件非法占有公共财物，而只是利用工作关系形成的某些方便条件，如因工作关系而熟悉作案环境、凭借工作人员身份可进出某些机关、容易接近作案目标等便利条件，实施窃取、骗取公共财物的，不构成本罪，而是相应地成立盗窃、诈骗等普通财产犯罪。例如，某日下午下班时，A 市建设银行某储蓄所记账员李某发现本所出纳员陈某将 2 万元营业款遗忘在办公桌抽屉内（未锁）。当日下班后，李某趁所内无人之机，返回所内将该 2 万元取出，用报纸包好后藏在自己办公桌下面的垃圾袋中，并用纸箱遮住垃圾袋。次日上午案发，赃款被他人找出。本例中的李某侵害的确实是公共财物，但是其并没有利用自己的职权和职务行为的便利侵害公共财物，因而其不成立贪污罪，而是成立盗窃罪。

例 1（真题） 某国有公司出纳甲意图非法占有本人保管的公共财物，但不使用自己手中的钥匙和所知道的密码，而是使用铁棍将自己保管的保险柜打开并取走现金 3 万元。之后，甲伪造作案现场，声称失窃。

提示： 本例中的甲作为国有公司的出纳，其对自己保管的保险柜内的公共现金显然具有现实的管领、支配权限，尽管其未使用自己的钥匙和密码打开保险柜，但其通过伪造失窃的形式非法占有公共财物，仍然属于利用自己的职权侵吞公共财物，对此，最简单的理解是，如果不是其对保险柜内的财物享有职权上的管理权限，其根本不知道保险柜内有财物，也不会顺利将其据为己有。因此，甲成立贪污罪。

（二）贪污手段

贪污必须以侵吞、窃取、骗取或者其他手段实施。简单来看，侵吞，基本上等同于“侵占”，即将自己因为职务行为占有的公共财物据为己有；窃取，是指将他人占有的财物据为己有，由于贪污罪必须利用职务实施，所以，这里的窃取又要求对他人占有的公共财物也具有职务上的管领或者共同占有的权限；骗取，则是采用利用职权采取欺骗手段使具有公共财物处分权的人产生认识错误，进而取得公共财物的行为。典型的如国有保险公司工作人员与投保人互相勾结，由投保人员编造或制造保险事故，由国有保险公司负责人员理赔，骗取保险金。其他方法，是指除侵吞、窃取、骗取以外的非法占有公共财物的方法。如利用公款私存坐吃利息；将公款支付给对方又以回扣名义部分索贿；国家工作人员在国内公务活动或者对外交往中接受礼物应交公而不交公的，都属于以其他方法非法占有公共财物的情形。

（三）不法取得公共财物

不法取得是指将财物转移为行为人所有，这种所有既可能是对财物法律上的所有，也可能是对财物事实上的所有。

本罪的行为对象为公共财物。公共财物包括国有财产、劳动群众集体所有的财产以及用于扶贫和其他公共事业的社会捐助或者专项基金的财产。公共财物即使没有交易上的经济价值，也可以成为本罪对象，例如，国有金融机构工作人员误以为收缴上来的假币为真币，而利用职务上的便利加以窃取时，仍然可以成立贪污罪未遂。在国有公司、企业、事业单位和人民团体管理、使用、运输中的私人财产，以公共财物论。国有单位取得对私人财产的支配权的方式是否合法，并不影响犯罪的成立。此外，公共财物不要求是国有单位合法占有的财产。例如，A 国有公司工作人员甲经单位同意以明显高于市场的价格向自己的亲友乙经营管理的单位采购商品，但事前约定货款中的一部分必须返还给 A 公司作为小金库收入的，如甲将返还款非法占为已有，仍然可能成立本罪。

例 2（真题） 国有公司中从事公务的甲，利用职务便利将本单位收受的回扣据为己有，数额较大。甲行为构成贪污罪。

提示： 本例中的表述是正确的。贪污罪中的公共财物不要求必须是单位占有的合法的公共财物，财物的合法或非法对于贪污罪的认定没有影响。国有公司收受的回扣也属于国有公司的公共财物，利用职务之便将其据为己有，成立贪污罪。

另外，本罪的对象通常是公共财物，但在特殊情况下，也可能是公共财物之外的其他财物。根据《刑法》第 272 条第 2 款的规定，国有公司、企业或者其他国有单位委派到非国有公司、企业以及其他单位从事公务的人员，将公司、企业财产非法占为己有的，构成贪污罪。

例 3（真题） 土地管理部门的工作人员乙，为农民多报青苗数，使其从房地产开发商处多领取 20 万元补偿款，自己分得 10 万元。

提示： 尽管乙是土地管理部门的工作人员，具有国家工作人员身份，但是其多报青苗数骗取的并非公共财物，而是土地开发上的土地补偿款，因此其不成立贪污罪，而是诈骗罪。

（四）国家工作人员

本罪是典型的身份犯，要求具备特定主体身份。大体上，符合本罪身份的有四大类型：《刑法》第 93 条规定的国家工作人员；受委托管理、经营国有财产的人员；国家出资企业的国家工作人员；骗取国家工作人员身份的情形。

1.《刑法》第 93 条规定的国家工作人员

国家工作人员是指国家机关中从事公务的人员。国有公司、企业、事业单位、人民团体中从事公务的人员和国家机关，国有公司、企业、事业单位委派到非国有公司、企业、事业单位、社会团体从事公务的人员，以及其他依照法律从事公务的人员，以国家工作人员论。国家工作人员大体有四类：第一，在国家机关中从事公务的人员。第二，在国有公司、企业、事业单位、人民团体中从事公务的人员。要注意的是，集体事业单位，如农村卫生院、村办中小学等，私营或民营的事业单位，如私营科研机构、民办中小学、图书馆、博物馆等，是由集体出资或私人设立的，其工作人员不是国家工作人员。第三，国家机关、国有公司、企业、事业单位委派到非国有公司、企业、事业单位、社会团体从事公务的人员。第四，其他依照法律从事公务的人员。如根据相关立法解释的规定，村民委员会等村基层组织人员协助人民政府从事救灾、抢险、防汛等款物的管理时，属于其他依照法律从事公务的人员。

例 4（真题） 村民委员会主任丙，在协助政府管理土地征用补偿费时，利用职务便利将其中数额较大款项据为己有。丙行为构成贪污罪。

提示： 本例中的表述是正确的。丙属于协助政府从事相关的行政管理事务，应认定为其他依照法律从事公务的人员，其在执行职务过程中利用职务之便将款项据为己有，成立贪污罪。

总之，国家工作人员的本质特征不仅仅在于其具有特殊身份，而主要在于其行为，即是否从事公务。换句话说，认定行为人是否是国家工作人员，关键是看其是否从事公务。公务，仅指对公共事务进行管理的、带有行政性质的事务。

2. 受委托管理、经营国有财产的人员

根据《刑法》第382条第2款的特别规定，受国家机关、国有公司、企业、事业单位、人民团体委托管理、经营国有财产的人员，利用者职务上的便利，侵吞、窃取、骗取或者以其他手段非法占有国有财物的，以贪污论。典型的例如，个人与国有企业签订承包、租赁合同，依照合同约定对国有企业进行管理、经营。必须提醒注意的是，委托与委派不同，国有企业的承包人、租赁人可以构成贪污罪，但不能视为被“委派”的人员，进而成为受贿罪、挪用公款罪的主体。受委托的人员与受委派人员（《刑法》第93条第2款规定的国家机关、国有公司、企业、事业单位委派到非国有公司、企业、事业单位、社会团体从事公务的人员）不同，委派人员的国家工作人员身份可能在委派前就存在或者已经确立，而受委托人员的国家工作人员身份在受托前不存在，受托后才产生。国有企业的承包经营者是受委托从事公务的人员。

3. 国家出资企业的国家工作人员

根据《最高人民法院、最高人民检察院关于办理国家出资企业中职务犯罪案件具体应用法律若干问题的意见》（2010年12月2日）第6条的规定，对国家出资企业（包括国家出资的国有独资公司、国有独资企业，以及国有资本控股公司、国有资本参股公司）中“国家工作人员的认定”：第一，经国家机关、国有公司、企业、事业单位提名、推荐、任命、批准等，在国有控股、参股公司及其分支机构中从事公务的人员，应当认定为国家工作人员。具体的任命机构和程序，不影响国家工作人员的认定。第二，经国家出资企业中负有管理、监督国有资产职责的组织批准或者研究决定，代表其在国有控股、参股公司及其分支机构中从事组织、领导、监督、经营、管理工作的人员，应当认定为国家工作人员。第三，国家出资企业中的国家工作人员，在国家出资企业中持有个人股份或者同时接受非国有股东委托的，不影响其国家工作人员身份的认定。

4. 骗取国家工作人员身份的情形

根据最高人民法院研究室《关于对行为人通过伪造国家机关公文、证件担任国家工作人员职务并利用职务上便利侵占本单位的财物、收受贿赂、挪用本单位资金等行为如何适用法律问题的答复》（2004年4月30日）：行为人通过伪造国家机关公文、证件担任国家工作人员职务后，又利用职务上的便利实施侵占本单位财物、收受贿赂、挪用本单位资金等行为，构成犯罪的，应当分别以伪造国家机关公文、证件罪和相应的贪污罪、受贿罪、挪用公款罪等追究刑事责任，实行数罪并罚。

二、主观方面

主观方面是故意，并且具有非法占有公共财物的目的（目的犯）。行为人对财物的公共性有所认识，具有不法取得公共财物的故意。至于是为自己占有，还是为他人（机构）占有，对于本罪的认定没有影响。例如，贪污公共财物后将其赠给慈善机构等。不具有非法占有公共财物的目的，而是暂时借用、挪用公共财物的，不构成本罪，有可能成立挪用公款罪。

三、共犯问题

《刑法》第382条规定，伙同国家工作人员贪污的，以共犯论处。按照身份犯的法理，国家工作人员与非国家工作人员相互勾结，共同取得公共财物的案件，国家工作人员应成立贪污罪。例如，负责拆迁的国家工作人员甲明知乙虚构拆迁面积，为尽快完成拆迁任务，甲按照虚构后面积给予乙补偿，乙由此多得 50 万元补偿款，后送给甲 10 万元。由于甲具有国家工作人员身份，其明知他人采用虚构的方式骗取公共财物，仍然予以协助，成立贪污罪，其贪污的数额时（犯罪数额 50 万元）。而乙则构成贪污罪共犯（犯罪数额 50 万元）和诈骗罪的想象竞合犯，最终以重罪贪污罪共犯（从犯）论处。

关于共同贪污中个人贪污数额的计算，《最高人民法院全国法院审理经济犯罪案件工作座谈会纪要》（2003 年 11 月 13 日）指出：《刑法》第 383 条第 1 款规定的个人贪污数额，在共同贪污犯罪案件中应理解为个人所参与或者组织、指挥共同贪污的数额，不能只按个人实际分得的赃款数额来认定。例如，甲乙丙共同贪污 150 万元，由于主犯按其所参与的全部犯罪承担责任，故甲的贪污数额按 150 万元计算；如果从犯乙参与贪污 100 万元，则其个人贪污数额为 100 万元；如果从犯丙参与贪污 50 万元，则其个人贪污数额是 50 万元，即从犯以其参与的贪污数额作为个人贪污数额，并依照《刑法》第 27 条第 2 款的规定，从轻、减轻处罚或者免除处罚。

例 5（真题） 镇长黄某负责某重点工程项目占地前期的拆迁和评估工作。黄某和村民李某勾结，由李某出面向某村租赁可能被占用的荒山 20 亩植树，以骗取补偿款。但村主任不同意出租荒山。黄某打电话给村主任施压，并安排李某给村主任送去 1 万元现金后，村主任才同意签订租赁合同。李某出资 1 万元购买小树苗 5000 棵，雇人种在荒山上。副县长赵某带队前来开展拆迁、评估工作的验收。李某给赵某的父亲（原县民政局局长，已退休）送去 1 万元现金，请其帮忙说话。赵某得知父亲收钱后答应关照李某，令人将邻近山坡的树苗都算到李某名下。后李某获得补偿款 50 万元，分给黄某 30 万元。对黄某、李某取得补偿款的行为，应如何定性？二人的犯罪数额应如何认定？

提示：本例中的黄某的职务身份是镇长，显然属于国家工作人员，其负责重点工程项目用地的拆迁和评估工作，应当说对于拆迁补偿和安置工作享有职权，但其伙同李某利用自己的职权骗取拆迁补偿款，二人当然成立贪污罪的共同犯罪。需要注意的是，由于李某不具有国家工作人员身份，因此，其只能成立贪污罪的帮助犯（从犯）。此外，二人要对共同贪污的数额负责，即二人的贪污数额均为 50 万元，而非各自实际分得的贪污数额。

四、终身监禁

《刑法修正案（九）》针对贪污罪新增了终身监禁的规定。犯贪污罪，被判处死刑缓期 2 年执行的，人民法院根据犯罪情节等情况可以同时决定在其死刑缓期 2 年期满依法减为无期徒刑后，终身监禁，不得减刑、假释。终身监禁不是一个独立的新增刑种，而是无期徒刑的执行方式之一，是死刑的替代措施。另外，由于根据《刑事诉讼法》第 254 条暂予监外执行制度的规定，暂予监外执行一般只适用于被判处有期徒刑或者拘役的罪犯，被判处无期徒刑的罪犯中可适用暂予监外执行的对象，只能是怀孕或者正在哺乳自己婴儿的妇女。因此，被判终身监禁的罪犯几乎无缘出狱。

对于《刑法修正案（九）》生效以前实施贪污行为，根据之前的刑法规定应当判处死刑立即执行，而根据修正后刑法判处死缓同时决定终身监禁可以罚当其罪的，根据刑法从旧兼从轻的溯及力原则要求，适用《刑法修正案（九）》关于终身监禁的有关规定；根据修正前刑法应当判处死缓的，则不适用终身监禁的规定。

第二节　挪用公款罪

重要法条及司法解释

《刑法》第384条。

全国人民代表大会常务委员会《关于〈中华人民共和国刑法〉第三百八十四条第一款的解释》（2002年4月28日）。

命题分析

挪用公款罪是实务中常发性的罪名，是“贪污贿赂罪”一章中除贪污罪与受贿罪外，考查最为频繁的罪名。从近十余年的真题看，几乎每年都会涉及挪用公款罪。考生在复习本罪时，要认真掌握成立挪用公款罪三种不同行为表现形式的各自构成要件。

知识点精讲

挪用公款罪是指国家工作人员利用职务上的便利，挪用公款归个人使用，进行非法活动的，或者挪用公款数额较大、进行营利活动的，或者挪用公款数额较大、超过3个月未还的行为。

一、客观要件

本罪在客观方面表现为利用职务上的便利，挪用公款归个人使用。

（一）利用职务上的便利

利用职务上的便利是指利用因职务上的关系而形成的主管、经手、管理公款的便利条件。挪用公款归个人使用，包括挪用者本人使用或者给其他个人或者单位使用。

（二）挪用公款归个人使用

挪用公款归个人使用，根据立法解释，包括以下情形：①将公款供本人、亲友，或者其他自然人使用；②以个人名义将公款供其他单位使用；③个人决定以单位名义将公款供其他单位使用，谋取个人利益的。

例1（真题）　下列哪一情形不属于“挪用公款归个人使用”？

A. 国家工作人员甲，将公款借给其弟炒股

B. 国家机关工作人员甲，以个人名义将公款借给原工作过的国有企业使用

C. 某县工商局局长甲，以单位名义将公款借给某公司使用

D. 某国有公司总经理甲，擅自决定以本公司名义将公款借给某国有事业单位使用，以

安排其子在该单位就业

提示： 选项C正确。挪用公款给自己亲戚炒股，以个人名义将公款供原工作过的国有企业使用，以及个人擅自决定以公司名义将公关给其他国有单位使用，都属于挪用公款归个人使用。总之，被挪用的公款流向的单位是国有还是私有，并不影响挪用公款归个人使用的定性。

（三）公款使用方式

挪用公款的实行行为包括挪用公款归个人使用，进行非法活动的；挪用公款数额较大，进行营利活动的；挪用公款数额较大，超过3个月未还三种情形：

（1）挪用公款进行非法活动。即挪用公款进行赌博、走私、贩毒等非法活动。

（2）挪用公款归个人使用，数额较大、进行营利活动。此种情形不受挪用时间和是否归还的限制。营利活动指挪用公款为自己或他人进行营利活动作资本的情形。包括挪用公款存入银行、用于集资、购买股票、国债等。所获取的利益、收益等违法所得，应当追缴，但不计入挪用公款的数额。

（3）挪用公款归个人使用、数额较大、超过3个月未还。指挪用公款用于非法活动、营利活动以外的个人活动，包括用于建造私房、购置家具和其他生活用品、偿还债务等，此种挪用公款情形要求数额较大，超过3个月未还。数额较大的起点是1万元至3万元。超过3个月未还，是指超过3个月，在案发前（被司法机关、主管部门或有关单位发现前）未还。多次挪用公款，用后次挪用的公款归还前次挪用的公款，而每次挪用的间隔时间都不超过3个月，挪用公款的数额应累计计算，以案发时未还的实际数额认定，挪用时间应从挪用公款数额累计达到较大之日起认定并计算。

例2（真题） 丁为国家工作人员，挪用公款3万元用于孩子学费，4个月后主动归还。

提示： 本例中的丁属于挪用公款用于非法活动、营利活动以外的个人活动，对此，只要其挪用时间超过3个月而未还，同时达到数额较大的标准，就成立犯罪既遂。事后的主动归还并不影响犯罪既遂的认定，因此，丁成立挪用公款罪既遂，而非本罪的中止。

需要注意的是，挪用公款用于归还贷款或提供给他人使用（私人放贷）的，应根据个人贷款、放贷的用途，认定其挪用公款的性质：个人贷款、放贷明确用于营利活动或非法活动时，挪用公款并偿还债务、放贷的行为应视为挪用公款进行营利活动或非法活动；挪用公款给他人使用，经查证案发前不知道使用人用公款进行营利活动或者用于非法活动，数额较大超过3个月未还的，构成本罪；挪用时对他人使用公款的方式并不知情，但在案发前已明知他人用公款进行营利活动或者非法活动的，应视为挪用人挪用公款进行营利活动，从而成立挪用公款罪。此外，挪用公款归个人作为担保物使用的，应当根据所担保的交易是营利活动还是非法活动决定挪用公款的性质。

挪用公款时索取、收受贿赂构成犯罪的，或者挪用公款进行非法活动构成毒品犯罪、赌博、走私以及其他犯罪的，都应当数罪并罚。

例3（真题） 甲恳求国有公司财务主管乙，从单位挪用10万元供他炒股，并将一块名表送给乙。乙做假账将10万元交予甲，甲表示尽快归还。20日后，乙用个人财产归还单位10万元。

提示：本例中乙应甲的请求，挪用单位公款10万元供甲炒股，炒股的行为属于营利活动，因此对于乙挪用公款的用途应认定为用于营利活动。挪用公款用于营利活动没有时间要求，但有数额要求，10万元显然已经达到了数额较大的要求。因此，即便乙在事后用个人财产归还了通过自己做假账挪用的10万元，但乙的行为当然成立挪用公款罪。此外，乙在挪用公款时还收受了甲的贿赂（名表），成立受贿罪，应当数罪并罚。而甲由于不具备国家工作人员身份，但是其指使乙挪用公款给自己使用，应当成立挪用公款罪的教唆犯。

本罪的主体是国家工作人员。根据《最高人民法院关于对受委托管理、经营国有财产人员挪用国有资金行为如何定罪问题的批复》（2000年2月16日）的规定，对于受国家机关、国有公司、企业、事业单位、人民团体委托，管理、经营国有财产的非国家工作人员，利用职务上的便利，挪用国有资金归个人使用构成犯罪的，应当依照挪用资金罪（而非挪用公款罪）定罪处罚。

国有单位领导利用职务上的便利指令具有法人资格的下级单位将公款供个人使用的，属于挪用公款行为，构成犯罪的，应以本罪定罪处罚；根据立法解释，村民委员、居民委员会组成人员等基层组织人员协助地方人民政府从事行政管理工作时，具有国家工作人员身份，其利用职务上的便利挪用具有财政拨款性质的公款的，应以本罪处理。

二、主观要件

本罪在主观方面是故意，并以暂时非法占有公款、日后准备归还为目的。行为人对财物的公共性有所认识，对挪用行为的非法性也应当有所认识，而且只具有暂时使用而不是永久占有的目的。

第三节 受贿罪与利用影响力受贿罪

重要法条及司法解释

《刑法》第385~386、388条。

命题分析

受贿犯罪是腐败犯罪中的最重要形式。国家反腐败力度在不断加大，不断刷新历史纪录的受贿数额也在持续冲击着公众的心理底线。而各种新形式的受贿手段层出不穷，给司法认定和理论带来了较大的影响，因此，对于受贿犯罪的考查一直备受重视。

近些年的真题中，受贿罪与利用影响力受贿罪反复出现。考生在复习这两个罪名时，对于受贿罪要认真把握其犯罪构成，熟悉各种新类型受贿的表现形式，尤其是司法解释规定的新型受贿。对于利用影响力受贿罪则要清楚该罪的几种不同构成形式，在理解的基础上记忆，否则容易混淆。

知识点精讲

一、受贿罪

（一）客观要件

本罪在客观方面表现为行为人利用职务上的便利，索取他人财物，或者非法收受他人财物，为他人谋取利益的行为。

1. 利用职务上的便利

利用职务上的便利，包括直接利用职务之便和间接利用职务之便。

直接利用职务之便是指利用本人现有职务范围内的权力，即利用本人因现有职务而主管、决定、负责或者承办某种公共事务所形成的便利条件。本人职务范围内的权力（职权），涉及人事的、财物的以及其他职权。一般的、概括的职务，过去、将来的职务权力都是这里的职权。

间接利用职务之便受贿，又称"斡旋受贿"，是指行为人虽然没有利用本人职务范围内的权力，但是，因为其本人职权对其他国家工作人员的职务能够产生一定的制约作用，其利用这种制约作用而通过第三人的职务行为为请托人谋取利益而本人向请托人索取财物或接受请托人贿赂的情形。对此，《刑法》第388条明确规定，国家工作人员利用本人职权或者地位形成的便利条件，通过其他国家工作人员职务上的行为，为请托人谋取不正当利益，而本人从中向请托人索取或者非法收受财物的，以受贿论处。

2. 索取、收受贿赂

本罪的行为对象是贿赂。贿赂是指与职务权限相关联的作为对价关系存在的财产或者财产性利益。我国《刑法》第385条将受贿罪的对象限于财物。对于贿赂应作广义理解，除了财物以外，还包括不正当利益。这种不正当利益只包括财产性利益（例如，出钱供他人旅游、免除债务、赠送他人未上市股票等）。换言之，财产、有形的、能够满足人的需要或欲望的财产上的利益才是这里的贿赂。社交礼仪范围内的赠与，与职务权限关系无关，不是贿赂物。国家工作人员在传统节日接受与职权有关的馈赠的场合，可能会成立受贿罪。所以，某一财物是否为贿赂物必须以职务、当事者之间的关系，提供的利益在社会、经济的意义等为基础，作实质判断。无形的、非财产性的利益，不能成为本罪的对象，性贿赂、提供一定地位、提供升学的机会等，不是本罪的目的物。对接受非财产性利益以后，滥用职权为提供贿赂者谋取好处或者作为枉法裁判的，可以按照滥用职权罪、枉法裁判罪定罪量刑。

受贿的实行行为，包括两种基本表现形式。一种是利用职务上的便利，索取他人财物。利用职务上的便利，软硬兼施，名为向他人借用财物，但实际上没有归还意思的，属于索取贿赂行为，不成立民事上的债权、债务关系，而成立本罪。另外一种是行贿人主动交付贿赂，而受贿人以利用职务上的便利为行贿人谋取利益为条件，非法接受贿赂。至于收受贿赂财物，是在实施职务行为以前还是以后，在所不问。

根据有关司法解释，以下行为属于收受贿赂，应当以受贿罪论处：

（1）国家工作人员通过赌博或者接受别人为其赌博提供资金的形式受贿的，依照受贿罪的规定追究刑事责任。

（2）国家工作人员利用职务上的便利为请托人谋取利益，以明显低于市场的价格向请托人购买房屋、汽车等物品的；以明显高于市场的价格向请托人出售房屋、汽车等物品的，以及以其他交易形式非法收受请托人财物的，以受贿论处。受贿数额按照交易时当地市场价格与实际支付价格的差额计算。这里的市场价格包括商品经营者事先设定的不针对特定人的最低优惠价格。根据商品经营者事先设定的各种优惠交易条件，以优惠价格购买商品的，不属于受贿。

（3）国家工作人员利用职务上的便利为请托人谋取利益，收受请托人提供的干股（未出资而获得的股份），以受贿论处。进行了股权转让登记，或者相关证据证明股份发生了实际转让的，受贿数额按转让行为时股份价值计算，所分红利按受贿孳息处理。股份未实际转让，以股份分红名义获取利益的，实际获利数额应当认定为受贿数额。

（4）国家工作人员利用职务上的便利为请托人谋取利益，由请托人出资，“合资”开办公司或者进行其他“合作”投资的，以受贿论处。受贿数额为请托人给国家工作人员的出资额。国家工作人员利用职务上的便利为请托人谋取利益，以合作开办公司或者其他合作投资的名义获取“利润”，没有实际出资和参与管理、经营的，以受贿论处。

（5）国家工作人员利用职务上的便利为请托人谋取利益，以委托请托人投资证券、期货或者其他委托理财的名义，未实际出资而获取“收益”，或者虽然实际出资，但获取“收益”明显高于出资应得收益的，以受贿论处。受贿数额，前一情形以“收益”额计算；后一情形以“收益”额与出资应得收益额的差额计算。

（6）国家工作人员利用职务上的便利为请托人谋取利益，要求或者接受请托人以特定关系人安排工作为名，使特定关系人不实际工作却获取所谓薪酬的，以受贿论处。

（7）国家工作人员利用职务上的便利为请托人谋取利益，收受请托人房屋、汽车等物品，未变更权属登记或者借用他人名义办理权属变更登记的，不影响受贿的认定。认定以房屋、汽车等物品为对象的受贿，应注意与借用的区分。具体认定时，除双方交代或者书面协议之外，主要应当结合以下因素进行判断：有无借用的合理事由；是否实际使用；借用时间的长短；有无归还的条件；有无归还的意思表示及行为。

接受者所收受的财物必须是他人基于行贿的意思而交付，才能成立这里的收受。提供财物者的行为仅仅是为了配合司法机关查处腐败案件的，其属于设置圈套，由于提供财物者没有真正的行贿意思，不存在行贿人，所以，即使国家工作人员已经接受该财物，也不构成受贿罪。但是，国家工作人员向他人索取财物，被提出要求的人不堪忍受进行检举揭发，并在司法机关的安排下交付财物的，接受者成立（索取型）受贿罪，但由于其接受的财物不是他人基于行贿意思提供，所以应当对受贿人按照犯罪未遂处理。

收受财物后，是将财物归自己支配，还是由自己或直接指示行贿人将其交付给第三人，均不影响收受的认定。

3. 为他人谋取利益

索取贿赂只需要利用职务上的便利便成立犯罪，不要求为他人谋取利益。但收受贿赂的，只有为他人谋取利益的才成立受贿罪。为他人谋取利益是指行为人利用职务上的便利，为他人谋取非法或者正当的利益。在斡旋受贿的情况下，行为人通过第三人为请托人谋取的利益，必须是不正当利益，如果谋取的是正当利益，即使行为人向请托人索取了财物，或者非法收受了请托人的财物，也不能以受贿罪定罪处罚。

为他人谋取利益，从利益的实现方面看，包括：①承诺为他人谋取利益；②正在为他人谋取；③已经部分为他人实际取得利益；④完全满足受贿人的要求四种情形。这样一来，在以为他人谋取利益为成立要件的收受型受贿罪中，实际上，只要行为人有为他人谋取利益的承诺，为他人谋取利益这一客观要件在法律上就已经具备了，至于承诺是明示的还是暗示的，都无关紧要，即使行为人最终未为请托人谋取到任何利益，也属于受贿人为他人谋取利益。

4. 受贿罪既遂标准

受贿人实际取得行贿人给付的财物、实际领受财产性利益时，即成立犯罪既遂（取得说）。

关于本罪既遂，有以下问题需要注意：

（1）国家工作人员索贿的，提出要求就成立犯罪，但并不成立既遂。犯罪既遂条件和犯罪成立条件并不具有同一性。因此，国家工作人员索贿，但对方没有作出相应反应的，或者受贿人、行贿人就贿赂的提供与接受事宜达成一致意见，但后来又解除约定的，都只成立本罪未遂。

（2）收受伪劣产品的场合，因为该财物也是有（消极）价值的财物，受贿人属于收到、取得了行贿人提供的财物，故应该认定为受贿罪既遂，只是不具体计算数额。

（3）收受银行卡的既、未遂。例如，甲将行贿款300万元存入用其本人名义办理的银行卡中，将该卡及密码交给国家工作人员乙，乙为甲谋取了不法利益。后甲得知乙因贪污罪被司法机关采取强制措施，便携带自己的身份证去银行对该银行卡挂失，后将该300万元转入甲妻子的账户中。当事双方对300万元的归属已有所约定，即便其还存在于行贿人名下，也应当认为受贿罪既遂。这和收受汽车、房屋，但所有权并未转移到受贿人名下是相同的道理。

例1（真题） 某国有银行行长甲指使负责贷款业务的科长乙向申请贷款的丙单位索要财物。乙将索要所获15万元中的9万元交给甲，其余6万元自己留下。后来，甲、乙均明知丙单位不具备贷款条件，仍然向丙单位贷款1000万元，使银行遭受800万元损失。

提示：由于甲、乙二人共同向丙单位索贿15万元，二人成立共同受贿。对于共同受贿的数额，如同共同贪污犯罪的数额计算，不能仅以自己最后的实际所得进行认定，而应以实际参与受贿事实的总数额进行认定。因此，甲、乙二人受贿罪的数额均为15万元。由于甲、乙受贿之外，还存在违法发放贷款致使银行遭受800万损失的事实，因而应以违法发放贷款罪和受贿罪数罪并罚。

例2（真题） 甲向乙行贿五万元，乙收下后顺手藏于自家沙发垫下，匆忙外出办事。当晚，丙潜入乙家盗走该五万元。事后查明，该现金全部为假币。

提示：由于受贿罪的保护法益是国家工作人员职务行为的不可收买性，对于乙收受五万元假币的事实来说，乙接受了五万元“贿赂”便意味着职务行为可以用钱款作交换，实际侵害了职务行为的不可收买性，因此，乙的行为应该构成受贿罪。

5. 主体

本罪的主体是国家工作人员，即国家机关中从事公务的人员，国有公司、企业、事业单位、人民团体中从事公务的人员和国家机关、国有公司、企业、事业单位委派到非国有公司、企业、事业单位、社会团体从事公务的人员，以及其他按照法律从事公务的人员。受委托管理、经营国有财产的人员利用职务上的便利条件索取、收受财物的，应成立公司、企业人员受贿罪，而不构成本罪。

国有公司、企业中从事公务的人员和国有公司、企业委派到非国有公司、企业从事公务的人员，国有金融机构工作人员和国有金融机构委派到非国有金融机构从事公务的人员，利用职务上的便利，索取他人财物或者非法收受他人财物，为他人谋取利益，或者违反国家规定，收受各种名义的回扣、手续费归个人所有的，依照《刑法》第385条、第386条定罪处罚。

村民委员会等村基层组织人员协助人民政府从事行政管理工作，利用职务上的便利，索取他人财物或者非法收受他人财物，构成受贿罪。

国家工作人员利用职务上的便利为请托人谋取利益，并与请托人事先约定，在其离退休后收受财物，构成犯罪的，以受贿罪定罪处罚。如果没有事先约定，在职时利用职务上的便利为请托人谋取利益，而在离退休后收受原请托人财物的，不构成本罪。国家工作人员利用职务上的便利为请托人谋取利益，离职前后连续收受请托人财物的，离职前后收受部分均应计入受贿数额。离退休人员利用原来的职权或地位形成的便利通过（具有国家工作人员身份的）第三人的行为为请托人谋取不正当利益的，且与第三人之间存在共犯关系，构成受贿罪的帮助犯，应以本罪处理；与第三人无共犯关系的，离退休人员单独构成利用影响力受贿罪。

例3（真题） 丁系国家工作人员，在主管土地拍卖工作时向一家房地产公司通报了重要情况，使其如愿获得黄金地块。丁退休后，该公司为表示感谢，自作主张送与丁价值5万元的按摩床。

提示：丁为他人谋取不正当利益的行为发生在其任现职期间，但其收受财物行为却发生在离职以后，并且，丁并未与请托人事前约定，在其离退休后接受财物，因此，其不构成受贿罪。

（二）主观要件

主观方面只能是故意。故意的内容，一方面是行为人对财物的贿赂性有认识，即认识到其与职务行为之间的对价关系。这种认识只要求其具有普通人都有的一般性判断即为已足，而不要求认识到是刑法意义上的贿赂。认为是正当的报酬而不是贿赂的场合，不具有本罪故意。另一方面，在收受财物的场合，行为人还要认识到其利用职务上的便利为他人谋取利益而非法收取贿赂，损害了职务行为的不可收买性。因此，（收受型）受贿故意中应当既包括收受他人财物的故意也包括为他人谋取利益的意思。

国家工作人员为他人谋利益，由家属收受财物的案件，需要证实国家工作人员本人确实知道，或者其家属确实告知了已收受财物事宜，否则不成立受贿的共同犯罪。

（三）认定

1. 长期“感情投资”与受贿

实践中，大量出现商人以感情投资的方式“围猎”国家工作人员的情形，对于哪些钱款可以认定为受贿，有一些争议。例如，甲对国家工作人员乙并无具体请托事项，但利用各种机会在连续5年的时间里，多次给予乙共计50万元的钱款，进行所谓的“感情投资”。后来，甲为高速公路工程投标一事请托乙，乙为甲谋取不正当利益后，甲向乙行贿100万元。在本案中，宜将乙在为甲谋取具体利益之前所收受的50万元计入受贿款总额。虽然在提供这50万元时，甲对乙并无具体请托事项，但其提供财物的目的是密切与国家工作人员乙的关系，便于其今后利用乙的职务便利，为其做生意提供帮助，而乙也明知甲的上述意图和款项的性质，故二人之间的上述经济往来，与乙的职权和地位具有直接关系。后乙接受甲的请托，利用职务便利在特定事项上为甲谋取利益，与甲之前提供贿赂的行为之间存在因果关系。因此，乙在接受具体请托之前的5年时间里收受甲所谓的“感情投资款”的行为具有权钱交易的性质，符合受贿罪的构成要件。

2. 礼尚往来与受贿（收受礼金）

实践中，有很多被告人以财物系对方利用过年、过节等时间节点，或者婚丧嫁娶、生病住院等机会送给自己，或是彼此之间存在礼尚往来，因而不应认定为受贿进行辩解。对此的处理规则是：①如果查明双方确实存在礼尚往来，且财物数额在合理的人际交往范围内的，原则上不应认定为受贿。②被告人并不是只收不送，符合“礼尚往来”的特征的，即便可以认定为受贿，也应当将被告人“还回去的”礼金从犯罪数额中扣减。③如果提供财物者故意选择节日期间及利用国家工作人员儿女结婚之机给付财物，或者提供礼金等只是为请求国家工作人员为其谋利而在事先所做的一种铺垫，之后再适时提出请托事项的，或是已取得了利益后，以礼金形式表示感谢的，均属于名为礼尚往来，实则是一种权钱交易，均不影响对被告人受贿行为性质的认定。④国家工作人员在过年过节、家人生病、子女结婚时收受财物的，需要有证据证明行为人在收受礼金、馈赠之前或之后，至少为他人谋取了一次利益，才能建立权钱交易的对价关系。如果连至少一次以上的（默示的）承诺为他人谋利的事实都证明不了，即便给付财物的人与被告人的职务、工作上存在一定关联，是在进行“感情投资”，按照现行刑法关于受贿罪构成要件的规定，也难以认定为受贿罪。

3. 收受回扣、手续费

除一般索取、收受贿赂之外，《刑法》第385条第2款还规定，国家工作人员在经济往来中，违反国家规定，收受各种名义的回扣、手续费，归个人所有的，以受贿论处。违反国家规定收受回扣，是指未在单位设立的财物账目上如实、公开记载而收受回扣、佣金、信息费、顾问费、劳务费等手续费的。收受回扣、佣金、信息费、顾问费、劳务费等手续费，在单位财物账目如实记载，没有归个人所有的，不构成本罪。不过，需要注意，并不是所有收受回扣款的行为都构成受贿罪，实践中还有成立贪污罪的可能。例如，行为人利用职务之便，在事先得到对方答应给其回扣的情况下才用单位公款付给对方某项赞助费，对方在收到财物之后依约送给行为人回扣的，这种回扣并非对方财产，而是行为人管理的公共财物中的一部分。行为人收受回扣的行为，实质上是变相地以非常诡秘和巧妙的方式侵吞了本单位的公款，因而应定贪污罪而不是受贿罪。

4. 受贿罪与贪污罪的界限

国家工作人员以单位名义收受对方财物，利用职务上的便利为他人谋取利益，后将该财物私分或占为己有的，是成立受贿罪还是成立贪污罪，一直有争议。例如，国家工作人员甲以所在单位需要“赞助费”为名，向某民营企业索要80万元。该款后由甲指示乙存入单位开设的临时账户中，并随即取出私分。一审法院认定被告人甲构成受贿罪；二审认定其为贪污罪。处理类似案例，需要考虑：①索要财物者是否有为单位利益索贿的真实意思；②被索取财物的人是否对索贿人的行为性质有相对清楚的认知，是否有行贿的特征。如果答案是肯定的，应认定为（单位）受贿罪。如果答案不明确，应认定为贪污罪。就本案而言，如果行为人甲一开始就有将索要的财物占为己有的意思，宜定性为贪污罪，因为其系假借单位名义向对方索要财物，单位对该财物没有索要的意思，所谓的（单位）受贿行为实质上不存在，甲提出索要财物的要求只是为后续的侵吞财物做准备而已。

当然，如果单位索要财物的意思真实，行为人事后又将索贿取得的部分财物据为己有的，可能成立数罪。例如，税务局长甲以组织单位人员外出旅游活动的名义向乙索要24万元，后将其中16万元用于单位活动，其余8万元一直放在单位小金库中，1年后甲将其支取用于女儿结婚，对甲应以单位受贿罪和贪污罪并罚。

5. 受贿与敲诈勒索

国家工作人员利用职务上的便利以勒索、骗取的方式取得贿赂的，需要区别情况处理：一方面，国家工作人员实施与职务无关联的欺骗、恐吓手段，使他人陷于错误或者恐惧而交付财物的，不是基于国家工作人员的职务行为取得财物，不是受贿。另一方面，国家工作人员向被害人进行恐吓，即使没有迫使他人交付财物的意思表示，但被害人因为行为人的职权、地位而交付财物的，行为人属于索取贿赂，而非敲诈勒索。

当然，以敲诈勒索、诈骗的方式索取财物，但没有执行职务的意思，不构成受贿罪，而只构成敲诈勒索罪或者诈骗罪。

二、利用影响力受贿罪

利用影响力受贿罪是指国家工作人员的近亲属或者其他与该国家工作人员关系密切的人，以及离职的国家工作人员或者其近亲属以及其他与其关系密切的人，利用影响力收受请托人财物，数额较大或者有其他较重情节的行为。

本罪客观方面表现为，国家工作人员的近亲属或者其他与该国家工作人员关系密切的人，通过该国家工作人员职务上的行为，或者利用该国家工作人员职权或者地位形成的便利条件，通过其他国家工作人员职务上的行为，或者离职的国家工作人员或者其近亲属以及其他与其关系密切的人，利用该离职的国家工作人员原职权或者地位形成的便利条件通过其他国家工作人员职务上的行为，为请托人谋取不正当利益，索取请托人财物或者收受请托人财物，数额较大或者其他较重情节的行为。

本罪的行为方式有三种：

（1）国家工作人员的近亲属或者其他与该国家工作人员关系密切的人，通过该国家工作人员职务上的行为，为请托人谋取不正当利益。行为人实际上是利用自己与国家工作人员之间所具有的近亲属或其他密切关系所形成的影响力，进而促使与之有特定关系的该国家工作人员通过自己职务上的行为，为请托人谋取不正当利益。

例 4（真题） 甲系某国企总经理之妻，甲让其夫借故辞退企业财务主管，而以好友陈某取而代之，陈某赠甲一辆价值 12 万元的轿车。甲构成犯罪。

提示：上述说法是正确的，甲的行为典型的属于国家工作人员的近亲属通过国家工作人员的职务上的行为为请托人谋取不正当利益，构成利用影响力受贿罪。

（2）国家工作人员的近亲属或者其他与该国家工作人员关系密切的人，利用该国家工作人员职权或者地位形成的便利条件，通过其他国家工作人员职务上的行为，为请托人谋取不正当利益。所谓“利用职权或地位形成的便利条件”，是指行为人与被其利用的国家工作人员之间在职务上虽然没有隶属、制约关系，但是行为人利用了本人职权或者地位产生的影响和一定的工作联系，如单位内不同部门的国家工作人员之间、上下级单位没有职务上隶属、制约关系的国家工作人员之间、有工作联系的不同单位的国家工作人员之间等。

例 5（真题） 丙系某国家机关官员之子，利用其父管理之便，请其父下属将不合条件的某企业列入政府采购范围，收受该企业 5 万元。丙构成犯罪。

提示：上述说法是正确的，丙的行为属于国家工作人员的近亲属利用其父亲的职权，通过其他国家工作人员职务上的行为为请托人谋取不正当利益，成立利用影响力受贿罪。

（3）离职的国家工作人员或者其他近亲属以及其他与其关系密切的人，利用自己（离职的国家工作人员）或者该离职的国家工作人员原职权或者地位形成的便利条件，通过其他国家工作人员职务上的行为，为请托人谋取不正当利益。

例 6（真题） 乙系已离职的国家工作人员，请接任处长为缺少资质条件的李某办理了公司登记，收取李某 10 万元。乙构成犯罪。

提示：上述说法是正确的，乙的行为属于离职的国家工作人员利用自己的原职权形成的便利条件，通过其他做国家工作人员职务上的行为，为请托人谋取不正当利益，成立利用影响力受贿罪。

构成本罪，要求行为人为请托人谋取不正当利益，即谋取违反法律、法规、国家政策和国务院各部门规章规定的利益，以及要求国家工作人员或者有关单位提供违反法律、法规、国家政策和国务院各部门规章规定的帮助或者方便条件。为请托人谋取不正当利益，包括承诺为他人谋取不正当利益；正在为他人谋取不正当利益；已经部分为他人实际取得不正当利益；完全满足请托人的要求四种情形。

本罪的主体是非国家工作人员（非身份犯），但有范围限制。从大的方面看，包括两类人：①与国家工作人员关系密切的人：国家工作人员的近亲属，包括夫、妻、父、母、子、女、同胞兄弟姐妹等；其他与国家工作人员关系密切的人，包括国家工作人员的同事、情人、同学、战友、亲戚、朋友、伙伴、邻居等长期交往和有一定关系往来的人，也可以是该国家工作人员临时认识的朋友或有一次性利益关系的人。②离职的国家工作人员或者其近亲属以及其他与其关系密切的人。

第四节　行贿罪

重要法条及司法解释

《刑法》第389~390条。

《最高人民法院关于办理行贿刑事案件具体应用法律若干问题的解释》（2012年12月26日）。

命题分析

行贿与受贿是传统刑法理论上的对合犯，但需要注意的是，由于两罪的犯罪构成不同，所以一方受贿，提供贿赂的一方未必就构成行贿罪。《刑法修正案（九）》对行贿罪做了一些修订，今后几年考查行贿罪的可能性很高，考生需要引起重视。在复习时，要注意掌握本罪的构成要件，尤其“不正当利益”这一构成要件要素。

知识点精讲

行贿罪是指为谋取不正当利益，给予国家工作人员财物的行为。

一、客观要件

本罪在客观方面表现为谋取不正当利益，给予国家工作人员以财物的行为。

（一）谋取不正当利益

行为人必须谋取的是不正当利益，才构成本罪。这里的“不正当利益”是指不法利益或者行为人不应当得到的利益。司法解释对谋取不正当利益的范围限定得比较小。根据《最高人民法院、最高人民检察院关于办理行贿刑事案件具体应用法律若干问题的解释》（2012年12月26日）第12条的规定，行贿犯罪中“谋取不正当利益”，是指行贿人谋取的利益违反法律、法规、规章、政策规定，或者要求国家工作人员违反法律、法规、规章、政策、行业规范的规定，为自己提供帮助或者方便条件。违背公平、公正原则，在经济、组织人事管理等活动中，谋取竞争优势的，应当认定为“谋取不正当利益”。从理论上看，在正常情况下，能够获取该利益并不确定，但行为人通过行贿方式取得这种利益的，也是谋取不正当利益。谋取不正当利益，不是仅仅指谋取本人的利益，谋取的利益与第三人、单位有关，也是谋取利益。

例1（真题） 国家工作人员利用职务便利，为请托人谋取利益并收受其财物而构成受贿罪的，请托人当然构成行贿罪。

提示：本例中的表述是错误的。行贿罪和受贿罪虽然是理论上所称的对向犯，但并非所有的受贿方和行贿方都必然同时构成犯罪。在行为人为了谋取自己的正当利益而给予国家工作人员财物的，不成立行贿罪，但是国家工作人员接受财物的，却侵害了职务行为的不可收买性，构成受贿罪。

行为谋取的下述利益均属于不正当利益：①在任何情况下，法律都禁止得到的利益，如通过偷税、套汇、走私等得到的利益。②在不具备取得某种利益的条件或是取得该利益具有不确定性时，用不正当手段取得该利益或者排斥竞争对手，如在建设工程招标时，以不正当手段获得承包权。③依法应当履行的义务通过不正当手段得以减免，如通过行贿得以减免债务、获得税款减免等。至于行为人对于所要谋取的不正当利益是否向受贿人明确提出，受贿人是否着手为其谋取部分或全部利益，都不影响本罪的成立。

为谋取不正当利益而自愿向他人提供财物的，以行贿罪论处；为谋取不正当利益而被他人索取贿赂的，也应以行贿罪论处。但因被勒索给予国家工作人员以财物，没有获得不正当利益的，不是行贿。例如，甲因国家工作人员乙正当行使职权而得到正当利益，但乙日后威胁甲，诈称甲所得到的利益是不正当的，进而勒索财物，甲给付财物的，由于其事实上并未获得不正当利益，故不构成行贿罪。

例 2（真题） 因被勒索给予国家工作人员以财物的，当然不构成行贿罪。

提示：上述真题中的选项表述是错误的。并非因被勒索给予国家工作人员财物的，一律不构成行贿罪，只有被勒索给予财物没有获得不正当利益的，才不构成行贿罪。

赠送礼物纯属私人亲情、友谊的表现，不附加任何条件的，不构成行贿罪。但是，虽然存在亲情关系，但馈赠是为了使对方利用职务之便为其谋取不正当利益，财物和职权使用之间有对价关系的，并不妨碍行贿罪的成立。

（二）给付财物

行贿的方法多种多样，有公开行贿的，有巧妙伪装秘密行贿的；有事前行贿的，有事后行贿的。不论采取何种方式，只要行贿人为谋取非法利益主动给予国家工作人员以财物的，就可构成行贿罪。国家工作人员对他人行贿的提议加以拒绝时，行为人也成立本罪；贿赂实际提供了，但被国家工作人员当场拒绝的，行为人同样成立行贿；国家工作人员没有认识到财物的贿赂性，或者已经认识但有返还的意思或上缴纪检监察部门的意思，而加以接受的，行为人也成立本罪。

给予财物，是指主动提供，使对方收受的行为。给予行为和对方的收受行为之间是必要共犯的关系。行贿人教唆、帮助受贿人收受财物，只成立行贿罪，而不成立受贿罪的教唆、帮助犯。

行为人已经着手实施给付财物的行为，但遭到国家工作人员拒收或者由于其他原因没有给付出去的，属于本罪未遂。已经将财物实际给予国家工作人员的，构成本罪既遂。

行贿行为本身就是一种犯罪行为，行贿后得到国家工作人员的庇护和容忍，进行违法活动构成其他犯罪的，例如，行贿后肆意进行走私等违法犯罪活动，应数罪并罚。

在经济往来中为谋取不正当利益，违反国家规定，给予国家工作人员或者其他从事公务人员以回扣、手续费的，以行贿论处。以下情形应当视为为谋取不正当利益而给予回扣、手续费：推销假冒伪劣产品的；在不具备加工、施工技术或设备的情况下，为承揽加工业务，承包建筑工程的；为提高加工费、工程造价，获取高额利润的。

二、主观要件

本罪在主观方面是故意。行贿人对于其行为的性质、目的、结果均有明确的认识，并意图以较小的利益作贿赂，谋取较大的不正当利益（目的）。行贿人并不试图直接从犯罪行为中取得不正当利益，其将取得的利益处分给他人或者单位的意思，属于犯罪动机，对于定罪没有影响。

行为人没有犯罪故意，因被勒索给予国家工作人员以财物，没有获得不正当利益的，不是行贿。

第五节 介绍贿赂罪

重要法条及司法解释

《刑法》第392条。

命题分析

介绍贿赂罪在历年真题中出现的频次不高，在司法实务中应用的也不是非常多，之所以如此，在于介绍贿赂罪与受贿罪或行贿罪之间的共犯关系很难把握。考生在复习时要注意理解清楚本罪的犯罪构成。

知识点精讲

介绍贿赂罪是指在受贿人和行贿人之间进行沟通、撮合、引见，使受贿和行贿得以实现的行为。

一、客观要件

本罪在客观方面表现为在行贿人与受贿人之间牵线搭桥，起媒介作用，以使行贿、受贿行为得以完成。

介绍贿赂，包括指接受行贿人的委托，向国家工作人员介绍贿赂；也包括接受国家工作人员的委托，介绍贿赂物的提供者。至于介绍者是否以营利为目的、是否具有国家工作人员身份等，都对成立犯罪没有影响。介绍贿赂是以行贿者或者受贿者的名义，为行贿者或者受贿者的利益，同时在两者之间进行沟通，而不是单纯地为自己的利益帮助某一方，所以其与受贿罪、行贿罪的帮助犯、教唆犯都不相同。只教唆行贿或者受贿的一方实施犯罪的，分别构成行贿罪或者受贿罪的教唆犯；先教唆他人提供贿赂，然后教唆另外的人索取、收受该贿赂的，同时构成贿赂罪的教唆犯和介绍贿赂罪，应从一重罪处断。但接受行贿人的委托向国家工作人员介绍贿赂，被国家工作人员拒绝，介绍者构成行贿罪（未遂）的帮助犯；接受国家工作人员的委托向他人提出行贿建议，被对方拒绝的，也只构成受贿罪（未遂）的帮助犯，而不构成介绍贿赂罪。

根据《最高人民检察院关于人民检察院直接受理立案侦查案件立案标准的规定（试

行）》的规定，涉嫌介绍贿赂，有下列情形之一的，应予立案：①介绍个人向国家工作人员行贿，额在2万元以上的；介绍单位向国家工作人员行贿，数额在20万元以上的。②介绍贿赂不满上述标准，但具有下列情形之一的：为使行贿人获取非法利益而介绍贿赂的；3次以上成者为3人以上介绍贿赂的；向党政领导、司法工作人员、行政执法人员介绍贿赂致使国家或者社会利益遭受重大损失的。

二、主观要件

本罪在主观方面是直接故意，即行为人明知行贿人、受贿人的行贿与受贿意图，而故意从中撮合，使行贿、受贿行为得以实现。犯罪动机多种多样，有的是为亲友帮忙，有的是为了讨好国家工作人员，有的是为了从中谋取非法经济利益。动机如何，并不影响本罪成立。

三、想象竞合犯

在多数情况下，介绍贿赂行为的法益侵害性远比立法上所预估的要严重得多。尤其是当行人和受贿人完全不认识或交情较浅，或者就行贿人的社会地位、交往层面、人脉关系等，其完全不可能与受贿人“搭上线”时，如果没有介绍贿赂人的四处打探，投机取巧、投其所好甚至转交、截留行贿款等其他各种“努力”，行贿人与受贿人之间的交易完全不可能完成。近年来，在工程建设、城市规划、房地产开发、司法裁判等领域，有些人甚至以介绍贿赂为业，成为职业化的围猎官员的特殊群体。对这些人，如果仅仅以介绍贿赂罪最高判处3年有期徒刑，势必导致罪刑失衡，不能截断权钱交易的利益链，不利于从源头上遏制腐败。

案例1：某县工商行政管理局获准用原有的旧办公楼置换新办公楼。金某得知此消息后，找到担任该县工商行政管理局局长的亲属李某表示想承揽此工程。李某明确表示，只要具备资质、有实力，就可以承建该工程。于是，金某通过朋友联系到付某等人，由金某引荐、搭桥，付某等人先后多次与李某商谈置换办公楼事宜。其间，付某承诺事成之后，给予金某一定报酬。在签订楼房置换协议前，金某将李某索要300万元的要求转达给付某等人。此款被李某收下后，付某的公司最终与县工商行政管理局签订了楼房置换协议。案发后，法院经审理认定，被告人金某为赚取“介绍费”，在付某等人与国家工作人员李某之间沟通关系，撮合条件，最终促成李某收受贿赂300万元，情节严重，其行为已构成介绍贿赂罪，依法判处其有期徒刑2年，缓刑3年。

案例2：被告人马某、王某介绍欲进入某管委会工作的人员向某开发区管委会主任送现金，后9名事业单位人员和18名人事代理人员进入该管委会工作，马、王二人向每人收取20多万元贿赂款，共收取上述27名人员贿赂款584万元，其中向管委会主任转交455万元，两被告人截留129万元。法院以介绍贿赂罪分别判处马某有期徒刑6个月，王某免予刑事处罚。

在案例1中，被告人金某实质上是给李某提供帮助使得其受贿300万元的行为最终得逞。对李某应当判处10年以上有期徒刑，如果没有介绍贿赂罪的规定，对金某也应当定受贿罪共犯，并比照李某处刑，且理应不会对其宣告缓刑。在例2中，被告人马某、王某实质上是给管委会主任提供帮助，使得其受贿584万元的行为最终得逞，且两被告人自行截留129万元。如果没有介绍贿赂罪的规定，对马某、王某均应当定受贿罪共犯，并比照该管委会主任处刑，无论如何，不会轻到目前法院判决的程度。因此，刑法关于介绍贿赂罪的规定，是许多深度参与行贿受贿行为，为送钱的人和收钱的人牵线搭桥者被轻纵的主要法律根据。介绍贿赂罪的规定，成为这些罪犯的避风港。

为此，应当认为，向国家工作人员介绍贿赂，情节严重的，同时构成受贿罪或行贿罪共犯（想象竞合犯），而且在多数场合，对其最终应以受贿罪共犯论处。理由在于：①所有的介绍贿赂行为，最终都要和受贿人沟通，帮助受贿人完成权钱交易。一个介绍贿赂行为，如果仅仅和行贿人沟通，而没有最终和受贿人“搭上线”，权钱交易不可能完成，因此，将介绍贿赂行为认定为受贿罪共犯（而不是行贿罪共犯），更为符合法理。②单纯和行贿人联系，没有请托到受贿人的情形，既不可能完成介绍贿赂行为，司法上也不会介入。迄今为止，实务上没有判决过单纯和行贿人联系，没有最终请托到受贿人的介绍贿赂案件。③这是严厉打击受贿行为，切断受贿来源的现实需要，和中央坚决反腐败的决心相一致。④应贯彻罪刑相适应原则。受贿罪最高处死刑，行贿罪最高处无期徒刑，为受贿人提供帮助的人最高仅判3年有期徒刑，既与法理相悖，也不利于彻底遏制腐败。⑤即使是那些情节特别轻的介绍贿赂行为（如明知他人有行贿意思，而介绍行贿人与受贿人认识，具体权钱交易行为由其二人自行商谈），也为受贿人提供了帮助，是受贿罪共犯，只不过在量刑时予以从轻或减轻处罚而已。

由此可见，介绍贿赂罪的适用空间极其有限，仅限于那些情节特别轻的介绍贿赂，如定行贿或受贿罪共犯，在处罚上和介绍贿赂罪差异很小的行为。对大量情节严重，参与程度较深，介绍贿赂金额巨大，受贿人为行贿人谋取重大非法利益的案件，应当认定行为人同时构成介绍贿赂罪和受贿罪的共犯，保留以重罪即受贿罪共犯处理的可能性，防止重罪轻判。

第二十一章　渎职罪

第一节　滥用职权罪

重要法条及司法解释

《刑法》第397条。

命题分析

在“渎职罪”一章中，从历年真题考查的情况来看，出现频率较高的仅有徇私枉法罪。但由于滥用职权罪与玩忽职守罪可以说是“渎职罪”一章中的堵截性罪名，因此，在司法实务中适用比较频繁。要熟练掌握滥用职权罪的几种典型的行为表现形式。

知识点精讲

滥用职权罪是指国家机关工作人员超越职权，违法决定、处理其无权决定、处理的事项，或者违反规定处理公务，致使公共财产、国家和人民利益遭受重大损失的行为。

一、保护法益

本罪侵害的法益具有双重性：一方面是国家法益，即职务行为的正当性和社会对国家行政、司法权力行使公正性的信赖感；另一方面是个人法益，即公民个人的人身或财产权利。但就总体而言，本罪是国家机关工作人员从其内部侵害国家作用的渎职犯罪，所以即使存在被害人承诺的情形，滥用职权罪仍然成立。

滥用职权罪中的国家法益，包括公务的客观公正性和国民对公务正当性、公正性的信赖与期待。公务的公正性要求公职人员按照法律的要求，正确地行使职责。职权享有者任意扩大权限范围，导致侵害公民权利的，属于公务行为在客观上不具有公正性，对国家利益有损害。

二、客观要件

本罪在客观方面表现为滥用职权。

（一）职权

职权是指行为人享有的一般职务权限。只是从外观上看有一定的权力，但是实质上没有一般的职务权限的，不是这里的职权。职权不一定是法律上明文规定的，从法律制度上作综合的、实质的观察，认定行为人享有职权或者得到授权的就是有职务权限。作为一般的职务权限，职权不一定是法律上有强制力的权力，但其滥用会使对方承担义务，或使得其不能行使权利的，也属于职权的范畴。

（二）滥用

职权必须被滥用，才可能成立滥用职权罪。滥用职权表现为超越职权、违法决定、处理其无权决定、处理的事项，或者违反国家规定处理公务，致使公共财产、国家和人民利益遭受重大损失的行为。换言之，职权的滥用，是指违背法律授权的宗旨行使职权，超越职权范围或者违反职权行使程序，以不正当目的或不法方法实施职务行为。换言之，任何无端行使职权、编造事实扩大职权范围，实质地、具体地违法或不当行使权力的行为，都是滥用职权。

从宏观上看，滥用职权行为包括两种情形：一是职权范围内的滥用，即不正当行使自己职权范围内的权力。主要表现为违反法定规则和法定程序处理公务，或者滥施淫威，胡作非为，随心所欲地处理公务。典型的行为方式为：该这样做而却要那样做；不该做而做或者该做而不做。二是职权范围外的滥用，即违反法律规定，超越职权处理无权决定、处理的事项。具体表现为，行为人手中并无某项权力，却违法作出某项处理决定。

例1（真题）　省渔政总队验船师郑某，明知有8艘渔船存在套用船号等问题，按规定应注销，却为船主办理船检证书，船主领取国家柴油补贴640万元。郑某构成滥用职权罪。

提示：上述结论是正确的。郑某作为省渔政总队验船师，在明知有8艘渔船存在套用船号等问题后，违反规定为船主办理船检证书，属于典型的职权范围内的滥用，即该做却不作为，致使国家柴油补贴640万元被骗取，因此郑某构成滥用职权罪。

具体而言，滥用职权行为主要表现为以下四种情形：

（1）超越职权，擅自决定或处理无权决定、处理的事项。行为人滥用其职务范围外的权力，即超越职权的行为，是滥用职权行为的一种重要表现形式。这主要是因为滥用职权本身具有很广泛的含义，凡是国家机关工作人员没有合法地行使其权力的，即构成权力滥用。超越职权是国家机关工作人员没有合法地行使其权力的一种表现形式，当然属于滥用职权行为，例如，工商行政管理人员在进行市场管理过程中越权进行社会治安管理，显然就是滥用职权。实中，超越职权的行为主要有以下类型：具有此种职责的国家机关工作人员行使了应由具有彼种职责的机关工作人员行使的权力；具有上下级隶属关系的同一性质、但不同级别国家机关之间的越权，既包括上级对下级职责范围内的工作滥用指令，也包括下级对上级职权范围的侵犯；此地国家机关工作人员行使了应由彼地国家机关工作人员行使的职权。

例2（真题）　县长郑某擅自允许未经环境评估的水电工程开工，导致该县水域内濒危野生鱼类全部灭绝。郑某触犯滥用职权罪。

提示：超越职权擅自决定或处理无权具体决定、处理的事项也是滥用职权罪的一种典型表现形式。县长郑某擅自允许未经环境评估的水电工程开工，导致该县水域内濒危野生鱼类全部灭绝，属于典型的超越职权擅自决定无权具体决定的事项，成立滥用职权罪。

（2）玩弄职权，违反程序规定，随心所欲地对事项作出决定或处理。国家机关工作人员行使职权的程序和形式，既是国家机关工作人员顺利、高效地行使职权的保障，也是防止其滥用权力的重要措施。国家机关工作人员实施具体职务行为的程序和形式，有以下要求：一是行为过程从整体上看没有重大瑕疵，行为的关键环节和法律规定的步骤完全符合，法定程序的先后次序没有颠倒，不采用非法手段获取对于职务行为相对人不利的证据；二是对于需要告知保护人的具体权利，都及时告知；三是行为的形式要合法，如法律规定采取书面形式的，不得采取口头通知。四是职务行为必须在法律规定的期限内作出，不得违反法律、法规对期限的规定，否则也属程序违法。国家机关工作人员行使职权行为必须符合法律、法规所规定的程序，在形式上符合要求，不按照法定程序行使职权同样会造成严重后果，属于职权的滥用，例如，质量技术监督人员对经营者任意处以罚款就属于这种情形。

（3）以权谋私、假公济私，不正确地履行职责。滥用职权大多表现为行为人出于私利，任意行使职权，滥用职权成为获取私利的基本手段当然，在认定行为人以权谋私、假公济私滥用职权时，要将其牟取私利的情节和《刑法》第397条第2款所规定的徇私舞弊犯滥用职权罪相区别。作为滥用职权罪的牟取私利，从情节上看，远比《刑法》第397条第2款所规定的徇私舞弊要轻。

例3（真题） 负责建房审批工作的干部柳某，徇情为拆迁范围内违规修建的房屋补办了建设许可证，房主凭此获得补偿款90万元。

提示： 滥用职权罪的典型表现形式之一即为以权谋私、假公济私，不正确履行职责。作为负责建房审批工作的柳某徇私情为拆迁范围内违规修建的房屋补办建设许可证，致使房主获得补偿款90万元，成立滥用职权罪。

（4）放弃职责，故意不履行职务。从实行行为上看，滥用职权罪是否只能由作为构成，还是可以由不作为构成，一直有争议。应当认为，擅权妄为，超越职权是对职权的滥用，应履行职责而拒不履行的不作为，也是对职权的滥用。这就是说，行为人滥用权力拒不履行正当职责义务，造成严重后果，符合犯罪构成要件时，便是以不作为形式构成的滥用职权罪。如果在刑法理论上不承认不纯正不作为犯可以构成滥用职权罪，就会错误理解滥用职权罪的本质，没有合理解释刑法，没有考虑放弃职守行为可能产生的法益侵害性。例如，国家机关工作人员在自然灾害，突发事故、重大责任事故发生后，不正确履行职责，违反有关特大事故报告程序的规定，故意对特大矿山安全事故隐瞒不报，亦不及时组织抢险、调查，造成恶劣社会影响的，即构成滥用职权。

需要指出，前述关于滥用职权具体实行行为的划分，只具有相对的意义。有时这四种行为方式交织在一起，难以分清，例如，负责主管缉私工作的公安机关负责人接受贿赂之后干预走私犯罪的查处，就同时具有超越职权、玩弄职权和不正确履行职权的性质。正当执行职务，或者只是利用地位、条件实施与一般的职务权限无直接关联的行为，不是滥用职权。例如，刑罚执行机构的监管人员利用教育罪犯之机，使用暴力猥亵妇女的，只构成强制猥亵妇女罪；深夜巡逻的警察抢劫他人财物的，只成立抢劫罪，都不构成本罪。本罪属于结果犯，刑法规定滥用职权行为致使公共财产、国家和人民利益遭受重大损失的，才构成犯罪。这里的重大损失，包括经济损失和其他利益损失（如不良社会影响）。经济损失，是指渎职犯罪或者与渎职犯罪相关联的犯罪立案时已经实际造成的财产损失，包括为挽回渎职犯罪所造成的损失而支付的各种开支、费用等。立案后至提起公诉前持续发生的经济损失，应一并计入渎职犯罪造成的经济损失。债务人经法定程序被宣告破产，债务人潜逃、去向不明，或者因行为人的责任超过诉讼时效等，致使债权已经无法实现的，无法实现的债权部分应当认定为渎职犯罪的经济损失。根据《最高人民法院、最高人民检察院关于办理渎职刑事案件适用法律若干问题的解释（一）》（2012 年 12 月 7 日）第 1 条的规定，具有下列情形之一的，应当认定为致使公共财产、国家和人民利益遭受重大损失：①造成死亡 1 人以上，或者重伤 3 人以上，或者轻伤 9 人以上，或者重伤 2 人、轻伤 3 人以上，或者重伤 1 人、轻伤 6 人以上的；②造成经济损失 30 万元以上的；③造成恶劣社会影响的；④其他致使公共财产、国家和人民利益遭受重大损失的情形。

因徇私舞弊而滥用职权的，是加重处罚事由，立法的主要考虑是：不徇私情、不谋私利，公正执法是一切国家机关工作人员最基本的职业准则和法定义务，徇私舞弊滥用职权对国家机关正常活动和信誉造成的危害更为严重，所以对徇私舞弊而滥用职权，理应判处更重的刑罚。徇私舞弊中的徇私，包括徇私情、徇私利两种情形。徇私情，是指单纯根据亲友、上下级、竞争对手等私人关系、感情的亲疏决定职权行为。徇私利，是指为谋求不合法或不应当得到的各种物质或非物质的利益或地位而违背职责，改变职权行为。不论徇私情、徇私利均能够给行为人或其亲友带来利益或使他人失去应得利益，否则就不能认定为徇私。

三、主观要件

本罪在主观方面是故意，既可以是直接故意，也可以是间接故意。行为人对自己职权的不正当行使可能损害公共财产、国家或个人利益有所认识，而追求或放任这种结果的发生。至于行为人是为了自己的利益滥用职权，还是为了他人的利益滥用职权，均在所不问。少数学者认为滥用职权罪主观上只能由过失构成，其主要理由是：①故意是对结果的发生有认识，然后希望或者放任结果的发生；过失对于结果的发生则不存在这种希望或者放任。《刑法总则》对故意与过失的规定充分表明，立法是以对行为可能造成的危害社会的结果的认识与意志划分罪过形式的。因此，滥用职权罪的罪过内容也应以行为人对危害社会的结果的认识与意志来认定。②滥用职权罪的危害结果是指《刑法》第 397 条明确规定的公共财产、国家和人民利益的重大损失，行为人对于这种结果，只能是过失。③滥用职权罪的法定刑与刑法规定的其他过失犯罪的法定刑一致，而且刑法将滥用职权罪和明显属于过失的玩忽职守罪规定在同一条文中，说明立法者认同滥用职权罪属于过失犯罪这种主张。《刑法》第 397 条规定，滥用职权的法定最高刑为 7 年有期徒刑。如果行为人明知自己的滥用职权行为会造成重大损失，并且希望或放任重大损失发生，法律只规定其法定最高刑为 7 年，显然立法有问题。

但是，过失说值得商榷的地方在于：①没有考虑滥用职权罪和玩忽职守罪的区别可能性问题。滥用职权罪和玩忽职守的真正区别，并不在于犯罪客观方面，而在于罪过形式上，如果认为滥用职权罪也是过失犯罪，那么要区别这两罪就变得较为困难。②没有考虑“滥用”一词通常的含义，滥用必须理解为明知是错误行使、任意行使权力，而仍然有意为之，将其解释为过失实在有些牵强。③没有结合《刑法》第 397 条第 2 款思考问题根据该款的规定，徇私舞弊犯滥用职权罪的，法定最高刑是 10 年，将滥用职权罪主观罪过确定为故意，并且最高可以判处 10 年有期徒刑，完全可以做到罪刑相当。④没有考虑法条竞合问题。《刑法》第 397 条与《刑法分则》第九章的其他条款之间是一般条款与特殊条款的关系，而《刑法》第 399 条、第 400 条等条文规定的是特殊部门的国家机关工作人员滥用职权实施的犯罪，其明显可以由直接故意构成，那么，作为一般罪名的滥用职权罪当然也可以由直接故意构成。

四、认定

有的滥用职权罪是国家机关领导决定实施，或者经过单位领导同意、授意后实施的。在单位领导与滥用职权罪的行为人有明确的共同犯罪意思的场合，直接认定为共犯，并无疑问。但是，实践中有的情况比较复杂，需要分别讨论。

1. 国家机关内部领导集体讨论后决定实施滥用职权行为，在表决中持赞成意见者均属于滥用职权罪共犯，但是持明确反对意见者不成立犯罪；如果单位关于实施滥用职权罪行为的集体讨论是在承办人的操纵、胁迫、欺骗之下作出的，只能由相关人员单独构成犯罪，单位其他领导不负刑事责任。

2. 国家机关直接负责的领导对行为人是否实施徇私舞弊滥用职权的行为并不知情，而是在被蒙蔽或者行为人隐瞒事实真相的情况下作出的决定，该决定并不是领导的真实意思，因此一般不应承担本罪的刑事责任。但是，从事特定事务的国家机关工作人员为实施滥用职权行为，骗取领导同意、批示，但欺骗行为破绽较多，骗术并不高明，主管领导在履行注意义务的场合，能够及时发现错误进行纠正，却因为疏忽大意而没有发现的，也有可能成立玩忽职守犯罪。

3. 实践中，行为人向主管领导汇报工作后，主管领导依法根本不应作出某一决定，却由于行为人的纠缠、鼓动、刺激而超越权限，批准行为人实施徇私舞弊滥用职权的行为的，如果有关领导在作出决定时有相当的意思自由，应和行为人一起成立滥用职权罪的共犯；如果有关领导在作出决定时，意思自由受到较多限制但仍然存在重大过失的，可以考虑成立玩忽职守罪。

第二节　玩忽职守罪

重要法条及司法解释

《刑法》第 397 条。

命题分析

玩忽职守罪是“渎职罪”一章中的重点罪名。考生在复习时需要把握对于玩忽职守罪的认定，必须紧扣住主体的职责范围进行认定，包括不履行自己的职责以及不正确履行自己的职责，如果涉及的事务不属于自己的职责范围，不应认定为玩忽职守罪。

知识点精讲

玩忽职守罪是指国家机关工作人员严重不负责任，不履行或者不认真履行职责，致使公共财产、国家和人民利益遭受重大损失的行为。

本罪在客观方面表现为玩忽职守，致使公共财产、国家和人民利益遭受重大损失。

一、客观要件

玩忽职守即严重不负责任，不履行职责或不正确履行职责。不履行职责，是指行为人应当履行且有条件、有能力履行职责，但违背职责没有履行，其中包括擅离职守的行为。不正确履行职责，是指在履行职责过程中，虽然实施了部分职权行为，但从总体上看，行为违反职责规定，草率从事、粗心大意、敷衍塞责，或者任意蛮干、独断专行、违背客观规律胡乱指挥。因此，玩忽职守一般表现为不作为。玩忽职守行为致使公共财产、国家和人民利益遭受重大损失的后果，才构成犯罪。相关损失认定标准，和滥用职权罪相同。

例1（真题） 县财政局副局长秦某工作时擅离办公室，其他办公室人员操作电炉不当，触电身亡并引发大火将办公楼烧毁。秦某触犯玩忽职守罪。

提示：上述结论错误。成立玩忽职守罪，必须是国家工作人员负有相应行政事务的职责。作为财政局副局长的秦某在工作时擅离办公室，其他办公室人员操作电炉不当引发触电身亡和大火，秦某工作擅离岗位确实不当，不过，监督办公室人员正确操作电炉和注意用电安全，应当已经超出了秦某的职责范围，不应成立玩忽职守罪。

例2（真题） 卫计局执法监督大队队长武某，未能发现何某在足疗店内非法开诊所行医，该诊所开张三天即造成一患者死亡。武某触犯玩忽职守罪。

提示：上述结论错误。构成玩忽职守罪的不履行或不正确履行职责的前提条件是，国家工作人员有条件和有能力履行其应当履行的职责。非法诊所私藏在足浴店内，并且开业三天便发生严重事故，从一般人的经验看，很难认为作为县卫计局执法监督大队队长的武某有能力和条件在短时间内便查处出事的非法诊所，不属于“严重不负责任”，而“法不强人所难”，据此，不应认定武某成立玩忽职守罪。

徇私舞弊犯玩忽职守的，法定刑升格。但在具备徇私舞弊情节时，应当注意滥用职权罪与玩忽职守罪的区别。在滥用职权的场合，徇私是犯罪动机，徇私的结果正是行为人积极追求的结果，其正是为了得到其不应得到的利益而故意舞弊即滥用职权。对于玩忽职守罪而言，徇私往往只是犯罪的起因之一，行为人因为私利或私情而过失地不履行法定职责。

二、主观要件

本罪在主观方面是过失，即应当预见自己对工作严重不负责任，不履行或者不正确履行职责的行为有可能使公共财产、国家和人民利益遭受重大损失，因为疏忽大意而没有预见，或者已经预见但轻信能够避免，以致发生危害结果的。

在实际生活中，本罪的过失大多表现为行为人有义务监督直接责任者却没有实施监督行为（监督过失），从而导致危害结果的发生；或者应当建立健全安全体制、管理制度，而没有建立，最终导致结果发生。

三、认定

在认定玩忽职守罪时，要注意其与滥用职权罪的界限。两罪主体要件、结果要件都相同，又规定在同一条文中，容易混淆。区别两罪的关键是行为方式和罪过形式不同。滥用职权罪与玩忽职守罪在犯罪构成方面不仅主体相同客体相同，而且客观方面基本相同，都存在逾越职权与履行职责行为，即滥用职权罪存在故意逾越职权行为与故意不履行职责的行为，玩忽职守罪存在过失不履行职责与过失逾越职权等情形。滥用职权罪与玩忽职守罪不同之处就在于主观方面，滥用职权罪主观方面为故意，滥用职权罪的故意形式包括直接故意与间接故意，而玩忽职守罪主观方面只能是过失，包括过于自信的过失与疏忽大意的过失在对犯罪故意、过失作区分时，要特别注意分析行为人对危害结果的态度，从认识因素与意志因素的统一上考察罪过。不能仅考虑行为人是否认识到自己的行为违背职责，更不能认为只要有此认识的，就是故意，就成立滥用职权罪。

第三节　徇私枉法罪

重要法条及司法解释

《刑法》第399条。

命题分析

徇私枉法罪是“渎职罪”一章中的重要知识点，这跟当前司法实务中徇私枉法行为频发有密切的关系。在近十余年的真题中，对徇私枉法罪多次考查。考生在复习时，认真掌握徇私枉法罪的犯罪构成便可，同时尤其需要注意的是，收受贿赂后徇私枉法的，按照《刑法》第399条的特别规定，不实行数罪并罚。

知识点精讲

徇私枉法罪是指司法工作人员徇私枉法、徇情枉法，对明知是无罪的人而使他受追诉、对明知是有罪的人而故意包庇不使他受追诉，或者在刑事审判活动中故意违背事实和法律作枉法裁判的行为。

一、客观要件

本罪在客观方面表现为徇私枉法，其具体行为方式包括三种：

1. 明知是无罪的人而使其受追诉。无罪的人，是指完全没有实施犯罪行为的人，或者只有违法行为但尚不构成犯罪的人，以及实施《刑法》第13条“但书”中所规定的“情节显著轻微、危害不大的”行为的人。使其受追诉，是指司法人员采取伪造、隐匿、毁灭证据或者其他隐瞒事实、违背法律的手段，以追究刑事责任为目的，对无罪的人进行立案、侦查、采取强制措施、提起公诉、审判等。对这里的“追诉”，应当做如下理解：

（1）追诉是承办案件的司法人员利用职权对无罪的人进行直接的、错误的追究。如果是其他人捏造犯罪事实向有关机关告发，利用司法机关追诉无罪人，可能构成诬告陷害罪，而非本罪。

（2）从外观上看，追诉包括违反程序规定的事实上的错误追究；以及司法人员为徇私，假借表面上看起来合法的司法程序进行追诉。前者通常表现为对于明知是无罪的人先行关押，逼迫被害人违心地“交代”之后再立案，进一步采取强制措施。在这种情况下，虽未经过立案、提请逮捕等法定程序，也应当认定为本罪。此外，还可能表现为为了实现追诉，而通过伪造证据等方式对无罪的人采取强制措施，非法关押被害人。有合法的对犯罪嫌疑人采取强制措施的手续，但是没有依照法律规定的程序执行的，不属于这里的徇私枉法。

（3）从过程上看，追诉不要求经过全部诉讼程序，只要追诉程序启动，开始立案调查即可。

例1（真题） 丁（法官）为打击被告人程某，将对程某不起诉的理由从“证据不足，指控犯罪不能成立”擅自改为“可以免除刑罚”。丁成立徇私枉法罪。

提示：上述说法是正确的。需要注意的是，免除刑罚的意思即是“定罪免刑”，其前提仍然是成立犯罪。因此，丁的行为使得无罪的程某变为有罪，其行为属于“司法工作人员徇私枉法、徇情枉法，对明知是无罪的人而使他受追诉”，成立徇私枉法罪。

2. 明知是有罪的人而故意包庇使其不受追诉。有罪的人，是指有确凿事实证明其曾经实施犯罪的人。对于“有罪的人”，不能理解为经人民法院判决生效而确认有罪的人，因为刑法的相应规定并未作这种限定。只要有证据证明本犯的行为涉嫌犯罪，司法工作人员明知这种事实，却故意予以包庇，即可构成本罪。

使有罪者不受追诉，包括：①采取伪造、隐匿、毁灭证据或者其他隐瞒事实，违背法律的手段对有罪的人故意包庇，不立案侦查、不采取强制措施或不起诉、不审判。②故意违背事实真相，违法变更强制措施，或者虽采取强制措施，但实际上放任不管，致使犯罪嫌疑人、被告人实际脱离司法机关侦控、逃避刑事追究的，也属于对明知是有罪的人而故意包庇不使他受追诉。③对于明知是有罪的人，而故意不收集有罪证据，导致有罪证据消失，因“证据不足”不能认定有罪的，应当认定为本罪。

例2（真题） 甲（警察）与犯罪嫌疑人陈某曾是好友，在对陈某采取监视居住期间，故意对其放任不管，导致陈某逃匿，司法机关无法对其追诉。甲成立徇私枉法罪。

提示：上述说法是正确的，甲明知陈某被采取监视居住措施，但故意对其放任不管，导致陈某逃逸，无法顺利对其进行追诉，属于对“明知是有罪的人而故意包庇使其不受追诉”。因此，甲成立徇私枉法罪。

3. 在刑事审判活动中故意违背事实和法律作枉法裁判的行为。枉法裁判表现为公开地不依据已经查清的客观事实、不按照法律的明文规定进行裁判，或者故意歪曲客观事实和法律进行判决和裁定。枉法裁判的结果既可以是将无罪者裁判为有罪，也可以是将有罪者裁判为无罪；既可以是将重罪判为轻罪，也可以是将轻罪判为重罪。

例3（真题） 乙（法官）为报复被告人赵某对自己的出言不逊，故意在刑事附带民事判决中加大赵某对被害人的赔偿数额，致使赵某多付10万元。乙不成立徇私枉法罪。

提示：上述说法是错误的，刑事附带民事判决，也属于刑事审判活动，乙为泄私愤在刑事审判活动中故意违背事实和法律加重被告人的民事赔偿数额，显然属于枉法裁判，因而乙成立徇私枉法罪。

裁判，应当是指审判人员以法院名义就案件作出的裁定或判决，一般以书面的裁定书或判决书为表现形式，并且向案件当事人宣布，同时向社会公开，以维护审判公开原则。所以，审判人员在合议庭、审判委员会、主审法官会议等单纯对案件在进行内部审批、讨论的场合，故意违背事实和法律进行批示或者提出错误意见的，不属于“在刑事审判活动中故意违背事实和法律”作枉法裁判。

但是，如果有充足证据证明有权对案件进行内部审批、有权在集体讨论案件过程中发表意见的人，徇私枉法、徇情枉法，故意违背事实和法律进行批示，或者提出明显错误的意见的，可以认定为“对明知是无罪的人而使他受追诉、对明知是有罪的人而故意包庇不使他受追诉”，仍然可能成立徇私枉法罪。

徇私枉法罪的起因是徇私或者徇情。这里的徇私、徇情是主观要素，属于犯罪动机。要求出于徇私动机，是为了将由于法律素质、政策水平、审判技能不高而造成差错的情形，排除在渎职犯罪之外。一般来说，徇私，是指为谋求不合法或不应当得到的各种物质或非物质的利益或地位而违背职责，改变职权行为。不论徇私情还是徇私利，均能够给行为人或其亲友带来利益或使他人失去其应得利益，否则就不能认定为徇私、徇情。徇情，是指单纯根据亲友、上下级、竞争对手等私人关系、感情的亲疏决定职权行为，主要表现为出于照顾私人关系或感情、袒护亲友或者泄愤报复而枉法。

徇私枉法行为必须是利用职务上的便利，在刑事案件的侦查、起诉、审判过程中实施。司法工作人员没有利用职务上的便利，包庇罪犯、诬陷他人的，可能构成包庇罪、伪证罪、诬告陷害罪等，而不构成本罪。

司法工作人员贪赃枉法而犯本罪，同时又构成受贿罪的，依照处罚较重的规定处罚，而不数罪并罚。但是，这一规定不是注意性、参照性规定，而是特别规定。对于国家工作人员受贿又从事其他渎职犯罪行为，明显符合多个犯罪构成要件的，应该数罪并罚，否则，难以做到罪刑均衡。

本罪的主体是特殊主体，即负有侦查、监察、审判、监督职责的司法工作人员。

例 4（真题） 丙（鉴定人）在收取犯罪嫌疑人盛某的钱财后，将被害人的伤情由重伤改为轻伤，导致盛某轻判。丙不成立徇私枉法罪。

提示： 上述说法正确。鉴定人并非承担侦查、监察、审判、监督职责的司法工作人员，其在鉴定过程中故意造假，不成立徇私枉法罪。

二、主观要件

主观方面是故意。行为人对正在处理中的刑事案件的客观事实真相、涉案的犯罪嫌疑人或者被告人有罪还是无罪有明确认识。犯罪动机对成立本罪没有影响。

不是故意徇私而是因为严重缺乏工作责任心、草率从事而过失进行错误追诉、裁判，累及无辜或者放纵真凶的，不成立本罪，但有成立玩忽职守罪的可能。

处于下级地位的司法机关工作人员，基于隶属关系，应当执行上级司法机关的决定。但是，当上级机关的决定事后被证明并不正确，造成错案的，可以认定下级司法工作人员欠缺徇私枉法罪的故意，对下级司法工作人员不宜以犯罪论处。但上级司法工作人员如构成玩忽职守罪的，应依法追究刑事责任。

在下级司法机关工作人员发现上级或者集体（如审判委员会、检查委员会、合议庭等）的决定可能有错误而没有提出的场合，司法人员不是故意徇私而是因为严重缺乏工作责任心、草率从事而过失进行错误追诉、裁判，累及无辜或者放纵真凶的，不成立徇私枉法罪，但有成立玩忽职守罪的可能。